2013 China's National Reading Survey Report

全国国民阅读调查报告

中国新闻出版研究院
全国国民阅读调查课题组

中国书籍出版社

全国国民阅读调查课题组

课 题 组 组 长：魏玉山

课 题 组 成 员：徐升国　拜庆平　田　菲　谷　征　赵文飞

高　洁　王淑君

撰 稿 组 成 员：田　菲　谷　征　高　洁

《全国国民阅读调查（2013）》出版说明

阅读与民族精神的振兴、人类文明的延续紧密关联。国民阅读能力和阅读水平在很大程度上决定一个民族的基本素质、创造能力和发展潜力。近年来，党和国家大力倡导并采取多项措施推动全民阅读。习近平等中央领导同志都曾在不同场合强调读书学习的重要性，全社会的读书学习之风日渐浓厚。因此，通过对国民的阅读状况进行抽样调查和数据分析，对在全社会范围更加有效地开展阅读活动、建设书香社会、推动社会发展，有着积极的作用。

由中国新闻出版研究院组织实施的全国国民阅读调查项目。经过多年的发展完善，其方法更加科学，成果愈益丰富，受到社会各界的广泛重视，是了解我国国民阅读状况的权威渠道。

2013 年组织实施的第十次全国国民阅读调查从多方面展现了 2012 年我国国民阅读的现状。本次调查基本沿袭了上一年度的调查模式，对调查对象、调查内容、调查范围等未做太大的调整或变化。

首先，第十次全国国民阅读调查的调查对象依然是 0—8 周岁、9—13 周岁、14—17 周岁和 18—70 周岁四类群体。在有效样本中，18 周岁以下未成年人样本为 4444 个，占 23.9%；农村样本为 4833 个，农村样本比例为 26.0%。

其次，在调查内容方面，本次调查沿用第九次调查的问卷内容，围绕国民图书阅读与购买状况、报刊阅读与购买状况、音像制品阅读与购买状况、数字阅读与购买状况、个人阅读评价、版权认知度与盗版购买状况、公共阅读文化设施的认知与使用状况等方面的内容展开调查。

第三，在调查范围方面，第十次全国国民阅读调查共执行样本城市 48 个，覆盖了我国 28 个省、自治区和直辖市。本次调查从

2012年9月开始全面启动，共采集有效样本18619个，数据经过加权后，可推及当时全国12.20亿居民。

最后，在课题质量方面，从1999年首次调查开始，我们通过科学的调查方案、规范化的操作流程、国际通行的赋值加权计算的方法，保证了调查结果的独立性、真实性、科学性。在具体执行环节，我们对执行公司的抽样、访问方法及质量控制方面也进行了缜密的设计和严格的控制。此外，中国新闻出版研究院对本次阅读调查非常重视，整合院内外力量组成全国国民阅读调查报告（2013）课题组，组长由中国新闻出版研究院院长魏玉山担任，中国新闻出版研究院出版研究所所长徐升国任副组长，课题组成员有拜庆平（中国新闻出版研究院应用理论研究室）、田菲（中国新闻出版研究院应用理论研究室）、谷征（北京印刷学院新闻出版学院、传播学博士）等其他相关研究人员。

在我国，全民阅读开始被纳入到国家文化战略层面，由之前的国家倡导为主，逐渐向推动全民阅读基础设施建设过渡。阅读活动开始成为各级党委和政府开展多种公共文化服务、增强地方人文精神和文化凝聚力的重要平台。每年全国国民阅读调查项目对外公布的调查数据为各省、各地区全面了解当地全民阅读开展情况以及下一步的全民阅读工作部署提供了极具价值的参考，可以说是反映全民阅读活动开展效果的晴雨表。越来越多的各级党委和政府期望通过阅读调查数据找到有效提高全民阅读成效的科学方法，努力满足人民群众多层次、多方面的阅读需求，提升国民阅读力，促进国家文化软实力与创新能力的可持续发展。

中国新闻出版研究院

全国国民阅读调查课题组

2014年6月

目录

导言

主体报告

第一篇　18—70周岁成年人部分

第一章　成年人媒介接触及消费状况

第二章　成年人图书阅读状况与购买倾向

第六章　成年人数字出版物阅读与购买倾向

第三章 14—17周岁青少年报刊阅读状况

第五章 14—17 周岁青少年音像电子出版物购买状况

第六章 14—17 周岁青少年动漫游戏接触状况

第三篇 9—13周岁少年儿童部分

第一章 9—13周岁少年儿童图书阅读与购买状况

第二章 9—13 周岁少年儿童期刊阅读与购买状况

第三章 9—13 周岁少年儿童上网情况

第四章 9—13 周岁少年儿童音像电子出版物购买状况

第五章 9—13 周岁少年儿童动漫及电子游戏接触状况

第六章 9—13 周岁少年儿童家长的版权认知状况

第七章 9—13 周岁少年儿童阅读活动参与状况

第四篇 0—8 周岁儿童部分

第一章 0—8 周岁儿童图书阅读与购买状况

第二章 0—8周岁儿童期刊阅读与购买状况

第三章 0—8周岁儿童音像电子出版物购买状况

第四章　0—8 周岁儿童家长版权认知状况

导 言

一、主要发现

由中国新闻出版研究院组织实施的全国国民阅读调查项目，到目前为止已经持续开展了十次。第十次全国国民阅读调查从2012年9月开始全面启动，2012年9月至11月开展样本城市抽样工作，2012年12月至2013年1月在全国范围内开展入户问卷调查执行工作，2013年2—3月开展问卷复核、数据录入和数据处理工作。

本次调查继续沿用四套问卷，对我国70周岁以下的四个年龄段（0—8周岁、9—13周岁、14—17周岁和18—70周岁）人群进行调查，在调查内容上，进一步增加了对手机阅读和电子阅读器阅读等数字化阅读载体的考察。本次调查执行样本城市为48个，覆盖了我国28个省、市（自治区）和直辖市。调查有效样本18619个，其中未成年样本占31.3%，农村样本占26.0%。样本回收后，我们根据第六次全国人口普查公报的数据对样本进行加权，本次调查可推及我国0—70周岁人口12.2亿，其中城镇居民占51.1%，农村居民占48.9%。以下为本次调查的主要发现。

1.1 各媒介阅读率

2012 年我国 18—70 周岁国民图书阅读率为 54.9%，比 2011 年的 53.9%上升了 1.0 个百分点；报纸阅读率为 58.2%，比 2011 年的 63.1%下降了 4.9 个百分点；期刊阅读率为 45.2%，比 2011 年的 41.3%上升了 3.9 个百分点；数字化阅读方式（网络在线阅读、手机阅读、电子阅读器阅读、光盘阅读、PDA/MP4/MP5 阅读等）的接触率为 40.3%，比 2011 年的 38.6%上升了 1.7 个百分点。

综合以上各媒介，2012 年我国 18—70 周岁国民包括书报刊和数字出版物在内的各种媒介的综合阅读率为 76.3%，比 2011 年的 77.6%下降了 1.3 个百分点。

进一步对各类数字化阅读载体的接触情况进行分析发现，2012 年我国 18—70 周岁国民的网络在线阅读、手机阅读的接触率均有所上升，但电子阅读器阅读、光盘读取等数字化阅读方式接触率，均有不同程度的下降。具体来看，2012 年有 32.6%的 18—70 周岁国民进行过网络在线阅读，比 2011 年的 29.9%增加了 2.7 个百分点；31.2%的国民进行过手机阅读，比 2011 年的 27.6%增加了 3.6 个百分点；4.6%的国民在电子阅读器上阅读，比 2011 年的 5.4%下降了 0.8 个百分点；1.6%的国民用光盘阅读，比 2011 年的 2.4%下降了 0.8 个百分点；有 2.6%的国民使用 PDA/MP4/MP5 等进行数字化阅读，比 2011 年的 3.9%下降了 1.3 个百分点。

对电子书报刊的阅读情况考察发现，2012 年我国 18—70 周岁国民电子书阅读率为 17.0%，较 2011 年的 16.8%上升了 0.2 个百分点，电子报和电子期刊的阅读率分别为 7.4%和 5.6%，较 2011 年的 8.2%和 5.9%略有下降。

1.2　各类出版物阅读量

从国民对各类出版物阅读量的考察看，2012 年我国 18—70 周岁国民人均纸质图书的阅读量为 4.39 本，与 2011 年的 4.35 本相比基本持平。人均阅读报纸和期刊分别为 77.20 期（份）和 6.56 期（份）。与 2011 年相比，报纸和期刊的阅读量均有不同程度的下降。其中，人均报纸阅读量较 2011 年的 100.70 期（份）下降了 23.50 期（份），期刊的人均阅读量也比 2011 年的 6.67 期（份）下降了 0.11 期（份）。

电子书的阅读量增幅较为明显，2012 年我国 18—70 周岁国民人均阅读电子书 2.35 本，比 2011 年的 1.42 本增长了 0.93 本，增幅达 65.5%。此外，18—70 周岁国民人均纸质图书和电子书合计阅读量为 6.74 本，比 2011 年纸质图书和电子书合计阅读量 5.77 本上升了 0.97 本。

1.3　各媒介接触时长

与 2011 年相比，传统纸质媒介中，图书、期刊的接触时长均有不同程度的增长，报纸的接触时长有所下降；传统电波媒介中，电视的接触时长略有增长，广播的接触时长连续三年呈小幅下降；新兴媒介中，只有手机阅读的接触时长呈增长趋势，上网时长和电子阅读器接触时长均有所下降。

在传统纸质书报刊媒介中，我国 18—70 周岁国民人均每天读报时间最长，读报时长为 18.91 分钟，但比 2011 年的 22.00 分钟减少了 3.09 分钟；人均每天读书时长为 15.38 分钟，比 2011 年的 14.85 分钟增加了 0.53 分钟；人均每天阅读期刊时长为 13.19 分钟，比 2011 年的 11.80 分钟增加了 1.39 分钟。

在传统电波媒介中，人均每天看电视时长为 98.85 分钟，比 2011 年的 95.41 分钟增加了 3.44 分钟；人均每天听广播的时长为 8.48 分钟，比 2011 年的 11.24 分钟减少了 2.76 分钟，并连续三年呈下降趋势。

从新兴媒介来看，人均每天上网接触时间最长。我国 18—70 周岁国民人均每天上网时长为 46.77 分钟，但比 2011 年的 47.53 分钟减少了 0.76 分钟；人均每天手机阅读时长为 16.52 分钟，比 2011 年的 13.53 分钟增加了 2.99 分钟；人均每天电子阅读器阅读时长为 2.94 分钟，比 2011 年的 3.11 分钟减少了 0.17 分钟。新兴媒介中，手机阅读的接触时长在增长，上网时长和电子阅读器接触时长均有不同程度下降。

1.4 上网率与上网从事的主要活动

2012 年，我国 18—70 周岁国民上网率为 55.6%，比 2011 年的 54.9%增加了 0.7 个百分点。具体来看，有超过半数（52.2%）的国民通过电脑上网，有 29.2%的国民通过手机上网。其中，通过手机上网的比例增幅明显，与 2011 年的 25.4%相比，增长了 3.8 个百分点。

我国 18—70 周岁网民上网从事的活动中，信息获取受到越来越多网民的重视，其中，有 70.8%的网民将“阅读新闻”作为主要网上活动之一，有 46.7%的网民将“查询各类信息”作为主要网上活动之一。同时，互联网的娱乐功能仍然占据很重要的位置，有 66.1%的网民将“网上聊天/交友”作为主要网上活动之一，有 52.6%的网民将“在线听歌/下载歌曲和电影”作为主要网上活动之一，有 35.9%的网民将“网络游戏”作为主要网上活动之一；有 17.6%的网民将“阅读网络书籍、报刊”作为主要网上活动之一。

另外，97.9%的网民表示上网时曾进行与阅读相关的活动，相比去年的 96.4%略有增长。

1.5　各类出版物价格承受能力与花费

对于一本200页左右的文学类简装书的价格，有25.5%的国民能够接受8—12元的价格，有28.1%的国民能够接受12—20元的价格；19.5%能够接受8元以下，17.2%能够接受20元以上，另有9.8%的国民认为只要喜欢多贵都买。我国国民能够接受一本200页左右的文学类简装书的平均价格为13.67元，比2011年的13.43元增加了0.24元。

对期刊价格的承受能力分析发现，我国18—70周岁国民平均可接受一本期刊的价格为6.76元，比2011年的6.60元增加了0.16元。

在接触过数字化阅读方式的国民中，有40.1%的人表示能够接受付费下载阅读，这一比例比2011年的41.8%下降了1.7个百分点。但数字化阅读接触者总体能够接受一本电子书的平均价格为3.27元，价格接受程度比2011年的3.50元略有下降。

手机阅读群体中45.8%能够接受付费阅读，而有54.2%的人只看免费的手机读物。手机阅读人群在2012年全年人均花费在手机阅读上的费用为23.31元，较2011年的20.75元增长了2.56元。

1.6　成年国民倾向的阅读方式

从数字化阅读方式的人群分布特征来看，我国18—70周岁数字化阅读方式接触者中，18—29周岁人群占到49.3%，30—39周岁人群占27.5%，40—49周岁人群占16.9%，50周岁及以上人群占6.3%。可见，我国成年数字化阅读接触者中93.7%是18—49周岁人群。

对我国国民倾向的阅读形式的研究发现，74.4%的18—70周岁国民更倾向于“拿一本纸质图书阅读”，有13.2%的国民更倾向于

"网络在线阅读",有9.0%的国民倾向于"手机阅读",有2.2%的人倾向于"在电子阅读器上阅读",1.3%的国民"习惯从网上下载并打印下来阅读"。

另外,有9.4%的数字阅读接触者表示,在阅读过某一电子书后还曾购买过该书的纸质版本,较2011年的11.8%下降了2.4个百分点。

1.7 个人阅读量与阅读内容自我评价

2012年我国18—70周岁国民对个人阅读数量评价中,只有1.3%的国民认为自己的阅读数量很多,7.1%的国民认为自己的阅读数量比较多,38.5%的国民认为自己的阅读量一般,53.1%的国民认为自己的阅读数量很少或比较少。

从国民对个人纸质阅读内容和数字阅读内容的阅读量变化情况的反馈来看,有7.3%的国民表示2012年"增加了纸质内容的阅读",但有14.5%的国民表示2012年"减少了纸质内容的阅读";有4.4%的国民表示2012年"减少了数字内容的阅读",但有7.3%的国民表示2012年"增加了数字内容的阅读"。

对于个人总体阅读情况,有19.1%的国民表示满意(非常满意或比较满意),比2011年的21.2%有所降低;有22.8%的国民表示不满意(比较不满意或非常不满意),比2011年的20.9%有所上升;另有58.1%的国民表示一般,这一比例基本与2011年(57.9%)持平。

1.8 国民对阅读活动的期望

我国国民对当地举办全民阅读活动的呼声较高,而农村居民的期望程度要高于城镇居民。2012年有69.2%的18—70周岁国民认为有关部门应当举办读书活动或读书节，比 2011 年的 62.6%增长了 6.6 个百分点，其中，城市居民认为当地有关部门应该举办阅读活动的比例为 65.6%，农村居民中这一比例高达 73.2%。

1.9 0—17 周岁未成年人图书阅读率与阅读量

从未成年人的阅读率来看，2012 年 0—8 周岁儿童图书阅读率为 64.5%，较 2011 年的 69.0%下降了 4.5 个百分点；9—13 周岁少年儿童图书阅读率为 96.5%，较 2011 年的 93.5%增长了 3.0 个百分点；14—17 周岁青少年图书阅读率为 80.5%，较 2011 年的 81.0%下降了 0.5 个百分点。综合考察来看，0—17 周岁未成年人图书阅读率为 77.0%，比 2011 年的 78.6%下降了 1.6 个百分点。

对未成年人图书阅读量的分析发现，2012 年未成年人群的图书阅读量均有不同程度的减少。其中，我国 14—17 周岁未成年人课外图书的阅读量最大，为 7.96 本，比 2011 年的 10.68 本降低了 2.72 本；9—13 周岁未成年人人均课外图书阅读量为 6.04 本，比 2011 年的 7.24 本降低了 1.20 本；0—8 周岁儿童人均图书阅读量为 3.85 本，比 2011 年的 5.40 本下降了 1.55 本。综合三个年龄段未成年人的人均图书阅读量为 5.49 本。

1.10 亲子共读行为

对亲子早期阅读行为的分析发现，2012 年我国 0—8 周岁儿童的家庭中，平时有陪孩子读书习惯的家庭占到 87.5%，较 2011 年的 85.9%增长了 1.6 个百分点；在这些家庭中，家长平均每天花费 26.67 分钟陪孩子读书，比 2011 年的 24.15 分钟略有增加。

此外，2012 年我国 0—8 周岁儿童的家长平均每年带孩子逛书店 3.75 次，比 2011 年的 3.12 次略有增加。购书频率这一指标连续三年呈增长趋势，且增幅明显（2010 年家长平均每年大约带孩子逛书店的次数为 2.69 次）。

二、抽样设计

2.1 调查目的

“全国国民阅读调查”项目是经国家新闻出版广电总局批准，由中国新闻出版研究院组织实施的一项大规模、连续性的基础性调查工程。

项目于每年年底在全国范围内开展入户抽样调查，该调查旨在全面了解我国国民的阅读与购买兴趣、偏好、方式、需求、行为等基本状况，分析、总结国民阅读与购买图书、报纸、期刊、音像制品、电子出版物及数字化阅读方式等的变化规律和发展趋势，从而为新闻出版管理机关制定新闻出版政策提供决策参考，为出版单位进行科学投资决策、有针对性地制订选题计划、组织营销等活动提供市场参考。

2.2 执行城市

2.2.1 自代表城市

31 个自代表城市：4 个直辖市，除港澳台地区及新疆、海南、西藏以外的 24 个省会城市，阅读活动持续开展的 3 个城市苏州、厦门、深圳。

2.2.2 非自代表城市

如下表所示。

表 1　第十次全国国民阅读调查非自代表城市抽样

	省份	城市
东部	河北省	张家口市
	辽宁省	辽阳市
	江苏省	淮安市
	浙江省	温州市
	山东省	青岛市
	广东省	阳江市
中部	山西省	晋中市
	黑龙江省	大庆市
	安徽省	阜阳市
	江西省	鹰潭市
	河南省	三门峡市
	湖北省	孝感市
	湖南省	张家界市
西部	广西壮族自治区	钦州市
	四川省	内江市
	甘肃省	武威市
	云南省	丽江市

2.2.3　样本量

本次调查设计样本量共计 18300 个，其中，农业样本 4700 个，非农业样本 13600 个。具体分布如下表所示。

表 2　第十次全国国民阅读调查样本量分布

	省/直辖市	城市	总样本	非农样本	农业样本
东部	北京	北京	600	500	100
	天津	天津	400	300	100
	河北	石家庄	400	300	100
		张家口	300	200	100
	辽宁	沈阳	400	300	100
		辽阳	300	200	100
	上海	上海	600	500	100
	江苏	南京	400	300	100
		苏州	400	300	100
		淮安	300	200	100
	浙江	杭州	400	300	100
		温州	300	200	100
	福建	福州	400	300	100
		厦门	400	300	100

续前表

	省/直辖市	城市	总样本	非农样本	农业样本
东部	山东	济南	400	300	100
		青岛	300	200	100
	广东	广州	600	500	100
		深圳	400	400	0
		阳江	300	200	100
小计			7600	5800	1800
中部	山西	太原	400	300	100
		晋中	300	200	100
	内蒙古	呼和浩特	400	300	100
	吉林	长春	400	300	100
	黑龙江	哈尔滨	400	300	100
		大庆	300	200	100
	安徽	合肥	400	300	100
		阜阳	300	200	100
	江西	南昌	400	300	100
		鹰潭	300	200	100
	河南	郑州	400	300	100
		三门峡	300	200	100
	湖北	武汉	400	300	100
		孝感	300	200	100
	湖南	长沙	400	300	100
		张家界	300	200	100
小计			5700	4100	1600
西部	广西	南宁	400	300	100
		钦州	300	200	100
	重庆	重庆	600	500	100
	四川	成都	400	300	100
		内江	300	200	100
	贵州	贵阳	400	300	100
	云南	昆明	400	300	100
		丽江	300	200	100
	陕西	西安	400	300	100
	甘肃	兰州	400	300	100
		武威	300	200	100
	青海	西宁	400	300	100
	宁夏	银川	400	300	100
小计			5000	3700	1300

2.3 抽样原则

第十次全国国民阅读调查采用抽样和入户访问分步执行的方式。前期抽样工作完成后，入户阶段访问员将依照入户登记表中所列户址信息进行调查。现将抽样工作的具体步骤说明如下。

本方案采用分层的六阶段不等概率抽样，各阶段的抽样单位为：

第一阶段：以人口数在50万以上的地级及以上城市为一级抽样单位；

第二阶段：以区（市辖区）、县（市辖县）为二级抽样单位；

第三阶段：城镇样本以地图块为三级抽样单位，农村样本以乡镇以下行政村为三级抽样单位；

第四阶段：以家庭户为四级抽样单位；

第五阶段：以个人为最终样本（以KISH表[①]随机选取的家庭成员为最终样本）。

2.4 二级抽样单元的选取

对城区的抽样采用随机抽样，对郊区和郊县的抽样依据“就近原则”，抽取距离市中心最近的郊区或郊县。

对样本量为600的城市抽取4个主城区，1个郊区，1个县（县级市）。

对样本量为400的城市抽取2个城区，1个郊区，1个县（县级市）。

对样本量为300的城市，抽取1个主城区，1个郊区，1个县。

---

① KISH表是美国著名抽样专家KISH创立的一种在确定了户之后，如何选择户内家庭成员的方法，它的原理与随机数表一致。

深圳只执行城市样本，抽取 4 个城区。

2.5 城镇样本的选取

对城镇样本采用地图块抽样，具体步骤如下。

划分地图块：对每个城市抽取出来的区县，在地图上按比例划好面积大致相同的若干方块。方块不宜太大，尽量控制在每个抽样员能在两个小时内走完。

对地图块进行编号：将划分好的地图块进行编号，编号原则是从左向右、从下向上依次编号。对于每个地图块，需要标出组成地图块边界的具体路名。

对地图块进行随机抽样。

抽取出的地图块分配到每个访问员。访问员按一定路线对地图块进行行走，按行走路线抄取地图块范围内的所有地址表。

对以上地址表行进编码和等距抽样，抽取最终访问到的家庭户。

入户之后采用 KISH 表抽取最终参加访问的家庭成员。

2.6 农村样本的选取

农村样本以行政村为抽样单元，在抽中的行政村中抽取样本户。具体抽样方法如下。

在选取的每一个县级单位内，列出所辖的所有乡镇名称。

依据“就近原则”，选取离县中心最近的 2 个乡镇。

依据“就近原则”，在每一抽取出的乡镇中，选取离乡镇中心最近的 5 个行政村。在抽中的行政村中，以进村的第一户为起点，进行等距抽样，抽取需要访问的家庭户。入户之后采用 KISH 表抽取最终访问到的家庭成员。

2.7 统计推断

本次研究采用的抽样方法为多阶段分层不等概率抽样。由于是全国性大样本的调查，在各个阶段中使用了多种复杂抽样方法的组合，包括 PPS[①] 抽样、简单随机抽样、等距抽样、KISH 表抽样、典型抽样等。

由于抽样阶段很多，每个层次涉及到的抽样方法各不相同，在进行最终统计推断时非常复杂。为了简化参数估计的计算，对总体的推断有更加清晰的了解，我们将复杂的抽样过程简化为两个阶段：初级抽样单元（PSU），即抽取到的城市；二级抽样单元（SSU），即抽取到的最终样本——个人。

根据方差分析原理，对总体进行分层后，总体方差可以分解为两部分，一部分是层间方差，另一部分是层内方差。初级抽样单元之间的方差为层间方差；二级抽样单元之间的方差为层内方差。两个层的方差估计过程如下。

第一阶段，城市的抽取，采用的是 PPS 抽样。PPS 抽样的估计，可直接应用汉森—赫维茨（Hansen—Hurwitz）估计量的公式进行计算。具体计算过程如下。

记 Y_{ij} 为总体的第 i 个群中第 j 个次级单元的观测值（$i=1, 2, \cdots, N$；$j=1, 2, \cdots, M_i$），其中 M_i 是群的大小。y_{ij} 为样本中第 i 个群中第 j 个次级单元的观测值（$i=1, 2, \cdots, n$；$j=1, 2, \cdots, m_i$）其中 m_i 是群的大小。

总体总量 Y 的估计量为 $\hat{Y}$ 。

$$\hat{Y} = \frac{1}{n}\sum_{i=1}^{n}\frac{y_i}{z_i}$$

① PPS 为“Sampling with probability proportional to size”的缩写，即不等概率抽样。

导言

总体总量估计量 $\hat{Y}$ 的方差估计量 $V(\hat{Y})$ 。

$$V(\hat{Y}) = \frac{1}{n}\sum_{i=1}^{N} Z_i \left(\frac{Y_i}{Z_i} - Y\right)^2 \qquad (1)$$

其中 $Y_i = \sum_{i=1}^{M_i} Y_{ij}$ ，$y_i = \sum_{i=1}^{m_i} y_{ij}$ ，$Z_i = \frac{M_i}{M_o}$（M_i是分层抽样中群的大小，M_o是总体中所有群大小之和）。

第二阶段，从抽到的城市中抽取访问的个体。这个过程分成了多个阶段，地图块的抽取采用简单随机抽样，从地图块抽取户采用等距抽样，从户中抽取最终访问的样本采用 KISH 表抽样。在这一阶段中虽然采用了多种抽样方法的结合，但这几种方法组合的抽样原理基本可以认为与分层随机抽样一致。因此，在这一阶段我们采用分层随机抽样的统计推断方法来对总体进行估计。

在抽中的 PSU 所含的全部 M_i个 SSU 中抽取 m_i个，总体方差的估计公式为

$$V(\hat{Y}) = \frac{1}{n}\sum_{i=1}^{N} \frac{M_i^2(1-f_i)S_i^2}{m_i Z_i} \qquad (2)$$

其中 S_i^2 为第 i 个 PSU 中的 SSU 之间的方差。$f_i = \frac{n_i}{N_i}$

非自代表城市样本，是通过以上两阶段抽取，在统计推断时其总体方差估计＝公式（1）＋公式（2）。

自代表城市样本，没有经过抽取城市的第一阶段，因此在统计推断时其总体方差仅来自于层内差，即公式（2）。

农业人口样本，在抽取县和行政村时采用了就近抽样的典型抽样方法，这种方法的变异量要高于随机抽样，因此在估计农业人口样本的总体方差时需要适当扩大公式（2）的值。

三、最终样本结构

本次调查最终录入数据库的有效问卷为 18619 份。其中成年人

样本 14175 个，18 周岁以下未成年人样本为 4444 个，未成年样本占到总样本的 23.9%；有效采集城镇样本为 13786 个，农村样本为 4833 个，农村样本比例为 26.0%。

经过样本加权，本次全部有效样本量可推及当时全国 12.2 亿人口，其中城镇居民占 51.1%，农村居民占 48.9%。各年龄段样本分布情况如表 3 所示。

表 3　各年龄段样本分布结构

类别	人口特征	0—8 周岁	9—13 周岁	14—17 周岁	18—70 周岁
样本量	—	2163	1201	1080	14175
性别	男	71.9%	77.4%	74.2%	74.1%
	女	28.1%	22.6%	25.8%	25.9%
样本城乡结构	城镇	55.3%	51.4%	49.6%	45.6%
	农村	44.7%	48.6%	50.4%	54.4%
加权后推及人口	—	126424100	69345884	68099500	958987115

主体报告

第一篇

18—70周岁成年人部分

第一章
成年人媒介接触及消费状况

1.1　媒介接触状况

1.1.1　媒介接触率

调查数据显示，对于我国18—70周岁国民而言，电视近几年一直是所有媒介中受众规模最大的媒介。2012年，我国18—70周岁国民的电视接触率为91.4%，其次为互联网接触率（51.5%）。

在书报刊这三类主要的传统纸质媒介中，报纸接触率最高，为50.7%，排在首位；期刊接触率为37.8%；图书接触率为33.8%。值得注意的是，手机媒介接触率高达30.4%，已接近于图书接触率。不同人口特征群体之间的媒介接触率存在一定差异。

从城乡对比角度来看，城镇居民的互联网、报纸、期刊、手机、图书等媒介的接触率要高于农村居民。城镇居民的互联网接触率为66.6%，较农村居民（34.6%）高出32.0个百分点。城镇居民的报纸接触率为63.7%，较农村居民（36.3%）高出27.4个百分点。城镇居民的期刊接触率为44.8%，较农村居民（30.0%）高出14.8个百分点。城镇居民的手机媒介接触率为35.9%，较农村居民（24.1%）高出11.8个百分点。城镇居民的图书接触率为

39.0%，较农村居民（27.9%）高出11.1个百分点。而农村居民的音像出版物接触率、电视接触率要高于城镇居民。农村居民的音像出版物接触率为17.9%，较城镇居民（12.7%）高出5.2个百分点。农村居民的电视接触率为97.0%，较城镇居民（94.6%）高出2.4个百分点。

从性别差异的角度来看，男性居民的报纸、互联网、手机、图书和广播等媒介的接触率要高于女性居民。男性居民的报纸接触率为56.6%，较女性居民（44.7%）高出11.9个百分点。男性居民的互联网接触率为55.8%，较女性居民（47.1%）高出8.7个百分点。男性居民的手机接触率为34.5%，较女性居民（26.1%）高出8.4个百分点。男性居民的图书接触率为36.3%，较女性居民（31.1%）高出5.2个百分点。男性居民的广播接触率为22.0%，较女性居民（17.7%）高出4.3个百分点。而女性居民的电视接触率为96.6%，略高于男性居民（94.9%）。

各媒介接触率情况如表1-1-1所示。

表1-1-1　媒介接触率

媒介类型	平均接触率	城乡		性别	
		城镇	农村	男	女
电视	95.7%	94.6%	97.0%	94.9%	96.6%
互联网	51.5%	66.6%	34.6%	55.8%	47.1%
报纸	50.7%	63.7%	36.3%	56.6%	44.7%
期刊	37.8%	44.8%	30.0%	37.5%	38.2%
图书	33.8%	39.0%	27.9%	36.3%	31.1%
手机	30.4%	35.9%	24.1%	34.5%	26.1%
广播	19.9%	23.0%	16.4%	22.0%	17.7%
音像出版物（CD/VCD/DVD/录音带等）	15.2%	12.7%	17.9%	16.7%	13.6%
MP3/MP4/MP5	12.4%	13.4%	11.2%	12.6%	12.2%
电子阅读器（电子书、电纸书等设备）	6.3%	7.1%	5.5%	6.3%	6.3%

根据以上各类媒介的媒介属性，下面分别对平面媒介、电波媒

介、互联网等媒介的历年接触情况做具体分析。

1.1.1.1 平面媒介接触状况及变化

如图 1-1-1 所示，对于我国 18—70 周岁国民而言，在平面媒介中，报纸接触率自 2001 年至 2012 年始终高于图书和期刊的接触率。同时，期刊接触率自 2001 年至 2012 年基本上保持着比较稳定的状态。而图书接触率自 2007 年降至最低值后，开始呈曲折回升态势。

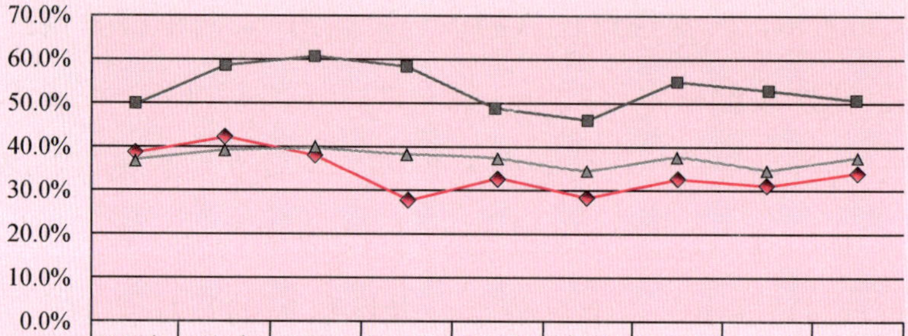

	2001年	2003年	2005年	2007年	2008年	2009年	2010年	2011年	2012年
图书接触率	38.9%	42.1%	37.8%	27.7%	32.6%	28.3%	32.2%	31.3%	33.8%
报纸接触率	49.8%	58.6%	60.6%	58.3%	48.4%	45.8%	55.2%	53.0%	50.7%
期刊接触率	36.7%	39.4%	39.7%	38.4%	37.5%	34.6%	38.1%	34.4%	37.8%

图 1-1-1　平面媒介接触状况及变化

1.1.1.2 电波媒介接触状况及变化

如图 1-1-2 所示，对于我国 18—70 周岁国民而言，电视接触率自 2001 年至 2012 年一直保持较高水平。而广播接触率则一直不高，并呈下降趋势。

1.1.1.3 互联网接触状况及变化

如图 1-1-3 所示，对于我国 18—70 周岁国民而言，2012 年互联网接触率继续上升，且达到十年来最高值。自 2001 年至 2012 年，我国 18—70 周岁国民互联网接触率大体呈上升趋势。

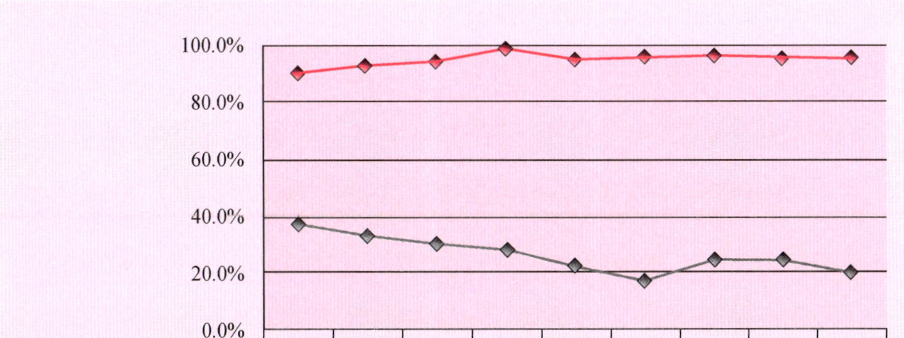

	2001年	2003年	2005年	2007年	2008年	2009年	2010年	2011年	2012年
电视接触率（%）	90.7%	93.1%	94.6%	98.8%	95.0%	96.2%	96.6%	95.6%	95.7%
广播接触率（%）	36.4%	32.3%	29.3%	26.8%	21.3%	15.7%	23.5%	23.3%	19.9%

图 1-1-2　电波媒介接触状况及变化

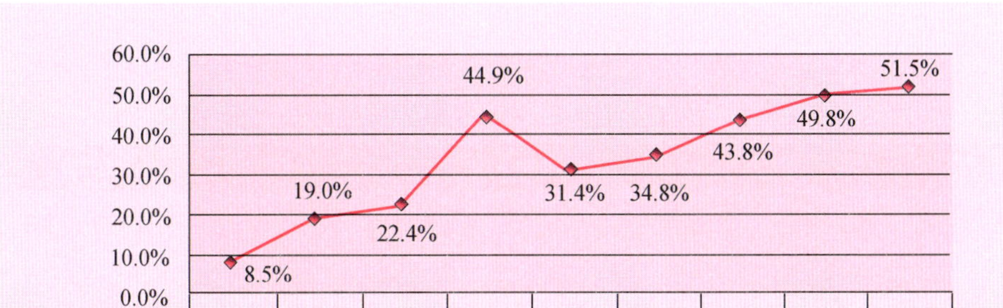

	2001年	2003年	2005年	2007年	2008年	2009年	2010年	2011年	2012年
互联网	8.5%	19.0%	22.4%	44.9%	31.4%	34.8%	43.8%	49.8%	51.5%

图 1-1-3　互联网接触状况及变化

1.1.2　媒介接触时长及变化

与 2011 年相比，传统纸质媒介中，图书、期刊的接触时长均有不同程度的增长，报纸的接触时长有所下降；传统电波媒介中，电视的接触时长略有增长，广播的接触时长连续三年呈小幅下降；新兴媒介中，手机阅读的接触时长呈增长趋势，上网时长和电子阅读器接触时长均有所下降。

在传统纸质书报刊媒介中，2012 年我国 18—70 周岁国民人均每天读报时间最长，为 18.91 分钟，比 2011 年的 22.00 分钟减少 3.09 分钟；人均每天读书时长为 15.38 分钟，比 2011 年的 14.85 分钟增加 0.53 分钟；人均每天阅读期刊时长为 13.19 分钟，比 2011 年的 11.80 分钟增加 1.39 分钟。

在传统电波媒介中，人均每天看电视时长为 98.85 分钟，比 2011 年的 95.41 分钟增加了 3.44 分钟；人均每天听广播的时长为 8.48 分钟，比 2011 年的 11.24 分钟减少了 2.76 分钟，并连续三年呈下降趋势。

从新兴媒介来看，人均每天互联网接触时间最长。我国 18—70 周岁国民人均每天上网时长为 46.77 分钟，比 2011 年的 47.53 分钟减少了 0.76 分钟；人均每天手机阅读时长为 16.52 分钟，比 2011 年的 13.53 分钟增加了 2.99 分钟；人均每天电子阅读器阅读时长为 2.94 分钟，比 2011 年的 3.11 分钟减少了 0.17 分钟。

具体情况如表 1-1-2 所示。

表 1-1-2 各媒介平均每天的成年人接触时长（分钟）

媒介类型	2012 年	2011 年	2010 年
电视	98.85	95.41	98.90
互联网	46.77	47.53	42.73
报纸	18.91	22.00	23.69
手机阅读（小说/新闻）	16.52	13.53	10.32
图书	15.38	14.85	16.78
期刊	13.19	11.80	13.66
广播	8.48	11.24	11.57
音像出版物（CD/VCD/DVD/录音带等）	5.96	6.69	9.12
MP3/MP4/MP5	5.11	6.86	7.76
电子阅读器（电子书/电纸书）	2.94	3.11	1.75

1.1.3 媒介接触种类

为研究我国 18—70 周岁国民的媒介接触种类，我们定义：如果一个被访者过去一年只接触了一种媒介，则计数为 1；接触了两种媒介，则计数为 2；以此类推，接触了 N 种媒介，则计数为 N。

据此计算，我国 18—70 周岁国民的媒介接触种类为 3.51 种。同时，不同人口特征人群的接触媒介种类数量存在一定差异。

从性别差异上看，男性居民的媒介接触种类为 3.70 种，较女性居民媒介接触种类（3.31 种）多出 0.39 种。

从城乡对比上看，城镇居民的媒介接触种类为 3.99 种，较农村居民媒介接触种类（2.98 种）多出 1.01 种。

从年龄分布看，年龄越小的群体，接触的媒介种类越多。18—29 周岁群体接触的媒介种类最多，为 4.61 种。60—70 周岁群体接触的媒介种类最少，为 2.33 种。

从受教育程度看，学历越高的群体，接触的媒介种类越多。博士研究生学历群体接触的媒介种类最多，为 8.92 种。小学及以下学历群体接触的媒介种类最少，为 1.83 种。

从收入水平看，相对而言，收入较高群体接触的媒介种类要高于收入较低群体。月收入在 10000 元及以上群体接触的媒介种类最多，为 4.99 种。月收入在 500 元以下群体接触的媒介种类最少，仅为 1.96 种。

从职业或身份来看，“学生”“公务员”“教师”“企业领导或管理人员”“律师/医护人员/IT 等专业技术人员”“事业单位干部”群体接触的媒介种类均在 5 种以上。这在一定程度上表明，这些群体获取信息和知识的渠道较其他群体更加多样。而“离退休人员”“无业及失业人员”“农民或农民工”群体的媒介接触种类均不足 3 种，明显低于上述群体。

具体情况如表 1-1-3 所示。

表 1-1-3　不同人口特征群体媒介接触种类

人口特征	类别	媒介接触种类（种）
性别	男	3.70
	女	3.31
城乡	城镇	3.99
	农村	2.98
年龄	18—29 周岁	4.61
	30—39 周岁	3.83
	40—49 周岁	3.18
	50—59 周岁	2.50
	60—70 周岁	2.33

续前表

人口特征	类别	媒介接触种类（种）
学历	博士研究生	8.92
	硕士研究生	5.47
	本科	5.41
	大专	4.90
	高中	3.96
	初中	2.99
	小学及以下	1.83
收入	无收入	3.13
	500 元以下	1.96
	500—1000 元	2.55
	1000—1500 元	3.04
	1500—2000 元	3.74
	2000—3000 元	4.14
	3000—4000 元	4.12
	4000—5000 元	4.54
	5000—6000 元	4.63
	6000—7000 元	4.87
	7000—8000 元	4.88
	8000—10000 元	4.26
	10000 元及以上	4.99
	拒绝回答	3.75
职业或身份	工人或商业/服务业人员	3.74
	企业领导或管理人员	5.06
	农民或农民工	2.23
	事业单位干部	5.04
	一般职员/文员/秘书	4.62
	公务员	5.25
	军人/武警	4.59
	教师	5.19
	律师/医护人员/IT 等专业技术人员	5.06
	私营或个体劳动者	3.75
	学生	5.57
	离退休人员	2.90
	无业及失业人员	2.83
	自由职业者	3.92
	其他	3.38

1.2 媒介使用目的

对媒介使用目的的调查显示，2012年我国18—70周岁国民更多倾向于利用电视、互联网和报纸来了解各类信息。其中，电视是我国18—70周岁国民了解各类信息最主要的渠道，有85.4%的人表示习惯通过电视“了解国内外新闻时事”，76.7%的人表示习惯通过电视来“了解国内外观点和思潮”，53.3%的人表示习惯通过电视来“了解与工作学习有关的信息”，59.8%的人表示习惯通过电视来“了解生活/消费资讯”，65.9%的人表示习惯通过电视“了解时尚流行趋势”，还有62.9%的人表示习惯通过电视来进行“休闲娱乐”。

其次，互联网已经超过报纸，成为我国18—70周岁国民了解各类信息的常用媒介，通过互联网了解各类信息的国民均已经超过三成。有38.8%的人表示习惯通过网络“了解国内外新闻时事”，36.0%的人表示习惯通过网络来“了解国内外观点和思潮”，36.5%的人表示习惯通过网络来“了解与工作学习有关的信息”，35.9%的人表示习惯通过网络来“了解生活/消费资讯”，36.5%的人表示习惯通过网络“了解时尚流行趋势”，还有36.8%的人表示习惯通过网络来进行“休闲娱乐”。

再次，在我国18—70周岁国民了解各类信息时，报纸依然是经常被使用的媒介。有31.1%的人表示习惯通过报纸“了解国内外新闻时事”，23.2%的人表示习惯通过报纸来“了解国内外观点和思潮”，17.5%的人表示习惯通过报纸来“了解与工作学习有关的信息”，13.9 %的人表示习惯通过报纸来“了解生活/消费资讯”，18.2%的人表示习惯通过报纸“了解时尚流行趋势”，还有13.2%的人表示习惯通过报纸来进行“休闲娱乐”。此外，值得关注的是，手机成为除电视、互联网和报纸以外我国18—70周岁国民了解各类信息时经常使用的第四大媒介。有9.5%的人表示习惯通过手机

"了解国内外新闻时事"，8.1%的人表示习惯通过手机来"了解国内外观点和思潮"，6.6%的人表示习惯通过手机来"了解与工作学习有关的信息"，6.8 %的人表示习惯通过手机来"了解生活/消费资讯"，7.8%的人表示习惯通过手机"了解时尚流行趋势"，还有9.0%的人表示习惯通过手机来进行"休闲娱乐"。

除了电视、互联网、报纸和手机这四类媒介外，我国18—70周岁国民也通过广播、期刊、图书等媒介了解各类信息。相对来说，习惯通过广播"了解国内外新闻时事"和"了解国内外观点和思潮"的人较多，选择比例分别为8.1%和6.9%；习惯通过图书获得"与工作学习有关的信息"的人较多，选择比例为7.1%；习惯通过期刊"了解生活/消费资讯""了解时尚流行趋势""休闲娱乐"的成年居民较多，选择比例分别为8.8%、6.9%和6.5%。而习惯通过音像出版物、电子出版物、MP3/MP4/MP5、电子阅读器和境外媒体了解各类信息的国民比例则相对较低。

具体情况如表1-2-1所示。

表1-2-1　了解各类信息借助的媒介

使用目的 / 媒介种类	了解国内外新闻时事	了解国内外观点思潮	了解与工作学习有关的信息	了解生活/消费资讯	了解时尚流行趋势	休闲娱乐
报纸	31.1%	23.2%	17.5%	13.9%	18.2%	13.2%
期刊	5.8%	5.5%	4.9%	8.8%	6.9%	6.5%
电视	85.4%	76.7%	53.3%	59.8%	65.9%	62.9%
广播	8.1%	6.9%	4.4%	4.8%	5.7%	5.3%
图书	1.7%	1.5%	7.1%	1.2%	1.5%	1.9%
互联网	38.8%	36.0%	36.5%	35.9%	36.5%	36.8%
音像出版物	0.0%	0.2%	0.2%	0.2%	0.1%	1.5%
电子出版物	0.1%	0.0%	0.3%	0.0%	0.0%	0.3%
境外媒体	0.2%	0.3%	0.2%	0.2%	0.3%	0.2%
MP3/MP4/MP5	0.1%	0.1%	0.1%	0.1%	0.1%	1.5%
手机	9.5%	8.1%	6.6%	6.8%	7.8%	9.0%
电子阅读器	0.1%	0.1%	0.3%	0.1%	0.1%	0.3%
其他	0.7%	0.3%	0.7%	1.0%	1.3%	0.9%
无	1.4%	6.3%	16.2%	15.0%	10.1%	13.0%

从城乡对比来看，城镇居民和农村居民在了解各类信息时，所选取的媒介渠道存在一定差异。虽然城镇居民和农村居民都倾向于选择通过电视、互联网、报纸和手机等媒介了解各类信息，但农村居民选择习惯通过电视来获得各类信息的比例略高于城镇居民，而城镇居民中选择习惯通过互联网、手机和报纸等媒介获取各类信息的比例要高于农村居民。

具体情况如表 1-2-2 所示。

表 1-2-2　城乡居民了解各类信息时借助的媒介

	国内外新闻时事		国内外观点和思潮		与学习/工作有关的信息		生活/消费资讯		时尚流行趋势		休闲娱乐信息	
	城镇	农村	城镇	农村	城镇	农村	城镇	农村	城镇	农村	城镇	农村
报纸	42.2%	18.7%	32.6%	12.7%	24.5%	9.8%	21.0%	5.9%	26.6%	8.9%	19.5%	6.3%
期刊	6.4%	5.0%	6.6%	4.3%	5.4%	4.2%	11.8%	5.5%	9.4%	4.3%	8.3%	4.5%
电视	81.3%	89.9%	72.7%	81.2%	48.7%	58.4%	56.9%	63.0%	62.9%	69.2%	58.6%	67.6%
广播	8.4%	7.8%	7.2%	6.6%	4.2%	4.5%	4.8%	4.9%	5.7%	5.6%	5.1%	5.5%
图书	1.8%	1.6%	1.8%	1.3%	9.6%	4.3%	1.4%	0.9%	2.0%	1.1%	2.4%	1.3%
互联网	52.8%	23.4%	49.9%	20.7%	49.3%	22.2%	48.8%	21.6%	49.5%	22.0%	50.7%	21.4%
音像出版物	0.1%	0.0%	0.2%	0.2%	0.3%	0.1%	0.3%	0.1%	0.1%	0.1%	1.5%	1.5%
电子出版物	0.1%	0.1%	0.1%	0.0%	0.4%	0.1%	0.1%	0.0%	0.0%	0.0%	0.4%	0.1%
境外媒体	0.4%	0.1%	0.4%	0.2%	0.2%	0.2%	0.3%	0.2%	0.2%	0.3%	0.2%	0.2%
MP3/MP4/MP5	0.1%	0.2%	0.1%	0.2%	0.1%	0.2%	0.2%	0.1%	0.1%	0.1%	1.6%	1.3%
手机	11.0%	7.9%	9.4%	6.6%	7.1%	6.0%	8.1%	5.3%	9.0%	6.5%	11.2%	6.5%
电子阅读器	0.2%	0.0%	0.2%	0.0%	0.4%	0.2%	0.2%	0.0%	0.2%	0.1%	0.4%	0.2%

1.3　各种阅读载体的使用场所

调查数据显示，“家中”和“学校或单位”这些与个人生活、学习或工作联系密切的地方，是我国 18—70 周岁国民最为经常的阅读场所。

具体来看，对于传统纸质媒体而言，有 36.0%的国民通常在家中阅读图书，11.0%的国民通常在学校或单位阅读图书；36.3%的国民通常在家中阅读期刊，15.7%的国民通常在学校或单位阅读期刊；43.1%的国民通常在家中阅读报纸，22.0%的国民通常在学校或单位阅读报纸。

对于网络在线阅读和手机阅读而言亦是如此，49.4%的国民通常会在家进行网络在线阅读，17.3%的国民通常在学校或单位进行网络在线阅读；26.3%的国民通常会在家中进行手机阅读，10.4%的国民通常在学校或单位进行手机阅读。

由于手机等载体携带方便，因此，除了“家中”和“学校或单位”外，也有一些国民在“乘坐交通工具”时使用这些阅读载体进行阅读，有10.0%的国民通常会在乘坐交通工具时进行手机阅读，有4.4%的国民通常会在乘坐交通工具时进行MP3/MP4/MP5阅读。

具体情况如表1-3-1所示。

表1-3-1　阅读载体的使用场所

	家中	书店	学校或单位	网吧	图书馆	乘交通工具时	其他地点	基本不阅读
图书	36.0%	3.5%	11.0%	0.3%	3.2%	0.8%	0.5%	57.4%
期刊	36.3%	1.6%	15.7%	0.2%	1.2%	1.0%	0.8%	52.4%
报纸	43.1%	0.6%	22.0%	0.0%	0.5%	2.7%	1.5%	41.4%
网络在线阅读	49.4%	0.1%	17.3%	3.6%	0.1%	1.4%	0.2%	46.1%
手机阅读	26.3%	0.3%	10.4%	0.3%	0.4%	10.0%	0.8%	66.9%
MP3/MP4/MP5	7.5%	0.1%	2.4%	0.1%	0.0%	4.4%	0.4%	88.3%
电子阅读器	4.9%	0.1%	1.5%	0.2%	0.0%	0.8%	0.4%	93.8%

1.4　媒介消费状况

1.4.1　2012年我国出版业基本情况

国家新闻出版广电总局于2013年7月公布的“2012年全国新闻出版业基本情况”[①] 全面体现了2012年度我国新闻出版业的基本发展情况，现将其中部分数据摘录如下：

① 课题组注：以上数据来源于国家新闻出版广电总局网站。

2012年全国出版图书、期刊、报纸总印张为3074.01亿印张，折合用纸量711.36万吨，与上年相比用纸量降低0.79%。其中：书籍用纸占总量13.08%，课本用纸占总量8.95%，图片用纸占总量0.01%，附录用纸占总量0.01%；期刊用纸占总量6.47%；报纸用纸占总量71.49%。

1.4.1.1 图书出版情况

截至2012年年底，全国共有出版社580家（包括副牌社33家），其中中央级出版社220家（包括副牌社13家），地方出版社360家（包括副牌社20家）。

2012年全国共出版图书414005种（初版241986种，重版、重印172019种），总印数79.25亿册（张），总印张666.99亿印张，折合用纸量156.78万吨，定价总金额1183.37亿元。与上年相比，图书品种增长12.04%（初版增长16.62%，重版、重印增长6.17%），总印数增长2.85%，总印张增长5.12%，定价总金额增长11.32%。

1.4.1.2 期刊出版情况

2012年，全国共出版期刊9867种，平均期印数16767万册，总印数33.48亿册，总印张196.01亿印张，定价总金额252.68亿元。与上年相比，种数增长0.18%，平均期印数下降0.67%，总印数增长1.91%，总印张增长1.70%，定价总金额增长5.98%。

1.4.1.3 报纸出版情况

2012年，全国共出版报纸1918种，平均期印数22762.00万份，总印数482.26亿份，总印张2211.00亿印张，定价总金额434.39亿元，折合用纸量508.53万吨。与上年相比，种数下降0.52%，平均期印数增长5.79%，总印数增长3.17%，总印张下降2.68%，定价总金额增长8.48%。

1.4.1.4 音像制品与电子出版物

截至2012年年底，全国共有音像制品出版单位369家，电子出版物出版单位268家。

2012年，全国共出版录音制品9591种，出版数量2.28亿盒（张），发行数量2.32亿盒（张），发行总金额11.03亿元。与上年相比，品种下降3.42%，出版数量下降7.32%，发行数量下降10.77%，发行总金额增长6.57%。

2012年，全国共出版录像制品8894种，出版数量1.66亿盒（张），发行数量1.17亿盒（张），发行总金额7.54亿元。与上年相比，品种下降6.15%，出版数量下降23.85%，发行数量下降8.59%，发行总金额下降4.68%。

2012年，全国共出版电子出版物11822种、26344.86万张。与上年相比，品种增长5.99%，数量增长23.56%。其中，只读光盘（CD-ROM）7620种、20335.38万张，与上年相比，品种增长0.98%，数量增长27.74%；高密度只读光盘（DVD-ROM）3352种、5058.44万张，与上年相比，品种增长22.02%，数量增长26.61%；交互式光盘（CD-I）及其他850种、951.04万张，与上年相比，品种下降1.28%，数量下降32.41%。

1.4.1.5 出版物发行情况

2012年，全国共有出版物发行网点172633处，与上年相比增长2.40%。其中，新华书店及其发行网点9403处，与上年相比减少1.16%；供销社发行网点748处，与上年相比减少24.97%；出版社自办发行网点446处，与上年相比减少0.22%；文化、教育、广电、邮政系统发行网点37821处，与上年相比增长3.75%。上述系统外批发网点7505处，与上年相比增长5.10%；集个体零售网点116091处，与上年相比增长1.89%。

1.4.1.6 出版物购进与销售

2012年，全国新华书店系统、出版社自办发行单位出版物总购进 189.03 亿册（张、份、盒）、2160.79 亿元，与上年相比数量增长 2.70%，金额增长 6.71%。其中，新华书店系统购进 123.59 亿册（张、份、盒），比上年增长 0.07%，购进金额 1180.31 亿元，比上年增长 9.49%。

2012 年，全国新华书店系统、出版社自办发行单位出版物总销售 187.62 亿册（张、份、盒）、2116.06 亿元，与上年相比数量增长 5.30%，金额增长 8.32%。其中，新华书店系统销售 124.87 亿册（张、份、盒）、1194.88 亿元，与上年相比数量增长 6.26%，金额增长 14.85%。

1.4.1.7 出版物进出口

1.4.1.7.1 图书、报纸、期刊进行出口

2012 年，全国累计出口图书、报纸、期刊 2061.77 万册（份）、7282.58 万美元，与上年相比，数量增长 33.09%，金额增长 23.56%。其中，全国出版物进出口经营单位累计出口 1639.27 万册（份）、4863.15 万美元，与上年相比，数量增长 43.27%，金额增长 24.52%。其中，图书出口 1325.69 万册、4250.09 万美元，与上年相比，数量增长 54.91%，金额增长 29.71%；期刊出口 220.31 万册、556.00 万美元，与上年相比，数量下降 12.88%，金额下降 3.04%；报纸出口 93.27 万份、57.06 万美元，与上年相比，数量增长 162.58%，金额增长 2.88%。

2012 年，全国出版物进出口经营单位累计进口图书、报纸、期刊 3138.07 万册（份）、30121.65 万美元，与上年相比，数量增长 5.31%，金额增长 6.16%。其中，图书进口 743.51 万册、13707.99 万美元，与上年相比，数量下降 1.50%，金额增长 17.49%；期刊进口 490.33 万册、14120.03 万美元，与上年相比，数量增长 11.61%，金额增长 1.55%；报纸进口 1904.23 万份、2293.63 万美元，与上年相比，数量增长 6.67%，金额下

降 18.09%。

1.4.1.7.2 音像制品、电子出版物进出口

2012 年，全国累计出口音像制品、电子出版物与数字出版物 26.15 万盒（张）、2191.50 万美元，与上年相比，数量增长 214.30%，金额增长 45.86%。其中，全国出版物进出口经营单位累计出口 9.34 万盒（张）、33.54 万美元，与上年相比，数量增长 21.14%，金额下降 4.63%。

2012 年，全国出版物进出口经营单位累计进口音像制品、电子出版物与数字出版物 18.56 万盒（张）、16685.95 万美元，与上年相比，数量下降 53.15%，金额增长 18.05%。

1.4.1.8 版权贸易

2012 年，全国共引进版权 17589 种，其中，图书 16115 种，录音制品 475 种，录像制品 503 种，电子出版物 100 种。其中，图书版权引进地情况如下：

美国 4944 种，英国 2581 种，德国 874 种，法国 835 种，俄罗斯 48 种，加拿大 122 种，新加坡 265 种，日本 2006 种，韩国 1209 种，中国香港地区 413 种，中国澳门地区 5 种，中国台湾地区 1424 种，其他地区 1389 种。

2012 年，全国共输出版权 9365 种，其中图书 7568 种，录音制品 97 种，录像制品 51 种，电子出版物 115 种。版权输出地情况如下：

美国 1259 种，英国 606 种，德国 354 种，法国 130 种，俄罗斯 104 种，加拿大 122 种，新加坡 292 种，日本 405 种，韩国 310 种，中国香港地区 511 种，中国澳门地区 1 种，中国台湾地区 1796 种，其他地区3475 种。

1.4.2 自费消费出版物情况

为跟踪了解国内出版物的个人消费情况，我们在第十次国民阅

读调查中对我国18—70周岁国民的图书、报纸、期刊、VCD/DVD、盒式录音带、CD-ROM、CD、手机报和电子书等出版物的消费数量、消费金额进行了调查，具体到各类出版物的消费情况如下所述。

1.4.2.1 各类出版物消费情况概述

在各类出版物中，2012年我国18—70周岁国民自费购买率最高的是报纸，达到31.9%。图书、期刊的自费购买率分别位居第二、第三位，分别为26.7%和24.2%。VCD/DVD、CD、CD-ROM和盒式录音带等音像出版物自费购买率相对较低，均不足10%，其中盒式录音带的自费购买率最低，仅为0.8%。

从城乡对比来看，城镇居民的报纸自费购买率（44.0%）高出农村居民（18.6%）25.4个百分点；图书自费购买率（34.9%）高出农村居民（17.7%）17.2个百分点；期刊自费购买率（31.5%）高出农村居民（16.2%）15.3个百分点。此外，城镇居民的手机报自费购买率（11.1%）也略高于农村居民（6.8%）。而其他出版物自费购买率的城乡差距则并不明显。

从性别差异的情况来看，男性居民的报纸自费购买率（36.2%）高出女性居民（27.5%）8.7个百分点；图书自费购买率（29.3%）高出女性居民（24.1%）5.2个百分点；手机报自费购买率（10.7%）高出女性居民（7.3%）3.4个百分点。此外，女性居民的期刊自费购买率（25.3%）略高于男性居民（23.2%）。而其他出版物自费购买率的性别差异则不明显。

具体情况如表1-4-1所示。

表1-4-1 各类出版物自费购买率

种类	自费购买率	城乡对比		性别对比	
		城镇	农村	男	女
图书	26.7%	34.9%	17.7%	29.3%	24.1%
报纸	31.9%	44.0%	18.6%	36.2%	27.5%

续前表

种类	自费购买率	城乡对比		性别对比	
		城镇	农村	男性	女性
期刊	24.2%	31.5%	16.2%	23.2%	25.3%
手机报	9.0%	11.1%	6.8%	10.7%	7.3%
VCD/DVD	9.6%	8.8%	10.6%	10.6%	8.6%
电子书	2.0%	2.7%	1.2%	1.9%	2.1%
CD	3.3%	3.4%	3.2%	3.6%	2.9%
CD-ROM	2.4%	2.6%	2.2%	2.7%	2.1%
盒式录音带	0.8%	0.7%	0.9%	1.0%	0.6%

1.4.2.2 图书消费情况

调查数据显示，2012 年，我国 18—70 周岁国民人均自费购书数量为 2.13 本。不同人口特征群体的自费购买图书数量存在一定差异。

从性别差异来看，男性居民的图书自费消费数量为 2.41 本，较女性居民（1.84 本）多出 0.57 本。

从城乡对比来看，城镇居民的图书自费消费数量为 3.14 本，较农村居民（1.01 本）多出 2.13 本。

从年龄分布来看，中青年群体的图书自费消费数量要多于老年群体。30—39 周岁群体的图书自费消费数量最多，达到 3.04 本。18—29 周岁群体的图书自费消费数量次之，为 2.50 本。60—70 周岁群体的图书自费消费数量最少，为 0.88 本。

从受教育程度来看，学历越高，其图书自费消费数量也越多。博士研究生学历群体的图书自费消费数量最多，达到 20.87 本。小学及以下学历群体的图书自费消费数量最少，仅为 0.31 本。

从职业或身份来看，“公务员”群体的图书自费消费数量最多，达到 13.78 本；其次为“教师”“事业单位干部”“律师/医护人员/IT 等专业技术人员”“企业领导或管理人员”“学生”群体，其图书自费消费数量分别为 6.72 本、5.93 本、5.43 本、5.00 本和 4.21 本，均超过 4.00 本；再次，“一般职员/文员/秘书”“军人/武警”群体的图书自费消费数量也都超过全国平均水平，分别为 2.80 本和 2.57 本。图书自费消费数量最低的职业群体是“农民或农民工”，仅为 0.55 本。

调查数据还显示，2012 年，我国 18—70 周岁国民人均自费购书金额为 49.20 元。不同人口特征群体在自费购买图书金额上同样存在一定差异。

从性别差异来看，男性居民的图书自费消费金额为 57.59 元，较女性居民（40.54 元）高出 17.05 元。

从城乡对比来看，城镇居民的图书自费消费金额为 74.73 元，较农村居民（20.92 元）高出 53.81 元。

从年龄分布来看，中青年群体的图书自费消费金额要高于老年群体。30—39 周岁群体的图书自费消费金额最高，达到 75.59 元。18—29 周岁群体的图书自费消费金额次之，为 60.58 元。60—70 周岁群体的图书自费消费金额最低，为 17.60 元。

从受教育程度来看，学历越高，其图书自费消费金额也越高。博士研究生学历群体的图书自费消费金额最高，达到 808.61 元；硕士研究生学历群体的图书自费消费金额次之，为 562.98 元。小学及以下学历群体的图书自费消费金额最低，仅为 6.64 元。

从职业或身份来看，“公务员”群体的图书自费消费金额最高，达到 261.97 元；其次为“企业领导或管理人员”“事业单位干部”“教师”“律师/医护人员/IT 等专业技术人员”“学生”群体，其图书自费消费金额分别为 158.01 元、140.48 元、125.09 元、117.39 元和 100.75 元，均超过 100.00 元；再次，“一般职员/文员/秘书”“军人/武警”“私营或个体劳动者”群体的图书自费消费金额也都超过全国平均水平，分别为 71.78 元、71.00 元和 52.56 元。图书自费消费金额最低的职业群体是“农民或农民工”，仅为 12.76 元。

具体情况如表 1-4-2 所示。

表 1-4-2 不同人口特征群体人均图书自费消费数量与金额

人口特征	类别	自费图书消费数量（本）	自费图书消费金额（元）
性别	男	2.41	57.59
	女	1.84	40.54
城乡	城镇	3.14	74.73
	农村	1.01	20.92
年龄	18—29 周岁	2.50	60.58
	30—39 周岁	3.04	75.59
	40—49 周岁	2.06	41.57
	50—59 周岁	1.20	27.14
	60—70 周岁	0.88	17.60
学历	博士研究生	20.87	808.61
	硕士研究生	13.22	562.98
	本科	6.34	145.62
	大专	3.97	95.01
	高中	2.27	52.07
	初中	1.05	20.01
	小学及以下	0.31	6.64
职业或身份	工人或商业/服务业人员	1.69	37.58
	企业领导或管理人员	5.00	158.01
	农民或农民工	0.55	12.76
	事业单位干部	5.93	140.48
	一般职员/文员/秘书	2.80	71.78
	公务员	13.78	261.97
	军人/武警	2.57	71.00
	教师	6.72	125.09
	律师/医护人员/IT 等专业技术人员	5.43	117.39
	私营或个体劳动者	1.96	52.56
	学生	4.21	100.75
	离退休人员	1.25	28.52
	无业及失业人员	1.23	23.06
	自由职业者	2.12	42.23
	其他	2.97	59.33

1.4.2.3 报纸消费情况

调查数据显示，2012 年，我国 18—70 周岁国民人均报纸自费消费种类为 0.51 种。不同人口特征群体在报纸自费消费种类上存在一定差异。

从性别差异来看，男性居民的报纸自费消费种类为0.59种，较女性居民（0.42种）多出0.17种。

从城乡对比来看，城镇居民的报纸自费消费种类为0.72种，较农村居民（0.28种）多出0.44种。

从年龄分布来看，30—39周岁群体的报纸自费消费种类最多，为0.59种。而18—29周岁群体、50—59周岁群体和60—70周岁群体的报纸自费消费种类相对略少，分别为0.48种、0.47种和0.46种。

从受教育程度来看，本科学历群体的报纸自费消费种类最多，为0.90种。小学及以下学历群体的报纸自费消费种类最少，为0.17种。

从职业或身份来看，“公务员”群体的报纸自费消费种类最多，为1.29种；其次是“教师”和“事业单位干部”群体，其报纸自费消费种类分别为1.23种和1.10种，均超过1.00种；再次，“企业领导或管理人员”“离退休人员”“军人/武警”“一般职员/文员/秘书”“律师/医护人员/IT等专业技术人员”“私营或个体劳动者”“自由职业者”“工人或商业/服务业人员”群体的报纸自费消费种类也都超过全国平均水平，分别为0.79种、0.79种、0.75种、0.74种、0.72种、0.60种、0.54种和0.54种。报纸自费消费种类最低的职业群体还是“农民或农民工”，仅为0.16种。

调查数据还显示，2012年，我国18—70周岁国民人均报纸自费消费金额为47.08元。不同人口特征群体在报纸自费消费金额上同样存在一定差异。

从性别差异来看，男性居民的报纸自费消费金额为53.41元，较女性居民（40.53元）高出12.88元。

从城乡对比来看，城镇居民的报纸自费消费金额为72.41元，较农村居民（19.05 元）高出 53.36 元。

从年龄分布来看，30—39 周岁群体的报纸自费消费金额最高，为 52.88 元。而 18—29 周岁群体的报纸自费消费金额最低，为 32.42 元。

从受教育程度来看，学历越高，其报纸自费消费金额也较高。硕士研究生学历群体的报纸自费消费金额最高，为 105.77 元。小学及以下学历群体的报纸自费消费金额最低，为 12.36 元。

从职业或身份来看，“公务员”群体的报纸自费消费金额最高，为 110.28 元；其次是“企业领导或管理人员”和“离退休人员”群体，其报纸自费消费金额分别为 104.15 元和 99.45 元；再次，“事业单位干部”“一般职员/文员/秘书”“私营或个体劳动者”“教师”“律师/医护人员/IT 等专业技术人员”“工人或商业/服务业人员”“自由职业者”“军人/武警”群体的报纸自费消费金额也都超过全国平均水平，分别为 82.02 元、69.27 元、65.23 元、64.92 元、61.35 元、55.74 元、51.92 元和 47.98 元。报纸自费消费金额最低的职业群体是“农民或农民工”，为 8.22 元。

具体情况如表 1-4-3 所示。

表 1-4-3　不同人口特征群体报纸人均自费消费种类与金额

人口特征	类别	自费报纸消费种类（种）	自费报纸消费金额（元）
性别	男	0.59	53.41
	女	0.42	40.53
城乡	城镇	0.72	72.41
	农村	0.28	19.05
年龄	18—29 周岁	0.48	32.42
	30—39 周岁	0.59	52.88
	40—49 周岁	0.53	52.80
	50—59 周岁	0.47	51.86
	60—70 周岁	0.46	52.75

续前表

人口特征	类别	自费报纸消费种类（种）	自费报纸消费金额（元）
学历	博士研究生	0.05	86.38
	硕士研究生	0.82	105.77
	本科	0.90	84.71
	大专	0.85	72.61
	高中	0.62	64.02
	初中	0.38	32.90
	小学及以下	0.17	12.36
职业或身份	工人或商业/服务业人员	0.54	55.74
	企业领导或管理人员	0.79	104.15
	农民或农民工	0.16	8.22
	事业单位干部	1.10	82.02
	一般职员/文员/秘书	0.74	69.27
	公务员	1.29	110.28
	军人/武警	0.75	47.98
	教师	1.23	64.92
	律师/医护人员/IT 等专业技术人员	0.72	61.35
	私营或个体劳动者	0.60	65.23
	学生	0.46	23.49
	离退休人员	0.79	99.45
	无业及失业人员	0.36	22.64
	自由职业者	0.54	51.92
	其他	0.39	32.56

1.4.2.4 期刊消费情况

调查数据显示，2012 年我国 18—70 周岁国民人均期刊自费消费种类为 0.62 种。不同人口特征群体的期刊自费消费种类存在一定差异。

从性别差异看，男性居民的期刊自费消费种类为 0.58 种，较女性居民（0.66 种）少 0.08 种。

从城乡对比看，城镇居民的期刊自费消费种类为 0.80 种，较农村居民（0.41 种）多 0.39 种。

从年龄分布上看，中青年群体的期刊自费消费种类要多于老年群体。18—29 周岁群体的期刊自费消费种类最多，为 0.93 种；

30—39 周岁群体的期刊自费消费种类次之，为 0.78 种。60—70 周岁群体期刊自费消费种类最少，为 0.23 种。

从受教育程度来看，本科学历群体的期刊自费消费种类最多，为 1.38 种；硕士研究生学历群体的期刊自费消费种类次之，为 1.36 种；小学及以下学历群体的期刊自费消费种类最少，仅为 0.08 种。

从职业或身份来看，“教师”群体的期刊自费消费种类最多，为 2.04 种；其次为“学生”“事业单位干部”“律师/医护人员/IT 等专业技术人员”“公务员”“一般职员/文员/秘书”群体，其期刊自费消费种类分别为 1.50 种、1.39 种、1.36 种、1.18 种和 1.08 种，均超过 1.00 种；再次，“企业领导或管理人员”和“自由职业者”群体的期刊自费消费种类也都超过全国平均水平，分别为 0.98 种和 0.64 种。期刊自费消费种类最少的职业群体是“农民或农民工”群体，仅为 0.17 种。

调查数据还显示，2012 年我国 18—70 周岁国民人均期刊自费消费金额为 23.20 元。不同人口特征群体的期刊自费消费金额也存在一定差异。

从性别差异看，男性居民的期刊自费消费金额为 21.89 元，较女性居民（24.55 元）低 2.66 元。

从城乡对比看，城镇居民的期刊自费消费金额为 35.34 元，较农村居民（9.75 元）高出 25.59 元。

从年龄分布上看，中青年群体的期刊自费消费金额要高于老年群体。30—39 周岁群体的期刊自费消费金额最高，为 30.58 元；18—29 周岁群体的期刊自费消费金额次之，为 28.81 元。60—70 周岁群体期刊自费消费金额最低，为 13.23 元。

从受教育程度来看，高学历群体的期刊自费消费金额也相对较高。硕士研究生学历群体的期刊自费消费金额最高，为 115.51 元；博士研究生学历群体的期刊自费消费金额次之，为

90.03 元。小学及以下学历群体的期刊自费消费金额最低，仅为 1.21 元。

从职业或身份来看，"公务员"群体的期刊自费消费金额最高，为 83.77 元；其次为"事业单位干部""教师""企业领导或管理人员""军人/武警"群体，其期刊自费消费金额分别为 70.72 元、61.75 元、59.51 元和 54.86 元，均超过 50.00 元；再次，"律师/医护人员/IT 等专业技术人员""学生""一般职员/文员/秘书""离退休人员"群体的期刊自费消费金额也都超过全国平均水平，分别为 45.11 元、44.09 元、43.38 元和 24.14 元。期刊自费消费金额最低的职业群体是"农民或农民工"，仅为 3.32 元。

具体情况如表 1-4-4 所示。

表 1-4-4　不同人口特征群体人均期刊自费消费种类与金额

人口特征	类别	自费期刊消费种类（种）	自费期刊消费金额（元）
性别	男	0.58	21.89
	女	0.66	24.55
城乡	城镇	0.80	35.34
	农村	0.41	9.75
年龄	18—29 周岁	0.93	28.81
	30—39 周岁	0.78	30.58
	40—49 周岁	0.49	21.35
	50—59 周岁	0.33	13.29
	60—70 周岁	0.23	13.23
学历	博士研究生	1.12	90.03
	硕士研究生	1.36	115.51
	本科	1.38	65.00
	大专	1.28	48.98
	高中	0.69	26.25
	初中	0.39	10.68
	小学及以下	0.08	1.21

续前表

人口特征	类别	自费期刊消费种类（种）	自费期刊消费金额（元）
职业或身份	工人或商业/服务业人员	0.54	19.85
	企业领导或管理人员	0.98	59.51
	农民或农民工	0.17	3.32
	事业单位干部	1.39	70.72
	一般职员/文员/秘书	1.08	43.38
	公务员	1.18	83.77
	军人/武警	0.49	54.86
	教师	2.04	61.75
	律师/医护人员/IT等专业技术人员	1.36	45.11
	私营或个体劳动者	0.61	23.16
	学生	1.50	44.09
	离退休人员	0.38	24.14
	无业及失业人员	0.45	12.05
	自由职业者	0.64	19.54
	其他	0.97	55.83

1.4.2.5 电子书消费情况

调查数据显示，2012年我国18—70周岁国民人均电子书自费消费数量为0.20本。不同人口特征群体的电子书自费消费数量呈现一定差异。

从性别差异看，男性居民的电子书自费消费数量为0.26本，较女性居民（0.14本）多出0.12本。

从城乡对比看，城镇居民的电子书自费消费数量为0.32本，较农村居民（0.07本）多出0.25本。

从年龄分布上看，年龄越低，其电子书自费消费数量越多。18—29周岁群体的电子书自费消费数量最多，为0.39本。60—70周岁群体的电子书自费消费数量最少，仅为0.01本。

从受教育程度来看，学历越高，电子书自费消费数量也越多。博士研究生学历群体的电子书自费消费数量最多，为4.37本。小学及以下学历群体的电子书自费消费数量最少，仅为0.01本。

调查数据还显示，2012 年我国 18—70 周岁国民人均电子书自费消费金额为 0.71 元。不同人口特征群体的电子书自费消费金额呈现一定程度的差异。

从性别差异看，男性居民的电子书自费消费金额为 0.82 元，较女性居民（0.61 元）高出 0.21 元。

从城乡对比看，城镇居民的电子书自费消费金额为 1.21 元，较农村居民（0.16 元）高出 1.05 元。

从年龄分布上看，年龄越低，其电子书自费消费金额越高。18—29 周岁群体的电子书自费消费金额最高，为 1.45 元。

从受教育程度来看，高学历群体的电子书自费消费金额也相对较高。硕士研究生学历群体的电子书自费消费金额最高，为 22.44 元；博士研究生学历群体的电子书自费消费金额次之，为 14.57 元。小学及以下学历群体的电子书自费消费金额最低，仅为 0.02 元。

具体情况如表 1-4-5 所示。

表 1-4-5　不同人口特征群体人均电子书自费消费数量与金额

人口特征	类别	自费电子书消费数量（本）	自费电子书消费金额（元）
性别	男	0.26	0.82
	女	0.14	0.61
城乡	城镇	0.32	1.21
	农村	0.07	0.16
年龄	18—29 周岁	0.39	1.45
	30—39 周岁	0.33	1.22
	40—49 周岁	0.09	0.09
	50—59 周岁	0.02	0.18
	60—70 周岁	0.01	0.00
学历	博士研究生	4.37	14.57
	硕士研究生	2.45	22.44
	本科	0.32	1.90
	大专	0.38	0.90
	高中	0.31	0.74
	初中	0.10	0.43
	小学及以下	0.01	0.02

第二章 成年人图书阅读状况与购买倾向

2.1 成年人阅读状况及变化

2.1.1 阅读重要性认知

阅读对个人乃至整个国家的发展都是非常重要的。1972 年，联合国教科文组织向全世界发出了“走向阅读社会”的号召，要求社会成员人人读书，让读书成为人们日常生活中不可或缺的部分。自 1995 年起，联合国教科文组织正式确定每年的 4 月 23 日为“世界读书日”。近年来，我国积极开展了各类读书活动，推动全民阅读，努力建设阅读社会。

调查数据显示，总体而言，我国 18—70 周岁国民对阅读重要性的认知程度较高。具体来说，有七成多（73.3%）的人认为，在当今社会，阅读对其个人的生存和发展来说是重要的（“非常重要”或“比较重要”）。而明确表示阅读对个人的生存和发展不重要的（“比较不重要”和“非常不重要”）比例仅为 3.3%。另有 6.2%的人对阅读重要性的认知较为模糊（“说不清”）。

具体情况如图 2-1-1 所示。

如表 2-1-1 所示，通过考察不同人口特征群体对阅读重要性的

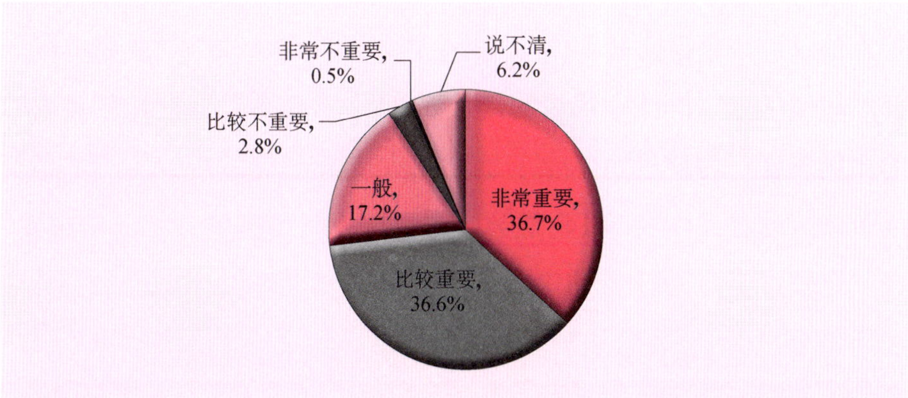

图 2-1-1　成年人对阅读重要性的认知情况

认知发现，从性别差异来看，男性与女性在阅读重要性认知上差别不大。女性居民中认为阅读重要（“非常重要”或“比较重要”）的比例（73.7%）略高于男性居民（72.8%）。

从城乡对比来看，城乡居民在阅读重要性认知上的差别也不显著。农村居民中认为阅读重要（“非常重要”或“比较重要”）的比例（73.9%）略高于城镇居民（72.6%）。

从年龄分布来看，30—39 周岁群体中认为阅读重要（“非常重要”或“比较重要”）的比例最高，为 75.2%；50—59 周岁群体中认为阅读重要（“非常重要”或“比较重要”）的比例最低，为 71.0%。

从受教育程度来看，学历越高的群体越认为阅读重要。博士研究生学历群体中认为阅读重要（“非常重要”或“比较重要”）的比例最高，为 100%；硕士研究生学历群体中认为阅读重要（“非常重要”或“比较重要”）的比例次之，为 93.5%。小学及以下学历群体中认为阅读重要（“非常重要”或“比较重要”）的比例最低，仅为 68.7%。

从收入水平看，相对而言，收入较高群体中认为阅读重要的比例要略高于收入较低群体。月收入在 10000 元及以上群体中认为阅读重要（“非常重要”或“比较重要”）的比例最高，为 86.5%。

从职业或身份来看，“教师”“军人/武警”“公务员”“律师/医护人员/IT 等专业技术人员”“企业领导或管理人员”“事业单位干部”和“学生”群体中认为阅读重要（“非常重要”或“比较重要”）的比例较高，均超过 80.0%。而“工人或商业/服务业人员”“私营或个体劳动者”“自由职业者”群体中认为阅读重要（“非常重要”或“比较重要”）的比例相对较低，均不到 70.0%。

表 2-1-1　不同人口特征群体对阅读重要性认知情况

人口特征	类别	对阅读重要性评价					
		非常重要	比较重要	一般	比较不重要	非常不重要	说不清
性别	男	36.9%	35.9%	18.0%	3.0%	0.5%	5.7%
	女	36.4%	37.3%	16.3%	2.6%	0.6%	6.8%
城乡	城镇	34.1%	38.5%	18.0%	2.5%	0.6%	6.3%
	农村	39.5%	34.4%	16.3%	3.1%	0.4%	6.2%
年龄	18—29 周岁	35.1%	38.7%	18.7%	2.2%	0.1%	5.2%
	30—39 周岁	36.2%	39.0%	17.3%	1.9%	0.7%	4.9%
	40—49 周岁	37.5%	34.8%	17.8%	3.2%	0.7%	6.1%
	50—59 周岁	37.2%	33.8%	16.1%	4.1%	0.6%	8.3%
	60—70 周岁	39.1%	34.4%	13.6%	3.4%	1.0%	8.5%
学历	博士研究生	25.3%	74.7%	0.0%	0.0%	0.0%	0.0%
	硕士研究生	62.4%	31.1%	6.5%	0.0%	0.0%	0.0%
	本科	47.0%	37.9%	10.6%	1.4%	0.6%	2.5%
	大专	34.9%	42.8%	16.4%	2.1%	0.2%	3.6%
	高中	36.2%	36.2%	18.7%	2.4%	0.5%	6.0%
	初中	34.6%	36.6%	18.9%	3.3%	0.6%	6.0%
	小学及以下	37.3%	31.4%	15.9%	3.4%	0.9%	11.0%
收入	无收入	40.5%	34.6%	15.6%	2.3%	0.4%	6.6%
	500 元以下	47.2%	32.5%	12.5%	2.6%	0.1%	5.2%
	500—1000 元	39.4%	33.4%	18.5%	5.0%	0.8%	2.9%
	1000—1500 元	37.3%	36.9%	17.5%	3.1%	0.5%	4.7%
	1500—2000 元	33.5%	38.2%	20.7%	2.7%	0.6%	4.3%
	2000—3000 元	33.5%	39.5%	18.7%	3.0%	0.7%	4.6%
	3000—4000 元	34.5%	41.5%	16.9%	2.9%	0.6%	3.6%
	4000—5000 元	40.5%	41.1%	12.4%	2.4%	0.3%	3.4%
	5000—6000 元	34.8%	42.7%	15.5%	1.1%	0.2%	5.8%
	6000—7000 元	40.1%	37.1%	14.4%	4.5%	0.7%	3.2%
	7000—8000 元	40.4%	42.5%	11.0%	1.9%	0.2%	3.9%

续前表

人口特征	类别	对阅读重要性评价					
		非常重要	比较重要	一般	比较不重要	非常不重要	说不清
收入	8000—10000 元	28.8%	53.9%	15.0%	0.7%	0.0%	1.7%
	10000 元及以上	41.8%	44.7%	11.9%	0.7%	0.0%	0.8%
	拒绝回答	26.7%	26.2%	19.5%	0.7%	0.6%	26.2%
职业或身份	工人或商业/服务业人员	30.9%	38.2%	20.1%	2.7%	1.4%	6.6%
	企业领导或管理人员	44.2%	38.6%	12.5%	4.1%	0.1%	0.4%
	农民或农民工	41.5%	31.6%	15.2%	3.4%	0.4%	7.8%
	事业单位干部	47.0%	35.6%	11.2%	2.5%	0.3%	3.4%
	一般职员/文员/秘书	27.6%	45.6%	20.1%	2.0%	0.1%	4.5%
	公务员	58.8%	29.0%	9.5%	1.0%	1.1%	0.7%
	军人/武警	50.0%	38.1%	8.3%	0.5%	0.0%	3.1%
	教师	59.6%	35.1%	4.4%	0.9%	0.0%	0.0%
	律师/医护人员/IT 等专业技术人员	35.7%	49.7%	12.0%	1.1%	0.2%	1.4%
	私营或个体劳动者	31.3%	37.5%	20.3%	2.4%	0.6%	7.9%
	学生	41.2%	39.3%	17.4%	1.5%	0.1%	0.5%
	离退休人员	36.2%	36.3%	18.1%	2.6%	1.3%	5.5%
	无业及失业人员	36.3%	36.6%	18.0%	2.8%	0.4%	6.0%
	自由职业者	30.0%	34.5%	20.6%	4.1%	0.1%	10.7%
	其他	14.4%	11.4%	74.2%	0.0%	0.0%	0.0%

2.1.2 综合阅读率

2012 年我国 18—70 周岁国民图书阅读率为 54.9%，比 2011 年的 53.9%上升了 1.0 个百分点；报纸阅读率为 58.2%，比 2011 年的 63.1%下降了 4.9 个百分点；期刊阅读率为 45.2%，比 2011 年的 41.3%上升了 3.9 个百分点；数字化阅读方式（网络在线阅读、手机阅读、电子阅读器阅读和光盘阅读、PDA/MP4/MP5 阅读等）的接触率为 40.3%，比 2011 年的 38.6%上升了 1.7 个百分点。

综合以上各媒介，2012 年我国 18—70 周岁国民包括书报刊和数字出版物在内的各种媒介的综合阅读率为 76.3%，比 2011 年的

77.6%下降了1.3个百分点。

具体情况如图2-1-2所示。

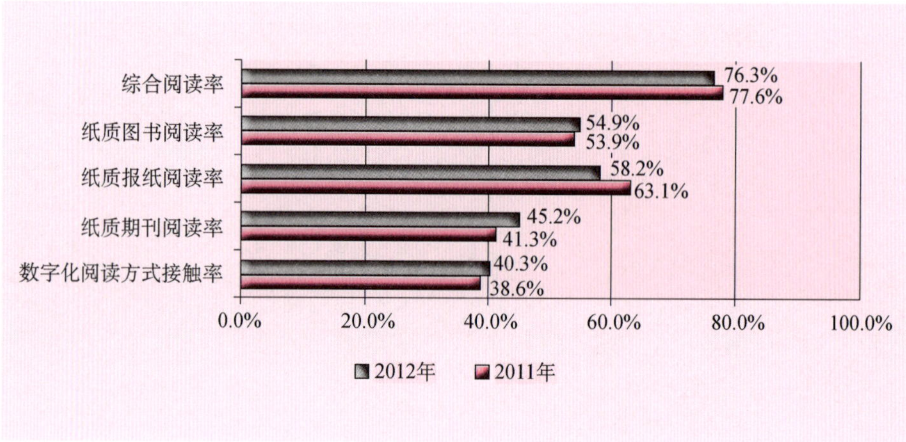

图2-1-2 各媒介阅读率变化情况

2.1.3 图书阅读率

2012年我国18—70周岁国民图书阅读率为54.9%，比2011年的53.9%上升了1.0个百分点。

近年来，从中央到地方通过开展形式多样、内容丰富的阅读活动，极大地激发了国民阅读的热情，营造了全民阅读的良好氛围。这些举措拉近了国民与图书的距离，把越来越多的国民吸引到阅读中来，这无疑有利于国民图书阅读率乃至综合阅读率的提高。2005年后，图书阅读率一直处于缓步提升中。2012年，我国的图书阅读率已回升至54.9%，略高于2001年的水平。

具体情况如图2-1-3所示。

如表2-1-2所示，不同人口特征群体之间的图书阅读率均存在一定差异。

从性别差异看，男性居民的图书阅读率为58.6%，较女性居民（50.9%）高出7.7个百分点。

从城乡对比看，城镇居民的图书阅读率为64.1%，较农村居民

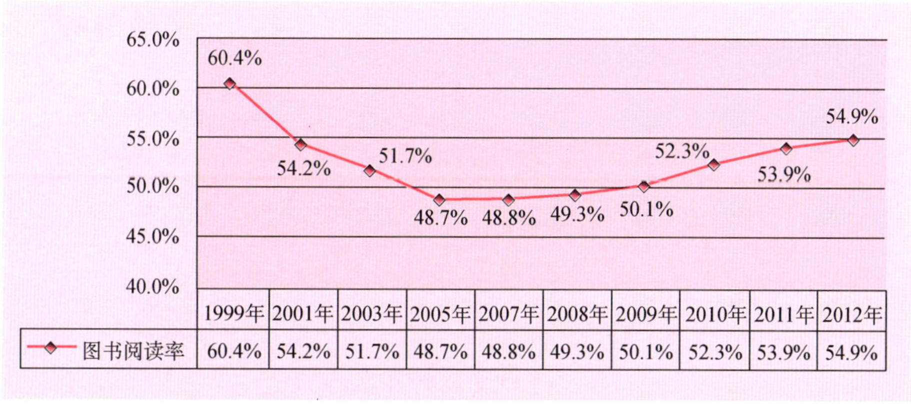

图 2-1-3　图书阅读率变化趋势

（44.3%）高出 19.8 个百分点。

从年龄分布上看，年龄较低群体的图书阅读率相对较高，18—29 周岁群体的图书阅读率最高，为 71.6%，高于全国平均水平；30—39 周岁群体的图书阅读率次之，为 54.9%，与全国平均水平持平。50—59 周岁群体的图书阅读率较低，为 40.2%。

从受教育程度看，学历越高的群体，其图书阅读率越高。博士研究生学历群体的图书阅读率最高，为 100.0%；硕士研究生学历群体的图书阅读率次之，为 95.1%。小学及以下学历群体的图书阅读率最低，仅为 24.5%。

从收入水平看，中高收入群体的图书阅读率相对高于低收入群体。月收入在 6000—7000 元之间群体的图书阅读率最高，为 96.2%；月收入在 10000 元及以上群体的图书阅读率次之，为 93.2%。月收入在 500 元以下群体的图书阅读率最低，为 33.5%。

从职业或身份来看，“教师”群体的图书阅读率最高，为 97.7%。“教师”“学生”“律师/医护人员/IT 等专业技术人员”“事业单位干部”“企业领导或管理人员”“军人/武警”“公务员”“一般职员/文员/秘书”“自由职业者”群体的图书阅读率均高于全国平均水平，也显著高于“农民或农民工”等群体。

表 2-1-2　不同人口特征群体图书阅读率

人口特征	类别	图书阅读率
性别	男	58.6%
	女	50.9%
城乡	城镇	64.1%
	农村	44.3%
年龄	18—29 周岁	71.6%
	30—39 周岁	54.9%
	40—49 周岁	49.9%
	50—59 周岁	40.2%
	60—70 周岁	42.3%
学历	博士研究生	100.0%
	硕士研究生	95.1%
	本科	92.4%
	大专	87.3%
	高中	65.4%
	初中	40.4%
	小学及以下	24.5%
收入	无收入	54.0%
	500 元以下	33.5%
	500—1000 元	36.3%
	1000—1500 元	47.0%
	1500—2000 元	55.4%
	2000—3000 元	63.1%
	3000—4000 元	65.6%
	4000—5000 元	70.5%
	5000—6000 元	76.6%
	6000—7000 元	96.2%
	7000—8000 元	81.8%
	8000—10000 元	60.6%
	10000 元及以上	93.2%
	拒绝回答	49.0%
职业或身份	工人或商业/服务业人员	53.3%
	企业领导或管理人员	86.7%
	农民或农民工	36.6%
	事业单位干部	88.6%
	一般职员/文员/秘书	66.3%
	公务员	84.0%
	军人/武警	85.9%
	教师	97.7%

续前表

人口特征	类别	图书阅读率
职业或身份	律师/医护人员/IT 等专业技术人员	93.0%
	私营或个体劳动者	49.5%
	学生	95.4%
	离退休人员	47.2%
	无业及失业人员	45.9%
	自由职业者	62.2%
	其他	53.9%

2.1.4 图书阅读量

2012 年，我国 18—70 周岁国民人均纸质图书阅读量为 4.39 本，与 2011 年的 4.35 本基本持平。

不同人口特征群体之间的图书阅读量均存在一定差异。

从性别差异来看，男性居民的图书阅读量为 4.71 本，较女性居民图书阅读量（4.05 本）多出 0.66 本。

从城乡对比来看，城镇居民的图书阅读量为 5.53 本，较农村居民图书阅读量（3.06 本）多出 2.47 本。

从年龄分布上看，年龄较低群体的图书阅读量相对较多。30—39 周岁群体的图书阅读量最多，为 5.57 本；18—29 周岁群体的图书阅读量次之，为 4.84 本。而 50—59 周岁群体的图书阅读量最少，为 3.07 本。

从受教育程度看，学历越高的群体，其图书阅读量越多。博士研究生学历群体的图书阅读量最多，为 28.86 本；硕士研究生学历群体的图书阅读量次之，为 18.78 本。小学及以下学历群体的图书阅读量最少，为 1.35 本。

从收入水平看，中高收入群体的图书阅读量要多于低收入群体。月收入在 5000—6000 元之间群体的图书阅读量最多，为 8.85 本；月收入在 10000 元及以上群体的图书阅读量次之，为 7.87 本。月收入在 500 元以下群体的图书阅读量最少，仅为 2.07 本。

从职业或身份来看，“公务员”群体的图书阅读量最多，为 13.03 本。“公务员”“教师”“学生”“律师/医护人员/IT 等专业技术人员”“事业单位干部”“企业领导或管理人员”“一般职员/文员/秘书”“自由职业者”“离退休人员”群体的图书阅读量均超过全国平均水平，也显著多于“无业及失业人员”和“农民或农民工”等群体。

具体情况见表 2-1-3 所示。

表 2-1-3 不同人口特征群体图书阅读量

人口特征	类别	图书阅读量（本）
性别	男	4.71
	女	4.05
城乡	城镇	5.53
	农村	3.06
年龄	18—29 周岁	4.84
	30—39 周岁	5.57
	40—49 周岁	3.89
	50—59 周岁	3.07
	60—70 周岁	3.72
教育程度	博士研究生	28.86
	硕士研究生	18.78
	本科	9.87
	大专	6.92
	高中	4.72
	初中	2.83
	小学及以下	1.35
收入	无收入	4.59
	500 元以下	2.07
	500—1000 元	2.69
	1000—1500 元	3.10
	1500—2000 元	4.10
	2000—3000 元	5.53
	3000—4000 元	4.89
	4000—5000 元	5.75
	5000—6000 元	8.85
	6000—7000 元	6.59
	7000—8000 元	6.94
	8000—10000 元	7.09
	10000 元及以上	7.87
	拒绝回答	4.37

续前表

人口特征	类别	图书阅读量（本）
职业或身份	工人或商业/服务业人员	3.72
	企业领导或管理人员	7.35
	农民或农民工	1.92
	事业单位干部	7.82
	一般职员/文员/秘书	5.60
	公务员	13.03
	军人/武警	3.12
	教师	10.34
	律师/医护人员/IT 等专业技术人员	8.10
	私营或个体劳动者	3.69
	学生	9.60
	离退休人员	4.65
	无业及失业人员	2.92
	自由职业者	5.42
	其他	4.95

2.1.5 图书阅读来源

本次调查显示，我国 18—70 周岁图书读者阅读图书的主要来源是“自费购买”，其选择比例达 71.5%。而通过借阅（“向他人借阅”和“到图书馆借阅”）途径获取图书的人数也不少，通过“向他人借阅”来获取图书的比例为 42.6%，通过“到图书馆借阅”来获取图书的比例为 19.1%。还分别有 13.6%和 9.4%的图书读者阅读图书的主要来源是“单位购买”和“在书店或书吧里看”，而通过其他途径获取图书的人数则相对较少。

具体如图 2-1-4 所示。

通过对城乡图书读者图书获取渠道进行对比发现，城镇读者通过“到图书馆借阅”和“自费购买”等渠道获取图书的比例（24.8%和 74.1%），要高于农村读者（9.5%和 67.1%）。而农村读者通过“向他人借阅”获取图书的比例（47.7%），要高于城镇读者（39.6%）。同时农村读者选择通过“农家书屋”阅读图书的比例（8.5%），要高于城镇读者选择“社区书屋”的比例（0.5%）。

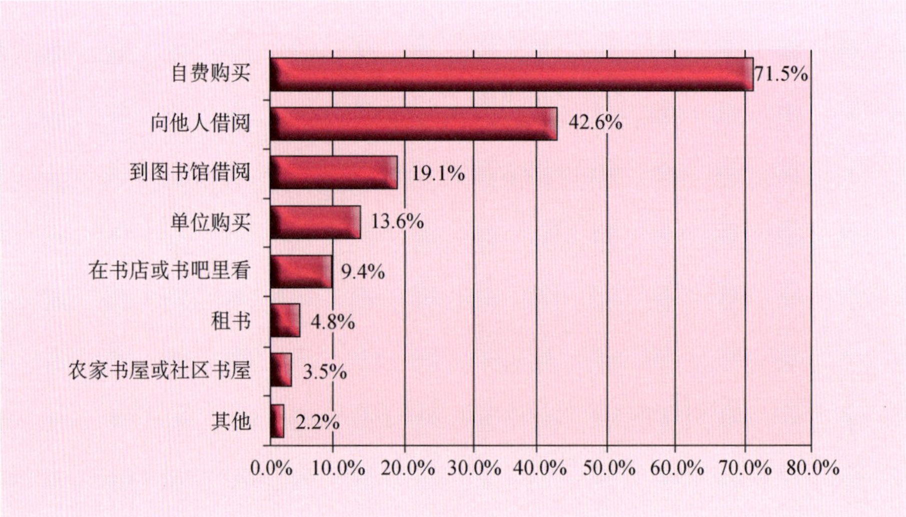

图 2-1-4　图书阅读来源

具体情况如表 2-1-4 所示。

表 2-1-4　城乡居民图书来源对比

图书阅读来源	城镇	农村
自费购买	74.1%	67.1%
到图书馆借阅	24.8%	9.5%
向他人借阅	39.6%	47.7%
租书	5.7%	3.4%
在书店或书吧里看	10.1%	8.2%
单位购买	13.8%	13.2%
农家书屋或社区书屋	0.5%	8.5%
其他	2.1%	2.5%

2.1.6　家庭藏书量

2012 年，我国 18—70 周岁国民的平均家庭藏书量为 40.06 本。超过六成的国民（60.5%）表示家中有藏书，有 15.3%的国民表示家庭藏书量在 50 本以上，8.3%的国民表示家庭藏书量超过 100 本。

具体情况如图 2-1-5 所示。

不同人口特征群体的家庭藏书情况均存在一定差异。

从城乡对比看，我国城镇居民的平均家庭藏书量为 55.30 本，而农村居民的平均家庭藏书量仅为 22.49 本，不及城镇居民的二分

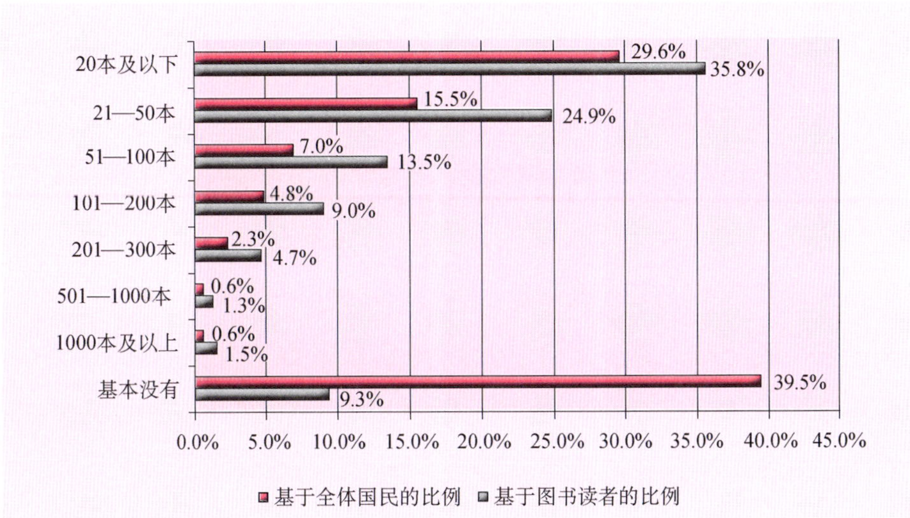

图 2-1-5 家庭藏书量

之一。

从年龄分布上看，相对而言，年龄越高其家庭藏书量越多。60—70 周岁群体的平均家庭藏书量最多，为 51.65 本；而 18—29 周岁群体的平均家庭藏书量最少，为 33.89 本。

从受教育程度看，学历越高其家庭藏书量越多。博士研究生学历群体的平均家庭藏书量最多，为 421.58 本；硕士研究生学历群体的平均家庭藏书量次之，为 272.23 本。小学及以下学历群体的平均家庭藏书量最少，为 12.94 本。

从收入水平看，相对而言，收入较高群体的平均家庭藏书量要高于收入较低群体。月收入在 6000—7000 元之间群体的平均家庭藏书量最多，为 118.21 本。月收入在 500 元以下群体的平均家庭藏书量最少，仅为 12.63 本。

从职业或身份来看，“公务员”“事业单位干部”“企业领导或管理人员”“教师”“律师/医护人员/IT 等专业技术人员”“离退休人员”群体的平均家庭藏书量较多，均超过 70.00 本。而“农民或农民工”群体的平均家庭藏书量最少，仅为 14.69 本。

此外，2012 年，我国 18—70 周岁有过读书行为的国民的平均家庭藏书量为 77.43 本。大多数图书读者（90.7%）表示家中有藏书，有 30.0%的读者表示家庭藏书量在 50 本以上，16.5%的读者表示家庭藏书量超过 100 本。

不同人口特征图书读者的家庭藏书情况也存在一定差异。

从城乡对比看，我国城镇读者的平均家庭藏书量为 94.03 本，而农村读者的平均家庭藏书量仅为 49.68 本。

从年龄分布上看，读者年龄越高其家庭藏书量也越多。60—70 周岁读者群体的平均家庭藏书量最多，为 107.27 本。而 18—29 周岁读者群体的平均家庭藏书量最少，为 53.48 本。

从受教育程度看，读者学历越高其家庭藏书量也越多。博士研究生学历读者的平均家庭藏书量最多，为 421.58 本；硕士研究生学历读者的平均家庭藏书量次之，为 320.99 本。小学及以下学历读者的平均家庭藏书量最少，为 21.68 本。

从收入水平看，相对而言，收入较高读者群体的平均家庭藏书量要高于收入较低读者群体。月收入在 6000—7000 元之间的读者群体的平均家庭藏书量最多，为 155.65 本。月收入在 500 元以下的读者群体的平均家庭藏书量最少，仅为 36.28 本。

从职业或身份来看，有过读书行为的“公务员”“事业单位干部”“离退休人员”“企业领导或管理人员”“教师”“律师/医护人员/IT 等专业技术人员”群体的平均家庭藏书量较多，均超过 100.00 本。而有过读书行为的“农民或农民工”群体的平均家庭藏书量较少，仅为 31.92 本。

具体情况如表 2-1-5 所示。

表 2-1-5　不同人口特征群体家庭藏书量

人口特征	类别	家庭藏书量（基于全体国民）（本）	家庭藏书量（基于图书读者）（本）
城乡	城镇	55.30	94.03
	农村	22.49	49.68

续前表

人口特征	类别	家庭藏书量（基于全体国民）（本）	家庭藏书量（基于图书读者）（本）
年龄	18—29 周岁	33.89	53.48
	30—39 周岁	38.81	81.01
	40—49 周岁	43.15	91.08
	50—59 周岁	41.16	101.98
	60—70 周岁	51.65	107.27
学历	博士研究生	421.58	421.58
	硕士研究生	272.23	320.99
	本科	106.43	130.29
	大专	74.11	100.05
	高中	39.43	66.33
	初中	18.45	36.95
	小学及以下	12.94	21.68
收入	无收入	24.34	40.98
	500 元以下	12.63	36.28
	500—1000 元	23.66	56.98
	1000—1500 元	26.54	54.59
	1500—2000 元	33.58	60.02
	2000—3000 元	60.76	108.00
	3000—4000 元	49.98	83.25
	4000—5000 元	63.12	100.91
	5000—6000 元	88.90	125.75
	6000—7000 元	118.21	155.65
	7000—8000 元	98.55	155.57
	8000—10000 元	68.55	136.08
	10000 元及以上	100.44	139.81
	拒绝回答	41.94	92.08
职业或身份	工人或商业/服务业人员	30.88	62.65
	企业领导或管理人员	98.77	127.11
	农民或农民工	14.69	31.92
	事业单位干部	108.18	138.45
	一般职员/文员/秘书	40.75	65.20
	公务员	199.11	277.02
	军人/武警	54.55	57.26
	教师	94.29	109.53
	律师/医护人员/IT 等专业技术人员	83.99	105.19

续前表

人口特征	类别	家庭藏书量（基于全体国民）（本）	家庭藏书量（基于图书读者）（本）
职业或身份	私营或个体劳动者	28.24	60.01
	学生	54.89	63.87
	离退休人员	70.62	134.78
	无业及失业人员	21.49	42.01
	自由职业者	38.99	74.78
	其他	25.52	30.73

2.2 读书目的及不读书原因

2.2.1 读书目的认知

2012年，我国18—70周岁图书读者读书的主要目的集中在学习型功能、休闲型功能和实用型功能上。首先，大部分图书读者是为了增加知识而读书，59.8%的读者的读书目的是“增加知识，开阔眼界”。其次，分别有38.3%、34.9%的读者读书主要是为了“打发时间/休闲消遣”和“满足兴趣爱好”。再次，部分读者读书也会有一些实用型目的。有31.7%的读者因为“掌握一些实用技能”而读书，还有29.4%的读者因为“工作学习需要”而读书，这些读者希望通过读书了解更多的专业知识和工作技能。此外，还有32.5%的读者因为想“提高修养”而读书。

具体情况如图2-2-1所示。

从城乡差异看，城镇读者与农村读者的读书目的存在一定差异。城镇读者选择“提高修养”“满足兴趣爱好”“工作学习需要”和“增加知识，开阔眼界”等选项的比例要高于农村读者。而农村读者选择“打发时间/休闲消遣”的比例则要高于城镇读者。

具体情况如图2-2-2所示。

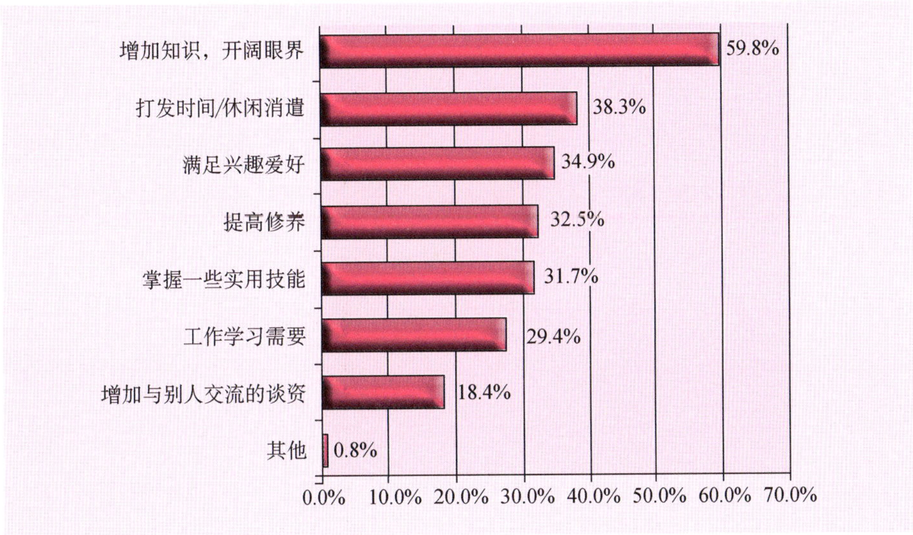

图 2-2-1　读者读书目的认知

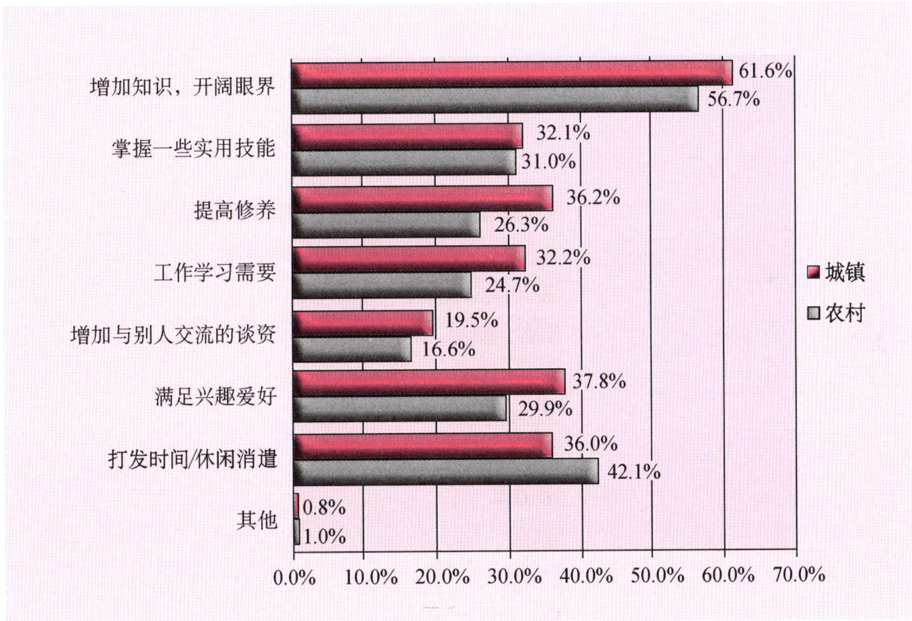

图 2-2-2　读者读书目的城乡差异比较

2.2.2　没读书的原因

对我国 2012 年没有读书行为的 18—70 周岁国民进行考察发现，工作忙和缺乏阅读习惯是其没读书的最主要原因。有四成以上（42.8%）的人表示因“工作太忙没时间读书”，有 35.8%的人表示没读书的原因在于“没有读书的习惯/不喜欢读书”。

其他媒介的干扰也是一个重要因素。在过去一年没有读书行为的18—70周岁国民中，有16.5%的人“因看电视而没有时间读书”，7.7%的人表示“因上网/玩游戏等而没时间读书”。同时，还有12.4%的人因为“文化水平有限，读书有困难”而没读书，有11.3%的人因“不知道该读什么”而不去读书，有10.9%的人因“找不到感兴趣的书”而没读书，有7.5%的人因“缺少读书氛围”而没读书。

此外，这些在过去一年没有读书的国民之所以没有读书大多并非认为读书无用，只有3.2%的人因为觉得“读书没用”而没去读书。而因经济原因导致没读书的选择比例也较低，只有2.2%的人因“书价过高买不起”而没有读书。

具体情况如图2-2-3所示。

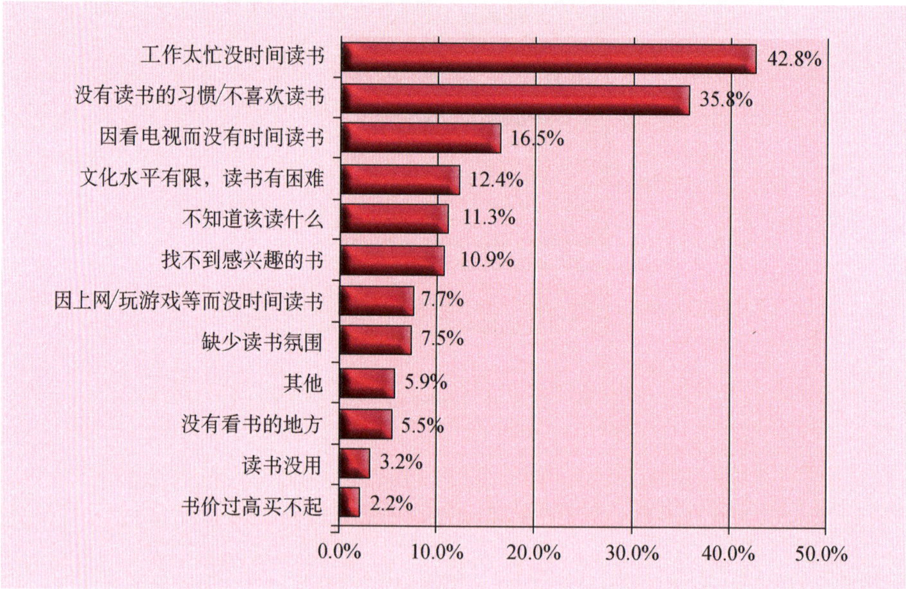

图2-2-3 没读书的原因

通过我国2012年没有读书行为的18—70周岁国民没读书原因的城乡对比发现，导致城乡居民没读书的最主要原因都是“工作太忙没时间读书”，选择比例均超过40.0%。此外，城镇居民“因上网/玩游戏等而没时间读书”等原因而没读书的比例要高于农村居民；而农村居民因“文化水平有限，读书有困难”“没有看书的地方”“没有读书的习惯/不喜欢读书”等原因而没读书的比例要高于城镇居民。

具体情况如图 2-2-4 所示。

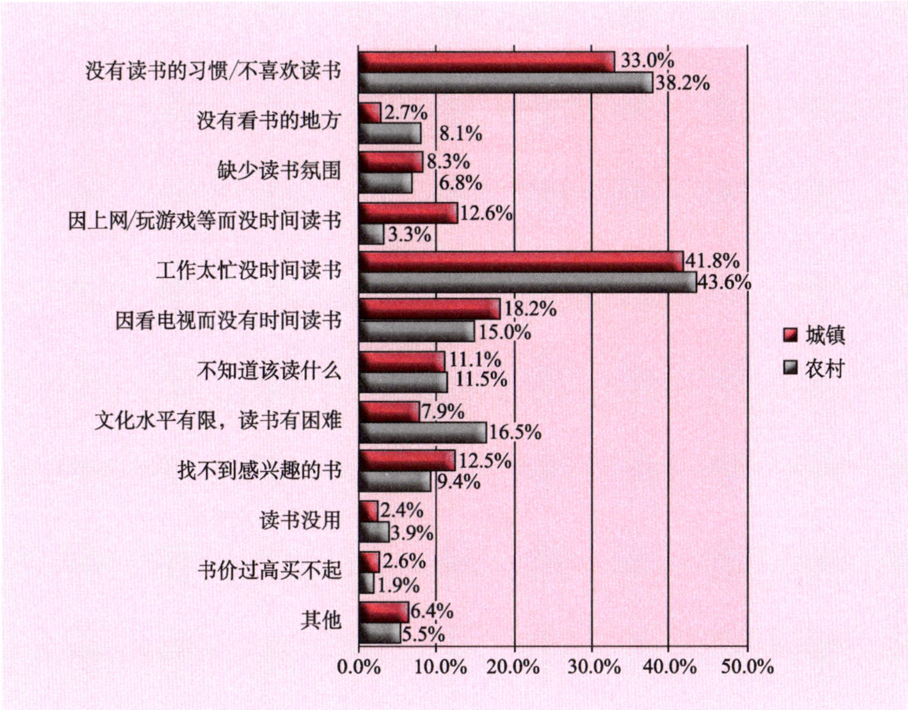

图 2-2-4　城乡成年居民没读书原因对比

2.3　购书状况及变化

2.3.1　购书频率

我国 18—70 周岁国民人均每年购书 2.52 次。在我国 18—70 周岁国民中，有 47.0%的人表示过去曾经购买过图书，35.7%的人表示在 2012 年至少购买过一次图书，29.6%的成年居民表示在半年内至少购买过一次图书。此外，有 11.3%的人表示在两年或更长的时间内才购买一次图书，有53.0%的成年居民表示从未购买过图书。

具体情况如表2-3-1所示。

表2-3-1　图书购买频率

购书频率	选择比例
一星期一次	1.0%
半个月一次	2.1%
一个月一次	5.3%
两个月一次	5.0%
三个月一次	6.4%
半年一次	9.8%
一年一次	6.1%
两年或更长时间一次	11.3%
从不购买	53.0%

2.3.2　购书者的购书目的

调查数据显示，我国绝大多数18—70周岁购书者购买图书是为了满足自己和家人的阅读需求，有88.2%的购书者的购书目的是"自己看"，有44.0%的购书者购买图书是为了"给孩子、家人看"。仅有3.0%的购书者购买图书是"作为礼品赠送他人"。

具体情况如图2-3-1所示。

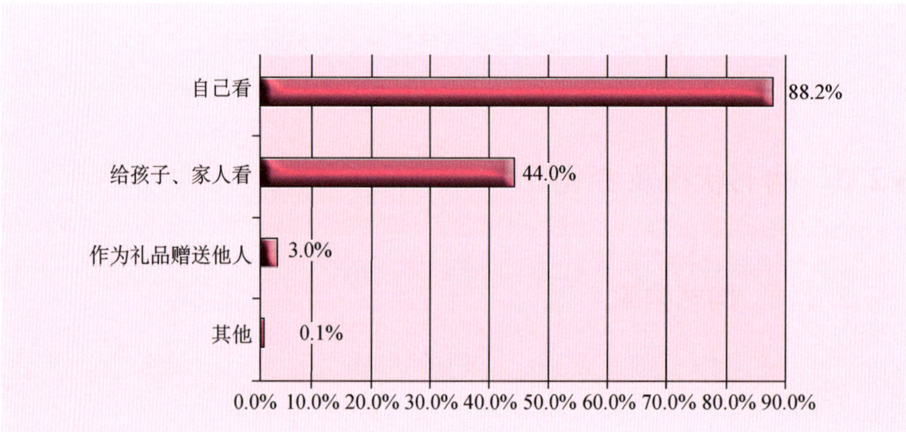

图2-3-1　购书者的购书目的

2.3.3 购书渠道与渠道选择的原因

2.3.3.1 购书渠道

如表 2-3-2 所示，实体书店仍是我国 18—70 周岁购书者的主要购书渠道。70.9%的购书者表示通常在各地“新华书店”购买图书，有 33.8%的购书者经常在“私营书店”购买图书，有 10.7%的购书者经常在“超市/商场”购书，有 8.6%的购书者经常在“特价、旧书店”购书，有 7.9%的购书者经常在“图书批发市场”购书，与 2010 年变化不大。此外，选择在“街头书摊”购买图书的比例也较高，为 22.8%，但是这一比例近年来一直下降（2009 年为 35.8%，2010 年为 30.1%，2011 年为 28.2%）。

值得注意的是，2012 年，有 12.2%的购书者表示经常在“网上购书”，这一比例近年来持续上升（2009 年为 5.2%，2010 年为 8.5%，2011 年为 11.0%）。

表 2-3-2　居民购书渠道

购书渠道	2012 年	2011 年
新华书店	70.9%	70.6%
私营书店	33.8%	32.8%
街头书摊	22.8%	28.2%
网上购书	12.2%	11.0%
超市/商场	10.7%	10.1%
特价、旧书店	8.6%	9.3%
图书批发市场	7.9%	9.4%
书展、书市	6.1%	7.3%
图书俱乐部/邮购	0.9%	0.8%
卖书者上门推销	0.3%	0.7%
其他	1.4%	1.8%

通过进一步对比购书渠道的城乡差异发现，城镇购书者通过“新华书店”、网络等渠道购买图书的比例高于农村购书者。而农村

购书者选择“街头书摊”的比例相对城镇购书者要更高。

具体情况如表 2-3-3 所示。

表 2-3-3　城乡居民购书渠道对比

购书渠道	城镇	农村
新华书店	75.4%	63.7%
私营书店	34.3%	33.0%
街头书摊	17.5%	31.2%
网上购书	16.5%	5.3%
超市/商场	10.9%	10.5%
图书批发市场	9.4%	5.5%
特价、旧书店	8.5%	8.8%
书展、书市	6.6%	5.3%
图书俱乐部/邮购	0.7%	1.3%
卖书者上门推销	0.2%	0.6%
其他	1.2%	1.6%

2.3.3.2　购书渠道选择原因

调查数据显示，图书种类与图书信息丰富程度、便利性和价格，是我国 18—70 周岁购书者选择购书渠道时考虑的几个重要因素。首先，从图书种类、图书信息丰富程度看，有 57.1%的购书者表示“图书种类多”是影响其选择购书渠道的主要原因之一，有 29.4%的购书者认为“图书信息丰富”是影响其选择购书渠道的主要原因之一。其次，就便利性来说，有 32.8%的购书者表示“很容易找到需要的书”是影响其购书渠道选择的主要因素之一，有 28.2%的购书者认为距离是影响其选择购书渠道的主要原因之一。第三，有很多购书者比较关注价格因素，有 27.9%的购书者表示“价格折扣”是影响其选择购书渠道的主要原因之一。

此外，购书环境与服务也是影响部分购书者选择购书渠道的重要因素之一。有 16.7%的购书者将“店内环境好、设施齐全”作为选择购书渠道的主要原因之一，还有7.2%的购书者将“店主人或服务员态度亲切、服务好”作为是否选择该购书渠道的主要原因之一。而“开展读书活动”选择比例较低，仅为1.0%。

具体情况如图2-3-2所示。

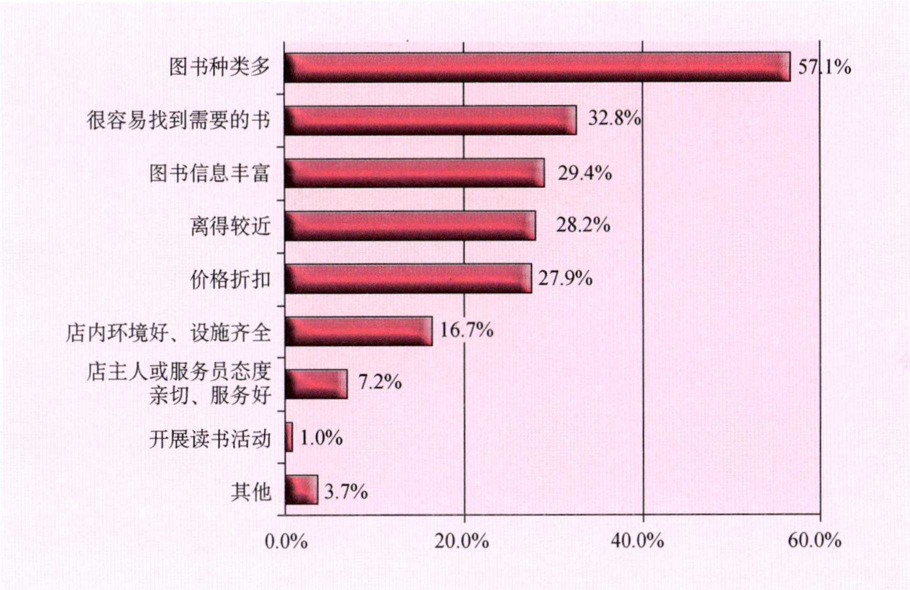

图2-3-2　购书渠道的选择原因

2.3.4　图书信息的获取途径

媒介与亲友推荐是我国18—70周岁国民获取图书信息的最主要途径。在媒介方面，有28.1%的人所获取的图书信息来自于电视，有22.1%的人通过网络获取图书信息，有14.1%的人从报纸、期刊上了解图书信息。在亲友推荐方面，有23.4%的人认为“朋友或他人推荐”是其获取图书信息的主要渠道。另外，还有35.0%的人表示没有获取图书信息的渠道。

具体情况如图2-3-3所示。

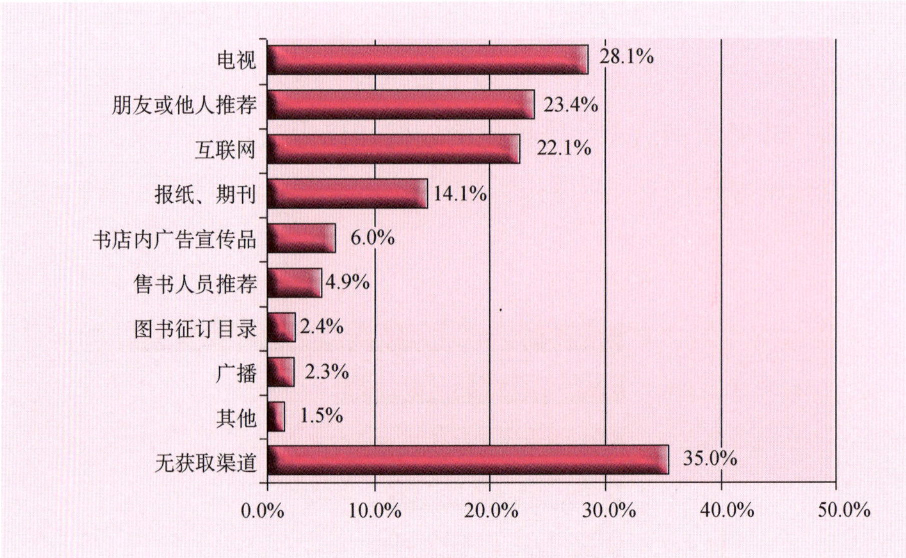

图 2-3-3　图书信息获取途径

2.3.5　购书影响因素

通过对我国 18—70 周岁购书者进行调查得知，图书内容简介和书名目录这些能反映图书内容的因素对于图书销售的影响较大，有 58.2%的购书者表示，“图书内容简介”是影响其购买图书的主要因素之一，“书名或目录”的选择比例为 22.0%。其次，“熟人推荐”（26.0%）和“店员推荐”（11.3%）这些人际传播因素，也会影响到较多购书者的购书选择。再次，有 17.1%的购书者的购书行为会受到图书“价格”因素的影响。此外，“畅销书榜”（13.0%）、“作者”（10.9%）和“封面设计及外观”（10.9%）等也是影响部分购书者购书的因素。

值得注意的是，我国 18—70 周岁购书者在购书时并不太在意“出版社的名气”和“图书广告”，仅有 3.8%和 1.9%的购书者选择这两个选项。

具体情况如图 2-3-4 所示。

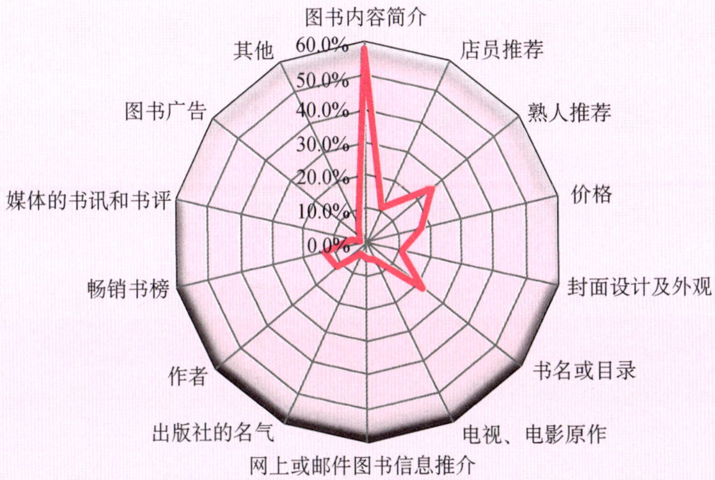

图 2-3-4　购书影响因素

2.3.6　购书制约因素

调查数据显示，64.9%的我国 18—70 周岁国民认为在购书方面“没有什么不方便”，而信息传播不畅、客观距离是较为主要的购书不便因素。在客观距离方面，有 17.4%的成年居民认为购书不便是因为“家离卖书的地方很远”。在信息不畅方面，有 13.0%的人因为“对书的信息知道得少”而感到购书不便。

具体情况如表 2-3-4 所示。

表 2-3-4　对购书造成不便的因素

购书不便之处	选择比例
家离卖书的地方很远	17.4%
书店陈列混乱，很难找书	4.1%
书店服务态度不好	2.3%
对书的信息知道得少	13.0%
想买的书总是没有	5.8%
没有图书信息检索设备	3.9%
没有什么不方便	64.9%
其他	1.0%

调查数据显示，制约城乡居民购书的因素存在一定差异。“家

离卖书的地方很远”是造成农村居民购书不便的最主要原因（28.4%），这一比例较城镇居民（7.9%）高出20.5个百分点。而城镇居民认为购书“没有什么不方便”的比例（73.0%）要高出农村居民（55.6%）17.4个百分点。

具体情况如表2-3-5所示。

表2-3-5　城乡居民购书制约因素的比较

购书不便之处	城镇	农村
家离卖书的地方很远	7.9%	28.4%
书店陈列混乱，很难找书	4.9%	3.1%
书店服务态度不好	3.3%	1.0%
对书的信息知道得少	11.9%	14.3%
想买的书总是没有	5.9%	5.6%
没有图书信息检索设备	4.4%	3.4%
没有什么不方便	73.0%	55.6%
其他	0.8%	1.2%

2.3.7　购书距离

2012年，我国18—70周岁国民离家最近购书点的平均距离为3.30公里，与2011年（3.27公里）基本相当。城乡之间的购书距离存在一定差异，城镇居民距离家最近购书点的平均距离为1.83公里，农村居民距离家最近购书点的平均距离为4.91公里，比城镇居民多出3.08公里。

如图2-3-5所示，55.1%的我国18—70周岁国民表示距离家最近购书点的距离主要集中在3公里以内，有26.6%的人表示距离家最近购书点的距离不超过1公里。同时，有31.6%的人表示距离家最近购书点的距离超过3公里，特别是有11.3%的人表示离家最近购书点的距离在10公里及以上。另外，还有13.2%的人对这一距离表示“不清楚/不知道”。

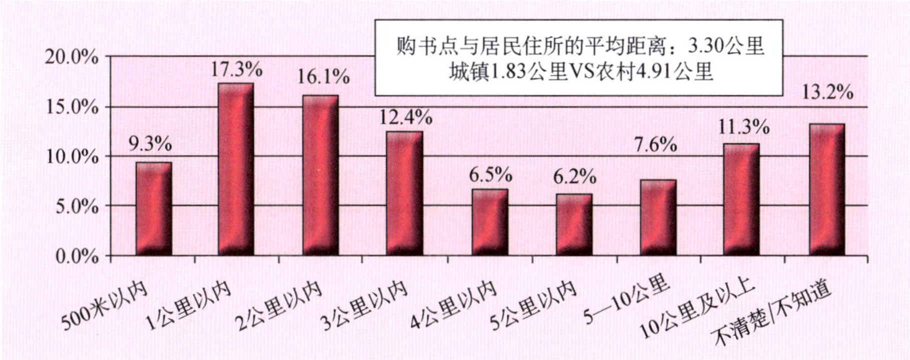

图 2-3-5　距离家最近的购书点的距离

2.3.8　图书价格的评价

2012 年，在我国 18—70 周岁国民中，有 45.7%的人认为当前图书定价高（“比较贵”和“非常贵”），仅有 3.9%的人认为当前图书价格便宜（“比较便宜”和“非常便宜”）。另外，有 29.6%的人认为当前的图书价格“合适”，还有 20.8%的人对当前的图书价格感知比较模糊（“说不清”）。

具体情况如图 2-3-6 所示。

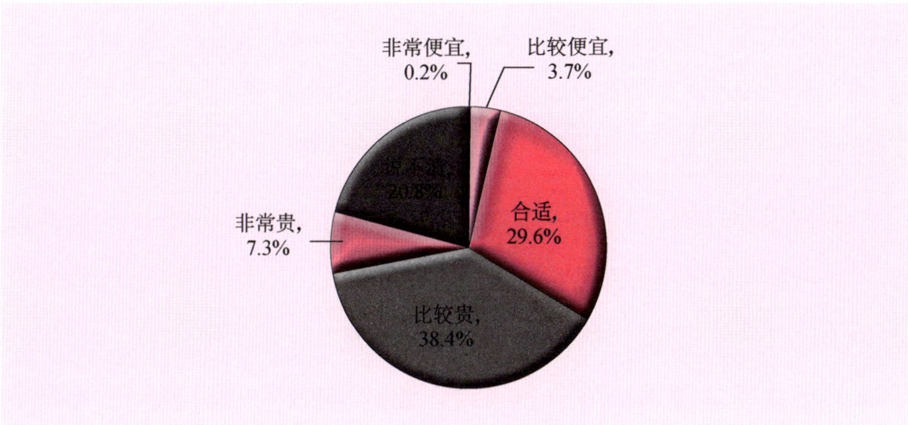

图 2-3-6　对当前图书价格的评价

2.3.9　图书价格承受能力

通过对图书价格承受能力的分析发现，对于一本 200 页左右文学类简装书，2012 年我国 18—70 周岁国民平均能够接受的价格为 13.67 元，较 2011 年的 13.43 元增加了 0.24 元。

对于购买一本 200 页左右的文学类简装书，大部分 18—70 周岁国民能够接受的价格区间集中在 30 元以下。具体来看，有 7.5%的国民只能承受 4 元以下的价格，12.0%的国民能承受 4—8 元的价格，25.5%的国民能承受 8—12 元的价格，28.1%的国民能承受 12—20 元的价格，14.4%的国民能承受 20—30 元的价格。此外，有 2.8%的国民能够承受的价格在 30 元及以上。还有 9.8%的国民认为对于图书“只要喜欢，多贵都买”。

具体情况如图 2-3-7 所示。

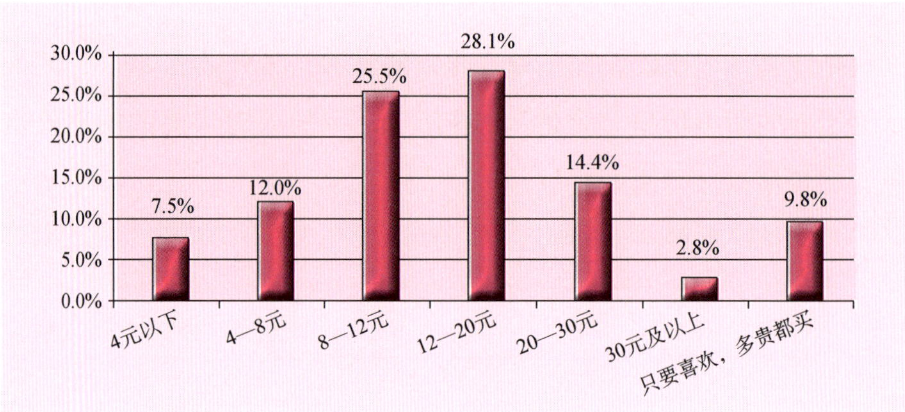

图 2-3-7　可接受的图书价格

数据显示，对于同样一本 200 页左右的文学类简装书，我国城乡居民可接受的价格呈现一定差异。城镇居民平均可承受的图书价格为 14.73 元，较农村居民（12.47 元）高出 2.26 元。

从可接受的图书价格分布来看，农村居民中只能接受 12 元以下图书价格的比例为 52.5%，较城镇居民的这一数据（38.6%）高出 13.9 个百分点。而城镇居民中能接受 12 元及以上图书价格的比例为 51.0%，较农村居民的这一数据（38.3%）高出 12.7 个百分点。同时，城镇居民中表示能接受“只要喜欢，多贵都买”的比例为

10.4%，也高于农村居民（9.1%）。

具体情况如图 2-3-8 所示。

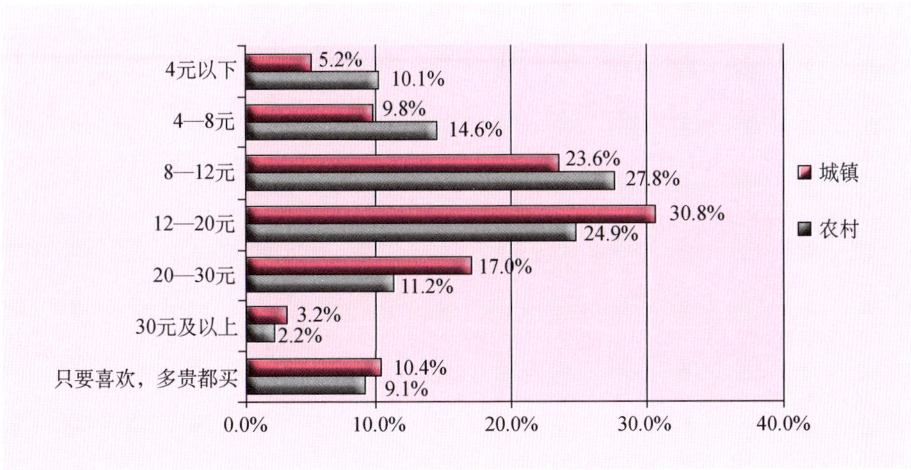

图 2-3-8　城乡居民图书价格承受能力对比

2.3.10　读者最喜爱的书店

在无提示情况下，我们请被访者列举其最经常购买出版物的三家书店。结果显示，2012 年，我国 18—70 周岁国民最喜爱书店排在前三位的分别是“本地新华书店”“当当网”“卓越网”，与去年情况大体相似。

具体情况如表 2-3-6 所示。

表 2-3-6　读者最喜爱的书店

书店名称	排名
本地新华书店	1
当当网	2
商场/超市/商城	3
卓越网	4
淘宝书店	5
新知书店	6
京东商城	7
私营书店	8
文轩书店	9
上海书城	10

2.3.11　书店知名度和市场渗透率

在调查中，我们列举了 23 家国内较为知名的书店（包括网上书店），请被访者选择其知道的书店名称，然后再根据被访者选择情况对这些书店进行知名度排名。结果表明，“本地新华书店”的知名度最高，为 89.0%；“本地大型书店、图书大厦、图书城等”和“当当网”的知名度也相对较高，均超过 20.0%，分别位居第二、第三名。

另外，虽然“当当网”“京东商城”“卓越亚马逊网”等几家网上书店的整体排名较为靠前，但排名第一、第二位的依然是“本地新华书店”和“本地大型书店、图书大厦、图书城等”这些实体书店。这说明尽管实体书店在多种因素的冲击下有所收缩，但其长久以来积累的品牌资源不会轻易消失，这也是实体书店逆转颓势的有利因素。

具体情况如表 2-3-7 所示。

表 2-3-7　书店的知名度排名

书店名称	选择比例	排名
本地新华书店	89.0%	1
本地大型书店、图书大厦、图书城等	25.5%	2
当当网	23.0%	3
京东商城	15.3%	4
亚马逊网	13.1%	5
苏宁易购	11.0%	6
新华文轩连锁书店	5.9%	7
新知书城	5.8%	8
大众书局	5.4%	9
上海书城	5.0%	10
中国图书网	4.8%	11
博库书城	3.6%	12
九九网上书城	3.6%	13
新书城网上书店	3.3%	14

续前表

书店名称	选择比例	排名
一城网	2.2%	15
时代网上书	1.8%	16
孔夫子旧书网	1.5%	17
红泥巴图书网	1.2%	18
季风书园	1.2%	19
蔚蓝图书网	1.1%	20
800 图书网	1.1%	21
弘道书局	1.0%	22
西西弗书店	0.9%	23

对于所列举的23家国内较为知名的书店（包括网上书店），进一步询问被访者曾在其中哪些书店购买过出版物，再根据被访者的选择比例来判断这些书店的市场渗透情况。数据显示，2012年，在我国18—70周岁国民中，大多数人（74.2%）曾去过“本地新华书店”购买出版物；其次，曾在“当当网”“亚马逊网”“京东商城”等网络书店购买过出版物的比例也较高，分别为15.1%、8.4%和5.2%。

具体情况如表2-3-8所示。

表 2-3-8　书店的市场渗透率排名

书店名称	选择比例	排名
本地新华书	74.2%	1
本地大型书店、图书大厦、图书城等	17.4%	2
当当网	15.1%	3
亚马逊网	8.4%	4
京东商城	5.2%	5
新华文轩连锁书店	3.0%	6
新知书城	2.7%	6
苏宁易购	2.0%	8
上海书城	1.7%	9
新书城网上书店	1.3%	10
99 网上书城	1.1%	10
博库书城	1.1%	12
中国图书网	0.9%	12
大众书局	0.9%	12

续前表

书店名称	选择比例	排名
弘道书局	0.5%	12
西西弗书店	0.5%	16
800 图书网	0.4%	17
时代网上书	0.3%	17
孔夫子旧书网	0.3%	19
季风书园	0.3%	20
红泥巴图书网	0.3%	21
蔚蓝图书网	0.2%	21
一城网	0.2%	23

2.4 分类图书市场

调查数据显示，2012 年，在我国 18—70 周岁国民中，有 31.6%的人喜欢“文学”类图书，有 27.0%的人喜欢“日常生活”类图书，喜欢“历史”“经济、管理”“军事”“医药卫生”“心理”等类图书的人也相对较多，所占比例均在 10.0%以上。

“文学”类图书的购买率最高，12.6%的人曾经购买过此类图书，“日常生活”“少儿”“经济、管理”“历史”“医药卫生”类图书的购买率也相对较高，分别为 8.4%、5.0%、4.8%、4.1%和 4.1%，均在 4.0%以上。总体来看，偏好度较高的几类图书其购买率也相对较高。“文学”和“日常生活”这两类偏好度最高的图书，其预购率也最高。而值得注意的是，“少儿”类图书的偏好度虽不高，但其购买率（5.0%）却仅次于“文学”和“日常生活”类图书，位居第三。

从市场空缺度来看，我国当前各类图书的市场空缺度都不高。相对而言，“文学”类图书的市场空缺度最高，为 3.5%。这在一定程度说明我国图书市场的供给是比较充足的。

从预购率来看，购买率较高的几类图书其预购率也相对较高。“文学”“日常生活”“少儿”“经济、管理”“历史”“医药卫生”“教育”这几类购买率较高的图书，其预购率也名列前茅。“文学”类图书的预购率最高，为12.6%。而“日常生活”“经济、管理”“医药卫生”“教育”“少儿”“历史”类图书的预购率也相对较高，分别为10.5%、5.9%、5.2%、5.2%、5.2%和4.9%。

具体情况如表2-4-1所示。

表2-4-1 分类图书市场占有情况

图书分类	偏好度	购买率	市场空缺度	预购率
文学	31.6%	12.6%	3.5%	12.6%
日常生活	27.0%	8.4%	1.7%	10.5%
历史	14.0%	4.1%	1.2%	4.9%
经济、管理	12.0%	4.8%	2.4%	5.9%
军事	11.9%	3.1%	1.6%	4.2%
医药卫生	11.4%	4.1%	1.7%	5.2%
法律	10.5%	2.1%	1.8%	3.9%
心理	10.4%	3.4%	2.3%	4.0%
教育	9.9%	3.7%	1.7%	5.2%
科普	8.8%	2.4%	0.8%	3.2%
体育健身	7.9%	1.8%	0.8%	3.2%
政治	7.0%	1.3%	1.2%	1.8%
少儿	6.7%	5.0%	0.8%	5.2%
农业	6.6%	1.6%	1.6%	3.1%
哲学	5.5%	1.6%	1.5%	1.9%
天文、地理	5.4%	1.2%	1.0%	1.8%
计算机网络	4.7%	2.2%	0.7%	2.1%
美术书法艺术	3.1%	1.1%	0.9%	1.2%
生物科学	2.0%	0.6%	0.9%	0.7%
工业技术	2.0%	1.1%	0.8%	1.4%
外文版图书	2.0%	1.3%	0.6%	1.0%
数学物理化学	1.5%	0.7%	0.5%	0.7%
其他	5.8%	3.3%	2.0%	3.5%

下面将通过对购买率和市场空缺度两个维度的对比，分析各类图书的市场表现及其发展前景。如图2-4-1所示，“文学”“经济、管理”“日常生活”类图书的购买率较高、市场空缺度也较高；同时，这几类图书的偏好度和预购率也相对较高。据此推测，在所有图书种类中，“文学”“经济、管理”“日常生活”类图书的市场表现

最佳。

而“工业技术”和“数学物理化学”类图书的购买率不高，同时市场空缺度较低。这些图书的发展空间相对狭窄。

值得注意的是，“少儿”类图书的购买率较高，排在“文学”和“日常生活”类图书之后，位列第三，而其市场空缺度却较低。

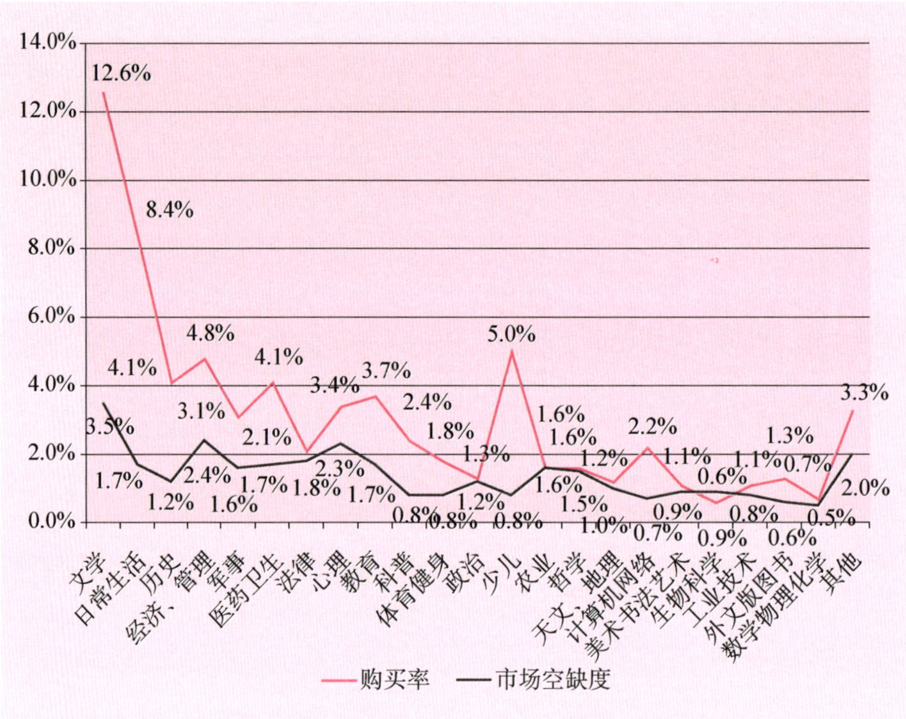

图 2-4-1　各类图书的市场购买和空缺情况

2.4.1　文学类图书市场消费状况及市场预期

2012 年，在国内文学类图书市场，“言情小说”类图书的偏好度最高，为 30.7%；而“文学名著”类图书的购买率最高，为 29.2%。从计划购买情况看，“文学名著”“历史小说”“言情小说”类图书的预购率排名位列前三，分别为 23.8%、19.4%和 18.0%。从市场空缺情况看，“民间文学”和“纪实报告”类图书的市场空缺度最高，为 17.0%和 16.8%。

具体情况如表 2-4-2 所示。

表 2-4-2　文学类图书分类市场状况

图书分类	偏好度	购买率	市场空缺度	预购率
言情小说	30.7%	16.5%	10.4%	18.0%
武侠小说	29.0%	12.6%	14.0%	14.1%
文学名著	30.5%	29.2%	8.3%	23.8%
当代小说	26.3%	19.7%	13.8%	17.9%
科幻小说	15.9%	7.7%	9.4%	10.2%
悬疑/惊悚小说	10.3%	5.7%	3.1%	6.0%
散文随笔	13.2%	10.7%	5.8%	9.5%
文学评论	8.8%	4.7%	7.9%	7.2%
纪实报告	21.3%	8.0%	16.8%	14.4%
人物传记	23.5%	14.1%	14.2%	17.7%
民间文学	19.9%	6.6%	17.0%	12.1%
儿童文学	6.0%	8.7%	8.6%	9.2%
诗歌/戏剧	3.6%	2.2%	9.5%	3.0%
历史小说	25.5%	13.7%	13.5%	19.4%
青春/玄幻小说	9.7%	6.7%	4.3%	7.1%
其他	0.5%	1.2%	3.8%	1.7%

为了更直观地表现各种文学类图书在偏好度、购买率、预购率和市场空缺度这四个指标上的差异，我们将以上数据制作成雷达图进行分析。不难发现，2012 年，“言情小说”“文学名著”“武侠小说”“当代小说”是我国 18—70 周岁国民最喜欢的几类文学类图书。购买过和计划购买这几类图书的人也相对较多（偏好度、购买率、预购率曲线走势较一致）。

具体情况如图 2-4-2 所示。

下面将通过对购买率和市场空缺度两个维度的对比，更为直观地分析文学类图书的市场表现。如图 2-4-3 所示，“当代小说”“人物传记”“历史小说”类图书的购买率较高，其市场空缺度也相对较高。据此推测，这几类文学类图书的市场表现较好。值得注意的是，“文学名著”类图书的购买率最高，但市场空缺度却相对较低。

“纪实报告”和“民间文学”类图书的购买率虽然不高，但其市场空缺度在文学类图书中是较高的。根据调查，这两类图书的预

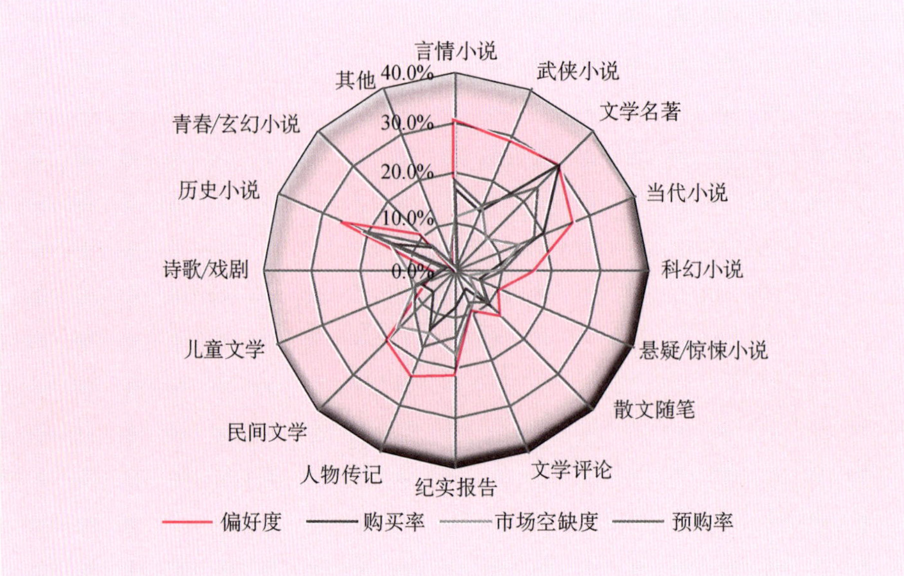

图 2-4-2　文学类图书市场分析

购率也居于中游，因此这两类图书在未来一段时间内可能会有不错的发展前景。

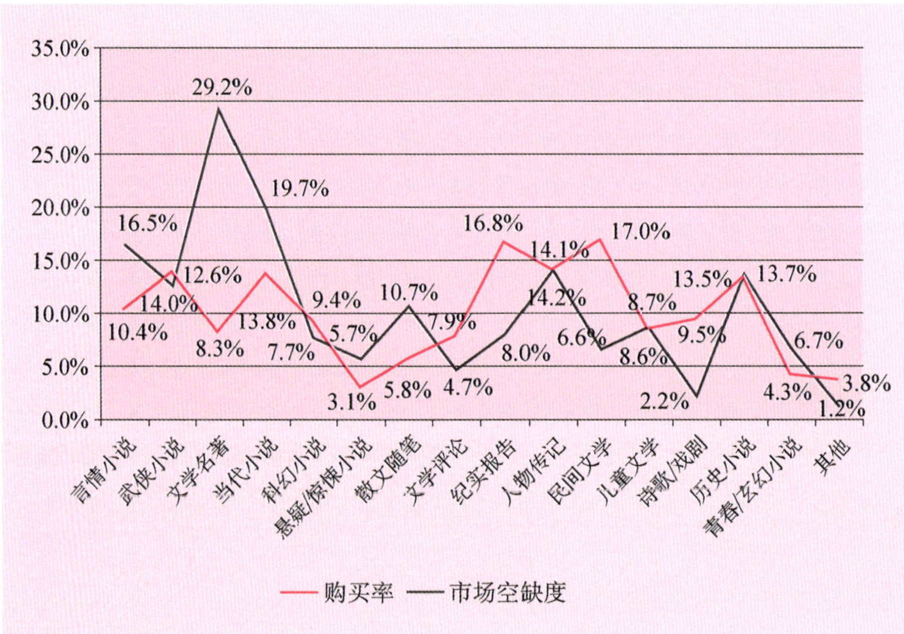

图 2-4-3　文学类图书市场占有和空缺情况

2.4.2 生活类图书市场消费状况及市场预期

2012 年，在国内生活类图书市场，“生活知识”和“家庭保健”类图书的偏好度最高，分别为 56.0%和 53.9%，均超过 50.0%；“生活知识”和“家庭保健”类图书的的购买率也最高，分别为 30.6%和 26.6%。从计划购买情况看，“生活知识”“家庭保健”“烹饪美食”类图书的预购率排名位列前三，分别为 38.0%、35.3%和 22.4%。从市场空缺情况看，“生活知识”“心理健康”“家庭保健”类图书的市场空缺度最高，分别为 27.3%、20.8%和 20.2%。

具体情况如表 2-4-3 所示。

表 2-4-3 生活类图书分类市场状况

图书分类	偏好度	购买率	市场空缺度	预购率
家庭保健	53.9%	26.6%	20.2%	35.3%
生活知识	56.0%	30.6%	27.3%	38.0%
休闲旅游	22.7%	10.9%	7.6%	13.6%
美发美容	12.1%	5.9%	8.6%	8.2%
服装服饰	18.0%	9.4%	8.1%	13.1%
烹饪美食	29.3%	24.8%	7.3%	22.4%
家庭手工制作	5.6%	2.1%	10.6%	4.2%
女性生活	14.0%	7.1%	5.8%	9.7%
育儿	14.1%	15.2%	11.1%	13.8%
家居装饰	12.3%	4.2%	13.8%	7.4%
励志学习	13.6%	10.2%	11.9%	10.0%
心理健康	22.2%	11.9%	20.8%	17.6%
两性关系	5.4%	2.9%	7.5%	3.5%
其他	0.4%	1.3%	1.2%	0.6%

为了更直观地表现各种文学类图书在偏好度、购买率、预购率和市场空缺度这四个指标上的差异，我们将以上数据制作成雷达图进行分析。不难发现，2012 年，“生活知识”“家庭保健”“烹饪美食”类图书是我国 18—70 周岁国民最喜欢的几类生活类图书。购买

过和计划购买这几类图书的人也相对较多（偏好度、购买率、预购率曲线走势较一致）。

具体情况如图 2-4-4 所示。

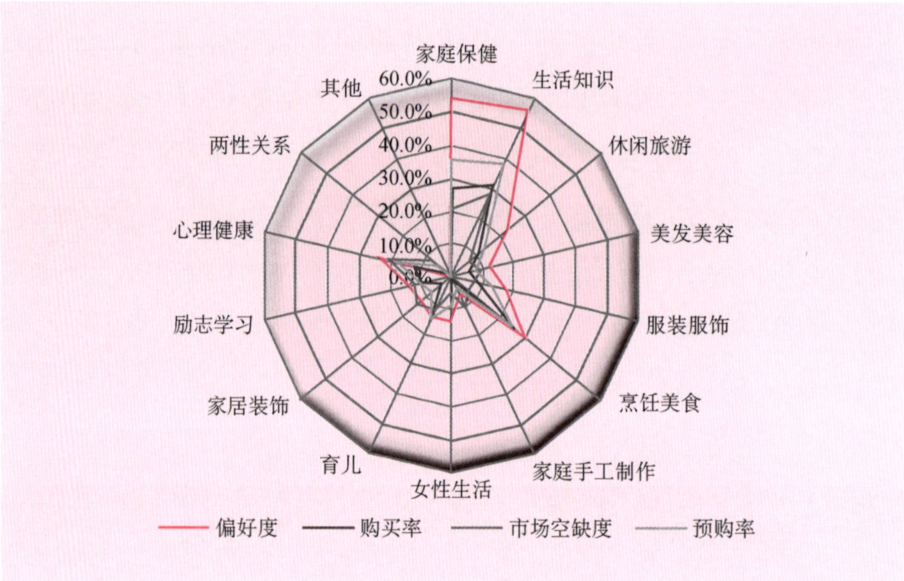

图 2-4-4　生活类图书市场分析

下面将通过对购买率和市场空缺度两个维度的对比，更为直观地分析文学类图书的市场表现。如图 2-4-5 所示，“生活知识”和“家庭保健”类图书的购买率较高，其市场空缺度也相对较高。据此可以推测，这几类生活类图书的市场表现较好。值得注意的是，“烹饪美食”类图书的购买率，排在“生活知识”和“家庭保健”类图书之后，位列第三，但市场空缺度却相对较低。

“家居装饰”和“家庭手工制作”类图书的购买率虽然略低，但其市场空缺度在生活类图书中分别排在第四和第七位。因此这两类图书在未来一段时间内可能会有一定发展。

而“两性关系”类图书的购买率和市场空缺度均不高，此类图书的发展空间可能相对狭窄。

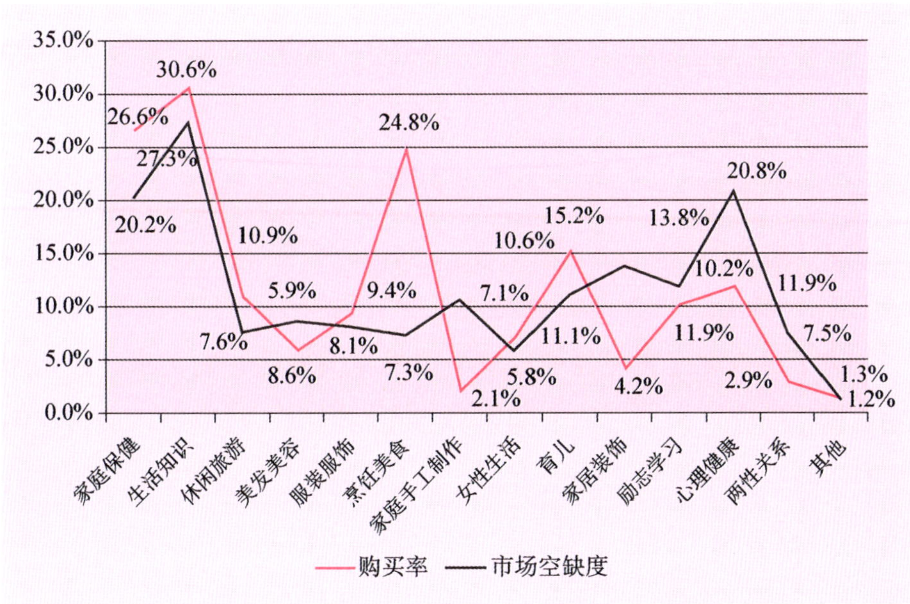

图 2-4-5　生活类图书的市场占有和空缺情况

2.4.3　经济类图书市场消费状况及市场预期

2012 年，在国内经济类图书市场，“个人理财”类图书的偏好度最高，为 40.6%；而“市场营销”类图书的购买率最高，为 27.9%。从计划购买情况看，“个人理财”“经营管理”“市场营销”类图书的预购率排名位列前三，分别为 34.2%、22.6%和 22.5%。从市场空缺情况看，“个人理财”和“市场营销”类图书的市场空缺度最高，为 24.0%和 23.9%。

具体情况如表 2-4-4 所示。

表 2-4-4　经济类图书分类市场状况

图书分类	偏好度	购买率	市场空缺度	预购率
经济理论	27.1%	24.3%	14.2%	18.7%
市场营销	28.2%	27.9%	23.9%	22.5%
财务会计	11.2%	12.8%	7.8%	7.9%
经营管理	29.6%	25.9%	19.6%	22.6%
财政税收	4.5%	4.9%	8.6%	2.9%
房产物业	12.7%	4.6%	15.4%	12.0%

续前表

图书分类	偏好度	购买率	市场空缺度	预购率
金融保险	19.5%	10.7%	14.2%	12.8%
广告宣传	6.9%	3.6%	8.7%	5.3%
证券期货	6.1%	6.2%	12.6%	5.4%
个人理财	40.6%	18.7%	24.0%	34.2%
职场	19.1%	13.0%	13.3%	15.7%
其他	0.6%	2.7%	1.6%	1.3%

为了更直观地表现各种经济类图书在偏好度、购买率、预购率和市场空缺度这四个指标上的差异，我们将以上数据制作成雷达图进行分析。不难发现，2012 年，“个人理财”“经营管理”“市场营销”“经济理论”类图书是我国 18—70 周岁国民最喜欢的几类经济类图书。购买过和计划购买这几类图书的人也相对较多（偏好度、购买率、预购率曲线走势较一致）。

具体情况如图 2-4-6 所示。

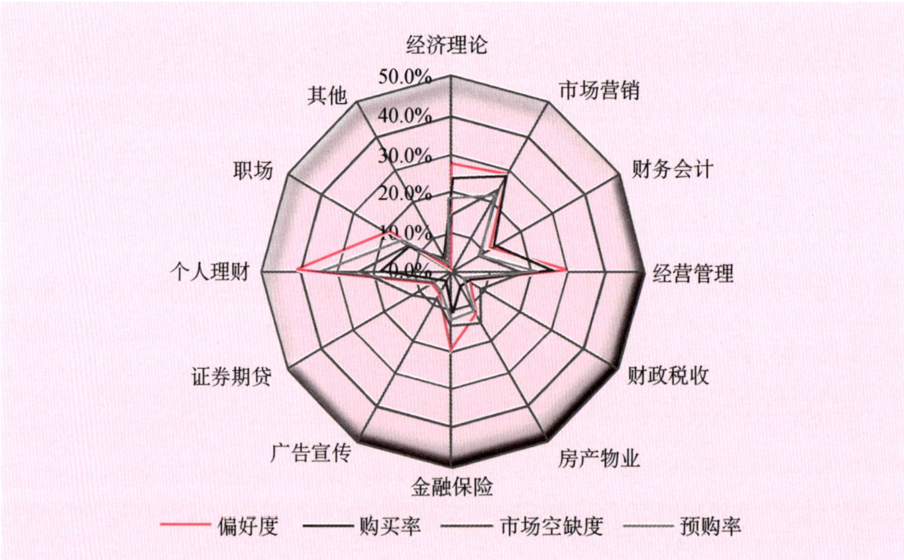

图 2-4-6　经济类图书市场分析

2.4.4　外语类图书市场消费状况及市场预期

2012 年，在国内外语类图书市场，“文艺读物”类图书的偏好度最高，为 37.0%；而“教材教辅”类图书的购买率最高，为 39.0%。从计划购买情况看，“文艺读物”“教材教辅”“外语工具书”类图书的预购率排名位列前三，分别为 29.5%、26.2%和 25.3%。从市场空缺情况看，“词汇语法”“阅读写作”“文艺读物”类图书的市场空缺度较高，分别为 29.5%、26.4%和 25.4%。

具体情况如表 2-4-5 所示。

表 2-4-5　外语类图书分类市场状况

图书分类	偏好度	购买率	市场空缺度	预购率
外语工具书	30.3%	31.0%	23.0%	25.3%
词汇语法	17.8%	20.5%	29.5%	14.9%
口语听力	23.0%	14.7%	19.5%	20.8%
阅读写作	25.1%	21.8%	26.4%	21.1%
商贸外语	19.6%	6.9%	24.8%	18.2%
文艺读物	37.0%	17.6%	25.4%	29.5%
教材教辅	25.8%	39.0%	9.3%	26.2%
其他	2.3%	4.4%	3.6%	2.6%

为了更直观地表现各种外语类图书在偏好度、购买率、预购率和市场空缺度这四个指标上的差异，我们将以上数据制作成雷达图进行分析。不难发现，2012 年，“文艺读物”“外语工具书”“教材教辅”“阅读写作”类图书是我国 18—70 周岁国民最喜欢的几类外语类图书。购买过和计划购买“外语工具书”和“教材教辅”类图书的人也相对较多（偏好度、购买率、预购率曲线走势较一致）。“文艺读物”类图书的购买率略低，“阅读写作”类图书的预购率略低。此外，“词汇语法”类图书的市场空缺度最高，但这类图书的偏好度与预购率相对较低。

具体情况如图 2-4-7 所示。

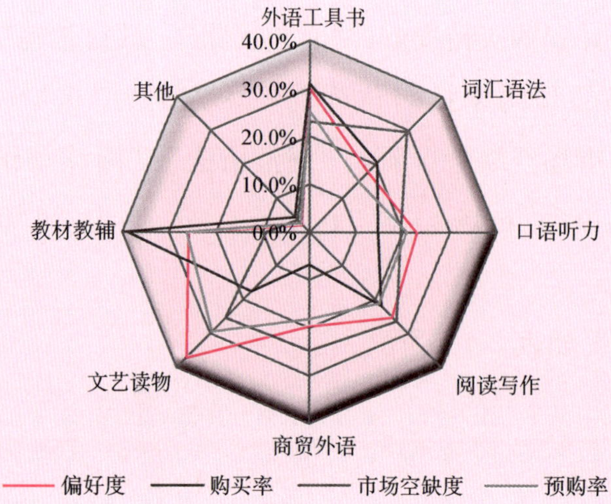

图 2-4-7　外语类图书市场分析

2.4.5　科技类图书市场消费状况及市场预期

2012 年，在国内科技类图书市场，“医药卫生”类图书的偏好度最高，为 47.6%；同时“医药卫生”类图书的购买率也最高，为 36.3%。从计划购买情况看，“医药卫生”“科普”“农业科技”类图书的预购率排名位列前三，分别为 38.7%、22.8%和 22.3%。从市场空缺情况看，“农业科技”“科普”“医药卫生”类图书的市场空缺度较高，分别为 38.0%、21.5%和 19.7%。

具体情况如表 2-4-6 所示。

表 2-4-6　科技类图书分类市场状况

图书分类	偏好度	购买率	市场空缺度	预购率
医药卫生	47.6%	36.3%	19.7%	38.7%
农业科技	27.7%	11.8%	38.0%	22.3%
交通运输	9.6%	4.2%	15.1%	6.8%
计算机	21.7%	22.9%	17.4%	20.7%
网络	19.4%	19.4%	10.5%	19.8%
机械建筑	5.5%	5.2%	12.7%	4.2%
工程技术	10.1%	10.7%	17.5%	10.7%
科普	28.5%	18.9%	21.5%	22.8%
其他	0.8%	2.2%	2.4%	1.1%

为了更直观地表现各种科技类图书在偏好度、购买率、预购率和市场空缺度这四个指标上的差异，我们将以上数据制作成雷达图进行分析。不难发现，2012 年，“医药卫生”“科普”“农业科技”类图书是我国 18—70 周岁国民最喜欢的几类科技类图书。购买过和计划购买这几类图书的人也相对较多（偏好度、购买率、预购率曲线走势较一致）。此外，“计算机”和“网络”类图书的购买率也较高，但市场空缺度并不高。

具体情况如图 2-4-8 所示。

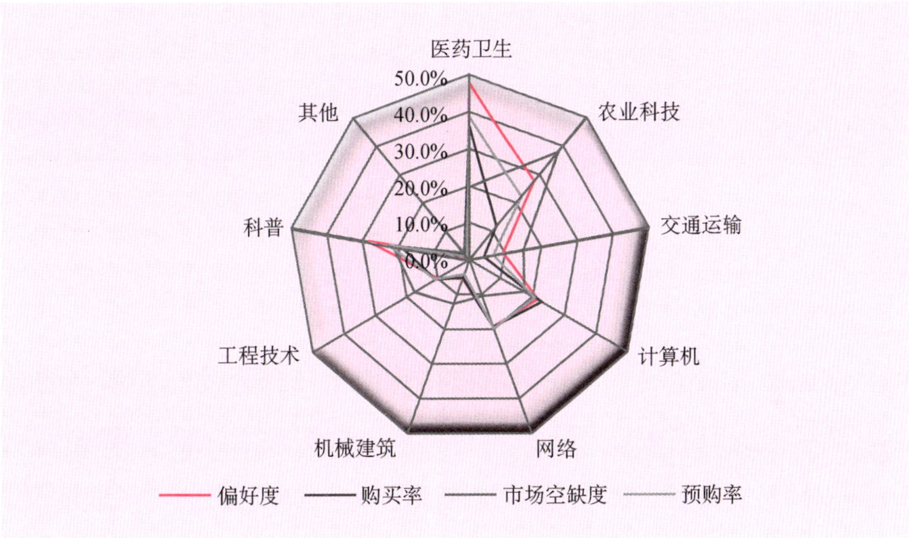

图 2-4-8　科技类图书市场分析

2.5　国民最喜爱的图书作者

在无提示的情况下，我们请被访者说出其最喜爱的三个图书作者的姓名，然后根据作者被提及次数进行排名。结果显示，2012 年我国 18—70 周岁国民最喜爱的图书作者排在前三位的分别是莫言、金庸和鲁迅。韩寒、郭敬明作为青年作家的代表人物连续三年进入前十名。四大名著作者中，只有《红楼梦》的作者曹雪芹位列前十。与往年相比，古龙近几年来首次跌出榜单，而 2012 年诺贝尔文学奖获得者莫言则首次进入前十，并位列第一。

具体情况如表 2-5-1 所示。

表 2-5-1　国民最喜爱的图书作者排名

排名	2012 年	2011 年	2010 年
1	莫言	鲁迅	金庸
2	金庸	金庸	鲁迅
3	鲁迅	韩寒	琼瑶
4	韩寒	琼瑶	郭敬明
5	琼瑶	郭敬明	韩寒
6	老舍	老舍	曹雪芹
7	郭敬明	曹雪芹	老舍
8	曹雪芹	冰心	古龙
9	巴金	古龙	冰心
10	冰心	巴金	三毛

2.6　国民最喜爱的图书

在无提示的情况下，我们请被访者说出其最喜爱的三本书的名字，然后根据图书被提及次数进行排名。数据显示，最受我国 18—70 周岁国民喜爱的四本书依然是四大名著：《红楼梦》《三国演义》《水浒传》和《西游记》，近几年情况大体如此，只是排名顺序略有不同。另外，2012 年诺贝尔文学奖获得者莫言的三部作品《红高粱》《蛙》和《丰乳肥臀》今年也首次进入榜单。

具体情况如表 2-6-1 所示。

表 2-6-1　国民最喜爱的十本书

排名	2012 年	2011 年	2010 年
1	红楼梦	三国演义	三国演义
2	三国演义	红楼梦	红楼梦
3	水浒传	水浒传	水浒传
4	西游记	西游记	西游记
5	天龙八部	简·爱	射雕英雄传
6	红高粱	天龙八部	天龙八部

续前表

排名	2012 年	2011 年	2010 年
7	蛙	钢铁是怎样炼成的	梦里花落知多少
8	围城	平凡的世界	钢铁是怎么炼成的
9	钢铁是怎样炼成的	史蒂夫·乔布斯传	明朝那些事儿
10	丰乳肥臀	围城	平凡的世界

2.7 国民最喜爱的出版社、出版社知名度与市场渗透率

2.7.1 国民最喜爱的出版社

在无提示的情况下，我们请被访者列举其最喜爱的三家国内出版社。结果显示，人民出版社、新华出版社、人民教育出版社位列前三，近几年情况也基本如此。与 2011 年相比，北京大学出版社进入前十，而上海人民出版社则跌出榜单。

具体情况如表 2-7-1 所示。

表 2-7-1 国民最喜爱的十大出版社

排名	2012 年	2011 年	2010 年
1	人民出版社	人民出版社	人民出版社
2	新华出版社	新华出版社	新华出版社
3	人民教育出版社	人民教育出版社	人民教育出版社
4	北京出版社	人民文学出版社	人民文学出版社
5	人民文学出版社	北京出版社	北京出版社
6	浙江教育出版社	上海人民出版社	长江文艺出版社
7	作家出版社	作家出版社	中国青年出版社
8	清华大学出版社	中国青年出版社	上海人民出版社
9	北京大学出版社	清华大学出版社	作家出版社
10	中国青年出版社	浙江教育出版社	清华大学出版社

2.7.2 国内出版社知名度和市场渗透率排名

为了解国内出版社的知名度，我们列举了 29 家国内较为知名的出版社，请被访者在其中选择其所知晓的出版社，然后进行数据整理和顺序排名，调查结果如表 2-7-2 所示。

知名度排名最靠前的为人民出版社、人民教育出版社、人民文

学出版社和新华出版社。高等学校主办的出版社中，北京大学出版社、清华大学出版社、中国人民大学出版社的知名度较高，排名均在前十之列。地方出版社中，北京出版社和上海人民出版社的知名度较高，分列第六位和第七位。此外，中国青年出版社的知名度也较高，排名进入前十。相比之下，三联书店、商务印书馆和中华书局等老牌知名出版社都在十名开外。

表 2-7-2　国内出版社的知名度排名

出版社名称	排名
人民出版社	1
人民教育出版社	2
人民文学出版社	3
新华出版社	4
北京大学出版社	5
北京出版社	6
上海人民出版社	7
清华大学出版社	8
中国青年出版社	9
中国人民大学出版社	10
高等教育出版社	11
江苏教育出版社	12
三联书店	13
科学出版社	14
浙江教育出版社	15
作家出版社	16
长江文艺出版社	17
商务印书馆	18
中华书局	19
复旦大学出版社	20
重庆出版社	21
人民邮电出版社	22
机械工业出版社	23
接力出版社	24
外语教学与研究出版社（外研社）	25
电子工业出版社	26
中信出版社	27
社科文献出版社	28
中国财政经济出版社	29

为进一步了解以上出版社的市场表现，我们询问被访者在2012年曾购买过哪些出版社的出版物。调查结果如表2-7-3所示，人民出版社、人民教育出版社、新华出版社、人民文学出版社、北京大学出版社、北京出版社、上海人民出版社、清华大学出版社等知名度比较高的出版社，同样也具有较高的市场渗透率，排名均在前十之列。此外，高等教育出版社和三联书店的市场渗透率也较高，分别排在第八位和第十位。而十名之后的出版社，则多以在某一专业领域表现强势的出版社为主。

表2-7-3 国内出版社的市场渗透率排名

出版社名称	排名
人民出版社	1
人民教育出版社	2
新华出版社	3
人民文学出版社	4
北京大学出版社	5
北京出版社	6
上海人民出版社	7
高等教育出版社	8
清华大学出版社	9
三联书店	10
中国青年出版社	11
商务印书馆	12
长江文艺出版社	13
中国人民大学出版社	14
作家出版社	15
科学出版社	16
中华书局	17
机械工业出版社	18
江苏教育出版社	19
浙江教育出版社	20
重庆出版社	21
外语教学与研究出版社（外研社）	22
电子工业出版社	23
中信出版社	24
复旦大学出版社	25
人民邮电出版社	26

续前表

出版社名称	排名
接力出版社	27
中国财政经济出版社	28
社科文献出版社	29

第三章
成年人报刊阅读状况与购买倾向

3.1 成年人报纸阅读状况

3.1.1 报纸阅读率

2012 年，我国 18—70 周岁国民报纸阅读率为 58.2%，比 2011 年的 63.1%下降了 4.9 个百分点。

不同人口特征群体之间的报纸阅读率均存在一定差异。

从性别差异看，男性居民的报纸阅读率为 64.2%，较女性居民（51.7%）高出 12.5 个百分点。

从城乡对比看，城镇居民的报纸阅读率为 70.2%，较农村居民（44.3%）高出 25.9 个百分点。

从年龄分布上看，30—39 周岁群体的报纸阅读率最高，为 62.3%；而 50—59 周岁群体的报纸阅读率最低，为 53.3%。

从受教育程度看，一般来说，较高学历群体的报纸阅读率要高于低学历群体。博士研究生学历群体的报纸阅读率最高，为 84.0%；本科学历群体的报纸阅读率次之，为 77.6%。小学及以下学历群体的报纸阅读率最低，为 27.9%。

从收入水平看，相对而言，中高收入群体的报纸阅读率要高于低收入群体。月收入在6000—7000元之间群体的报纸阅读率最高，为89.4%。月收入在500元以下群体的报纸阅读量最低，仅为25.4%。

从职业或身份来看，“公务员”群体的报纸阅读率最高，为95.6%。“公务员”“事业单位干部”“企业领导或管理人员”“教师”“军人/武警”“律师/医护人员/IT等专业技术人员”“一般职员/文员/秘书”“离退休人员”“工人或商业/服务业人员”和“私营或个体劳动者”群体的报纸阅读率均高于全国平均水平。“农民或农民工”群体的报纸阅读率最低，仅为35.0%。

具体情况如表3-1-1所示。

表3-1-1　不同人口特征群体报纸阅读率

人口特征	类别	报纸阅读率
性别	男	64.2%
	女	51.7%
城乡	城镇	70.2%
	农村	44.3%
年龄	18—29周岁	57.4%
	30—39周岁	62.3%
	40—49周岁	59.3%
	50—59周岁	53.3%
	60—70周岁	55.7%
学历	博士研究生	84.0%
	硕士研究生	69.4%
	本科	77.6%
	大专	74.0%
	高中	69.4%
	初中	51.5%
	小学及以下	27.9%
收入	无收入	39.8%
	500元以下	25.4%
	500—1000元	45.9%
	1000—1500元	53.4%
	1500—2000元	63.9%
	2000—3000元	73.0%
	3000—4000元	73.8%

续前表

人口特征	类别	报纸阅读率
收入	4000—5000 元	76.4%
	5000—6000 元	77.4%
	6000—7000 元	89.4%
	7000—8000 元	74.3%
	8000—10000 元	64.1%
	10000 元及以上	65.0%
	拒绝回答	58.6%
职业或身份	工人或商业/服务业人员	68.4%
	企业领导或管理人员	84.4%
	农民或农民工	35.0%
	事业单位干部	85.8%
	一般职员/文员/秘书	72.4%
	公务员	95.6%
	军人/武警	78.9%
	教师	80.4%
	律师/医护人员/IT 等专业技术人员	78.4%
	私营或个体劳动者	67.1%
	学生	52.1%
	离退休人员	70.4%
	无业及失业人员	43.2%
	自由职业者	53.3%
	其他	75.9%

3.1.2 报纸阅读量

2012 年，我国 18—70 周岁国民人均报纸阅读量为 77.20 期/份，与 2011 年的 100.70 期/份相比，有一定幅度下降。不同人口特征群体之间的报纸阅读量均存在一定差异。

从性别差异看，男性居民的报纸阅读量为 89.75 期/份，较女性居民（63.81 期/份）多出 25.94 期/份。

从城乡对比看，城镇居民的报纸阅读量为 108.57 期/份，是农村居民（42.48 期/份）的 2 倍多。

从年龄分布上看，老年群体的报纸阅读量相对较多。60—70 周岁群体的报纸阅读量最多，为 96.86 期/份。18—29 周岁群体的报纸阅读量较少，为 55.89 期/份。

从受教育程度看，学历越高，报纸阅读量也越多。博士研究生学历群体的报纸阅读量最多，为 274.98 期/份；硕士研究生学历群体和本科学历群体的报纸阅读量次之，分别为 158.36 期/份和 128.76 期/份。初中学历群体和小学及以下学历群体的报纸阅读量较少，仅为 55.68 期/份和 16.37 期/份。

从收入水平看，相对而言，收入较高群体的报纸阅读量要多于收入较低群体。月收入在 6000—7000 元之间群体的报纸阅读量最多，为 168.75 期/份。月收入在 500 元以下群体的报纸阅读量最少，仅为 15.07 期/份。

从职业或身份来看，“公务员”群体的报纸阅读量最多，为 222.59 期/份。“企业领导或管理人员”“离退休人员”“事业单位干部”“一般职员/文员/秘书”“军人/武警”“律师/医护人员/IT 等专业技术人员”和“私营或个体劳动者”群体的报纸阅读量也都超过全国平均水平，分别为 177.11 期/份、150.27 期/份、147.61 期/份、119.73 期/份、117.22 期/份、93.97 期/份和 92.44 期/份。“农民或农民工”群体的报纸阅读量最少，仅为 18.85 期/份。

具体情况如表 3-1-2 所示。

表 3-1-2　不同人口特征群体报纸阅读量

人口特征	类别	报纸阅读量（期/份）
性别	男	89.75
	女	63.81
城乡	城镇	108.57
	农村	42.48
年龄	18—29 周岁	55.89
	30—39 周岁	82.73
	40—49 周岁	85.03
	50—59 周岁	83.64
	60—70 周岁	96.86

续前表

人口特征	类别	报纸阅读量（期/份）
学历	博士研究生	274.98
	硕士研究生	158.36
	本科	128.76
	大专	114.03
	高中	103.15
	初中	55.68
	小学及以下	16.37
收入	无收入	22.87
	500 元以下	15.07
	500—1000 元	40.07
	1000—1500 元	53.57
	1500—2000 元	92.03
	2000—3000 元	108.02
	3000—4000 元	137.33
	4000—5000 元	133.85
	5000—6000 元	153.96
	6000—7000 元	168.75
	7000—8000 元	166.66
	8000—10000 元	133.43
	10000 元及以上	146.49
	拒绝回答	69.26
职业或身份	工人或商业/服务业人员	98.22
	企业领导或管理人员	177.11
	农民或农民工	18.85
	事业单位干部	147.61
	一般职员/文员/秘书	119.73
	公务员	222.59
	军人/武警	117.22
	教师	72.69
	律师/医护人员/IT 等专业技术人员	93.97
	私营或个体劳动者	92.44
	学生	30.18
	离退休人员	150.27
	无业及失业人员	37.29
	自由职业者	67.17
	其他	30.43

3.2 期刊阅读与消费状况

3.2.1 期刊阅读状况

3.2.1.1 期刊阅读率

2012年，我国18—70周岁国民的期刊阅读率为45.2%，比2011年的41.3%上升了3.9个百分点。不同人口特征群体之间的期刊阅读率均存在一定差异。

从性别差异来看，男性居民的期刊阅读率为44.6%，略低于女性居民的期刊阅读率（45.9%）。

从城乡对比来看，城镇居民的期刊阅读率为53.5%，较农村居民（35.7%）高出17.8个百分点。

从年龄分布情况来看，中青年群体的期刊阅读率要高于老年群体。18—29周岁群体的期刊阅读率最高，为58.3%；30—39周岁群体的期刊阅读率次之，为50.0%。50—59周岁群体和60—70周岁群体的期刊阅读率相对较低，分别仅为31.2%和29.0%。

从受教育程度看，学历越高，期刊阅读率也相对较高。博士研究生学历群体的期刊阅读率最高，为93.4%；硕士研究生学历群体的期刊阅读率次之，为76.2%。初中学历群体和小学及以下学历群体的期刊阅读率相对较低，分别仅为36.8%和12.8%。

从收入水平看，相对而言，中高收入群体的期刊阅读率要高于低收入群体。月收入在7000—8000元之间群体的期刊阅读率最高，为67.3%。月收入在500元以下群体的期刊阅读率最低，仅为15.0%。

从职业或身份来看，“教师”群体的期刊阅读率最高，为80.0%。“教师”“军人/武警”“公务员”“事业单位干部”“学生”“律师/医护人员/IT等专业技术人员”“一般职员/文员/秘书”“企业领导或管理人员”“工人或商业/服务业人员”“私营或个体劳动者”群体的期刊阅读率均高于全国平均水平。“农民或农民工”群体的期刊阅读率最低，仅为23.9%。

具体情况如表3-2-1所示。

表3-2-1　不同人口特征群体期刊阅读率

人口特征	类别	期刊阅读率
性别	男	44.6%
	女	45.9%
城乡	城镇	53.5%
	农村	35.7%
年龄	18—29周岁	58.3%
	30—39周岁	50.0%
	40—49周岁	41.1%
	50—59周岁	31.2%
	60—70周岁	29.0%
学历	博士研究生	93.4%
	硕士研究生	76.2%
	本科	73.6%
	大专	66.5%
	高中	53.8%
	初中	36.8%
	小学及以下	12.8%
收入	无收入	40.9%
	500元以下	15.0%
	500—1000元	32.8%
	1000—1500元	39.0%
	1500—2000元	48.6%
	2000—3000元	55.5%
	3000—4000元	55.2%
	4000—5000元	59.5%
	5000—6000元	58.8%
	6000—7000元	66.0%
	7000—8000元	67.3%
	8000—10000元	47.3%
	10000元及以上	51.4%
	拒绝回答	45.0%

续前表

人口特征	类别	期刊阅读率
职业或身份	工人或商业/服务业人员	49.5%
	企业领导或管理人员	62.1%
	农民或农民工	23.9%
	事业单位干部	73.9%
	一般职员/文员/秘书	62.4%
	公务员	76.1%
	军人/武警	77.8%
	教师	80.0%
	律师/医护人员/IT 等专业技术人员	68.9%
	私营或个体劳动者	46.3%
	学生	72.4%
	离退休人员	39.8%
	无业及失业人员	39.9%
	自由职业者	44.7%
	其他	71.6%

3.2.1.2　期刊阅读量

2012 年，我国 18—70 周岁国民人均期刊阅读量为 6.56 期/份，比 2011 年的 6.67 期/份下降了 0.11 期/份。不同人口特征群体之间的期刊阅读量均存在一定差异。

从性别差异看，男性居民的期刊阅读量为 6.40 期/份，略少于女性居民的期刊阅读量（6.72 期/份）。

从城乡对比看，城镇居民的期刊阅读量为 8.87 期/份，是农村居民期刊阅读量（3.88 期/份）的两倍多。

从年龄分布情况来看，中青年、青年群体的期刊阅读量要多于老年群体。30—39 周岁群体的期刊阅读量最多，为 7.77 期/份；18—29 周岁群体的期刊阅读量次之，为 7.09 期/份。60—70 周岁群体和 50—59 周岁群体的期刊阅读量较少，分别为 5.87 期/份和 4.67 期/份。

从受教育程度看，学历越高，期刊阅读量也相对较多。博士研究生学历群体的期刊阅读量最多，为 21.62 期/份；硕士研究生学历群体和本科学历群体的期刊阅读量次之，分别为 18.46 期/份和

14.47 期/份。初中学历群体和小学及以下学历群体的期刊阅读量相对较少，分别为 4.14 期/份和 1.10 期/份。

从收入水平看，相对而言，收入较高群体的期刊阅读量要多于收入较低群体。月收入在 6000—7000 元之间群体的期刊阅读量最多，为 15.14 期/份。月收入在 500 元以下群体的期刊阅读量最少，仅为 1.15 期/份。

从职业或身份来看，“公务员”群体的期刊阅读量最多，为 21.33 期/份。“律师/医护人员/IT 等专业技术人员”“企业领导或管理人员”“军人/武警”“事业单位干部”“学生”“教师”“一般职员/文员/秘书”“离退休人员”等群体的期刊阅读量均超过全国平均水平。“无业及失业人员”和“农民或农民工”群体的期刊阅读量较少，分别为 4.20 期/份和 2.33 期/份。

具体情况如表 3-2-2 所示。

表 3-2-2　不同人口特征群体期刊阅读量

人口特征	类别	期刊阅读量（期/份）
性别	男	6.40
	女	6.72
城乡	城镇	8.87
	农村	3.88
年龄	18—29 周岁	7.09
	30—39 周岁	7.77
	40—49 周岁	6.30
	50—59 周岁	4.67
	60—70 周岁	5.87
学历	博士研究生	21.62
	硕士研究生	18.46
	本科	14.47
	大专	10.73
	高中	7.89
	初中	4.14
	小学及以下	1.10
收入	无收入	5.06
	500 元以下	1.15

续前表

人口特征	类别	期刊阅读量（期/份）
收入	500—1000 元	4.96
	1000—1500 元	4.67
	1500—2000 元	7.89
	2000—3000 元	7.71
	3000—4000 元	8.95
	4000—5000 元	9.47
	5000—6000 元	9.82
	6000—7000 元	15.14
	7000—8000 元	10.18
	8000—10000 元	10.59
	10000 元及以上	9.33
	拒绝回答	7.36
职业或身份	工人或商业/服务业人员	6.43
	企业领导或管理人员	14.83
	农民或农民工	2.33
	事业单位干部	11.35
	一般职员/文员/秘书	9.38
	公务员	21.33
	军人/武警	11.97
	教师	9.72
	律师/医护人员/IT 等专业技术人员	15.15
	私营或个体劳动者	6.36
	学生	11.20
	离退休人员	7.80
	无业及失业人员	4.20
	自由职业者	5.46
	其他	7.03

3.2.1.3 期刊阅读偏好

“文学艺术”“新闻时政”“女性家庭情感”“医药健康”类期刊，是我国 18—70 周岁期刊读者较为偏爱的期刊类型，有 31.2%的期刊读者经常阅读“文学艺术”类期刊，有31.1%的期刊读者经常阅读“新闻时政”类期刊，有25.5%的期刊读者经常阅读“女性家庭情感”类期刊，有23.2%的期刊读者经常阅读“医药健康”类期刊，以上种类期刊的选择比例均超过20.0%。另外，表示经常阅读“娱乐明星/八卦”“服饰美容时尚”“旅游休闲”“人文史地”“科普”类期刊的期刊读者也相对较多，选择比例均超过10.0%。“外语类”和“IT/通信”等专业性较强的期刊的喜爱者相对较少，分别仅有1.4%和1.3%的期刊读者经常阅读这两类期刊。

具体情况如表3-2-3所示。

表3-2-3　期刊读者的阅读偏好

期刊类型	选择比例
文学艺术	31.2%
新闻时政	31.1%
女性家庭情感	25.5%
医药健康	23.2%
娱乐明星/八卦	19.2%
服饰美容时尚	18.7%
旅游休闲	14.4%
人文史地	11.0%
科普	10.2%
家居装饰	9.2%
汽车	7.2%
体育	5.5%
财经管理/大众理财	5.2%
学术科技	3.6%
卡通漫画	2.8%
外语类	1.4%
IT/通信	1.3%
其他	3.7%

在期刊阅读偏好上，不同性别期刊读者之间的差异较为显著。男性期刊读者中经常阅读“新闻时政”“汽车”“体育”“人文史地”“科普”和“文学艺术”等类期刊的比例要高于女性期刊读者。而

女性期刊读者中经常阅读“女性家庭情感”“服饰美容时尚”“娱乐明星/八卦”“家居装饰”等类期刊的比例要高于男性期刊读者。

具体情况如图 3-2-1 所示。

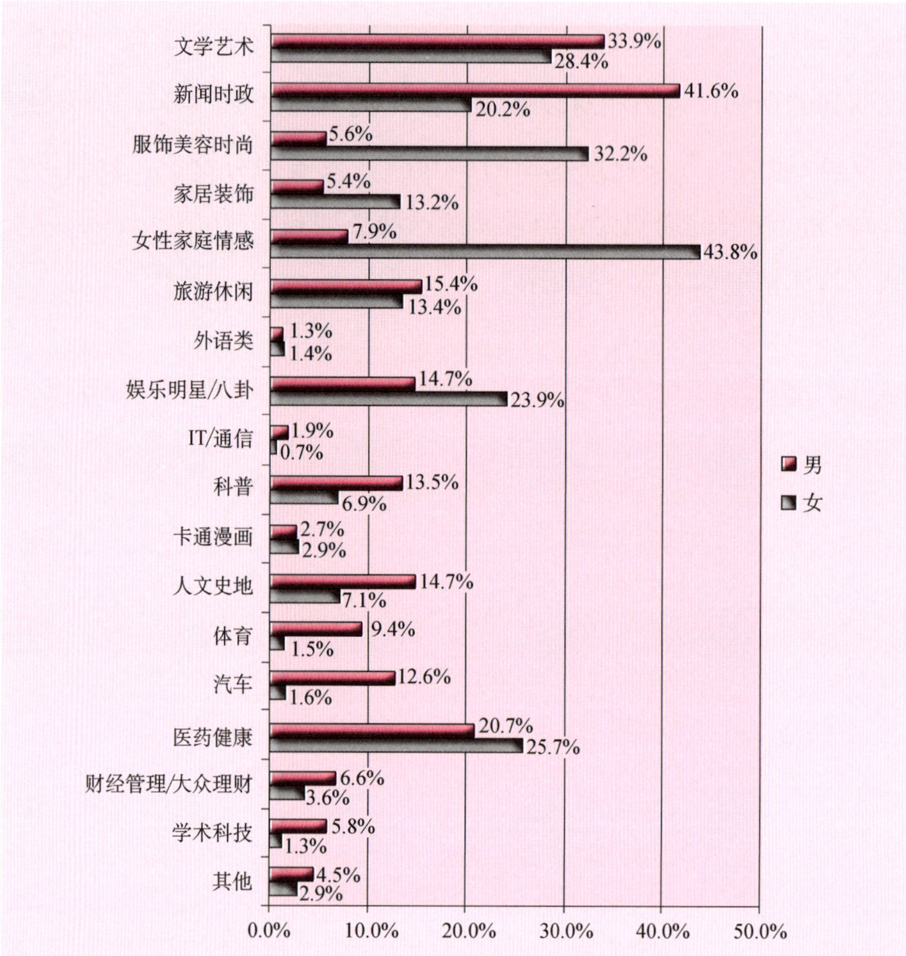

图 3-2-1　期刊读者阅读偏好的性别对比

在期刊阅读偏好上，城乡期刊读者之间也存在一定差异。城镇期刊读者中喜欢“文学艺术”“家居装饰”“服饰美容时尚”“医药健康”等类期刊的比例要高于农村期刊读者。农村期刊读者中喜欢“新闻时政”和“科普”类期刊的比例要高于城镇期刊读者。

具体情况如图 3-2-2 所示。

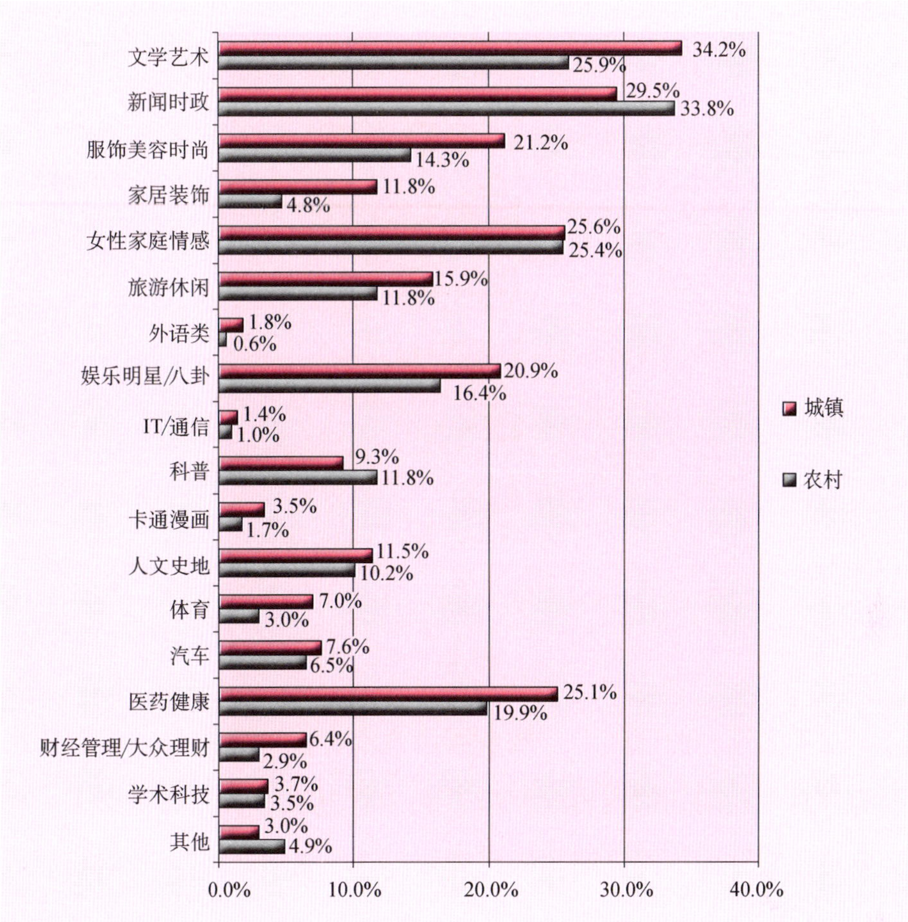

图 3-2-2　读者期刊阅读偏好的城乡对比

3.2.1.4 期刊阅读的制约因素

在过去一年没有阅读过纸质期刊的我国 18—70 周岁国民中，有 43.5%的人表示“没时间”是其不读期刊的主要原因，选择比例最高。“对现在期刊的内容没兴趣”和“看电视、听广播就够了，没必要再读”这两项原因的选择比例也比较高，分别为 31.1%和 28.4%。此外，还分别有 15.8%和 9.9%的人因为“文化程度低，阅读有困难”和“期刊价格太贵”而不读期刊。调查还发现，“买期刊不方便”并非国民不读期刊的主要原因，由于这一原因而不读期刊的人所占比例较少，仅为 4.4%。

具体情况如图 3-2-3 所示。

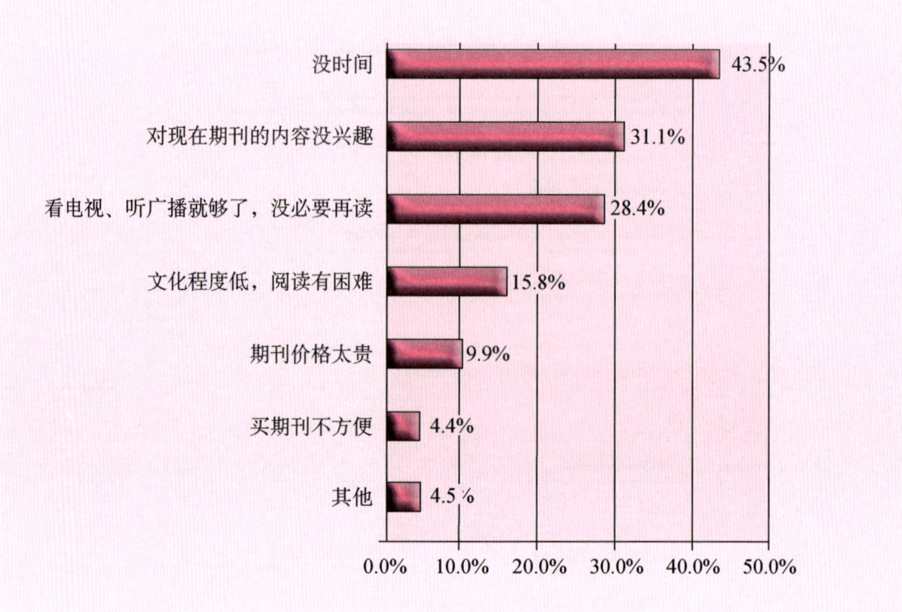

图 3-2-3　制约期刊阅读的因素

在不读期刊的原因上，城乡居民之间存在一定差异。城镇居民因为“对现在期刊的内容没兴趣”和“看电视、听广播就够了，没必要再读它”而不阅读期刊的比例为 37.3%和 31.3%，较农村居民（26.0%和 25.9%）分别高出 11.3 和 5.4 个百分点。农村居民因“文化程度低，阅读有困难”和“没时间”而不阅读期刊的比例为 22.3%和 48.3%，较城镇居民（8.0%和 37.9%）分别高出 14.3 和 10.4 个百分点。

具体情况如图 3-2-4 所示。

3.2.2　期刊购买状况

3.2.2.1 期刊获取渠道

调查数据显示，“借阅”和“报摊购买”是我国 18—70 周岁期刊读者获取期刊的两种最主要渠道，所占比例分别为 45.0%和 41.1%。其次为“单位订阅”“赠阅”“书店购买”“家庭订阅”，分别有 23.6%、18.8%、16.5%和 11.2%的期刊读者通过这几种渠道

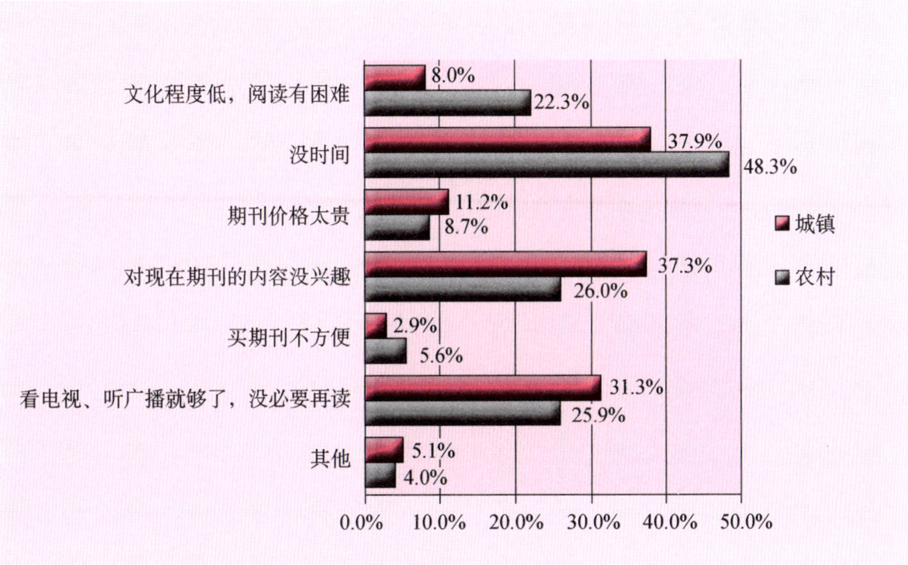

图 3-2-4　制约阅读期刊因素的城乡对比

来获取期刊，选择比例均在 10.0%以上。还分别有 5.7%和 3.7%的期刊读者表示通常会通过“便利店购买”和“邮局购买”来获取期刊。另外，仅有 2.4%的期刊读者通常会通过“网上购买”获取期刊。

具体情况如表 3-2-4 所示。

表 3-2-4　期刊获取渠道

期刊获取渠道	选择比例
借阅	45.0%
报摊购买	41.1%
单位订阅	23.6%
赠阅	18.8%
书店购买	16.5%
家庭订阅	11.2%
便利店购买	5.7%
邮局购买	3.7%
网上购买	2.4%
其他	2.5%

3.2.2.2 期刊价格评价

调查显示，37.9%的我国18—70周岁国民认为当前期刊的价格“合适”，有38.0%的人认为目前期刊价格“比较贵”或者“非常贵”，仅有4.7%的人认为期刊价格“比较便宜”或“非常便宜”。另有19.4%的人对目前期刊的价格感知模糊，说不清期刊的价格是高是低。

具体情况如图3-2-5所示。

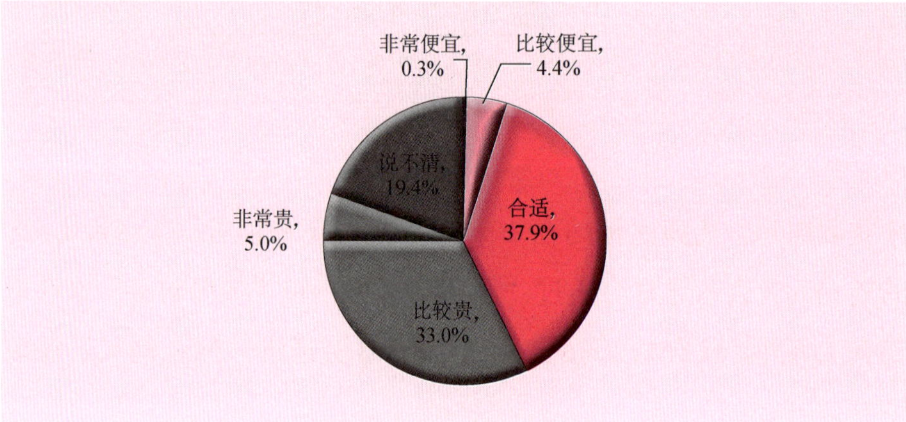

图 3-2-5　期刊价格评价

3.2.2.3 期刊价格承受能力

对期刊价格的承受能力进行分析发现，2012年我国18—70周岁国民平均可接受一本期刊的价格为6.76元，比2011年的6.60元增加了0.16元。进一步分析来看，我国绝大部分（97.8%）18—70周岁国民能接受的期刊价格在19元以下。具体看，仅能接受每本期刊价格在3元以下的国民占13.2%，3—6元的价格区间被40.8%的国民所接受，6—9元的价格区间被28.1%的国民所接受，9—19元的价格区间被15.6%的国民所接受。能接受每本期刊价格在19元及以上的国民只占2.2%。

具体情况如图3-2-6所示。

数据显示，我国城乡居民可接受的一本期刊价格呈现一定差异。

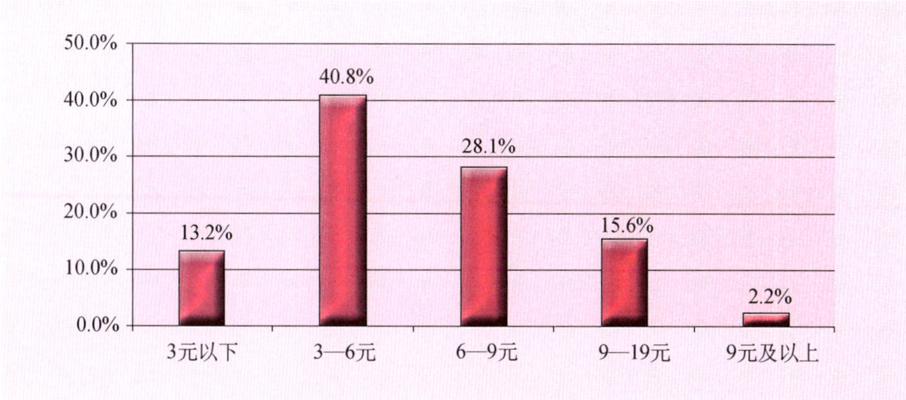

图 3-2-6 期刊价格承受能力

城镇居民平均可承受的期刊价格为 7.47 元，较农村居民（5.94 元）高出 1.53 元。

从可接受的期刊价格分布来看，农村居民中只能接受 6 元以下期刊价格的比例为 62.3%，较城镇居民的这一数据（46.9%）高出 15.4 个百分点。城镇居民中能接受 6 元及以上期刊价格的比例为 53.2%，较农村居民的这一数据（37.7%）高出 15.5 个百分点。

具体情况如图 3-2-7 所示。

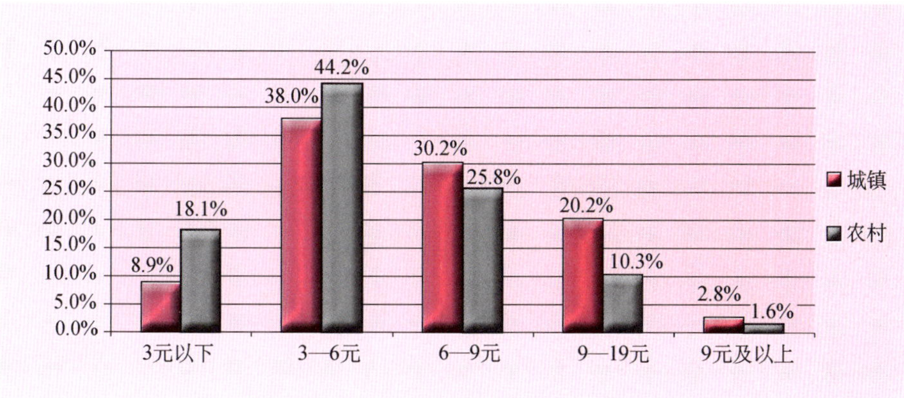

图 3-2-7 期刊价格承受能力的城乡对比

3.2.3 对期刊广告的态度

当被问及可接受的期刊广告比重时，65.7%的我国 18—70 周岁国民表示可以接受期刊广告版面占总版面的20%以下，有11.7%的人表示可以接受期刊广告版面占总版面的20%—50%，仅有2.0%的人表示可以接受期刊广告面积占期刊总版面的一半以上。还有20.6%的人表示不能接受期刊中刊登任何广告。

具体情况如图3-2-8所示。

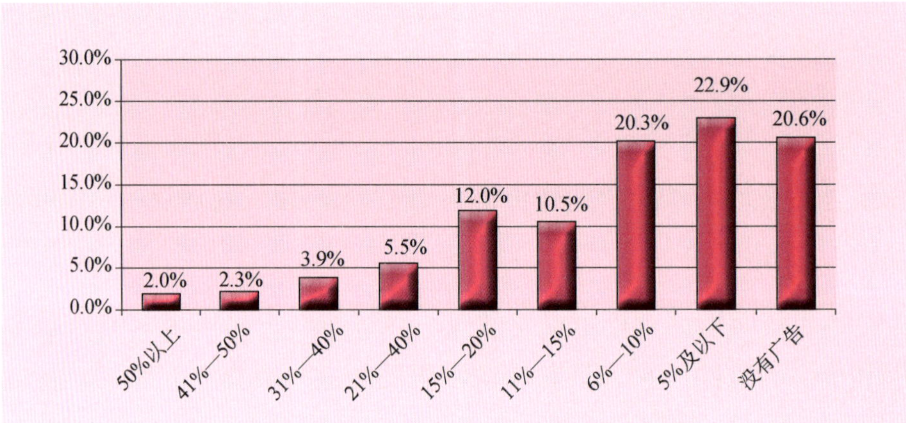

图 3-2-8 可接受的广告面积

3.2.4 期刊知名度与市场渗透率

此次调查中，我们列举了38种国内较为知名的期刊，并请被访者选择其知晓的期刊名称，以及曾在2012年购买过的期刊，目的是了解这些期刊的知名度和市场渗透率。根据被访者选取期刊的比例进行统计，我们获得了各个期刊的具体排名。

对于我国18—70周岁国民而言，知名度排在前三甲的期刊依次是《知音》《读者》和《青年文摘》；而市场渗透率排在前三位的期刊依次为《读者》《知音》和《青年文摘》。由此可见，目前《读者》《知音》与《青年文摘》这三种期刊无论在知名度还是在市场渗透率上都处于领先位置。

具体情况如表3-2-5和表3-2-6所示。

表 3-2-5　期刊知名度排名

期刊名称	知名度	知名度排名
知音	63.7%	1
读者	58.7%	2
青年文摘	53.3%	3
故事会	53.1%	4
家庭	42.5%	5
时尚	24.6%	6
瑞丽	23.0%	7
家庭医生	22.8%	8
女友	20.1%	9
意林	17.4%	10
都市丽人	14.3%	11
财经	13.3%	12
恋爱婚姻家庭	13.3%	13
服饰与美容	13.1%	14
讲与口才	13.1%	15
格言	12.1%	16
父母必读	11.0%	17
小说月报	10.5%	18
车主之友	10.3%	19
大众医学	9.5%	20
新华文摘	9.5%	21
读书	9.3%	22
特别关注	9.1%	23
中国国家地理	8.5%	24
世界时装之苑	7.1%	25
上海服饰	6.7%	26
足球周刊	6.3%	27
昕薇	5.9%	28
商界	5.2%	29
悦己	5.0%	30
电脑爱好者	4.8%	31
理财周刊	4.7%	32
看电影	4.6%	33
南风窗	4.1%	34
三联生活周刊	3.8%	35
证券市场周刊	2.8%	36
英语沙龙	2.3%	37
贝太厨房	1.6%	38

表 3-2-6 期刊市场渗透率排名

期刊名称	市场渗透率	市场渗透率排名
读者	37.4%	1
知音	30.3%	2
青年文摘	24.4%	3
故事会	17.8%	3
家庭	12.1%	5
瑞丽	11.0%	6
时尚	8.5%	7
意林	7.9%	8
家庭医生	7.3%	9
特别关注	5.9%	10
女友	5.2%	11
服饰与美容	4.5%	12
演讲与口才	3.9%	13
都市丽人	3.8%	14
车主之友	3.6%	15
财经	3.0%	16
昕薇	2.9%	17
格言	2.7%	18
足球周刊	2.6%	19
小说月报	2.4%	20
中国国家地理	2.3%	21
父母必读	2.3%	22
恋爱婚姻家庭	2.2%	23
大众医学	2.2%	24
新华文摘	2.1%	25
商界	1.7%	26
电脑爱好者	1.4%	27
上海服饰	1.4%	28
世界时装之苑	1.3%	29
悦己	1.3%	30
理财周刊	1.3%	31
三联生活周刊	1.2%	32
读书	1.1%	33
南风窗	1.0%	34
看电影	0.7%	35
英语沙龙	0.6%	36
证券市场周刊	0.4%	37
贝太厨房	0.3%	38

3.2.5 读者最喜爱的期刊

本次调查中，在无提示的情况下，我们请被访者列举其最喜欢的三本期刊名称，然后根据期刊被提及的频次进行排名。结果显示，最受我国 18—70 周岁期刊读者喜爱的期刊是《读者》，排在第二、第三位的依次是《知音》和《青年文摘》。从期刊的内容类型看，排在前列的期刊仍以文学类期刊和时尚类期刊居多，而家庭类期刊发展态势也较好。

具体情况如表 3-2-7 所示。

表 3-2-7 国民最喜爱的十本期刊

排名	最喜爱的期刊
1	读者
2	知音
3	青年文摘
4	故事会
5	家庭
6	瑞丽
7	意林
8	特别关注
9	家庭医生
10	女友

第四章 成年人音像电子出版物阅读与购买倾向

4.1 音像电子出版物购买情况

调查数据显示，2012 年我国 18—70 周岁国民音像电子出版物购买率为 29.7%，较 2011 年的 32.6%有所下降。

对于音像电子出版物的购买渠道，2012 年有 16.8%的人通过“音像店”购买音像电子出版物，有 8.4%的人通过“书店”购买音像电子出版物，8.0%的人通过“街头地摊”购买音像电子出版物，另外还有 6.6%的人通过“商场超市”购买音像电子出版物，而通过其他途径购买音像电子出版物的比例相对较低。

具体情况如图 4-1-1 所示。

进一步分析发现，在 2012 年，城镇居民与农村居民在音像电子出版物购买渠道上存在一定差异。城镇居民中通过“书店”和“网上”购买音像电子出版物的比例高于农村居民，而农村居民中通过“商场超市”“软件专卖店”“街头地摊”和“音像店”购买音像电子出版物的比例高于城镇居民。

具体情况如图 4-1-2 所示。

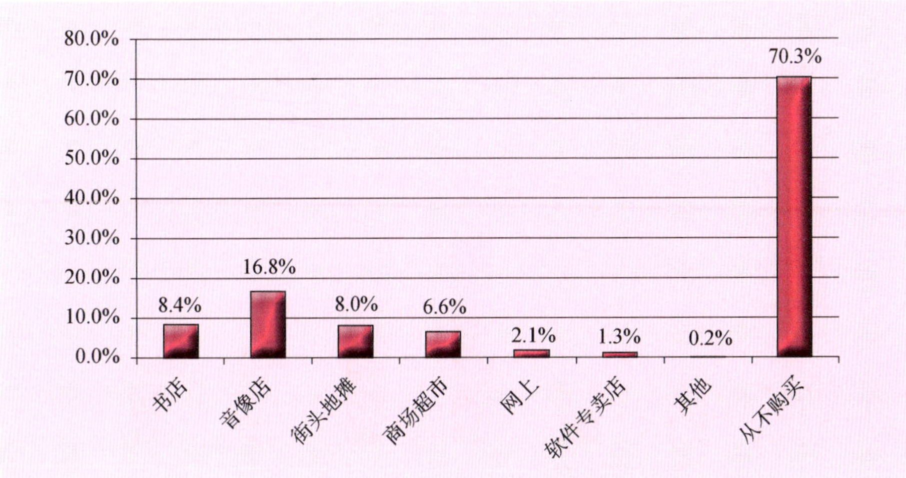

图 4-1-1　音像电子出版物购买渠道

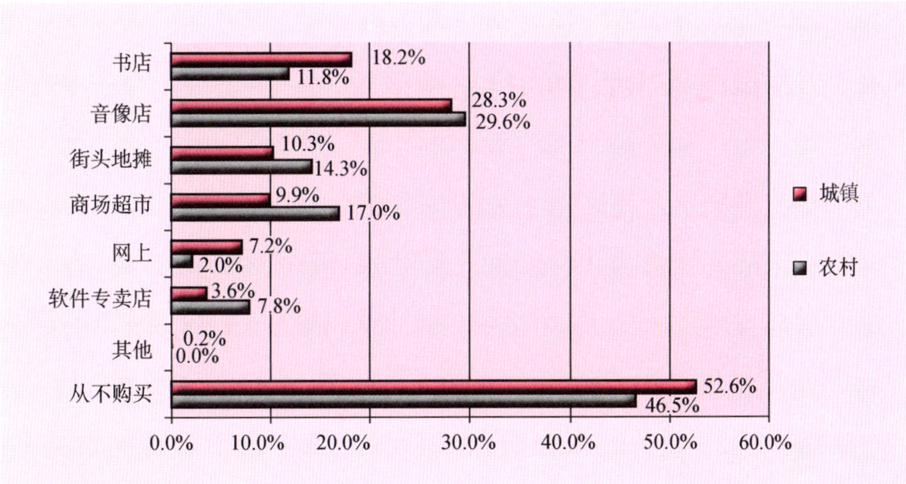

图 4-1-2　城乡居民购买音像电子出版物的渠道比较

4.2　音像电子出版物价格评价

在音像电子出版物购买者中，接近六成（55.9%）的购买者认为目前音像电子出版物价格在可接受范围（“合适”“比较便宜”和“非常便宜”），有 30.3%的购买者认为目前音像电子出版物价格“比较贵”或“非常贵”。还有 13.8%的购买者对价格认知较为模糊，表示“说不清”目前音像电子出版物价格是高是低。

具体情况如图 4-2-1 所示。

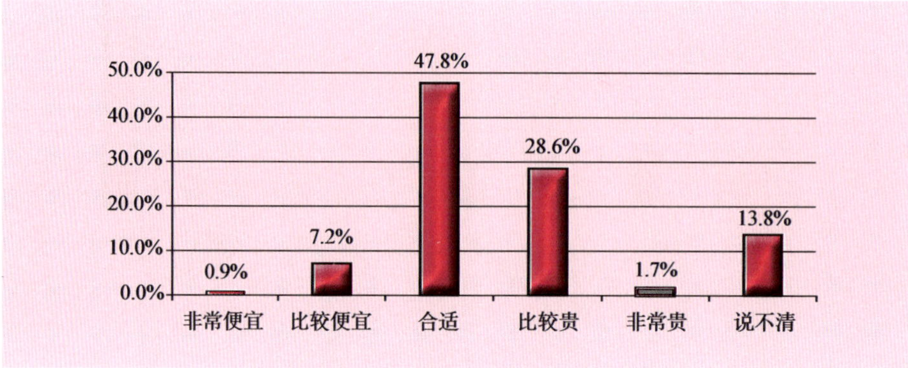

图 4-2-1 音像电子出版物价格评价

4.3 音像电子出版物的价格承受力

调查数据显示，我国 18—70 周岁音像电子出版物购买者平均可接受的 CD 光盘价格为 11.02 元、VCD/DVD 价格为 11.88 元、盒式录音带价格为 9.97 元、CD-ROM 价格则为 13.68 元，均高于 2011 年平均水平（10.34 元、11.00 元、9.74 元和 13.28 元）。

大部分音像电子出版物购买者认为音像电子出版物的价格一般不应超过 20 元。尤其对于 CD 光盘、VCD/DVD 来说，分别有 81.2%、78.9%的音像电子出版物购买者认为 CD 光盘、VCD/DVD 的价格应控制在 20 元以内。盒式录音带、CD-ROM 由于使用者减少，一些音像电子出版物购买者对其价格的认知变得较为模糊，分别有 34.6%和 43.1%的购买者表示“不清楚、不知道”盒式录音带、CD-ROM 的价格，但依然分别有 59.7%和 42.7%的购买者认为盒式录音带和 CD-ROM 的价格应控制在20 元以内。

具体情况如表 4-3-1 所示。

表 4-3-1　购买者可接受的音像电子出版物价格

可接受价格	CD 光盘	VCD/DVD	盒式录音带	CD-ROM
<10 元	44.8%	41.9%	39.1%	23.7%
10—20 元	36.4%	37.0%	20.6%	19.0%
20—30 元	6.1%	9.3%	4.4%	10.1%
≥30 元	2.1%	2.8%	1.2%	4.1%
不清楚/不知道	10.6%	9.1%	34.6%	43.1%
平均可接受价格（元）	11.02	11.88	9.97	13.68

第五章
成年人动漫与游戏接触状况

5.1　动漫产品接触状况

5.1.1　喜爱的动漫作品形式

2012 年，我国 18—70 周岁国民的动漫作品接触率为 36.4%，相比 2011 年的 32.7%上升了 3.7 个百分点。在我国 18—70 周岁国民中，有 24.2%的人接触过“动画片/动漫影视”；其次为“网络游戏”，选择比例为 15.7%；排第三位和第四位的分别是“单机游戏”和“漫画书”，选择比例分别为 10.5%和 9.2%；“漫画期刊”的接触率最低，选择比例为 5.4%。

具体情况如图 5-1-1 所示。

从性别特征看，动漫作品接触率的性别差异并不显著，男性居民的动漫作品接触率为 35.8%，略低于女性居民（37.0%）。但在接触动漫作品的类别上，不同性别群体呈现出一定差异。男性居民中接触过“网络游戏”和“单机游戏”的比例要高于女性居民，而女性居民中接触过“动画片/动漫影视”“漫画书”和“漫画期刊”的比例要高于男性居民。

具体情况如图 5-1-2 所示。

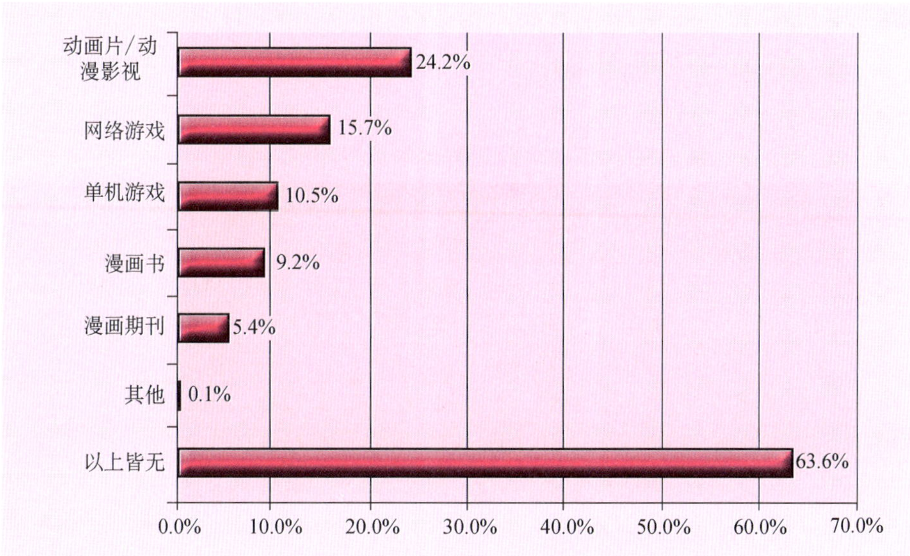

图 5-1-1 各类动漫作品的接触率

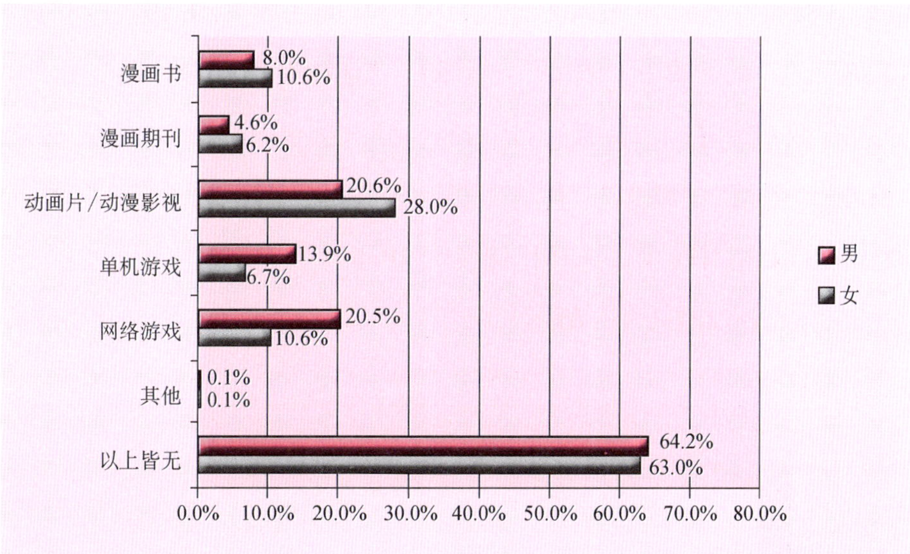

图 5-1-2 动漫作品接触率的性别差异

从年龄分布上看，年龄越低，其动漫作品接触率则越高。18—29 周岁群体的动漫作品接触率最高，该群体中有近六成（58.9%）的人接触过不同形式的动漫作品；而 50—59 周岁和 60—70 周岁群体的动漫作品接触率则较低，分别为 18.4%和 17.3%。

具体到动漫作品的不同类型，“动画片/动漫影视”在各年龄段群体中的接触率均为最高。此外，18—29 周岁人群的“网络游戏”

和“单机游戏”接触率也较高，分别为35.0%和24.3%。

具体情况如表5-1-1所示。

表5-1-1　不同年龄段群体的动漫作品接触率

	漫画书	漫画期刊	动画片/动漫影视	单机游戏	网络游戏	其他	以上皆无
18—29岁	19.1%	11.0%	35.8%	24.3%	35.0%	0.0%	41.1%
30—39岁	9.5%	4.2%	24.4%	10.0%	15.2%	0.0%	62.3%
40—49岁	4.6%	4.0%	19.3%	4.3%	7.4%	0.3%	72.0%
50—59岁	2.6%	1.8%	15.2%	1.6%	2.7%	0.1%	81.6%
60—70岁	1.8%	0.8%	16.0%	0.7%	2.2%	0.0%	82.7%

5.1.2　动漫题材偏好

在接触过动漫作品的我国18—70周岁国民中，有63.2%的人偏爱“搞笑”类动漫作品。其次，分别有近三成（29.4%、28.4%和28.2%）的人喜欢“神话”“科幻”“侦探”类动漫作品。此外，分别有两成左右（24.0%、19.1%、18.6%和16.6%）的人喜欢“格斗”“爱情”“励志”“体育”类动漫作品。而喜欢“恐怖”类动漫作品的人相对较少，选择比例仅为10.9%。

具体情况如图5-1-3所示。

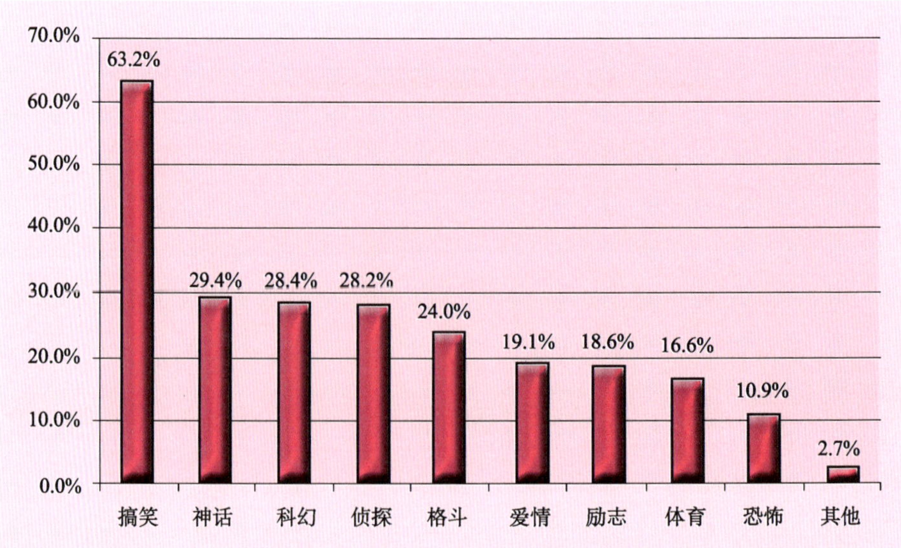

图5-1-3　动漫接触者对动漫题材的偏好

5.2 单机游戏接触情况

5.2.1 单机游戏题材偏好

“棋牌益智类”是最受欢迎的单机游戏题材，在接触过动漫作品的我国 18—70 周岁国民中，有 25.9%的人喜欢“棋牌益智类”网络游戏。而“赛车类”和“动作类”单机游戏的受欢迎程度也相对较高，选择比例分别为 18.1%和 13.6%。喜欢“体育类”“音乐舞蹈类”“神话武侠 RPG”“策略类”和“科幻奇幻 RPG”游戏的比例分别为 10.0%、9.9%、9.7%、9.4%和 7.5%。还有 46.7%的动漫作品接触者表示对这些单机游戏题材“都不喜欢”。

具体情况如图 5-2-1 所示。

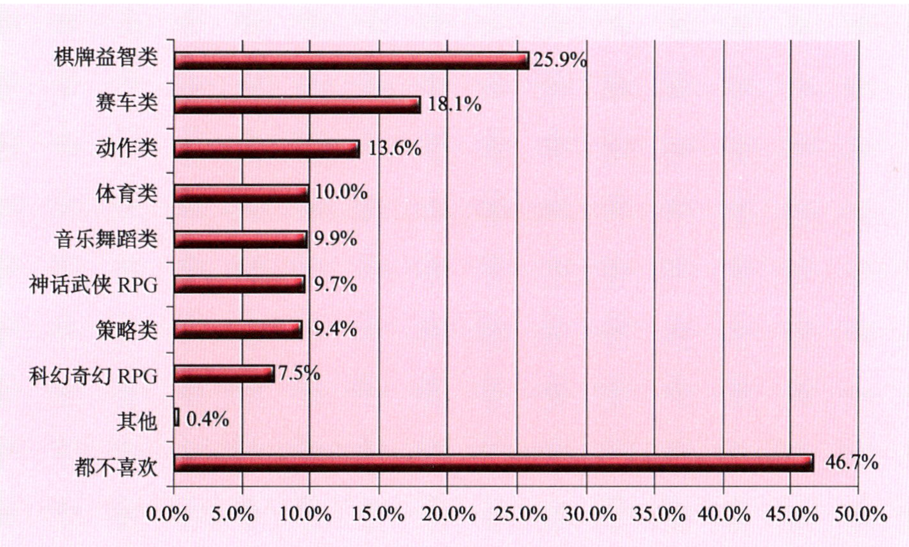

图 5-2-1 单机游戏题材偏好

5.2.2 单机游戏的黏度

2012 年，有 14.5%的我国 18—70 周岁国民表示过去一周接触过单机游戏。当被问及过去一周平均每天花在单机游戏上的时间长度时，在我国 18—70 周岁单机游戏玩家中，有 62.4%的人平均每天玩单机游戏的时长集中在 1.5 个小时以内。具体看来，有 24.7%的玩家平均每天玩单机游戏的时长在半小时以下，有 24.3%的玩家平均每天玩单机游戏的时长在 0.5—1 小时，还有 13.4%的玩家平均每天玩单机游戏的时长在 1—1.5 小时之间。此外，平均每天玩单机游戏的时间超过 1.5 小时的单机游戏玩家仅占 20.3%。

具体情况如图 5-2-2 所示。

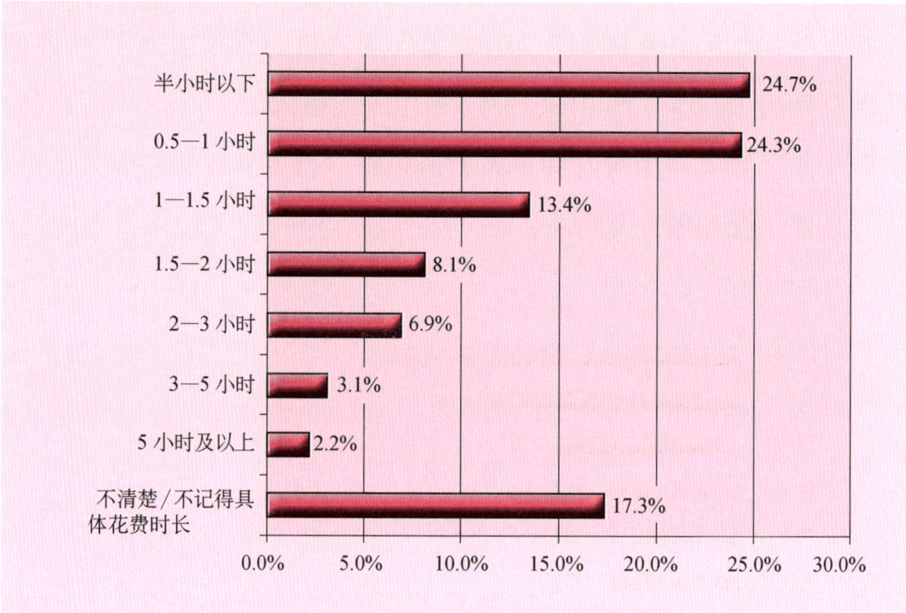

图 5-2-2　平均每天玩单机游戏的时长

2012 年，我国 18—70 周岁单机游戏玩家平均每天接触单机游戏的时长为 69.61 分钟。不同人口统计特征的单机游戏玩家花费在单机游戏上的时长存在一定差异。

男性玩家平均每天花在单机游戏上的时长为 74.96 分钟，较女性玩家平均每天在单机游戏上花费的时长（61.01 分钟）多出 13.95 分钟。城镇玩家平均每天花费在单机游戏上的时长为 67.50 分钟，少于农村玩家的平均花费时长（73.36 分钟）。

具体情况如表 5-2-1 所示。

表 5-2-1　不同人口特征玩家平均每天玩单机游戏时长

人口特征	类别	单机游戏时间花费（分钟）
性别	男	74.96
	女	61.01
城乡	城镇	67.50
	农村	73.36
总体		69.61

5.2.3　单机游戏消费状况

2012 年，在我国 18—70 周岁单机游戏玩家中，有 27.4%的人在单机游戏上有所花费，有超过七成（72.6%）的人在单机游戏上没有花费。具体来看，有 4.3%的人表示其在单机游戏上的花费在 20 元以下，有 5.0%的人表示其在单机游戏上的花费在 20—50 元之间，有 2.7%的人表示其在单机游戏上的花费在 50—100 元之间。仅有 3.4%的人表示其在单机游戏上的花费超过 100 元。

具体情况如图 5-2-3 所示。

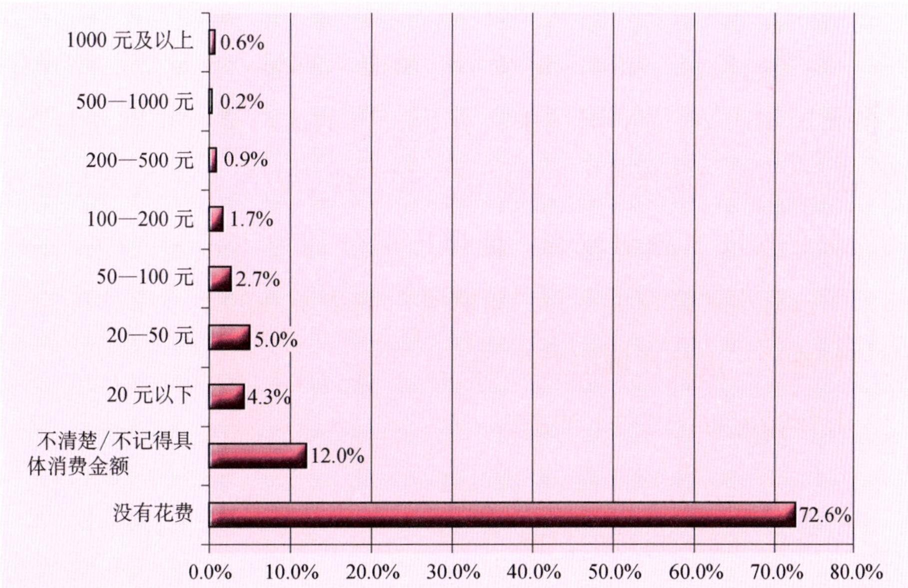

图 5-2-3　单机游戏花费

2012 年，我国 18—70 周岁单机游戏玩家人均花费在单机游戏上的金额为 20.40 元。不同人口统计特征的单机游戏玩家在单机游戏上的花费金额存在一定差异。

男性玩家在单机游戏上的人均花费为 29.40 元，远高于女性玩家的花费（6.22 元）。城镇玩家人均花费在单机游戏上的金额为 17.74 元，较农村玩家的花费（25.20 元）少 7.46 元。

具体情况如表 5-2-2 所示。

表 5-2-2　不同人口特征玩家单机游戏花费情况

人口特征	类别	单机游戏花费（元）
性别	男	29.40
	女	6.22
城乡	城镇	17.74
	农村	25.20
总体		20.40

5.3　网络游戏接触情况

5.3.1　网络游戏题材偏好

“棋牌益智类”是最受欢迎的网络游戏题材，在接触过动漫作品的我国 18—70 周岁国民中，有 26.3%的人喜欢“棋牌益智类”网络游戏。而“动作类”“赛车类”和“神话武侠 RPG”网络游戏的受欢迎程度也相对较高，选择比例分别为 16.1%、15.6%和 14.5%。喜欢“体育类”和“策略类”网络游戏的动漫作品接触者则相对略少，选择比例均为 9.5%。

具体情况如图 5-3-1 所示。

5.3.2　网络游戏的黏度

2012 年，有 18.3%的我国 18—70 周岁国民表示过去一周接触过网络游戏。当被问及过去一周平均每天花在网络游戏的时间长度时，在我国 18—70 周岁网络游戏玩家中，有 54.4%的玩家平均每天玩网络游戏的时长集中在 1.5 个小时以内。具体看来，有 17.8%

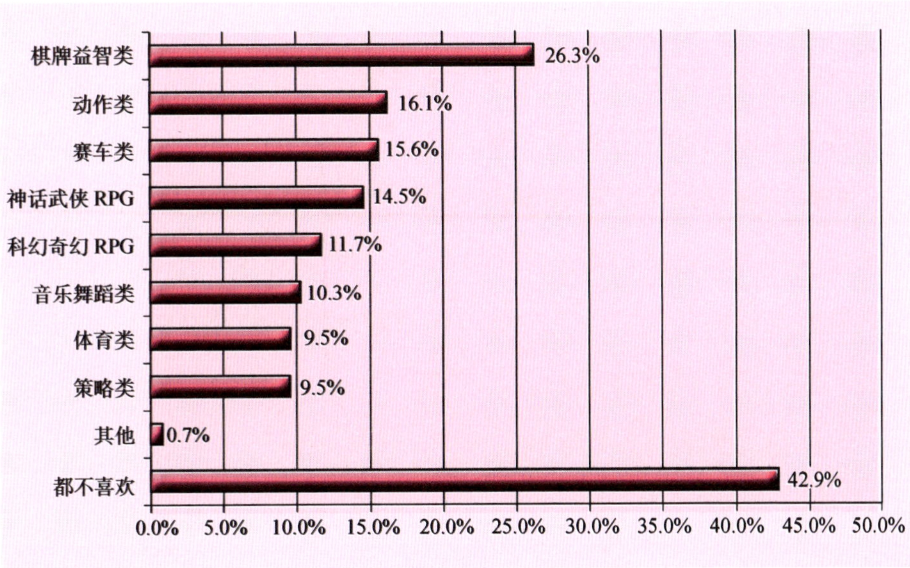

图 5-3-1　网络游戏题材偏好

的玩家平均每天玩网络游戏的时长在半小时以下，有 20.4%的玩家平均每天玩网络游戏的时长在 0.5—1 小时，还有 16.2%的玩家平均每天玩网络游戏的时长在 1—1.5 小时之间。此外，平均每天玩网络游戏的时间超过 1.5 小时的玩家超过三成（31.8%）。

具体情况如图 5-3-2 所示。

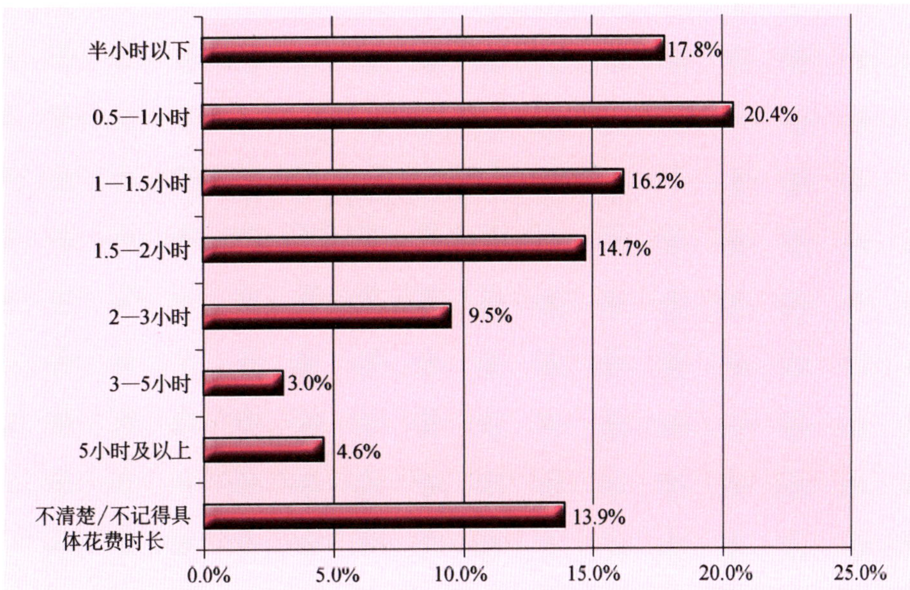

图 5-3-2　平均每天玩网络游戏的时长

2012 年，我国 18—70 周岁网络游戏玩家平均每天接触网络游戏的时长为 86.60 分钟。不同人口统计特征的网络游戏玩家花费在网络游戏上的时间存在一定差异。

男性玩家平均每天花在网络游戏上的时长为 92.91 分钟，较女性玩家（75.28 分钟）多出 17.63 分钟。城镇玩家平均每天花费在网络游戏上的时长为 92.69 分钟，较农村玩家平均花费时长（74.55 分钟）多出 18.14 分钟。

具体情况如表 5-3-1 所示。

表 5-3-1 不同人口特征玩家平均每天玩网络游戏时长

人口特征	类别	网络游戏时间花费（分钟）
性别	男	92.91
	女	75.28
城乡	城镇	92.69
	农村	74.55
总体		86.60

5.3.3 网络游戏的消费状况

2012 年，在我国 18—70 周岁网络游戏玩家中，有 39.9%的人在网络游戏上有所花费，有超过六成（60.1%）的人在网络游戏上没有花费。具体来看，有 4.5%的人表示其在网络游戏上的花费在 20 元以下，有 5.7%的人表示其在网络游戏上的花费在 20—50 元之间，有 5.6%的人表示其在网络游戏上的花费在 50—100 元之间，有 13.0%的人表示其在网络游戏上的花费超过 100 元。

具体情况如图 5-3-3 所示。

2012 年，我国 18—70 周岁网络游戏玩家人均花费在网络游戏上的金额为 66.02 元，远高于单机游戏玩家人均花费在单机游戏上的金额（20.40 元）。不同人口统计特征的网络游戏玩家在网络游戏上的花费金额存在一定差异。

男性玩家在网络游戏上的人均花费为 86.81 元，远高于女性玩

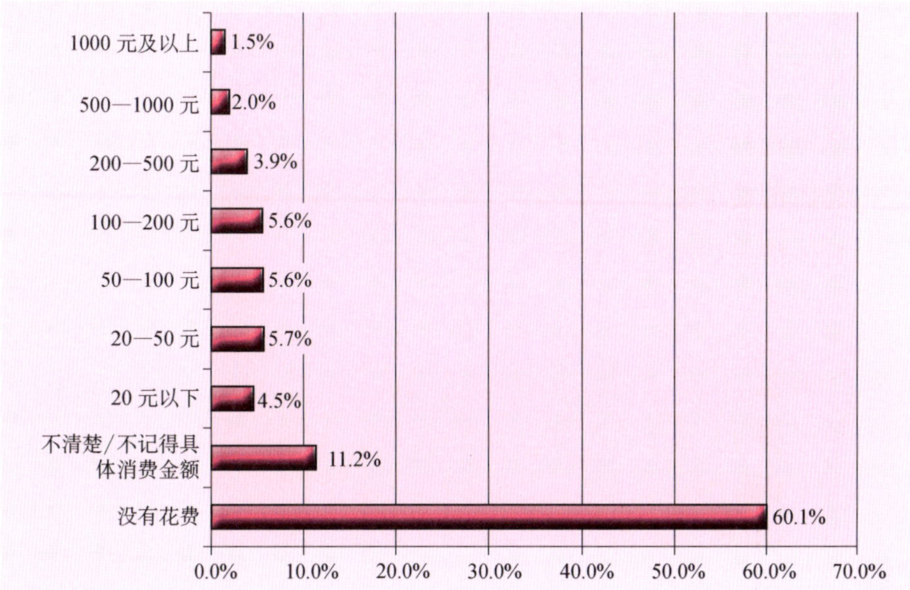

图 5-3-3　网络游戏花费

家的花费（29.51 元）。城镇玩家人均花费在网络游戏上的金额为 64.68 元，略少于农村玩家的人均花费（68.69 元）。

具体情况如表 5-3-2 所示。

表 5-3-2　不同人口特征玩家网络游戏花费情况

人口特征	类别	单机游戏花费（元）
性别	男	86.81
	女	29.51
城乡	城镇	64.68
	农村	68.69
总体		66.02

5.4　手机游戏消费状况

2012 年，在我国 18—70 周岁国民中，有 20.8%的人接触过手机游戏。2012 年，我国 18—70 周岁动漫作品接触者人均花费在手机游戏上的金额为 12.48 元。具体来看，有 4.1%的动漫作品接触者在手机游戏上的花费金额不足 10 元，有 4.4%的动漫作品接触者在手机游戏上的花费金额在 10—50 元，有 2.1%的动漫作品接触者在手机游戏上的花费金额在 50—100 元，仅有 2.1%的动漫作品接触者在手机游戏上的花费金额超过 100 元。另外，有 40.2%的动漫作品接触者只玩免费的手机游戏，还有 7.0%的动漫作品接触者不记得具体消费金额。

具体情况如图 5-4-1 所示。

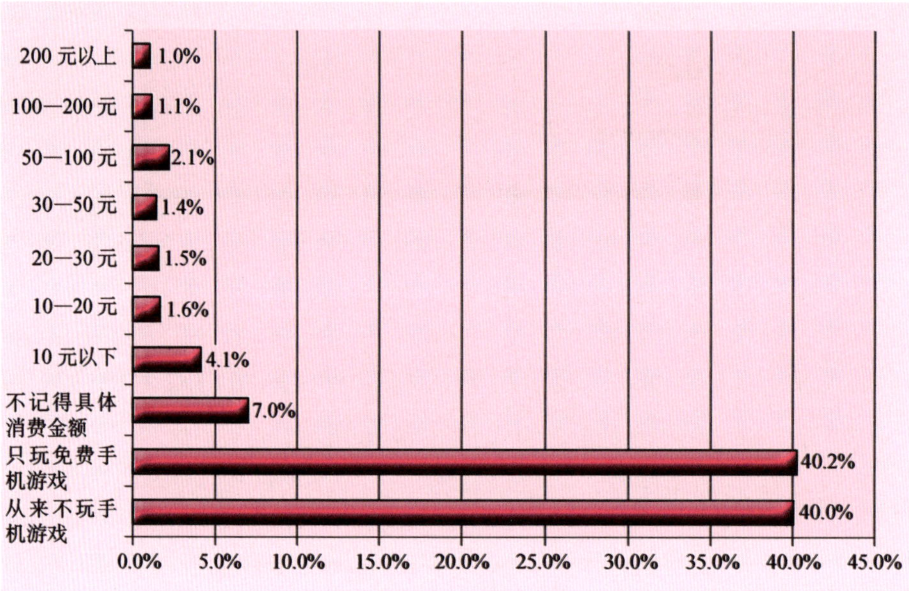

图 5-4-1 手机游戏花费

第六章
成年人数字出版物阅读与购买倾向

6.1　数字出版物阅读状况

6.1.1　数字化阅读接触率

2012 年我国 18—70 周岁国民数字化阅读方式（网络在线阅读、手机阅读、电子阅读器阅读、光盘阅读、PDA/MP4/MP5 阅读等）的接触率为 40.3%，比 2011 年的 38.6%上升了 1.7 个百分点。

进一步对各类数字化阅读载体的接触情况进行分析发现，2012 年我国 18—70 周岁国民的网络在线阅读、手机阅读的接触率均有所上升，但电子阅读器阅读、光盘阅读等数字化阅读方式接触率，均有不同程度的下降。具体来看，2012 年有 32.6%的 18—70 周岁国民进行过网络在线阅读，比 2011 年的 29.9%上升了 2.7 个百分点；31.2%的国民进行过手机阅读，比 2011 年的 27.6%上升了 3.6 个百分点；4.6%的国民在电子阅读器上阅读，比 2011 年的 5.4%下降了 0.8 个百分点；1.6%的国民用光盘阅读，比 2011 年的 2.4%下降了 0.8 个百分点；有 2.6%的国民使用 PDA/MP4/MP5 等进行数字化阅读，比 2011 年的 3.9%下降了 1.3 个百分点。

具体情况如图 6-1-1 所示。

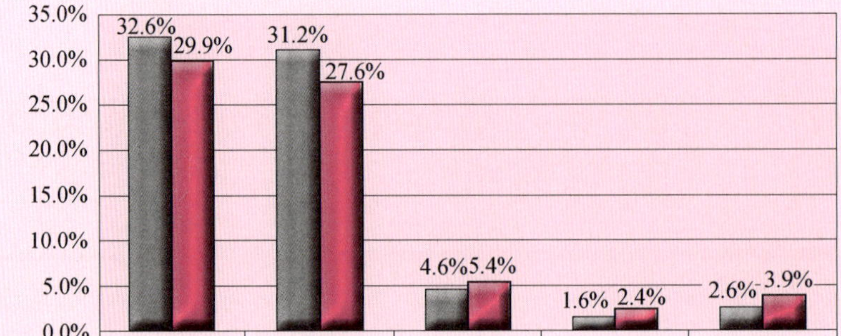

	网络在线阅读	手机阅读	电子阅读器阅读	光盘阅读	PDA/MP4/MP5等阅读方式
2012 年	32.6%	31.2%	4.6%	1.6%	2.6%
2011 年	29.9%	27.6%	5.4%	2.4%	3.9%

图 6-1-1 数字化阅读方式接触率

6.1.2 数字化阅读方式选择原因与制约因素

获取与阅读便利、信息量大以及成本低廉是我国 18—70 周岁数字化阅读接触者选择数字阅读的主要原因。调查结果显示，60.3%的人因为“获取便利”而选择数字化阅读方式，有 45.4%的人是因为“方便随时随地阅读”而选择数字化阅读方式，有 26.9%的人因为“方便信息检索”而选择数字化阅读方式，以上几点都是因为便利性而选择数字阅读的表现。其次，超过三成（31.1%）的人是因为“信息量大”而选择数字化阅读方式。再次，还有 26.0%的人因为“收费少甚至不付费”而选择数字化阅读方式。

具体情况如表 6-1-1 所示。

表 6-1-1 选择数字化阅读方式的原因

选择原因	选择比例
获取便利	60.3%
方便随时随地阅读	45.4%
信息量大	31.1%
方便信息检索	26.9%

续前表

选择原因	选择比例
收费少甚至不付费	26.0%
方便复制和分享	8.3%
交互性强	7.9%
音画俱全，非常生动	7.4%
喜欢在电子设备上阅读	6.2%
其他	0.6%

然而，部分我国18—70周岁国民对数字化阅读仍持质疑态度。数据显示，近六成（57.2%）的人认为数字化阅读“伤眼睛，容易视觉疲劳”，近四成（36.7%）的人认为数字化阅读“辐射大”。另有20.0%和19.3%的人分别表示数字化阅读“有一定操作限制”或者“不习惯通过屏幕阅读”。

具体情况如表6-1-2所示。

表6-1-2 数字化阅读方式的不足之处

数字化阅读方式不足之处	选择比例
伤眼睛，容易视觉疲劳	57.2%
辐射大	36.7%
有一定操作限制	20.0%
不习惯通过屏幕阅读	19.3%
其他	0.9%
不清楚/不知道	18.9%

6.1.3 阅读倾向

对我国18—70周岁国民倾向的阅读形式的研究发现，尽管数字内容的阅读量在增加，但纸质读物仍是大多数我国成年国民倾向的阅读方式。结果表明，74.4%的成年国民更倾向于“拿一本纸质图书阅读”，有13.2%的成年国民更倾向于“网络在线阅读”，有9.0%的成年国民倾向于“在手机上阅读”，有2.2%的人倾向于“在电子阅读器上阅读”，1.3%的成年国民“习惯从网上下载并打印下来阅读”。

具体情况如图6-1-2所示。

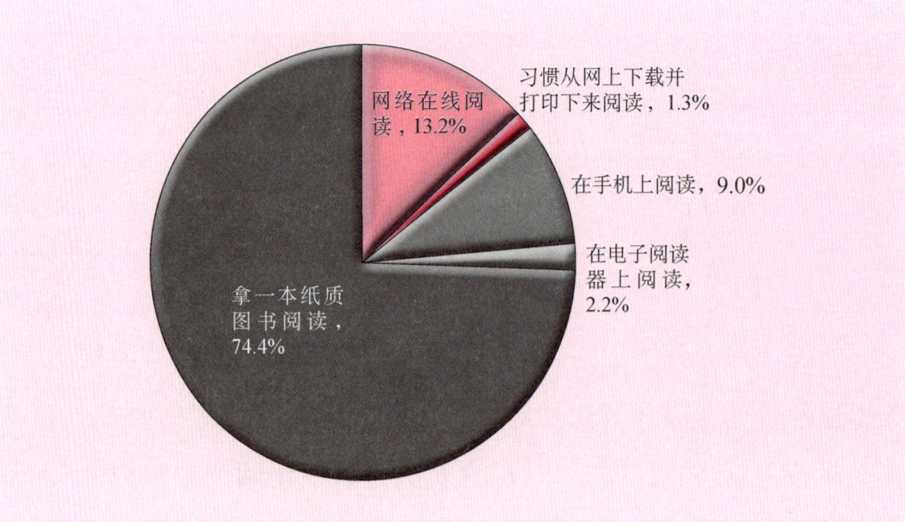

图 6-1-2　倾向的阅读方式

6.2　电子书报刊阅读状况

6.2.1　电子书报刊阅读率

对电子书报刊的阅读情况考察发现，2012 年我国 18—70 周岁国民电子书阅读率为 17.0%，较 2011 年的 16.8%上升了 0.2 个百分点，电子期刊和电子报的阅读率分别为 7.4%和 5.6%，较 2011 年的 8.2%和 5.9%略有下降。

具体情况如图 6-2-1 所示。

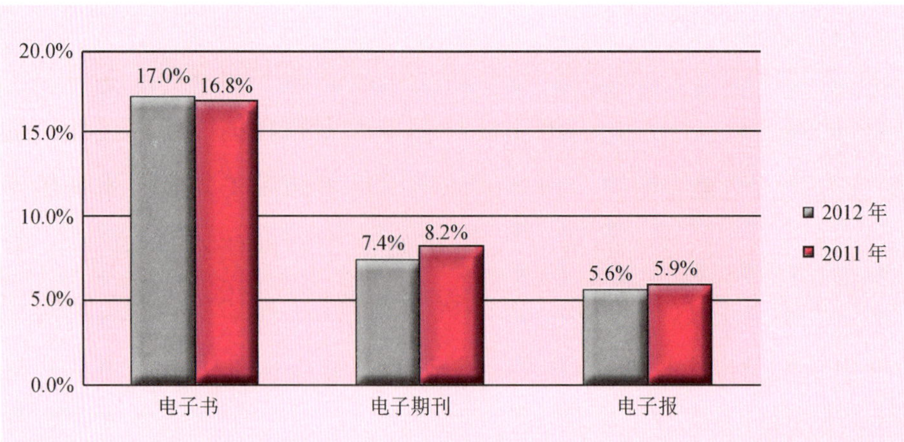

图 6-2-1　电子书报刊阅读率

电子书的阅读量增幅较为明显，2012 年我国 18—70 周岁国民人均阅读电子书 2.35 本，比 2011 年的 1.42 本增加了 0.93 本。此外，18—70 周岁国民人均纸质图书和电子书合计阅读量为 6.74 本，比 2011 年纸质图书和电子书合计阅读量 5.77 本增加了 0.97 本。

6.2.2 电子书价格承受能力

2012 年，在接触过数字化阅读方式的我国 18—70 周岁国民中，有 40.1%的人表示能够接受付费下载阅读，这一比例比 2011 年的 41.8%下降了 1.7 个百分点。

2012 年，我国 18—70 周岁数字化阅读方式接触者平均能够接受的单本电子书价格为 3.27 元，比 2011 年的 3.50 元略有下降。

具体情况如图 6-2-2 所示。

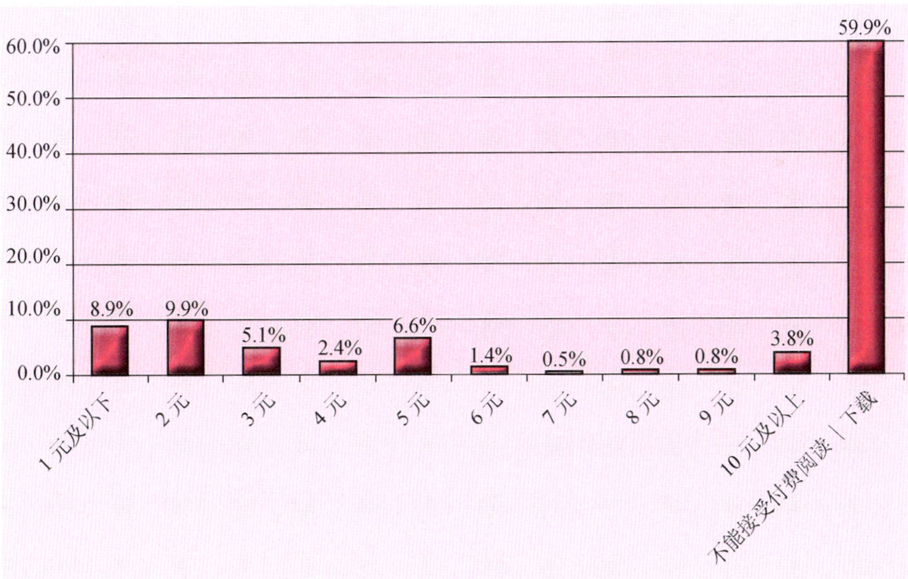

图 6-2-2 单本电子书价格承受能力

6.2.3 电子书报刊对传统纸质书报刊销售的影响

在我国 18—70 周岁电子书读者中，有 90.6%的人表示阅读过电子书后，就没有购买过该书的纸质版。而在我国 18—70 周岁电子期刊读者中，有78.6%的人表示在阅读过电子期刊后，就没有购买过该期刊的纸质版。在我国18—70周岁电子报读者中，有87.8%的人表示阅读过电子报后，就没有再购买过该报的纸质版。由此可见，电子书报刊所提供的内容基本能够满足读者的阅读需求，电子书报刊对纸质书报刊的销售有一定冲击力。

具体情况如图6-2-3所示。

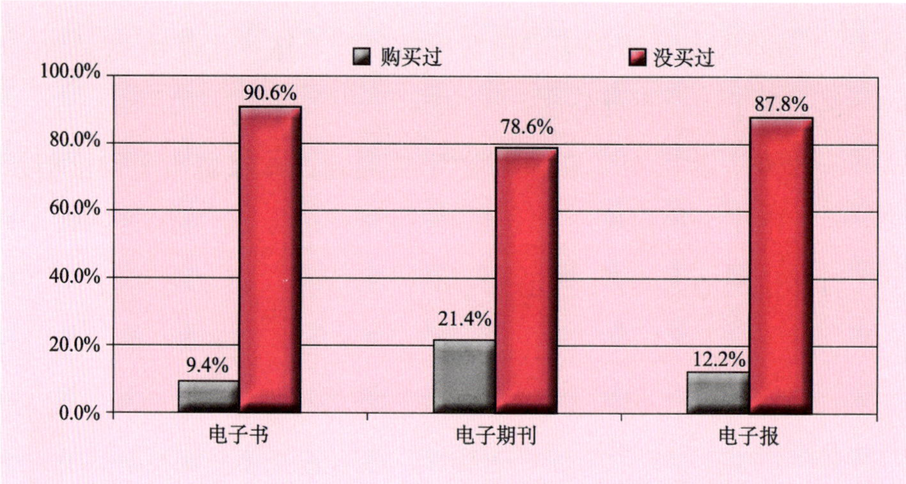

图6-2-3　电子书报刊对传统纸质书报刊销售的影响

6.3　手机阅读行为

6.3.1　手机阅读接触率

2012年，我国18—70周岁国民的手机阅读接触率为31.2%，比2011年的27.6%增加了3.6个百分点。不同人口特征群体的手机阅读接触率存在一定差异。从性别差异看，男性居民的手机阅读接触率为34.3%，高出女性居民（27.8%）6.5个百分点。从城乡对比看，城镇居民的手机阅读接触率为36.9%，高出农村居民（24.6%）12.3个百分点。

具体情况如表6-3-1所示。

表 6-3-1　不同人口特征群体手机阅读接触率

人口特征	类别	手机阅读接触率
性别	男	34.3%
	女	27.8%
城乡	城镇	36.9%
	农村	24.6%

从年龄特征看，在接触过手机阅读方式的我国 18—70 周岁国民中，18—29 周岁群体所占比例最高，达到 56.4%。30—39 周岁群体所占比例为 25.6%，40—49 周岁群体所占比例为 14.6%。50—59 周岁及 60—70 周岁群体所占比例较低，分别为 3.0%和 0.4%。由此可见，50 周岁以下群体是手机阅读的主力人群（占比超过 95.0%）。

具体情况如图 6-3-1 所示。

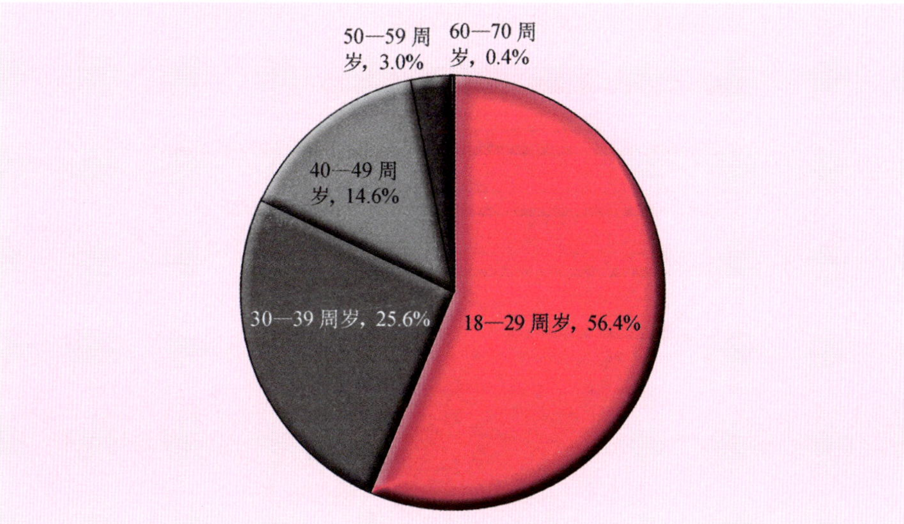

图 6-3-1　手机阅读接触者年龄分布

6.3.2　手机阅读时长

调查数据显示，2012 年我国 18—70 周岁手机阅读群体平均每天手机阅读时长为 40.44 分钟。在我国 18—70 周岁手机阅读接触者中，只有 6.6%的人平均每天手机阅读时长在 5 分钟以内。超过八成（84.4%）的手机阅读接触者平均每天手机阅读时长集中在5分钟到2个小时之间。具体看来，有13.2%的人平均每天手机阅读时长在5—10分钟，有16.0%的人平均每天手机阅读时长在10—20分钟，有22.6%的人平均每天手机阅读时长在20—30分钟，有19.6%的人平均每天手机阅读时长在0.5—1小时，有13.0%的人平均每天手机阅读时长在1—2小时。此外，还有8.9%的手机阅读接触者平均每天花费在手机阅读的时间超过2个小时。

具体情况如图6-3-2所示。

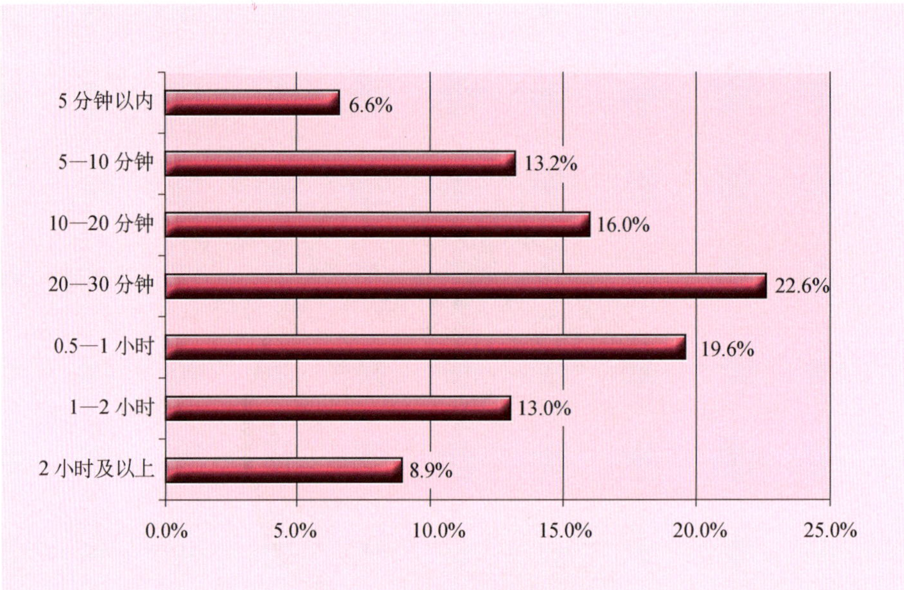

图6-3-2　手机阅读者手机阅读时长

6.3.3　手机阅读花费

手机阅读花费的调查结果显示，2012年，在我国18—70周岁手机阅读群体中，有45.8%的人表示能够接受付费阅读，而有54.2%的人只看免费的手机读物。具体来看，有21.1%的手机阅读接触者的手机阅读花费在20元以下，有17.7%的手机阅读接触者的手机阅读花费在20—100元之间，还有7.1%的手机阅读接触者的手机阅读花费在100元以上。

2012年，我国18—70周岁手机阅读接触者的人均手机阅读花费为23.31元，较2011年的20.75元增长了2.56元。其中城镇手机阅读接触者的人均花费为23.50元，略高于农村手机阅读接触者的人均花费（22.97元）。

具体情况如表6-3-2所示。

表6-3-2　手机阅读者在手机阅读上的花费

花费金额	选择比例
10元及以下	14.1%
10—20元	7.0%
20—30元	3.7%
30—50元	5.6%
50—100元	8.4%
100—200元	4.2%
200元及以上	2.9%
从未付费	54.2%
人均花费金额	23.31元

6.3.4　手机读物价格承受力

面对和纸质读物内容完全相同的手机读物，有70.6%的手机阅读接触者选择“只看免费的”手机读物，有10.5%的手机阅读接触者表示“价格要低于纸质读物的80%以上”才愿意购买，6.9%的手机阅读接触者表示“价格要低于纸质读物的50%以上”才愿意购买，8.2%的手机阅读接触者表示“价格要低于纸质读物的30%以上”才愿意购买。只有3.8%的手机阅读接触者表示“可以花费和购买纸质读物一样多的钱”来购买手机读物。

具体情况如图6-3-3所示。

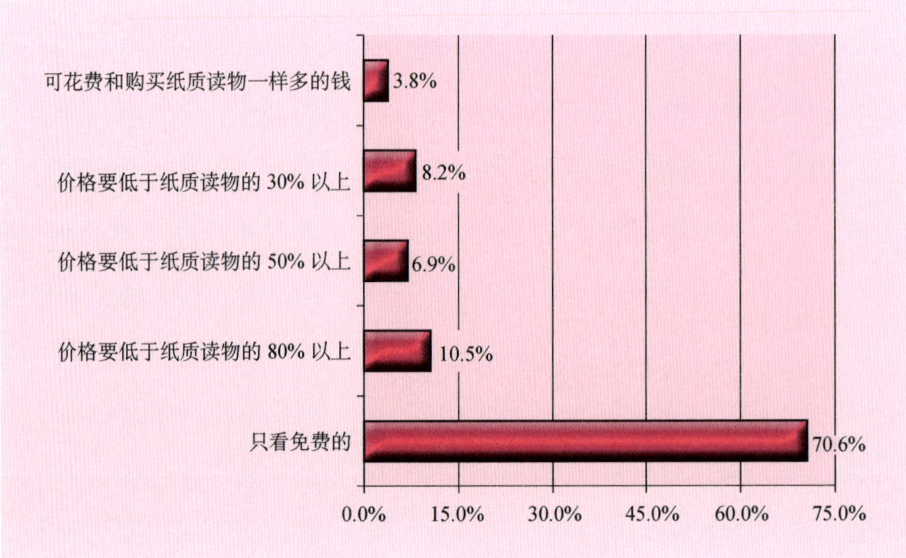

图 6-3-3　手机读物付费意愿

6.3.5　通过手机进行的活动

本次调查数据显示，“听音乐”用“手机 QQ、飞信等”“看手机小说”“阅读手机报”等，是我国 18—70 周岁手机阅读接触者的重点使用内容。

具体来看，当问及您通过手机进行哪些活动时，在接触过手机阅读的人群中，有 70.2%的手机阅读接触者选择“听音乐”，有 64.1%的手机阅读接触者选择用“手机 QQ、飞信等”，均超过 60.0%。其次，有 47.3%的手机阅读接触者选择“看手机小说”，有 41.1%的手机阅读接触者选择“阅读手机报”，均超过 40.0%。再次，有 39.3%的手机阅读接触者选择“手机网页浏览”，有 33.9%的手机阅读接触者选择玩“手机游戏”，有 23.1%的手机阅读接触者选择“看视频”，还有 21.0%的手机阅读接触者选择用“博客或微博”，均超过 20.0%。

具体情况如表 6-3-3 所示。

表 6-3-3　通过手机进行的活动及比例

通过手机进行的活动	选择比例
听音乐	70.2%
手机 QQ、飞信等	64.1%
看手机小说	47.3%
阅读手机报	41.1%
手机网页浏览	39.3%
手机游戏	33.9%
看视频	23.1%
博客或微博	21.0%
与工作/学习有关的信息	17.1%
手机查收电子邮件	10.2%
其他	1.0%

6.3.6　手机小说阅读情况

2012 年，在我国 18—70 周岁手机阅读群体中，有 47.3%的人通过手机阅读过小说。具体看来，我国手机阅读群体最喜欢的手机小说类型为“言情”类，其次为“武侠”和“玄幻”类。“言情”类小说的选择比例为 28.6%，“武侠”类小说的选择比例为 25.1%，“玄幻”类小说的选择比例为 19.1%。

具体情况如表 6-3-4 所示。

表 6-3-4　手机小说类型偏好

手机阅读内容	选择比例
言情	28.6%
武侠	25.1%
玄幻	19.1%
青春	18.3%
穿越	16.3%
古韵	4.4%
其他	5.3%

6.3.7 手机定制服务或内容

进一步对我国18—70周岁手机阅读接触者的手机定制服务或内容展开调查发现，有超过半数（52.3%）的手机阅读接触者曾经使用过手机定制服务或内容。“手机报”“新闻、资讯、本地新闻等”是我国18—70周岁手机阅读接触者通过手机定制的最主要的服务或内容。有34.0%的手机阅读接触者表示定制过“手机报”，有19.2%的手机阅读接触者表示定制过“新闻、资讯、本地新闻等”。此外，部分手机阅读接触者定制过“在手机上定时弹出类似‘QQ中央弹窗’的综合性新闻窗口”和“手机美化软件，如主题，桌面等”，选择比例分别为7.4%和6.1%。而其他定制服务或内容的选择比例相对较低，均不足5.0%。

具体情况如表6-3-5所示。

表6-3-5 手机定制服务或服务

手机定制服务或内容	选择比例
手机报	34.0%
新闻、资讯、本地新闻等	19.2%
在手机上定时弹出类似“QQ中央弹窗”的综合性新闻窗口	7.4%
手机美化软件，如主题，桌面等	6.1%
流行的完整版小说购买	4.3%
同城的优惠短信、电子打折券等	3.2%
同城的购物信息，如团购信息等	3.0%
电子版的文学期刊，如《读者》《青年文摘》等	2.8%
流行的连载小说购买	2.7%
电子版的时尚图文期刊，如《瑞丽》《时尚》等	2.1%
在手机上可以定制需要的资讯，同时也可以要求发送到您的邮箱或网盘	1.9%
同城的聚会发起、活动发起、邀请信等	1.6%
从国内外，各大财经、商务当期期刊、报纸、网站上，根据你的定制需求摘选的文章	1.2%
都没有定制过	47.7%

6.3.8 手机阅读优缺点

我国18—70周岁手机阅读接触者认为，手机阅读的主要优势体现在便利性、消费低及时效性强三个方面。其中尤以便利性最为重要，调查数据显示与阅读便利性相关的“可以随时随地阅读”及“不用携带图书或其他阅读设备就能阅读”的选择比例分别达到88.1%和32.7%。此外，“阅读内容费用较低或免费”的选择比例为31.3%，“信息时效性强”的选择比例为29.0%。

具体情况如图6-3-4所示。

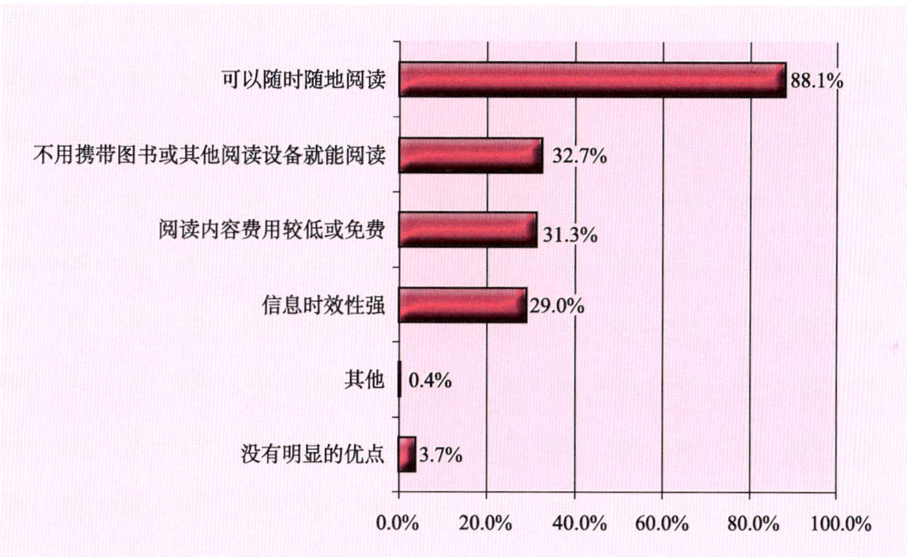

图6-3-4 手机阅读优势

与之相对应，我国18—70周岁手机阅读接触者认为，手机阅读的主要不足之处在于会影响阅读者的身体健康，“伤眼睛，容易视觉疲劳”和“辐射大”的选择比例分别高达59.1%和47.9%。而“手机屏幕太小”和“有一定操作限制”的选择比例分别为45.5%和21.5%，也是手机阅读需要完善之处。此外，仅有8.2%的手机阅读接触者认为手机阅读“没有明显的缺点”。

具体情况如图6-3-5所示。

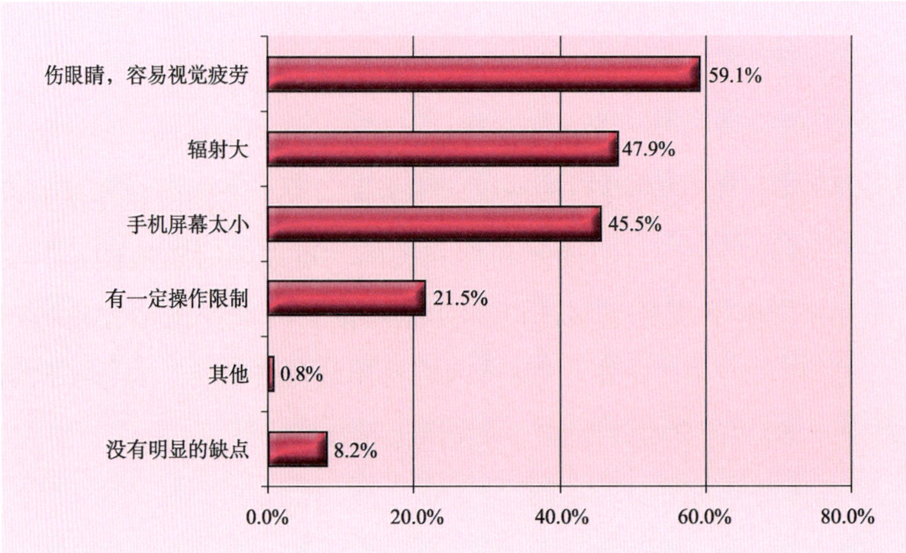

图 6-3-5 手机阅读缺点

6.4 电子阅读器阅读

6.4.1 电子阅读器阅读接触率与电子阅读器拥有率

2012 年，我国 18—70 周岁国民电子阅读器阅读接触率为 4.6%，比 2011 年的 5.4%下降了 0.8 个百分点。从性别差异看，男性居民的电子阅读器阅读接触率为 5.0%，略高于女性居民（4.2%）。从城乡对比看，城镇居民的电子阅读器阅读接触率为 5.9%，较农村居民（3.1%）高出 2.8 个百分点。

具体情况如表 6-4-1 所示。

表 6-4-1 电子阅读器阅读接触率

人口特征	类别	电子阅读器阅读接触率
性别	男	5.0%
	女	4.2%
城乡	城镇	5.9%
	农村	3.1%

从年龄特征上来看，在我国电子阅读器阅读接触者中，18—29

周岁群体所占比例最高，达到 61.6%；其次是 30—39 周岁群体，所占比例为 26.1%。而 40 周岁以上群体所占的比例较低，其中 40—49 周岁群体所占比例为 9.0%，50—59 周岁群体所占比例为 2.9%，60 70 周岁群体所占比例仅为 0.5%。可见，40 周岁以下的中青年群体是电子阅读器阅读活动的主力人群。

具体情况如图 6-4-1 所示。

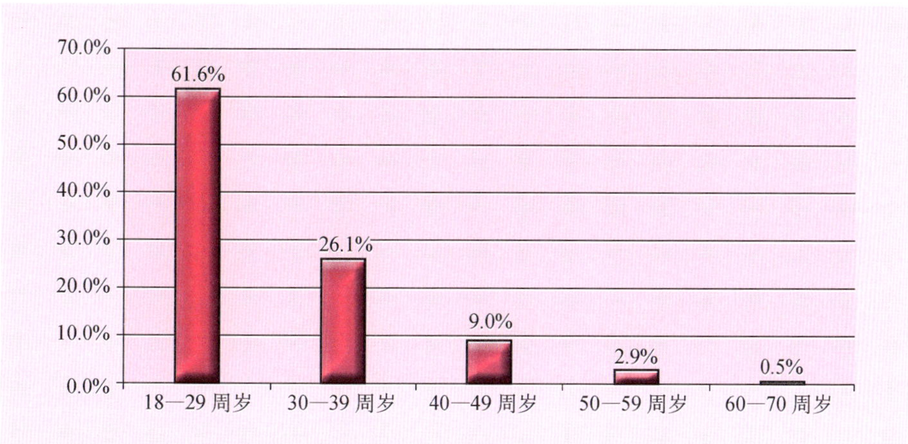

图 6-4-1　电子阅读器接触群体年龄分布特征

本次调查还发现，在接触过电子阅读器阅读的我国 18—70 周岁国民中，有 58.9%的人表示拥有自己的电子阅读器。从性别差异上看，男性电子阅读器阅读接触者的电子阅读器拥有率为 66.0%，较女性电子阅读器阅读接触者（49.9%）高出 16.1 个百分点。从城乡差异上看，城镇电子阅读器阅读接触者的电子阅读器拥有率为 64.1%，较农村电子阅读器阅读接触者（47.6%）高出 16.5 个百分点。

具体情况如表 6-4-2 所示。

表 6-4-2　不同人口特征电子阅读器阅读接触者电子阅读器拥有率

人口特征	类别	拥有率
性别	男	66.0%
	女	49.9%
城乡	城镇	64.1%
	农村	47.6%

6.4.2　电子阅读器的功能使用

调查数据显示，“看电子书”是我国18—70周岁电子阅读器阅读接触者最经常使用的功能，选择比例为75.2%。此外，“看视频”和“听音乐”的选择比例也较高，分别为48.7%和44.6%。而“阅读自行下载的文件”“看报纸”“看电子期刊”“看漫画”的选择比例相对略低，分别为23.7%、18.2%、11.9%和8.8%。

具体情况如图6-4-2所示。

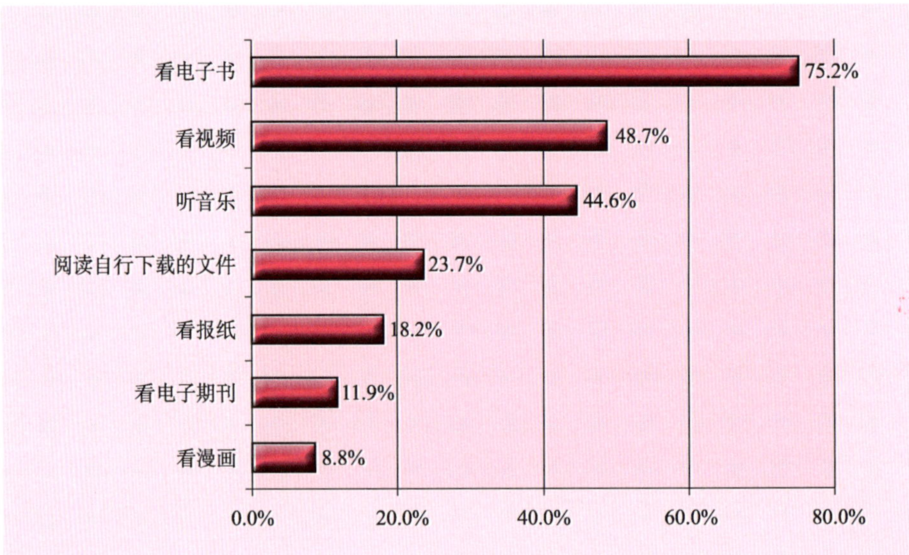

图 6-4-2　电子阅读器的功能使用

6.4.3　电子阅读器阅读花费

2012年，我国18—70周岁电子阅读器阅读接触者在电子阅读器阅读上人均花费 31.03 元，有 42.3%的电子阅读器阅读接触者对电子阅读器阅读进行了付费。具体来看，2012 年，有 13.0%的电子阅读器阅读接触者在电子阅读器阅读上的花费不足 30 元，有 18.0%的电子阅读器阅读接触者在电子阅读器阅读上的花费在 30—100 元之间，还有 11.2%的电子阅读器阅读接触者在电子阅读器阅读上的花费在 100 元及以上。

具体情况如图 6-4-3 所示。

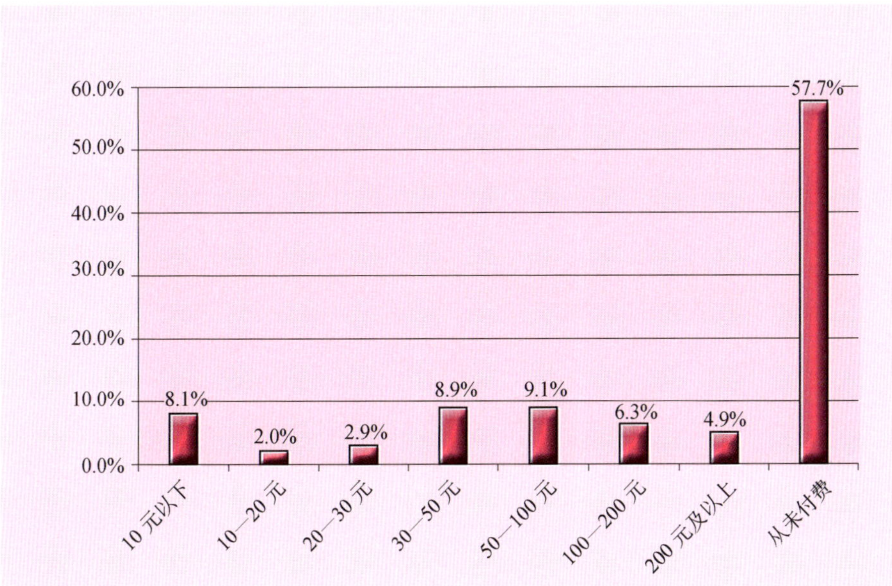

图 6-4-3　电子阅读器阅读花费

6.4.4　电子阅读器阅读资源来源

通过调查发现，“网上下载”是我国大部分 18—70 周岁电子阅读器阅读接触者所阅读电子资源的主要来源，其选择比例高达 78.9%，而“朋友间互相传送”“电子阅读器自带电子书”“公共图书馆的数字阅读网站”三个选项的选择比例均不高，分别为 11.7%、5.0%和 3.7%。

具体情况如图 6-4-4 所示。

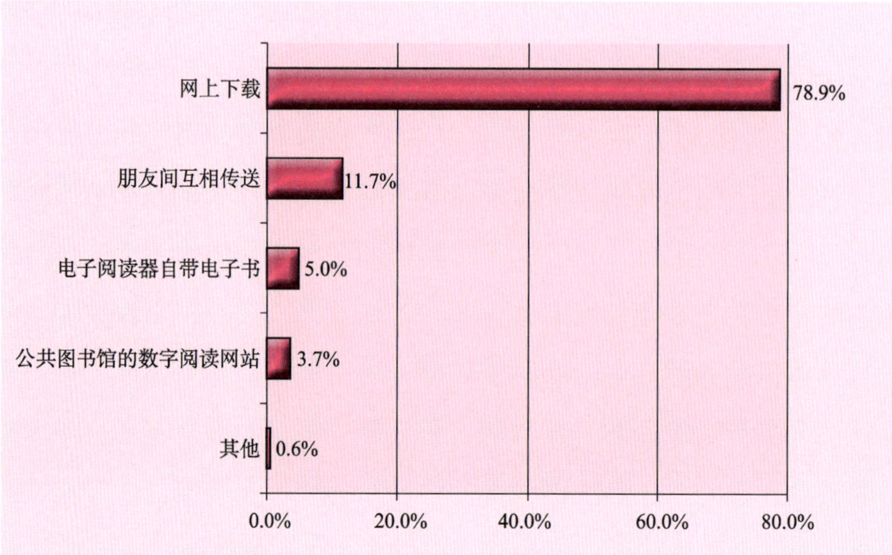

图 6-4-4　电子阅读器资源的主要获得渠道

6.5　上网行为与网络阅读

6.5.1　上网率与上网设备

2012 年，我国 18—70 周岁国民的上网率为 55.6%，较 2011 年的 54.9%上升了 0.7 个百分点。具体来看，有超过半数（52.2%）的成年国民通过电脑上网，有近三成（29.2%）的成年国民通过手机上网。其中，通过手机上网的比例有所提升，与 2011 年的 25.4%相比，增长了 3.8 个百分点。

具体情况如图 6-5-1 所示。

进一步从城乡对比情况来看，2012 年，我国城镇居民的上网率为 69.7%，远高于农村居民（39.4%）。对于上网设备而言，城镇居民选择通过电脑、手机和电子阅读器上网的比例，均高于农村居民。有 67.4% 的城镇居民选择通过电脑上网，高出农村居民（34.6%）32.8 个百分点。有 36.5%的城镇居民选择通过手机上网，高出农村居民（20.7%）15.8 个百分点。

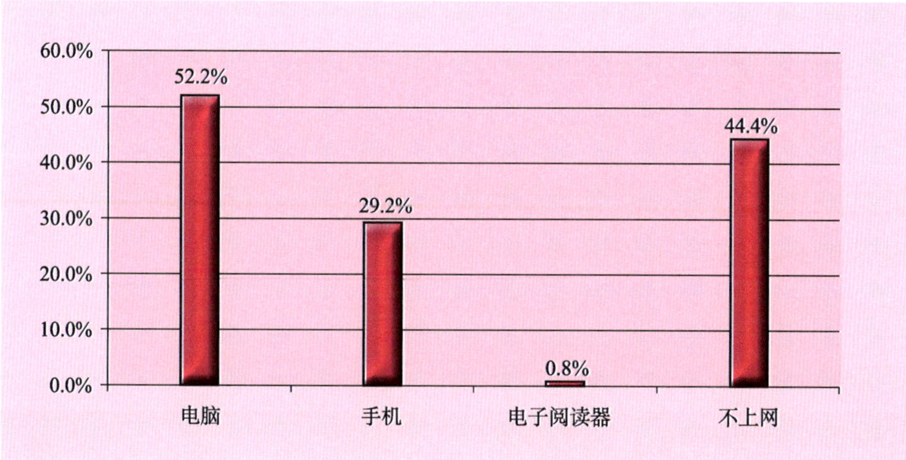

图 6-5-1　上网率与上网设备

具体情况如图 6-5-2 所示。

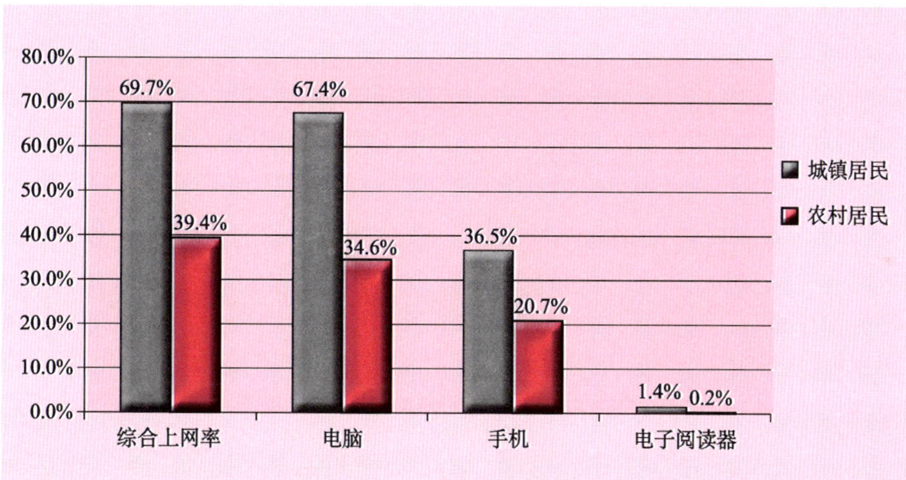

图 6-5-2　上网率、上网设备的城乡对比

6.5.2　上网频率

2012 年，我国 18—70 周岁网民人均每月上网 24.73 次，较 2011 年的 24.21 次有所增加。不同人口特征群体之间的上网频率存在一定差异。

从性别差异看，男性网民的上网频率（25.21 次/月）高于女性网民（24.15 次/月）。从城乡对比看，城镇网民的上网频率（25.72

次/月）高于农村网民（22.70次/月）。

具体来看，接近七成（67.7%）的我国18—70周岁网民平均每天至少上网一次，15.7%的网民平均每周上网4—6次，11.2%的网民平均每周上网2—3次，还有3.1%的网民平均每周只上网1次。总体来看，97.7%的网民平均每周至少上网一次。

具体情况如表6-5-1所示。

表6-5-1　网民上网频率

上网频率	选择比例
每天1次或以上	67.7%
每周4—6次	15.7%
每周2—3次	11.2%
每周1次	3.1%
每月2—3次	1.3%
每月1次	0.4%
每月1次以下	0.7%

6.5.3　上网从事的活动

2012年，我国18—70周岁网民上网从事的活动主要集中于信息获取和休闲娱乐两个方面。首先，在信息获取方面，有70.8%的网民将“阅读新闻”作为主要网上活动之一，有46.7%的网民将“查询各类信息”作为主要网上活动之一。同时，互联网的娱乐功能仍然占据很重要的位置，有66.1%的网民将“网上聊天/交友”作为主要网上活动之一，有52.6%的网民将“在线听歌/下载歌曲和电影”作为主要网上活动之一，有45.0%的网民将“看视频”作为主要网上活动之一，有35.9%的网民将玩“网络游戏”作为主要网上活动之一。值得注意的是，2012年有17.6%的网民将“阅读网络书籍、报刊”作为主要网上活动之一，较2011年的16.0%有所上升。

具体情况如图6-5-3所示。

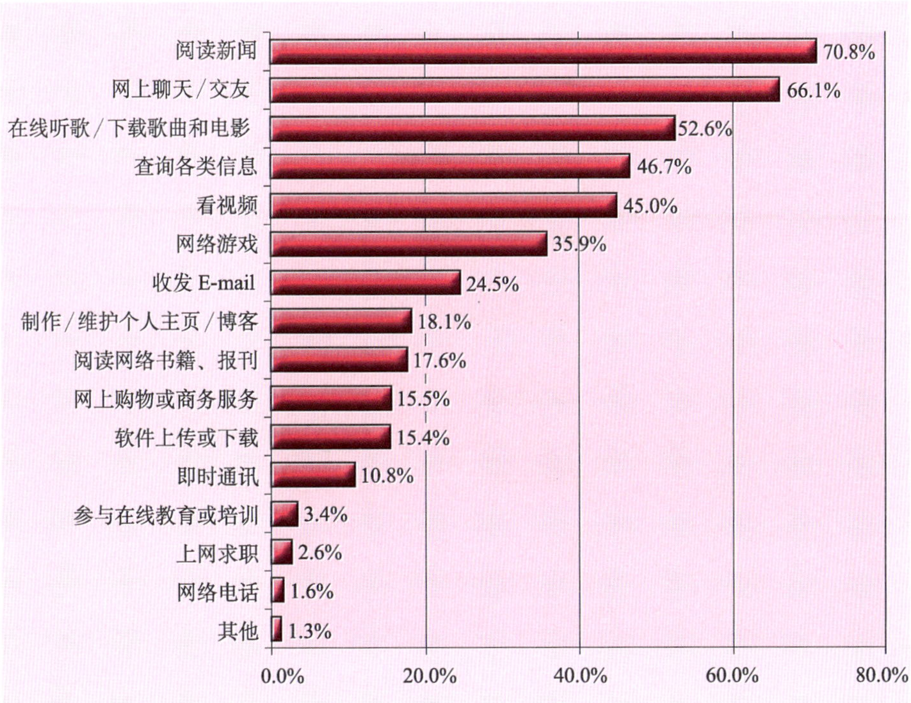

图 6-5-3　网上从事的主要活动

6.5.4　网上阅读行为

当问及上网主要从事的与阅读相关的活动时，在接触过网络在线阅读的国民中，有高达 87.6%的人表示主要会在“网上阅读新闻”，可见我国绝大多数网络在线阅读接触者都会通过网络获取新闻信息。此外，有 35.1%的人表示主要在网上“搜索图书信息”，有 30.7%的人表示主要在“网上阅读电子书（或下载后阅读）”，有 27.8%的人表示主要在网上“检索图书内容”，而“网上阅读电子期刊”和“网上阅读电子报”的选择比例相对不高，分别为 17.8%和 17.4%。

具体情况如图 6-5-4 所示。

在选择会通过互联网“搜索图书信息”的成年网络在线阅读接触者中，有 13.3%的接触者表示“几乎每天”都进行该项活动。此外，每周进行 3—4 次的选择比例为 14.4%，每周进行 1—2 次的选

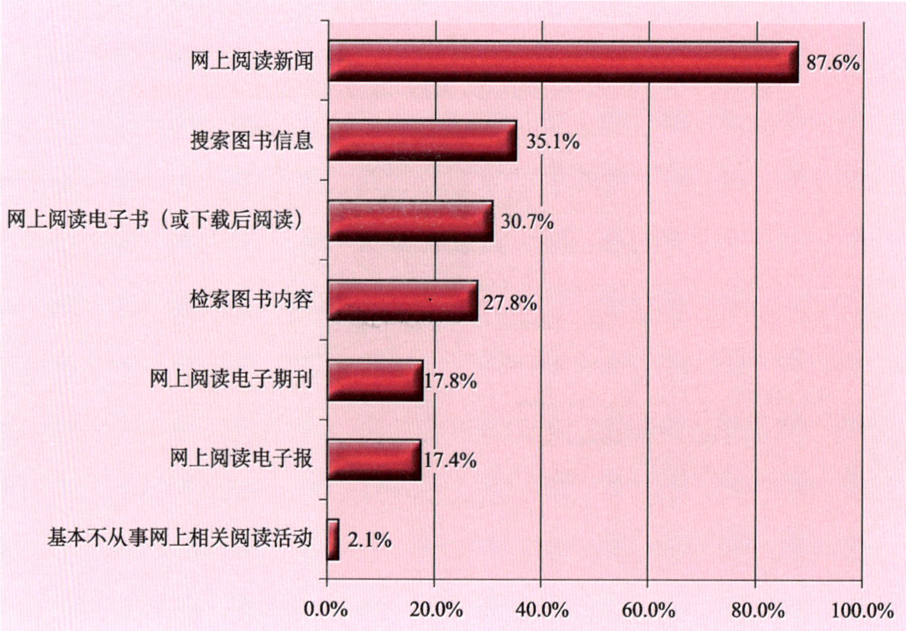

图 6-5-4　网上从事的与阅读相关活动

择比例为 27.3%，每月进行 1—2 次的选择比例为 23.0%。总体来看，每月至少进行一次“搜索图书信息”活动的成年网络在线阅读接触者，其比例接近八成（78.0%）。

在选择会通过互联网“检索图书内容”的成年网络在线阅读接触者中，有 12.7%的阅读接触者表示“几乎每天”都进行该项活动。此外，每周进行 3—4 次的选择比例为 16.8%，每周进行 1—2 次的选择比例为 25.1%，每月进行 1—2 次的选择比例为 20.5%。总体来看，每月至少进行一次“检索图书内容”活动的成年网络在线阅读接触者，其比例超过七成（75.1%）。

选择会在“网上阅读新闻”的成年网络在线阅读接触者中，有 56.2%的阅读接触者表示“几乎每天”都进行该项活动，为各选项中选择比例最高的。此外，每周进行 3—4 次的选择比例为 23.1%，每周进行1—2 次的选择比例为 16.1%，表示每月进行 1—2 次的选择比例为 2.9%。总体来看，每月至少进行一次“网上阅读新闻”活动的成年网络在线阅读接触者，其比例高达 98.3%。

选择通过互联网阅读“电子期刊”“电子报”“电子书”的成年网络在线阅读接触者中，几乎每天都进行该项活动的比例分别是15.0%、23.1%及23.5%，每天在网上阅读电子书和电子报的网络在线阅读接触者所占比例要高于电子期刊。而每月至少进行一次“网上阅读电子书”“网上阅读电子报”“网上阅读电子期刊”活动的成年网络在线阅读接触者，比例分别为75.5%、76.5%和77.9%，大体相当。

在上述上网进行的与阅读相关的活动中，“网上阅读新闻”的频次最高，为260.11次/年；其次为“网上阅读电子书”和“网上阅读电子报”，分别为139.85次/年和135.23次/年。

具体情况如表6-5-2所示。

表6-5-2　网民进行网上阅读活动的频率

频率	搜索图书信息	检索图书内容	网上阅读新闻	网上阅读电子期刊	网上阅读电子报	网上阅读电子书（或下载后阅读）
几乎每天	13.3%	12.7%	56.2%	15.0%	23.1%	23.5%
每周3—4次	14.4%	16.8%	23.1%	15.3%	15.9%	18.7%
每周1—2次	27.3%	25.1%	16.1%	28.0%	25.8%	23.5%
每月1—2次	23.0%	20.5%	2.9%	17.2%	11.7%	12.2%
2—3个月1次	10.1%	9.9%	1.0%	10.1%	5.7%	7.9%
每年2—3次	8.4%	11.8%	0.4%	8.2%	9.7%	7.9%
每年1次	3.4%	3.2%	0.3%	6.3%	8.0%	6.3%
频次（次/年）	99.09	99.26	260.11	106.62	135.23	139.85

6.5.5　网络在线阅读花费

调查数据显示，2012年，我国18—70周岁网络在线阅读接触者在网络在线阅读上的花费为人均13.94元。

有24.9%的网络在线阅读接触者对网络在线阅读进行付费。有7.3%的网络在线阅读接触者的网络在线阅读花费在10元以下，付费额度在10—20元之间的网络在线阅读接触者的比例为3.3%，付费额度在 20—50 元的比例为 5.8%，付费额度在 50—100 元的比例为 4.0%，仅有 4.6%的网络在线阅读接触者表示花费在 100 元及以上。

具体情况如图 6-5-5 所示。

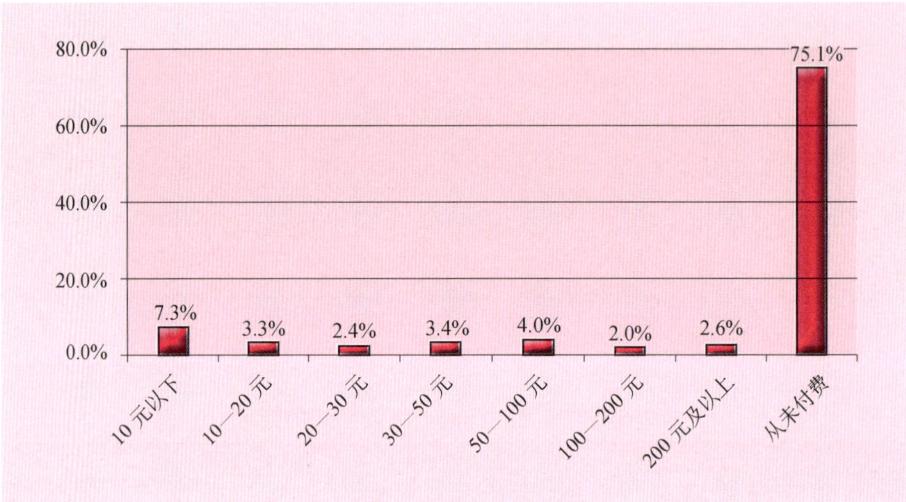

图 6-5-5　网络在线阅读花费

6.5.6　网上购买的出版物类型

调查数据显示，有 16.1%的我国 18—70 周岁网民通过互联网购买过不同类型出版物。

具体来说，在通过互联网购买过不同类型出版物的我国 18—70 周岁网民中，购买“图书”的人数最多，其比例为 77.4%。另外，有 21.4%的人通过互联网购买过“期刊”，有 13.2%的人通过互联网购买过“软件/游戏光盘”，通过互联网购买过“VCD/DVD”和“CD”的比例分别为 9.1%和 7.7%。购买过“盒式录音带”的比例最少，只占 2.2%。由此可见，“图书”是我国网民通过互联网购买的最主要出版物类型。

具体情况如图 6-5-6 所示。

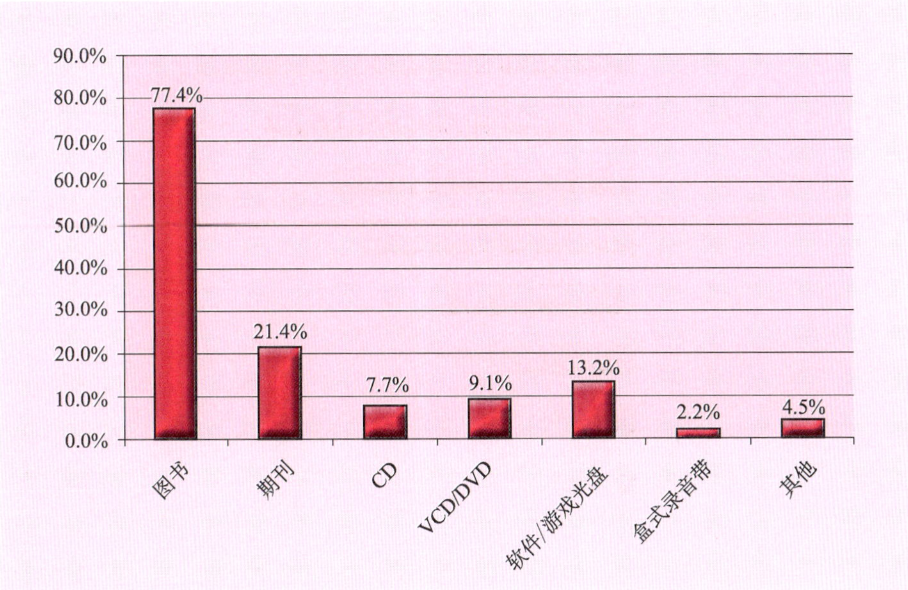

图 6-5-6　通过互联网购买的出版物类型

6.5.7　选择互联网购买出版物的原因和制约因素

通过互联网购买过出版物的我国 18—70 周岁网民表示，网上购买出版物的主要原因基本有以下四点。一是“价格优惠”，有 60.9%的人将此作为其网上购买出版物的主要原因。二是便利性，有 51.1%的人将“送货上门”作为选择网上购买出版物的主要原因，“节省去书店的时间和费用”和“很容易找到需要的书”的选择比例分别为 42.0%和 25.9%。三是“图书种类多”，有 37.8%的人将此作为其网上购买出版物的主要原因。四是“有丰富的信息和评论供参考”，选择比例为 16.9%。而“提供赠品，开展活动”的选择比例相对较低，仅为 5.4%。

具体情况如图 6-5-7 所示。

在没有通过互联网购买过任何出版物的我国 18—70 周岁网民中，有 48.5%的人把“不习惯网上购物”作为不选择网上购买出版物的主要原因，是诸项原因中选择比例最高的一项。其次，有 28.5%的人因为“网上购物不安全”而不通过互联网购买出版物，有 24.2%的人因为担心“无法检验出版物质量”而不通过互联网购

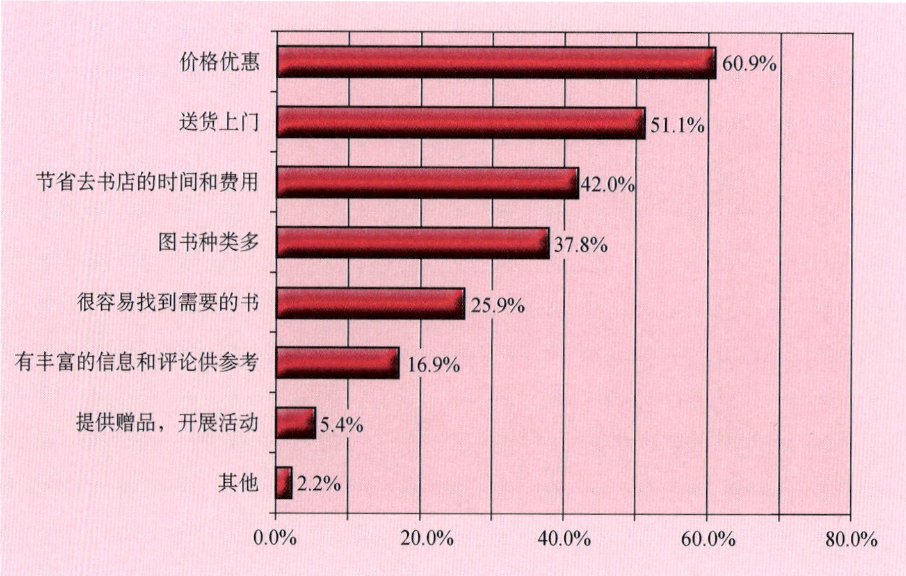

图 6-5-7　选择网购出版物的主要原因

买出版物，有 21.5%的网民因为“太麻烦/流程过于复杂”而不通过互联网购买出版物。此外，“付费不方便”“运费太高”“交货周期太长”的选择比例相对较低，分别为 10.3%、9.0%和 5.6%，可见网上购买出版物的物流配送服务已经逐步得到改善。

具体情况如图 6-5-8 所示。

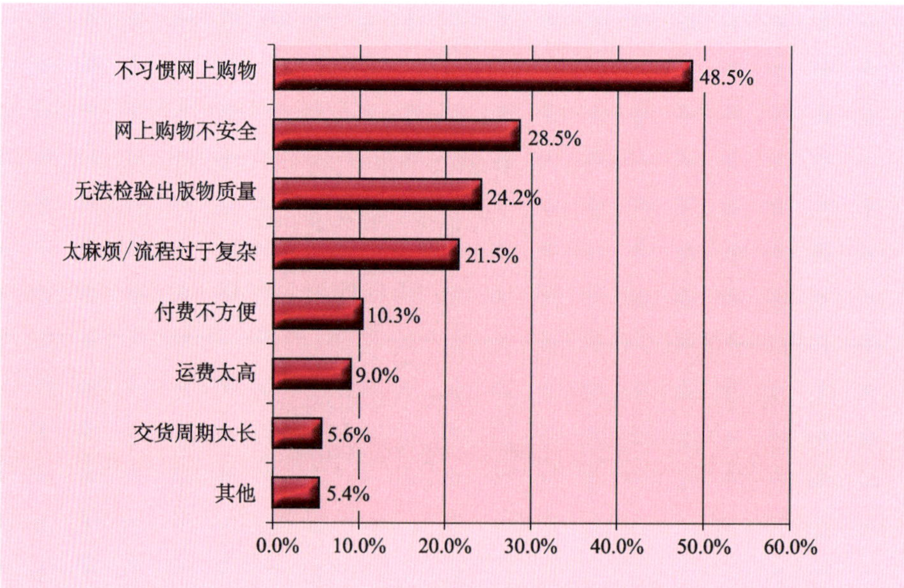

图 6-5-8　不选择网购出版物的主要原因

6.6 阅读网站的知名度与市场表现

此次调查中，我们列举了 31 家国内较知名的阅读网站或读书频道，请被访者选择其所知道的阅读网站或读书频道，然后再根据被访者选择情况对这些阅读网站或读书频道进行知名度排名。同时，我们询问被访者在 2012 年曾在列举出的哪些阅读网站或读书频道进行过阅读，以了解其市场表现。

统计结果显示，“新浪读书”的知名度和市场渗透率分别达到 72.5%和 54.7%，均名列第一；“搜狐读书”的知名度和市场渗透率均位列第二位，分别为 61.3%和 41.3%；“腾讯读书频道”的知名度和市场渗透率则均排在第三位，分别为 34.8%和 24.7%。“新浪读书”“搜狐读书”“腾讯读书频道”近年来一直位居前三名，且排名顺序也保持不变。

具体情况如表 6-6-1 和表 6-6-2 所示。

表 6-6-1　阅读网站知名度排名

网站名称	知名度	排名
新浪读书	72.5%	1
搜狐读书	61.3%	2
腾讯读书频道	34.8%	3
豆瓣网	22.0%	4
天涯论坛	20.2%	5
小说阅读网	16.7%	6
起点中文网	14.8%	7
红袖添香	14.5%	8
潇湘书院	13.9%	9
书香门第	9.6%	10
中国知网	8.5%	11
白鹿书院	7.5%	12
榕树下	7.5%	13
爱读爱看网	5.9%	14
爱搜书	5.8%	15
一起看 17K	5.6%	16

续前表

网站名称	知名度	排名
世纪文学网	5.5%	17
E书网	5.2%	18
飞库网	4.3%	19
幻剑书盟	4.2%	20
萌芽	4.0%	21
逐浪玄幻小说	3.7%	22
书生读吧	3.6%	23
晋江原创网	2.9%	24
维普网	2.7%	25
万方数据	2.3%	26
非凡TXT	1.9%	27
超星网	1.8%	28
龙源期刊网	1.0%	29
佐罗网ZCOM	0.7%	30
Xplus	0.1%	31

表6-6-2　阅读网站市场渗透率排名

网站名称	市场渗透率	排名
新浪读书	54.7%	1
搜狐读书	41.3%	2
腾讯读书频道	24.7%	3
起点中文网	12.8%	4
天涯论坛	11.1%	5
小说阅读网	10.9%	6
红袖添香	10.1%	7
豆瓣网	9.3%	8
潇湘书院	9.0%	9
中国知网	4.6%	10
书香门第	3.5%	11
白鹿书院	3.3%	12
一起看17K	3.1%	13
幻剑书盟	2.7%	14
榕树下	2.5%	15
爱读爱看网	2.3%	16
E书网	2.3%	17
爱搜书	2.1%	18
逐浪玄幻小说	1.9%	19
飞库网	1.8%	20

续前表

网站名称	市场渗透率	排名
世纪文学网	1.7%	21
万方数据	1.5%	22
维普网	1.3%	23
晋江原创网	1.2%	24
非凡 TXT	1.0%	25
书生读吧	0.9%	26
超星网	0.7%	27
萌芽	0.6%	28
龙源期刊网	0.3%	29
佐罗网 ZCOM	0.1%	30
Xplus	0.0%	31

第七章
成年人版权认知状况

7.1 版权认知度

调查数据显示，2012 年，我国 18—70 周岁国民的版权认知度为 73.4%。从性别差异看，男性居民版权认知度为 77.4%，高于女性居民的版权认知度（69.1%）。从城乡对比看，城镇居民版权认知度为 87.3%，而农村居民版权认知度仅为 57.4%。

具体情况如表 7-1-1 所示。

表 7-1-1　版权认知度

人口特征	类别	版权认知度
性别	男	77.4%
	女	69.1%
城乡	城镇	87.3%
	农村	57.4%

2005 年，全国国民阅读调查首次引入有关版权认知的问题，当年国民版权认知度为 60.6%。自 2007 年以来，我国国民版权认知度一直保持在 70.0%以上。

具体情况如图 7-1-1 所示。

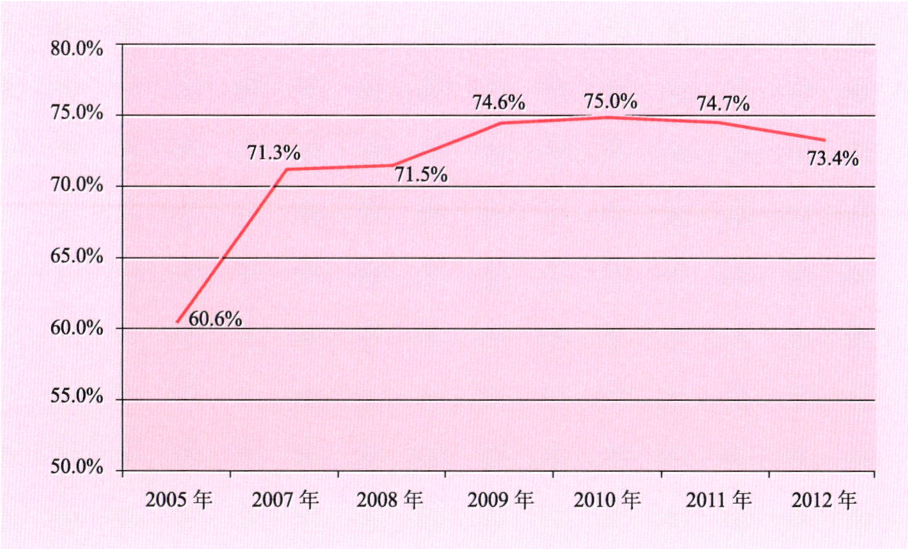

图 7-1-1　2005—2012 年版权认知度变化趋势

7.2　盗版出版物市场现状

7.2.1　盗版出版物市场占有状况

随着近年来国民版权认知度的逐年提高，我国国民的盗版出版物购买率也呈下降趋势。我国 18—70 周岁国民的盗版出版物购买率从 2005 年的 45.5%逐年下降至 2012 年的 12.9%，这在一定程度上反映了我国国民版权意识的增强。

具体情况如图 7-2-1 所示。

调查数据显示，2012 年，在我国 18—70 周岁国民中，有 11.6%的人表示购买的图书或音像制品均为正版。仅有 2.3%的成年居民表示购买的出版物均为盗版，还有 10.6%的人表示正版盗版出版物均购买过，即至少有 12.9%的国民在 2012 年购买过盗版出版物。另外，仍有 26.1%的人表示分不清其购买的出版物是正版还是盗版。

具体情况如图 7-2-2 所示。

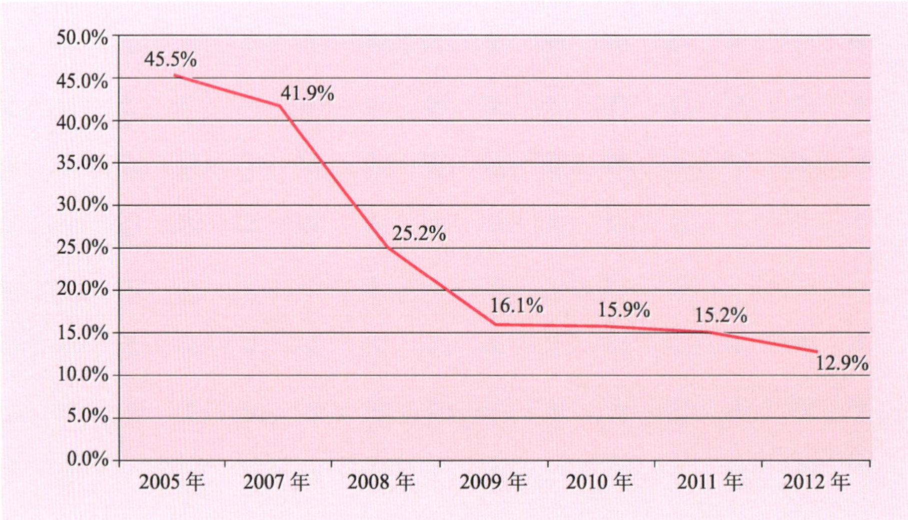

图 7-2-1　2005—2012 年盗版出版物购买率变化

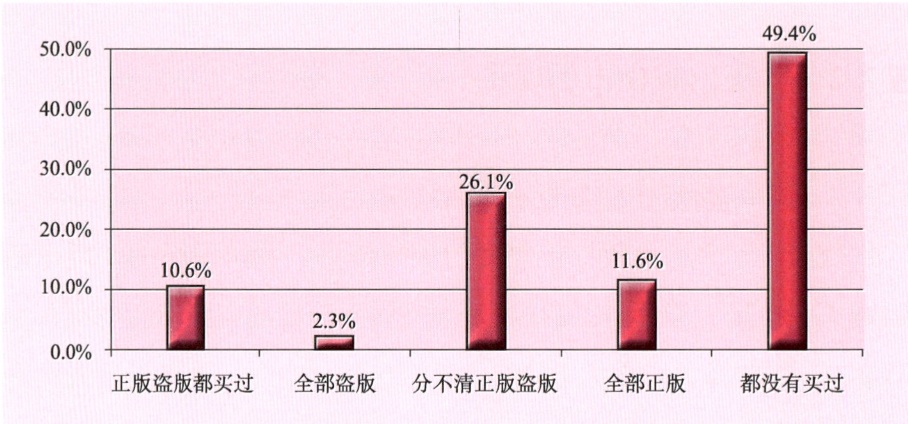

图 7-2-2　盗版出版物消费情况

7.2.2　盗版出版物消费状况

7.2.2.1　购买盗版出版物类型

在各种盗版出版物中，盗版“一般图书”和盗版“音像制品”的消费人群所占比例最大。在 2012 年购买过盗版出版物的我国 18—70 周岁国民中，有 55.6%的人表示曾购买过盗版“一般图书”，有 42.9%的人表示曾经购买过盗版“音像制品”。此外，还有

16.3%的人表示曾经购买过盗版“教材教辅”，有 4.8%的人表示曾经购买过盗版“计算机软件”，有 3.6%的人表示曾经购买过盗版“游戏软件”。

具体情况如图 7-2-3 所示。

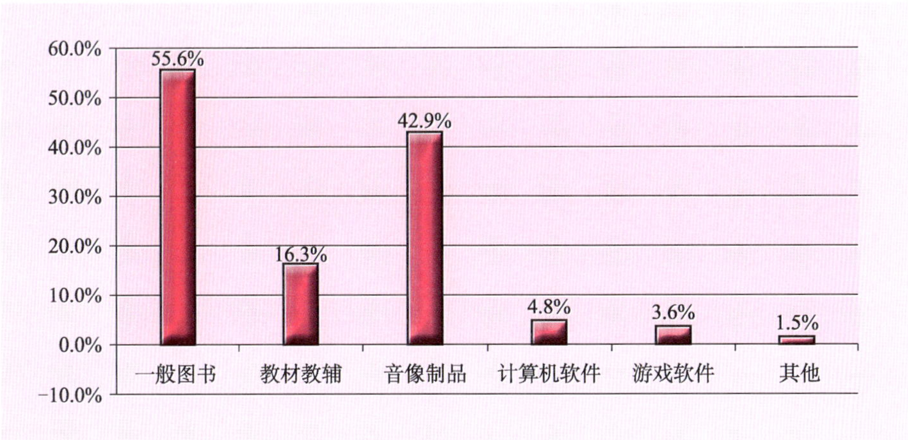

图 7-2-3　消费者购买的盗版出版物类型

7.2.2.2　购买盗版出版物的原因

调查数据显示，对 2012 年购买过盗版出版物的我国 18—70 周岁国民而言，“价格便宜”是其购买盗版出版物的最主要原因，有接近八成（78.7%）的盗版出版物购买者选择这一选项。另外，有 23.2%的盗版出版物购买者表示“购买方便”是促使其购买盗版出版物的主要原因，还分别有 10.3%和 4.3%的盗版出版物购买者表示“品种丰富”及“内容新颖”是其购买盗版出版物的主要原因。同时有 20.5%的盗版出版物购买者表示“买时不知道是盗版”，仅有 4.1%的盗版出版物购买者表示“没有正版可买”。

具体情况如图 7-2-4 所示。

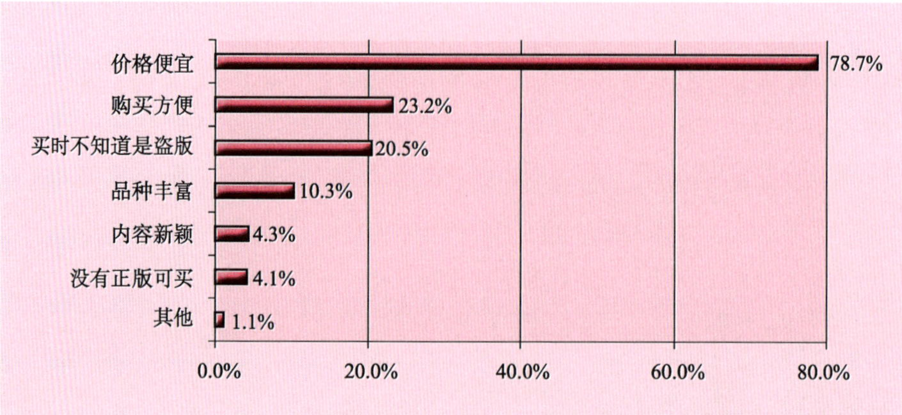

图 7-2-4　购买盗版出版物原因

第八章
公共文化服务设施使用状况

8.1 城镇地区公共文化服务设施使用状况

8.1.1 城镇居民公共文化服务设施知晓率

调查执行过程中，我们请城镇居民回答其所在的街道附近是否有公共图书馆、社区阅览室/社区书屋和报刊栏等公共文化服务设施。调查结果显示，2012 年我国 18—70 周岁城镇居民对居住的街道有公共图书馆、社区阅览室/社区书屋、报刊栏等至少一种公共文化服务设施的知晓率为 32.8%。其中，24.4%的城镇居民表示在其居住的街道附近有报刊栏，13.4%的城镇居民表示在其居住的街道附近有社区阅览室/社区书屋，9.7%的城镇居民表示在其居住的街道附近有公共图书馆。

具体情况如图 8-1-1 所示。

8.1.2 城镇居民对公共文化服务设施的使用率

调查数据显示，在各类公共文化服务设施中，报刊栏和公共图书馆的使用率相对较高。在表示其居住的街道附近有公共图书馆的城镇成年居民中，使用过公共图书馆的比例为 58.1%；表示其居住

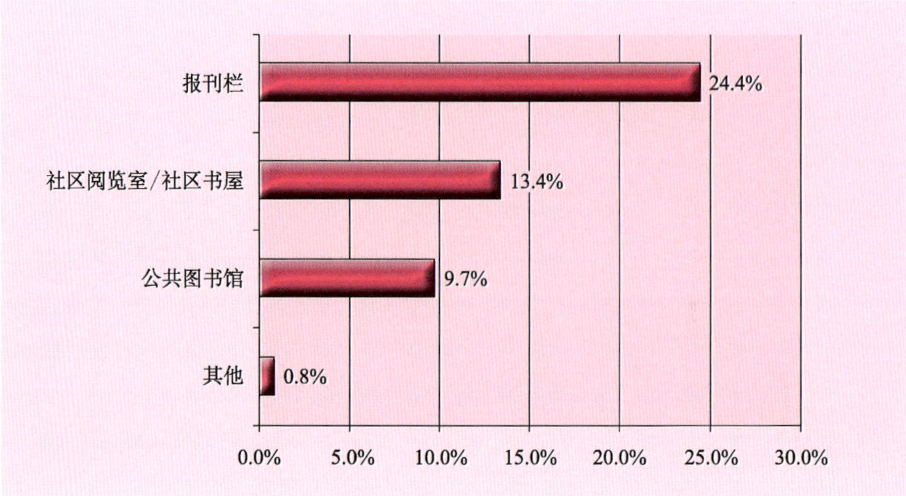

图 8-1-1　城镇居民公共文化服务设施知晓率

的街道附近有报刊栏的城镇成年居民中，使用过报刊栏的比例为55.0%。表示其居住的街道附近有社区阅览室/社区书屋的城镇成年居民中，使用过社区阅览室/社区书屋的比例仅为39.0%。

此外，2012年，表示其居住的街道附近有公共图书馆的城镇成年居民，其公共图书馆的人均使用频次为11.26次/年；表示其居住的街道附近有报刊栏的城镇成年居民，其报刊栏的人均使用频次为10.76次/年；表示其居住的街道附近有社区阅览室/社区书屋的城镇成年居民，其社区阅览室/社区书屋的人均使用频次为6.30次/年。

具体使用情况如表8-1-1所示。

表 8-1-1　城镇居民对各类公共文化服务设施的使用率

使用频率	公共图书馆	社区阅览室/社区书屋	报刊栏
每周一次	10.6%	4.7%	10.7%
每月2—3次	12.3%	6.1%	9.6%
每月1次	11.5%	12.5%	13.2%
2—3个月1次	9.5%	7.1%	10.6%
4—6个月1次	4.9%	5.0%	5.8%
1年1次	9.4%	3.6%	5.1%
从未使用	41.9%	61.0%	45.0%
使用频次	11.26次/年	6.30次/年	10.76次/年

8.1.3 城镇居民对公共文化服务设施的满意度

对于使用过以上公共文化服务设施的城镇居民而言，在上述公共文化服务设施中，公共图书馆的满意度最高，为38.9%，社区阅览室/社区书屋和报刊栏的满意度相对略低，分别为26.6%和25.9%。而对这三种公共文化服务设施明确表示不满意（“比较不满意”和“非常不满意”）的比例分别为4.8%、3.8%和9.2%。

具体情况如表8-1-2所示。

表8-1-2 城镇居民对各类公共文化服务设施的满意度

满意度	公共图书馆	社区阅览室/社区书屋	报刊栏
非常满意	7.8%	3.0%	2.5%
比较满意	31.1%	23.6%	23.4%
一般	28.3%	32.4%	38.5%
比较不满意	3.7%	3.3%	7.0%
非常不满意	1.1%	0.5%	2.2%
说不好	28.0%	37.1%	26.4%

8.2 农村地区公共文化服务设施——农家书屋

8.2.1 农家书屋认知度与使用率

2012年，我国18—70周岁农村居民对农家书屋的认知度为17.9%。

在表示知道其居住的村内建有农家书屋的村民中，使用过农家书屋的比例为42.3%。从使用频次来看，2012年，表示知道其居住的村内建有农家书屋的村民人均使用农家书屋7.81次。

具体情况如表8-2-1所示。

表8-2-1 农家书屋的使用率

使用频率	选择比例
每周一次	7.1%

续前表

使用频率	选择比例
每月 2—3 次	8.6%
每月 1 次	8.9%
2—3 个月 1 次	4.3%
4—6 个月 1 次	6.8%
1 年 1 次	6.5%
从未使用	57.7%
使用频次	7.81 次/年

8.2.2 农家书屋满意度

在表示使用过农家书屋的农村居民中，约四成（39.4%）的村民对农家书屋表示满意（“非常满意”和“比较满意”），明确表示不满意（“非常不满意”和“比较不满意”）的比例，仅为 3.6%。另外，有 29.4%的村民对农家书屋的评价为“一般”，也有 27.5%的村民对农家书屋的评价较为模糊（“说不好”）。

具体情况如图 8-2-1 所示。

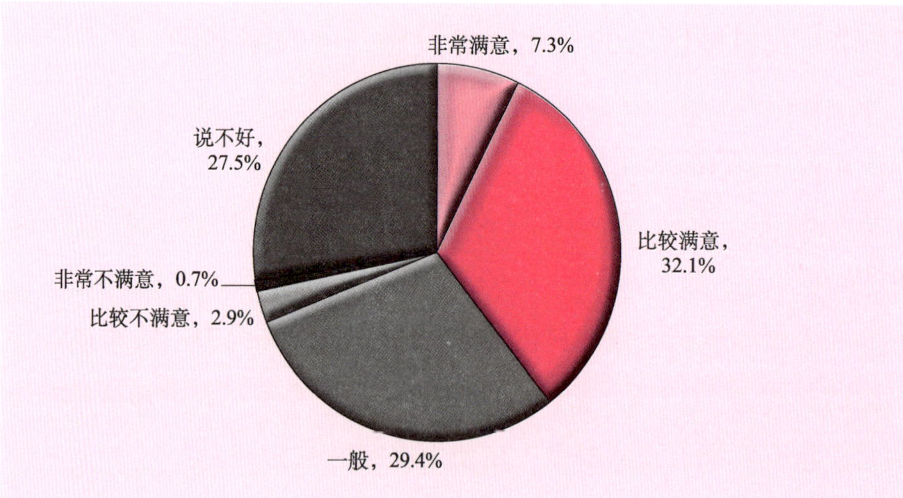

图 8-2-1　农家书屋的满意度

8.2.3 农家书屋内容提供情况

调查数据显示，“农业科普类图书”在农家书屋中最受欢迎。

在使用过农家书屋的我国 18—70 周岁农村居民中，超过三成（34.2%）的人表示经常阅读“农业科普类图书”，有 22.3%的人表示经常阅读报纸，14.6%的人表示经常阅读“科学、教育类图书”，11.8%的人表示经常阅读“文学类图书”，11.6%的人表示经常阅读“育儿保健类图书”，9.4%的人表示经常阅读“法律类图书”，9.2%的人表示经常阅读“期刊”，7.7%的人表示经常阅读“经济类图书”，6.6%的人表示经常阅读“农业科教影像资料”。其余出版物类型的选择比例均低于 5.0%。

具体情况如图 8-2-2 所示。

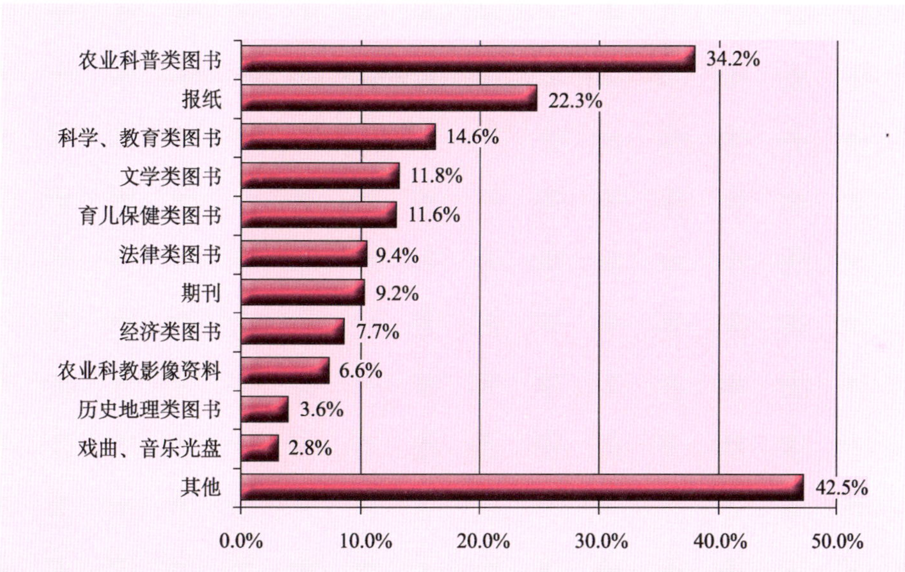

图 8-2-2　农村居民在农家书屋经常阅读的出版物类型

同时，“农业科普类图书”“文学类图书”“法律类图书”“农业科教影像资料”等是我国 18—70 周岁农村居民认为农家书屋中比较缺乏的出版物。在使用过农家书屋的农村居民中，有 13.3%的人认为农家书屋中缺少“农业科普类图书”，有 10.1%的人认为缺少“文学类图书”，有 8.4%的人认为缺少“法律类图书”，有 6.4%的人认为缺少“农业科教影像资料”，认为缺少“戏曲、音乐光盘”的比例为 5.5%，认为缺少“期刊”的比例为 5.3%，认为缺少“报纸”的比例为 5.0%。其余出版物类型的选择比例均低于 5.0%。

具体情况如图 8-2-3 所示。

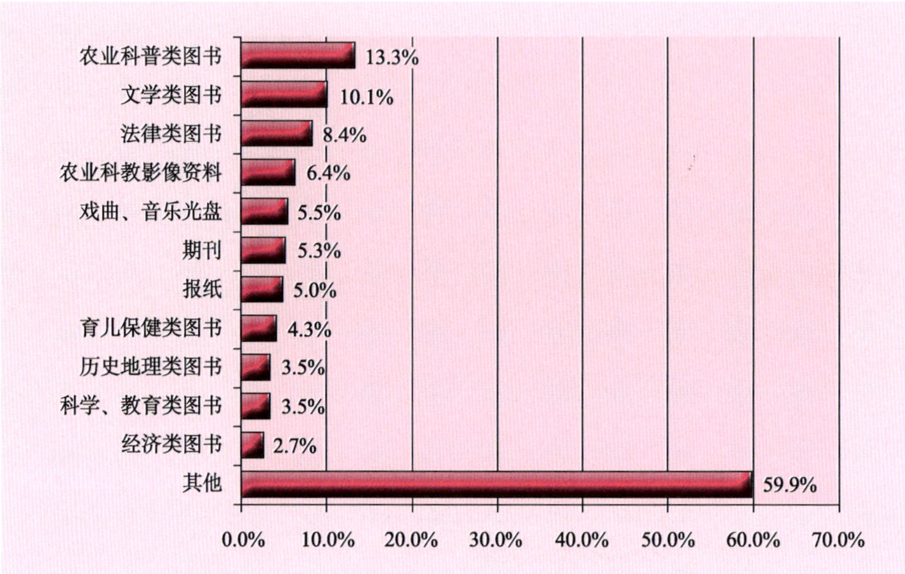

图 8-2-3 农家书屋比较缺乏的出版物类型

8.3 公共文化设施存在的不足

当问及我国 18—70 周岁国民其附近的公共文化设施有哪些不足时，有超过六成（65.7%）的人认为“没有文化设施”是最主要的问题。此外，“书报刊太少”“信息更新不及时”“环境不理想”“路途太远”“开放时间太短”的选择比例也相对较高，分别为 13.7%、9.8%、7.6%、6.4%和 5.0%，均超过或等于 5.0%，也是居民反映的周围文化设施存在的主要不足之处。

具体情况如图 8-3-1 所示。

在对公共文化设施不足之处的认识方面，城乡居民也存在一定差异。城镇居民认为公共文化设施“信息更新不及时”“书报刊太少”“环境不理想”等的比例，要高于农村居民。而农村居民选择“没有文化设施”的比例（73.4%），较城镇居民（59.0%）高出

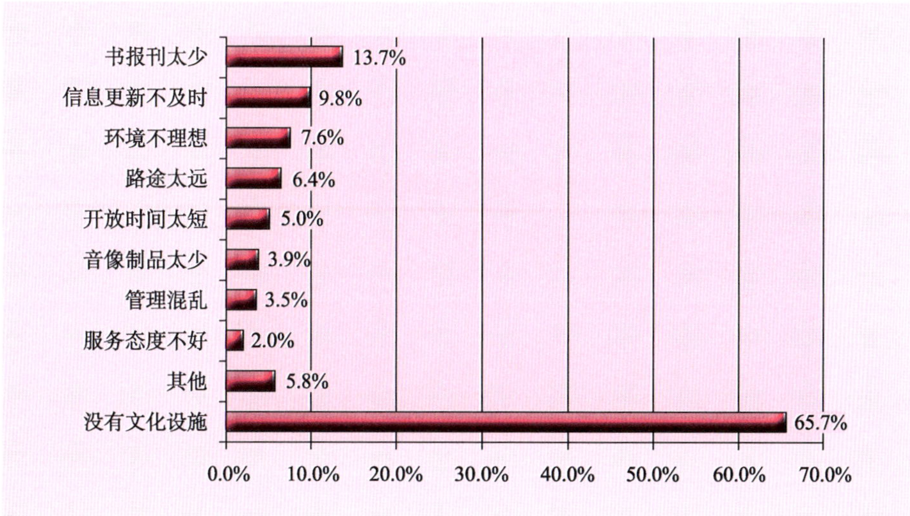

图 8-3-1　公共文化服务设施的不足之处

14.4 个百分点。

具体情况如图 8-3-2 所示。

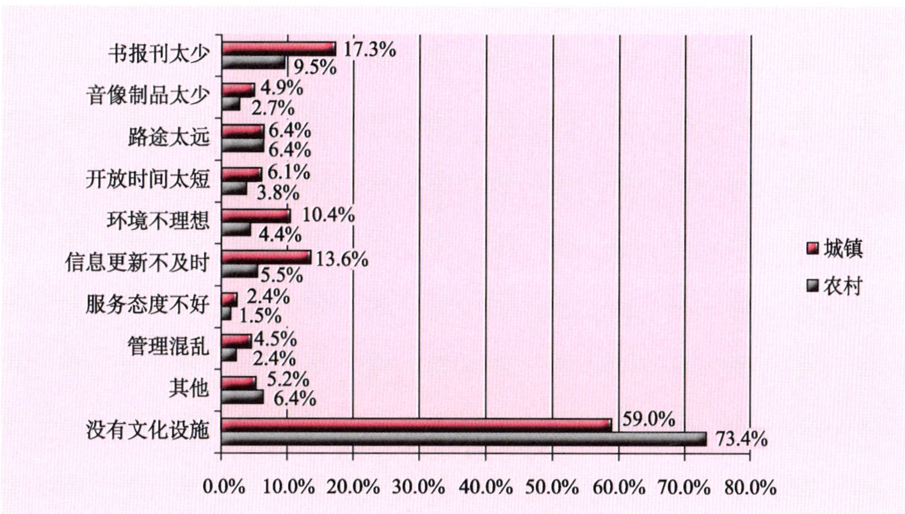

图 8-3-2　公共文化服务设施不足之处的城乡对比

第九章
成年人的个人阅读评价与阅读活动参与状况

9.1　个人阅读情况评价

9.1.1　个人阅读量评价

2012 年我国 18—70 周岁国民对个人阅读数量评价中，只有 1.3%的国民认为自己的阅读数量很多，7.1%的国民认为自己的阅读数量比较多，有 38.5%的国民认为自己的阅读量一般，53.1%的国民认为自己的阅读数量很少或比较少。

具体情况如图 9-1-1 所示。

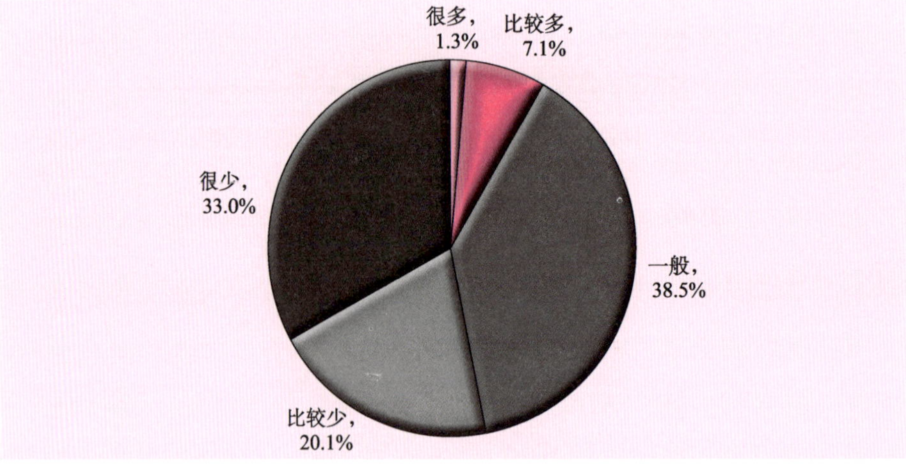

图 9-1-1　个人阅读量评价

9.1.2 个人阅读量变化情况

从国民对个人纸质阅读内容和数字阅读内容的阅读量变化情况的反馈来看，与2011年相比，有7.3%的国民表示2012年“增加了纸质内容的阅读”，有14.5%的国民表示2012年“减少了纸质内容的阅读”；有4.4%的国民表示2012年“减少了数字内容的阅读”，有7.3%的国民表示2012年“增加了数字内容的阅读”。

具体情况如图9-1-2所示。

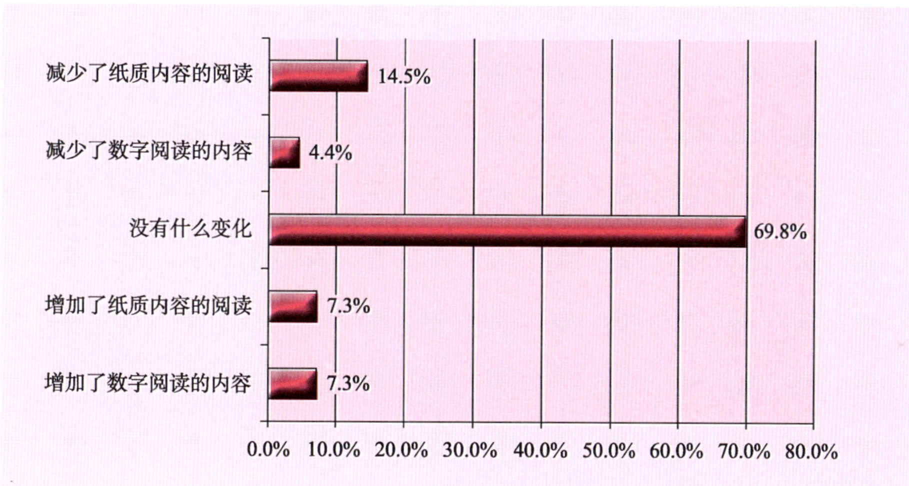

图9-1-2 阅读量变化情况

9.1.3 个人阅读满意度评价

对个人阅读状况评价的调查发现，2012年，有19.1%的国民表示满意（“非常满意”和“比较满意”），比2011年的21.2%有所降低；有22.8%的国民表示不满意（“比较不满意”和“非常不满意”），比2011年的20.9%有所上升；另有58.1%的国民表示一般，这一比例略高于2011年的57.9%。

具体情况如图9-1-3所示。

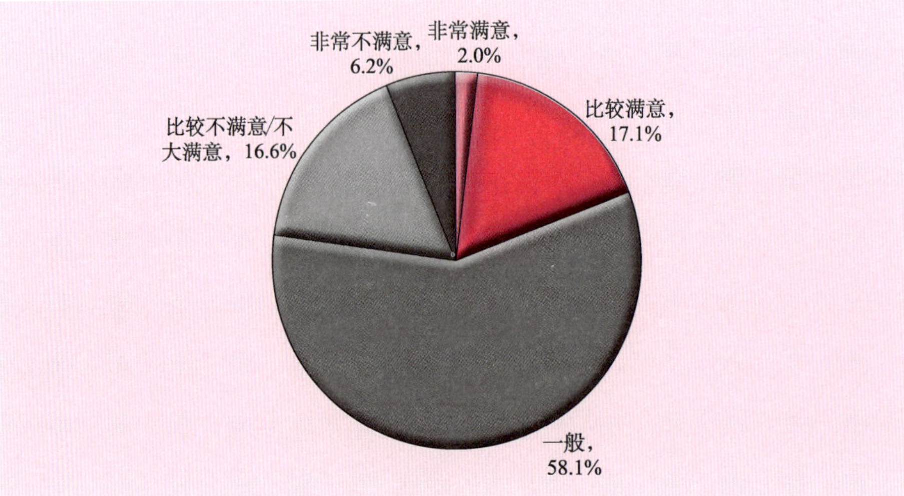

图 9-1-3 个人阅读满意度评价

9.1.4 阅读量与阅读满意度的关系

调查数据显示，对于我国 18—70 周岁国民而言，认为个人阅读量多（“很多”和“比较多”）的人，更容易对自己的总体阅读状况给出积极的评价（“很满意”和“比较满意”）。在认为自己阅读量“很多”的国民中，有 73.5%的人对自己的总体阅读情况感到满意（“非常满意”和“比较满意”）；而认为自己的阅读量“很少”的国民中，只有 5.6%的人对自己的总体阅读情况感到满意（“非常满意”和“比较满意”）。

具体情况如表 9-1-1 所示。

表 9-1-1 阅读量与阅读满意度

	非常满意	比较满意	一般	比较不满意	很不满意	合计
很多	38.6%	34.9%	24.5%	0.7%	1.4%	100.0%
比较多	6.3%	69.0%	21.7%	2.8%	0.2%	100.0%
一般	2.0%	21.7%	68.8%	6.7%	0.7%	100.0%
比较少	0.5%	8.8%	59.8%	28.6%	2.3%	100.0%
很少	0.5%	5.1%	53.8%	24.1%	16.4%	100.0%

9.2 读书活动参与状况

9.2.1 读书活动/读书节知晓情况

调查数据显示，在不提及具体读书活动的前提下，2012 年，只有 5.6%的我国 18—70 周岁国民表示身边举办过读书活动或读书节，有 72.6%的国民表示身边没有举办过读书活动或读书节，另有 21.8%的国民表示不知道身边是否举办过读书活动或读书节。

具体情况如图 9-2-1 所示。

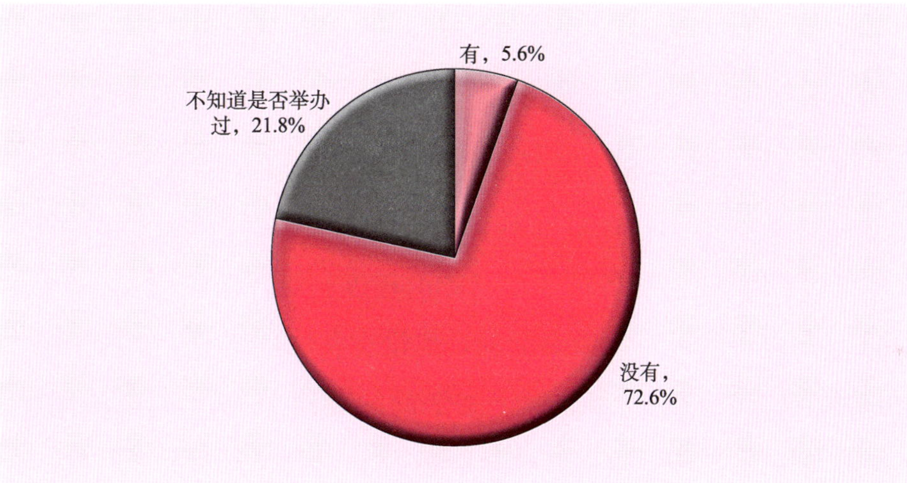

图 9-2-1 读书活动/读书节知晓情况

9.2.2 读书活动诉求情况

我国 18—70 周岁国民对当地举办阅读活动的呼声较高，农村居民的期望程度要高于城镇居民。2012 年，有 69.2%的 18—70 周岁国民认为有关部门应当举办读书活动或读书节，比 2011 年的 62.6%增长了 6.6 个百分点。其中，城镇居民认为当地有关部门应该举办阅读活动的比例为 65.6%，而农村居民中这一比例为 73.2%。

具体情况如图 9-2-2 所示。

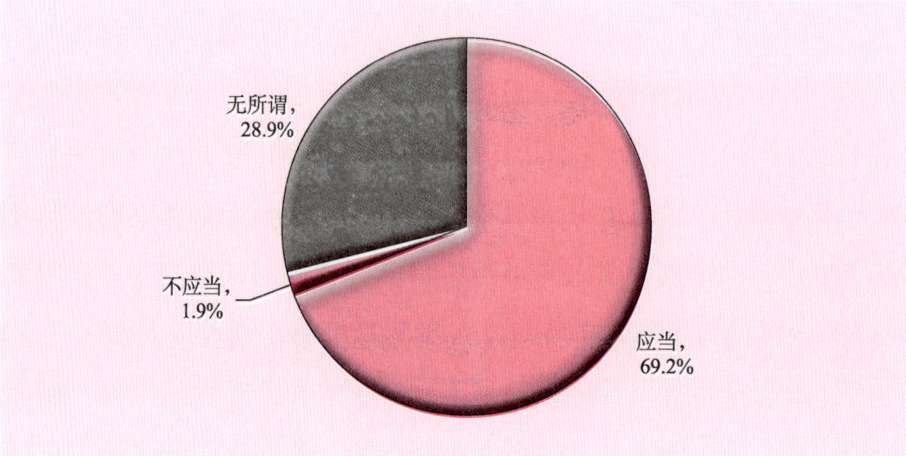

图 9-2-2　对读书活动/读书节的诉求情况

9.2.3　读书活动参与状况

调查数据显示，在提及具体读书活动前提下，2012 年，我国 18—70 周岁国民参与各种读书活动的程度相对较低，只有 6.5%的国民参加过不同形式的读书活动，而没有参加过读书活动的国民占九成多（93.5%）。在参加过读书活动的我国 18—70 周岁国民中，44.8%的国民参加了“捐书献爱心活动”，选择比例最高；其次，有 34.7%的国民参加过“图书展览会/特价书市”；再次为“读书征文/作文或书画摄影大赛”和“读书竞赛/演讲/辩论赛”（选择比例分别为 21.4%和 21.2%）。其余读书活动的选择比例均在 20.0%以下。

具体情况如图 9-2-3 所示。

9.2.4　参与读书活动的原因

在参加过读书活动的我国 18—70 周岁国民中，有近五成（46.2%）的人是为了“促进自己的读书学习”而参加读书活动，有 28.5%的人参加读书活动是因为“学校组织参加”，有 24.4%的人

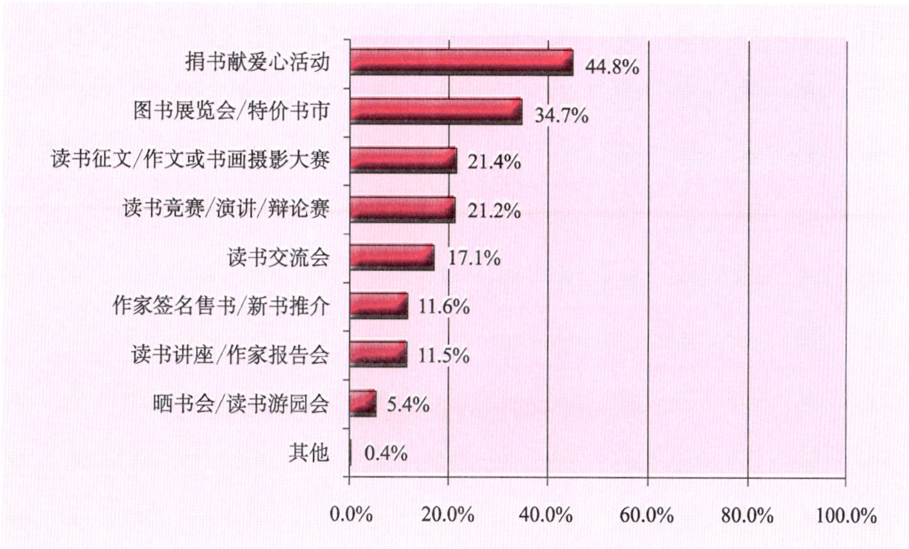

图 9-2-3　各类读书活动/读书节参与度情况

参加读书活动是为了“方便得到图书信息”，有 22.7％的人参加读书活动是为了“看书、买书优惠”，21.8％的人参加读书活动是因想“结识朋友”，还有 13.6％的人参加读书活动是因为“有意思，好玩”。由此可以看出，大部分人参与读书活动的目的是“促进自己的读书学习”。

具体情况如图 9-2-4 所示。

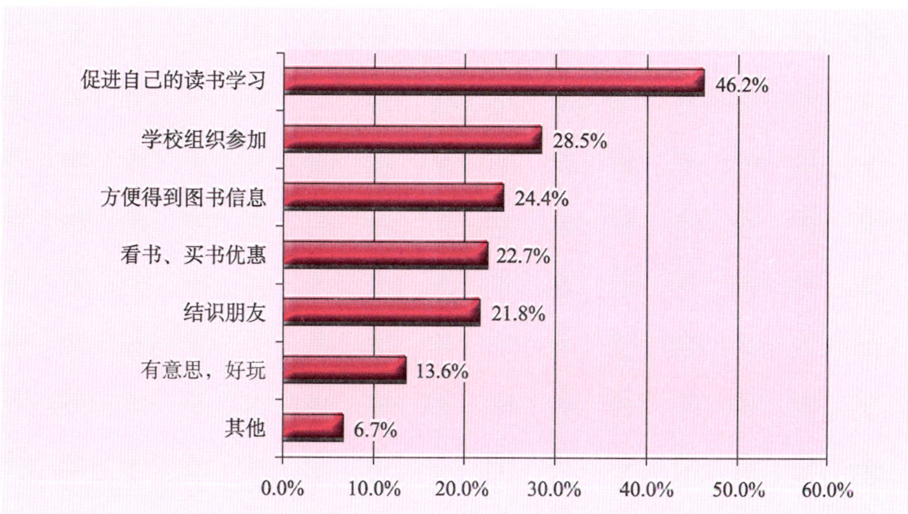

图 9-2-4　参与各类阅读活动的原因

在未参加过任何读书活动的我国18—70周岁国民中，表示“没见到相关活动”的比例最高，为61.0%。表示对读书活动“不感兴趣”的比例为28.4%，表示“没时间参加”读书活动的比例为26.9%，仅有4.8%的人认为“相关活动缺乏吸引力”。

具体情况如图9-2-5所示。

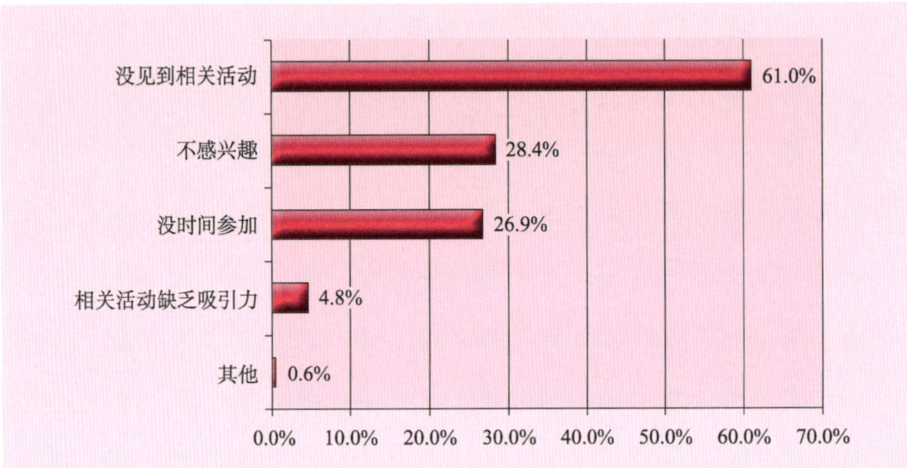

图9-2-5　没有参与各类读书活动的原因

从调查数据可以获知，读书活动对于促进国民的阅读行为有一定帮助（如促进读书学习、获取图书信息等），同时国民对读书活动的期望也相对较高，这为更好开展读书活动、营造全民阅读氛围奠定了良好的基础。但我们也应注意到读书活动在认知度、吸引力等方面的不足。读书活动的举办力度仍然有待加强，相关机构应该多举办有益于推动全民阅读的读书活动，以激发人们的读书兴趣，增加人们对于读书的正确认知。在提高各种读书活动趣味性的同时，对读书活动进行广泛宣传也是很有必要的，这样可以提高读书活动的知晓率，进而提高成年人的读书活动参与率，使越来越多的国民参与到身边的阅读活动中间去。

阅读是一个国家提高国民素质、增强国家软实力的基础工程，阅读活动也应该作为一项系统性工程来科学实施。在阅读活动建设方面，我们需要从制度保障、宣传推广、品牌打造、内容创新等方面持续完善，让阅读活动成为一种常态，进而推动全民参与阅读成为现实，使阅读行为真正成为人们习以为常的生活方式。

第二篇

14—17周岁青少年部分

第一章
14—17周岁青少年媒介接触情况

1.1　青少年媒介接触率

对青少年过去一周媒介接触行为的调查数据进行分析显示，2012年，我国14—17周岁青少年各媒介接触率中，电视的接触率最高，有95.7%的青少年在过去一周内看过电视。其次为互联网接触率，有78.1%的青少年在过去一周内接触过互联网。在书报刊这三类主要的传统纸质媒介中，图书接触率最高，为76.5%；期刊接触率居中，为49.7%；报纸接触率最低，仅为34.1%。而MP3/MP4/MP5接触率与手机媒介接触率，分别为41.6%和39.1%，均高于报纸接触率。此外，青少年的音像出版物接触率、广播媒介接触率和电子阅读器接触率相对较低，分别为20.1%、16.0%和13.8%。

具体情况如表1-1-1所示。

表1-1-1　14—17周岁青少年媒介接触率

媒介类型	媒介接触率
电视	95.7%

续前表

媒介类型	媒介接触率
互联网	78.1%
图书	76.5%
期刊	49.7%
MP3/MP4/MP5	41.6%
手机	39.1%
报纸	34.1%
音像出版物（CD/VCD/DVD/录音带等）	20.1%
广播	16.0%
电子阅读器（电子书、电纸书等设备）	13.8%

1.2　青少年媒介接触时长

本次调查显示，在各类媒体中，我国 14—17 周岁青少年人均每天看电视时长最长，为 70.27 分钟。其次，我国青少年人均每天上网时长为 51.76 分钟，与看电视时长（70.27 分钟）相差 18.51 分钟。再次，我国青少年人均每天读书时长为 43.87 分钟。第四，我国青少年人均每天接触手机媒介时长为 23.84 分钟。我国青少年接触 MP3/MP4/MP5 和期刊的时长也比较长，人均每天接触 MP3/MP4/MP5 时长为 18.58 分钟，人均每天阅读期刊时长为 17.76 分钟。此外，我国青少年人均每天阅读报纸时长为 9.63 分钟，人均每天接触电子阅读器时长为 6.42 分钟，人均每天接触音像出版物的时长为 6.35 分钟。我国青少年人均每天听广播的时长较短，仅为 3.94 分钟。

具体情况如图 1-2-1 所示。

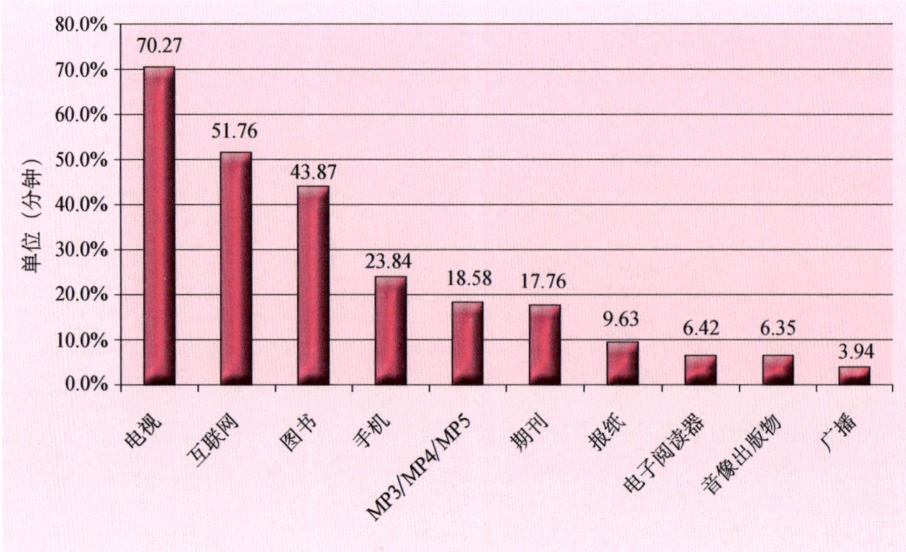

图 1-2-1　14—17 周岁青少年各媒介接触时长

1.3　青少年媒介使用目的

本次调查显示，14—17 周岁青少年在使用媒介的主要目的上存在差异。如表 1-3-1 所示，与成人相似，电视仍然是该年龄段青少年了解各类信息时主要依靠的媒介。有 76.7%的青少年表示习惯通过电视“了解国内外新闻时事”，66.3%的青少年表示习惯通过电视来“了解国内外观点和思潮”，43.1%的青少年表示习惯通过电视来“了解与工作学习有关的信息”，55.2%的青少年表示习惯通过电视来“了解生活/消费资讯”，50.9%的青少年表示习惯通过电视“了解时尚流行趋势”，还有 57.1%的青少年表示习惯通过电视来进行“休闲娱乐”。

其次，互联网也是该年龄段青少年了解各类信息的常用媒介。在“了解与工作学习有关的信息”“了解时尚流行趋势”时，利用互联网的青少年超过了依靠电视获取此类信息的青少年。有 48.3%的青少年表示习惯通过网络“了解国内外新闻时事”，43.8%的青少年表示习惯通过网络来“了解国内外观点和思潮”，46.8%的青少年表示习惯通过网络来“了解与工作学习有关的信息”，48.3%的青少年表示习惯通过网络来“了解生活/消费资讯”，52.7%的青少年表示习惯通过网络“了解时尚流行趋势”，还有55.1%的青少年表示习惯通过网络来进行“休闲娱乐”。

就其他媒介的使用情况来看，习惯通过报纸“了解国内外新闻时事”和“了解国内外观点和思潮”的青少年较多，选择比例分别为16.5%和10.7%；习惯通过期刊“了解时尚流行趋势”的青少年较多，选择比例为12.0%；习惯通过图书“了解与工作学习有关的信息”的青少年较多，选择比例为25.0%；习惯通过手机“了解国内外新闻时事”和“休闲娱乐”的青少年较多，选择比例分别为13.1%和14.8%。但该年龄段青少年较少借助音像出版物、电子出版物、境外媒体、MP3/MP4/MP5以及电子阅读器这些媒介来获取各类信息。

具体情况如表1-3-1所示。

表1-3-1　14—17周岁青少年各媒介使用目的

使用目的 媒介种类	了解国内外新闻时事	了解国内外观点和思潮	了解与工作学习有关的信息	了解生活/消费资讯	了解时尚流行趋势	休闲娱乐
报纸	16.5%	10.7%	9.3%	10.0%	6.6%	5.3%
期刊	7.1%	5.9%	6.2%	7.8%	12.0%	6.8%
电视	76.7%	66.3%	43.1%	55.2%	50.9%	57.1%
广播	5.6%	5.4%	3.6%	3.2%	3.5%	3.5%
图书	6.1%	6.3%	25.0%	4.3%	3.6%	4.4%
互联网	48.3%	43.8%	46.8%	48.3%	52.7%	55.1%
音像出版物	0.5%	0.5%	3.2%	0.0%	0.6%	0.5%
电子出版物	0.0%	0.0%	0.4%	0.0%	0.3%	0.5%
境外媒体	0.3%	0.2%	0.0%	0.0%	0.5%	0.1%
MP3/MP4/MP5	0.0%	0.0%	0.4%	0.3%	0.1%	5.5%
手机	13.1%	8.9%	9.6%	10.7%	11.1%	14.8%
电子阅读器	0.2%	0.2%	0.6%	0.2%	0.4%	0.4%
其他	0.5%	0.8%	1.5%	0.5%	0.3%	0.4%
无	9.0%	13.3%	5.6%	12.2%	13.0%	9.0%

1.4　青少年自费消费出版物情况

调查数据显示，2012 年，在书报刊这三种纸质媒体中，我国 14—17 周岁青少年的人均图书自费消费数量为 4.91 本，人均报纸自费消费种类为 0.39 种，人均期刊自费消费种类为 1.01 种。此外，人均 VCD/DVD 自费消费数量为 0.52 张，人均盒式录音带自费消费数量为 0.10 盒，人均 CD-ROM 自费消费数量为 0.02 张，人均 CD 自费消费数量为 0.10 张，人均手机报自费消费种类为 0.05 种，人均电子书自费消费数量为 0.87 本。

2012 年，在我国 14—17 周岁青少年自费购买的出版物中，图书的人均消费金额最多，为 95.53 元。除图书外，报纸、期刊的人均消费金额也相对较多，14—17 周岁青少年人均期刊消费金额为 24.88 元，人均报纸消费金额为 17.02 元。

具体情况如表 1-4-1 所示。

表 1-4-1　14—17 周岁青少年人均自费消费出版物数量和金额

	人均消费数量	人均消费金额（元）
报纸	0.39 种	17.02
期刊	1.01 种	24.88
图书	4.91 本	95.53
VCD/DVD	0.52 张	4.66
盒式录音带	0.10 盒	1.79
CD-ROM	0.02 张	0.33
CD	0.10 张	1.15
手机报	0.05 种	1.62
电子书	0.87 本	0.88

1.5　青少年阅读载体的使用场合

调查数据显示，与成人相似，“家中”“学校或单位”这些与个人生活、学习或工作联系密切的地方，是我国 14—17 周岁青少年最经常进行阅读的场所。

具体来看，57.4%的青少年通常在家中阅读图书，36.8%的青少年通常在家中阅读期刊，28.5%的青少年通常在家中阅读报纸，64.9%的青少年通常会在家进行网络在线阅读，有38.2%的青少年通常会在家中进行手机阅读，32.1%的青少年通常在家中进行“MP3/MP4/MP5”阅读，还有10.3%的青少年通常会在家中使用电子阅读器阅读。

此外，53.9%的青少年通常在学校或单位阅读图书，29.4%的青少年通常在学校或单位阅读期刊，有20.5%的青少年通常在学校或单位阅读报纸，18.2%的青少年通常在学校或单位进行网络在线阅读，通常在学校或单位进行手机阅读、MP3/MP4/MP5阅读和电子阅读器阅读的比例分别为18.6%、16.7%和3.2%。

由于手机等载体携带方便，因此，除了“家中”“学校或单位”外，也有一些青少年在乘坐交通工具时使用这些阅读载体进行阅读，有9.4%的青少年通常会在乘坐交通工具时进行手机阅读，有9.2%的青少年通常会在乘坐交通工具时进行MP3/MP4/MP5阅读。

还有部分青少年习惯在书店或图书馆阅读图书或期刊，有10.0%的青少年通常在书店阅读图书，9.7 %的青少年通常在图书馆阅读图书；3.1%的青少年通常在书店阅读期刊，3.3%的青少年通常在图书馆阅读期刊。另外，习惯在网吧进行网络在线阅读的青少年也较多，此项选择比例为16.1%。

具体情况如表1-5-1所示。

表1-5-1　各类阅读载体的使用场合

	家中	书店	学校或单位	网吧	图书馆	乘交通工具时	其他地点	基本不阅读
图书	57.4%	10.0%	53.9%	0.5%	9.7%	0.4%	0.1%	17.9%
期刊	36.8%	3.1%	29.4%	0.1%	3.3%	0.9%	0.0%	47.0%

续前表

	家中	书店	学校或单位	网吧	图书馆	乘交通工具时	其他地点	基本不阅读
报纸	28.5%	0.4%	20.5%	0.0%	0.5%	0.2%	0.0%	57.9%
网络在线阅读	64.9%	0.1%	18.2%	16.1%	0.2%	1.0%	0.0%	19.0%
手机阅读	38.2%	0.0%	18.6%	0.4%	1.3%	9.4%	0.8%	55.4%
MP3/MP4/MP5	32.1%	1.4%	16.7%	0.5%	0.6%	9.2%	0.4%	61.0%
电子阅读器	10.3%	0.0%	3.2%	0.3%	0.1%	0.7%	0.0%	88.1%

第二章 14—17 周岁青少年图书阅读与购买状况①

2.1 青少年图书阅读状况

2.1.1 阅读重要性认知

本次调查显示，85.9%的我国 14—17 周岁的青少年认为，在当今社会，阅读对于个人的生存和发展来说是重要的（“非常重要”或“比较重要”），相较于 2011 年的 81.5%有所提高，有更多的青少年认识到阅读的重要性。具体来看，认为阅读“非常重要”的青少年占 48.6%，认为阅读“比较重要”的青少年占 37.3%。仅有 0.9%的该年龄段青少年认为阅读不重要（“比较不重要”或“非常不重要”），相较于 2011 年的 1.6%有所下降。此外，还有 10.0%的青少年认为阅读的重要性“一般”。

具体情况如图 2-1-1 所示。

从城乡对比来看，我国 14—17 周岁城乡青少年均认识到阅读对于个人的重要性，在阅读重要性认知上的差别并不显著。认为阅读对于个人的生存和发展来说是“非常重要”或“比较重要”的人数

---

① 本章所指图书均为除教科书和期刊外的纸质图书。

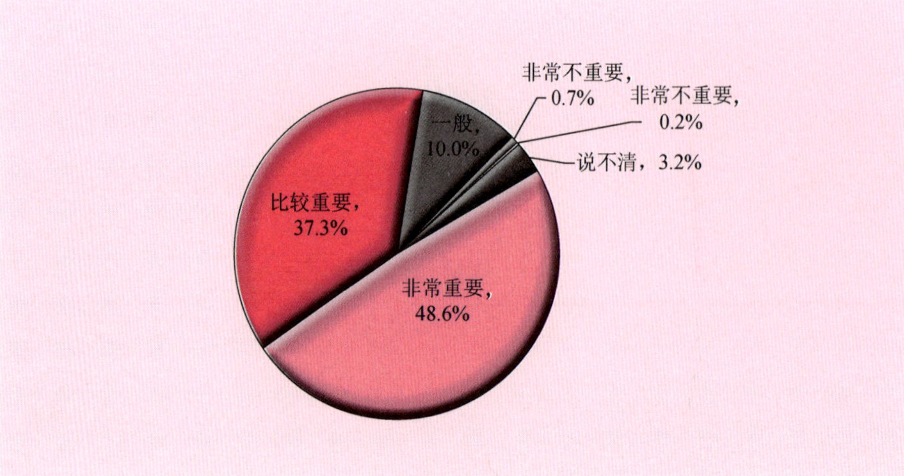

图 2-1-1　14—17 周岁青少年对阅读重要性的认知

均超过 80%。其中，14—17 周岁城镇青少年中认识到阅读重要（“比较重要”或“非常重要”）的比例（86.3%），略高于农村青少年（85.3%）。

具体情况如表 2-1-1 所示。

表 2-1-1　14—17 周岁青少年对读书重要性认知的城乡差异

	非常重要	比较重要	一般	比较不重要	非常不重要	说不清
城镇	44.4%	41.9%	9.7%	1.4%	0.4%	2.2%
农村	53.4%	31.9%	10.3%	0.0%	0.0%	4.4%

2.1.2　图书阅读率和阅读量

2012 年我国 14—17 周岁青少年的图书阅读率为 80.5%，较 2011 年的 81.0%下降了 0.5 个百分点。

从性别差异看，该年龄段男生的图书阅读率为 79.6%，较女生的图书阅读率（81.7%）低 2.1 个百分点。从城乡对比看，该年龄段城镇青少年的图书阅读率为 82.4%，较农村青少年（78.4%）高出 4.0 个百分点。

具体情况如表 2-1-2 所示。

表 2-1-2　不同人口特征 14—17 周岁青少年图书阅读率

人口特征	类别	图书阅读率
性别	男生	79.6%
	女生	81.7%
城乡	城镇	82.4%
	农村	78.4%

2012 年，我国 14—17 周岁青少年人均纸质图书阅读量为 7.96 本，较 2011 年的 10.68 本减少了 2.72 本。

从性别差异看，该年龄段男生的图书阅读量为 7.17 本，较女生的图书阅读量（8.92 本）少 1.75 本。从城乡对比看，城镇青少年的图书阅读量为 9.77 本，较农村青少年的图书阅读量（5.88 本）多出 3.89 本。

具体情况如表 2-1-3 所示。

表 2-1-3　不同人口特征 14—17 周岁青少年图书阅读量

人口特征	类别	图书阅读量（本）
性别	男生	7.17
	女生	8.92
城乡	城镇	9.77
	农村	5.88

2.1.3　阅读来源

本次调查显示，我国 14—17 周岁青少年读者阅读的课外图书主要是通过“自己购买”获得，选择比例高达 75.8%。其次，通过“向他人借阅”“到图书馆借阅”和“家人购买”渠道来获得课外图书的比例也较高，选择比例分别为 52.7%、29.6%和 20.2%。除此之外，青少年读者阅读课外图书的来源还包括“在书店或书吧里看”“他人赠送”“租书”和“读家里的藏书”，选择比例分别为 13.8%、11.5%、10.7%和 10.2%。而“农家书屋或社区书屋”选项的选择比例不高，仅为 1.1%。

具体情况如图 2-1-2 所示。

通过对 14—17 周岁青少年读者所阅读课外图书获取渠道的城乡

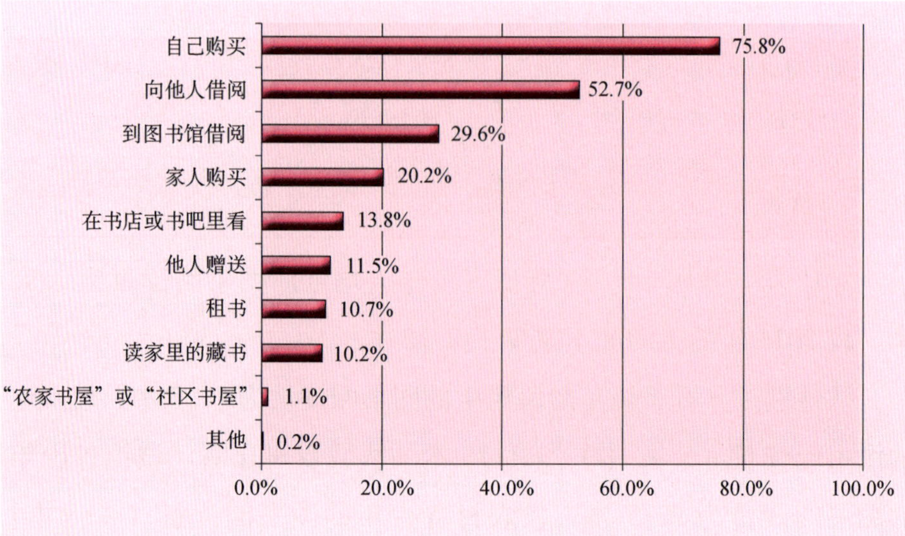

图 2-1-2　14—17 周岁青少年读者图书阅读来源

对比发现，城镇青少年读者通过“自己购买”和“在书店或书吧里看”等渠道获取图书的比例（84.4%和 15.7%），要高于农村青少年读者（65.6%和 11.5%）。而农村青少年读者通过“他人赠送”和“租书”等渠道获取图书的比例（16.2%和 14.5%），要高于城镇青少年读者（7.5%和 7.4%）。

具体情况如图 2-1-3 所示。

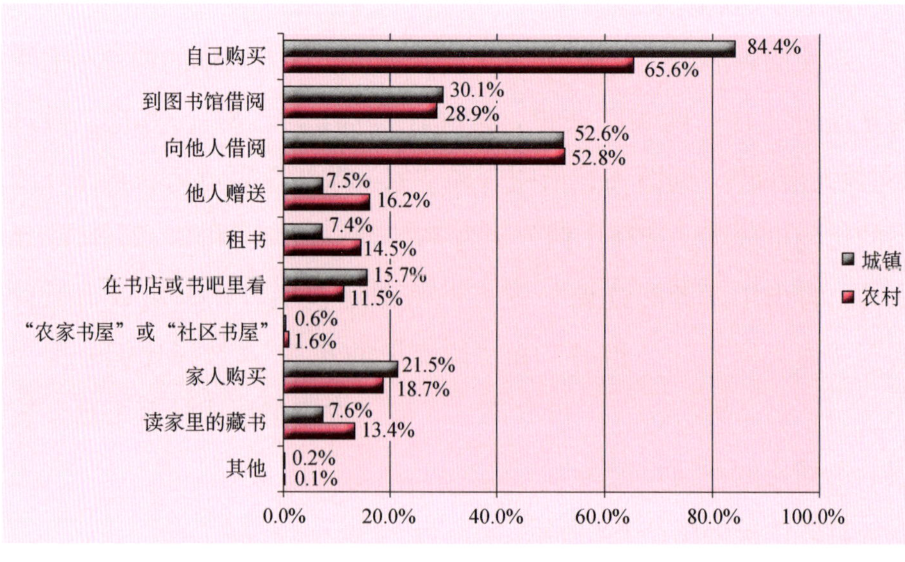

图 2-1-3　14—17 周岁青少年图书阅读来源城乡对比

2.1.4 图书拥有量

2012 年，我国 14—17 周岁青少年的人均图书拥有量为 30.69 本。超过八成（85.3%）的我国 14—17 周岁青少年表示有属于自己的图书。具体来看，超过四成（43.7%）的青少年表示图书拥有量在 20 本及以下，29.1%的青少年表示图书拥有量在 21—50 本之间，8.9%的青少年表示图书拥有量在 51—100 本之间。仅有 3.4%的青少年表示图书拥有量超过 100 本。另外，还有 14.7%的青少年表示家里基本没有属于自己的图书。

具体情况如图 2-1-4 所示。

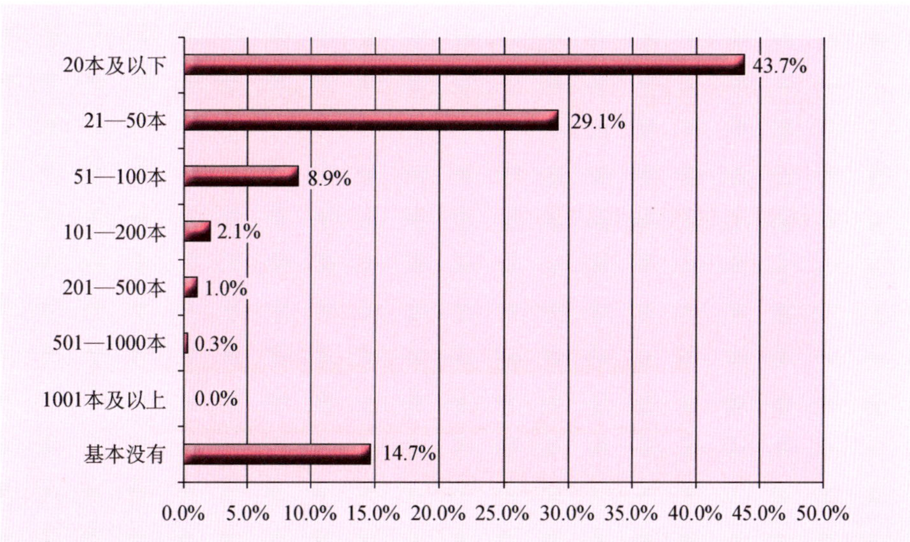

图 2-1-4　14—17 周岁青少年图书拥有量

不同人口特征青少年群体的图书拥有情况存在一定差异。从性别差异看，该年龄段男生的人均图书拥有量为 27.22 本，较该年龄段女生（34.91 本）少 7.69 本。从城乡对比看，该年龄段城镇青少年的人均图书拥有量为 42.75 本，而该年龄段农村青少年的人均图书拥有量仅为 16.99 本，不及城镇青少年的二分之一。

具体情况如表 2-1-4 所示。

表 2-1-4　不同人口特征 14—17 周岁青少年图书拥有量

人口特征	类别	图书拥有量（本）
性别	男生	27.22
	女生	34.91
城乡	城镇	42.75
	农村	16.99

2.1.5　青少年读书遇到困难时的求助对象

有 64.4%的我国 14—17 周岁青少年表示，自己读书遇到困难时会求助于“同学/朋友”；有 58.3%的青少年表示，自己读书遇到困难时会求助于“老师/专家”；还有 28.1%的青少年表示，会求助于“父母/家人”。而表示在阅读遇到困难时会求助“邻居/亲戚”“出版社/书店”“读书俱乐部等组织”等方面的比例均较低。可见，“同学/朋友”“老师/专家”“父母/家人”是帮助青少年阅读的最重要力量。

具体情况如图 2-1-5 所示。

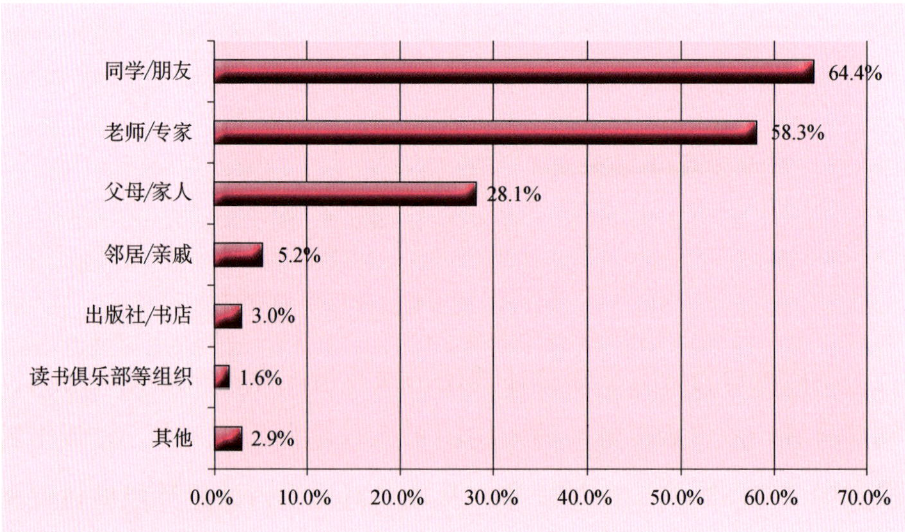

图 2-1-5　14—17 周岁青少年读书遇到困难时的求助对象

2.2 青少年读书目的及不读书原因

2.2.1 阅读课外书的目的

调查显示，2012 年，对于我国读过课外书的 14—17 周岁青少年来说，增加知识是其阅读课外书的最主要目的，有 74.0%的青少年读者是因为想“增加知识，开阔眼界”而阅读课外书。其次，以“功课、学习的需要”和“满足兴趣爱好”作为阅读课外书目的的青少年读者也不在少数，选择比例分别为 45.6%和 43.6%。再次，有 24.3%的青少年读者是为了“休闲消遣”而阅读课外书，有 23.4%的青少年读者是为了“提高修养”而阅读课外书，有 23.2%的青少年读者是为了“掌握一些实用技能”而阅读课外书。还有 15.6%的青少年读者是“为和他人更好地沟通”而阅读课外书，有 14.6%的青少年读者是为了“满足家长、学校的要求”而阅读课外书。

具体情况如图 2-2-1 所示。

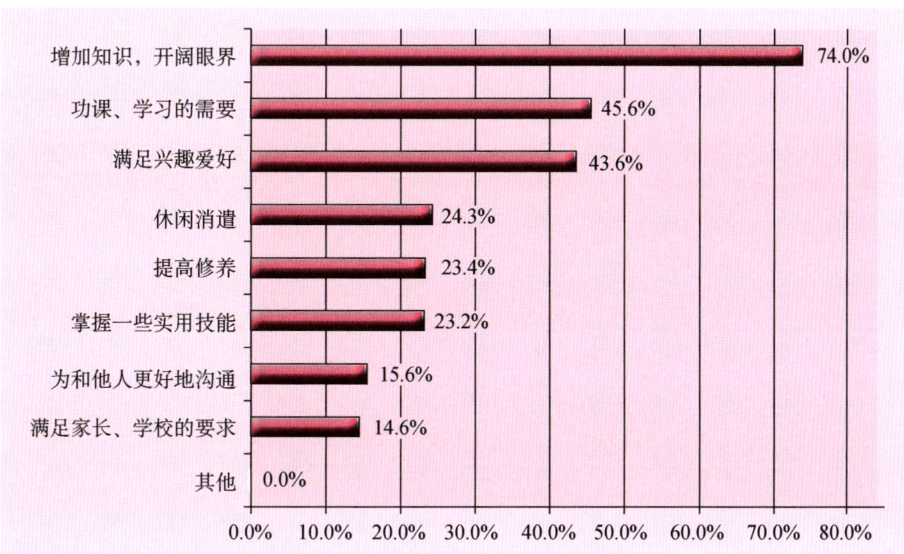

图 2-2-1　14—17 周岁青少年读者阅读课外书的目的

2.2.2 不读课外书的原因

2012 年，有 19.5%的我国 14—17 周岁青少年没有读过课外书。青少年不读课外书的原因多种多样，对 2012 年我国没有读过课外书的青少年调查发现，不感兴趣是其不读书的最主要原因，有 40.0%的青少年将“找不到感兴趣的书”作为不读课外书的原因。其次，有 33.5%的青少年将“没有读书的习惯/不喜欢读书”作为不读课外书的原因，可见阅读习惯的养成对阅读行为起着重要作用。再次，功课繁重、父母管理严格也是影响其不读书的原因，有 29.4%的青少年选择“因功课而没时间读书”作为不读课外书的原因，有 12.8%的青少年选择“父母不允许读课本以外的书”作为不读课外书的原因。第四，上网与游戏的干扰也是影响我国青少年不读课外书的一个因素，有 8.7%的青少年选择“因上网/玩游戏等而没时间读书”作为其不读课外书的原因。值得注意的是，有 6.7%的青少年认为“读书没用”，因此不读课外书；还有 5.6%的青少年认为“缺少读书氛围”是其不读课外书的原因，需要引起有关部门的注意。

具体情况如表 2-2-1 所示。

表 2-2-1　14—17 周岁青少年不读书的原因

不读书的原因	选择比例
找不到感兴趣的书	40.0%
没有读书的习惯/不喜欢读书	33.5%
因功课而没时间读书	29.4%
父母不允许读课本以外的书	12.8%
因上网/玩游戏等而没时间读书	8.7%
读书没用	6.7%
缺少读书氛围	5.6%
不知道该读什么	3.3%
书价过高买不起	3.1%
因看电视而没有时间读书	2.7%

续前表

不读书的原因	选择比例
没有看书的地方	0.2%
其他	0.1%

2.3　青少年购书状况

2.3.1　获取图书信息的主要渠道

通过对我国14—17周岁青少年调查得出，熟人推荐是我国青少年获取图书信息的最主要途径。有43.6%的青少年认为“朋友或他人推荐”是其获取图书信息的主要渠道，有40.0%的青少年认为“老师或学校推荐”是其获取图书信息的主要渠道。媒体和店内宣传的作用也不能小觑。有24.9%的青少年会从电视上了解图书信息，有24.2%的青少年会从互联网上了解图书信息，11.6%的青少年所获取的图书信息来自于报纸、期刊，还有5.8%的青少年从“书店内广告宣传品”来了解图书信息。利用其他渠道获取图书信息的选择比例相对不高，均在5.0%以下。

具体情况如图2-3-1所示。

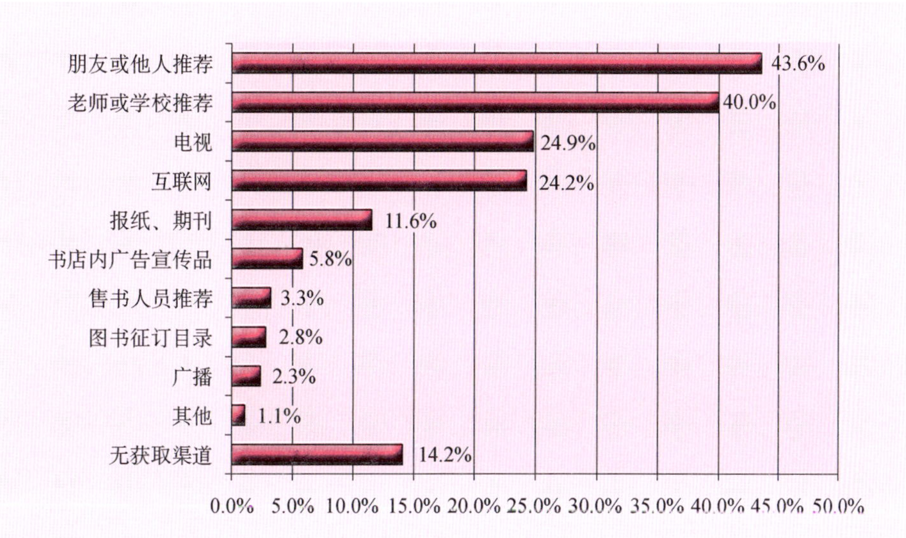

图2-3-1　14—17周岁青少年获取图书信息的主要渠道

2.3.2 购书频率

本次调查显示，2012 年，我国 14—17 周岁青少年的图书购买率为 73.3%，即 73.3%的青少年表示在过去一年（2012 年）至少购买过一次图书。具体看来，66.5%的青少年表示至少每半年购买一次图书，49.5%的青少年表示至少每三个月购买一次图书。

具体情况如图 2-3-2 所示。

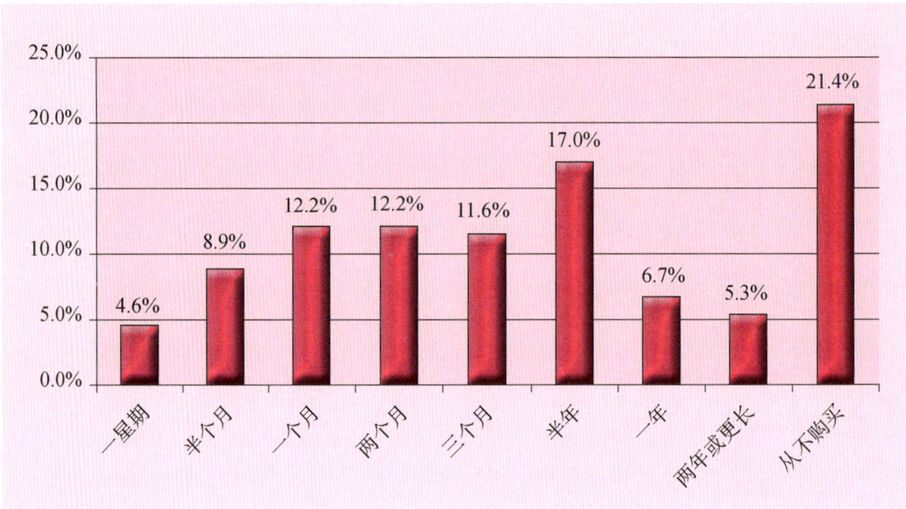

图 2-3-2 14—17 周岁青少年购书频率

2.3.3 购书渠道

调查数据显示，2012 年，实体书店依然是我国 14—17 周岁青少年购书者的主要购书渠道。有 78.1%的青少年购书者表示通常在“新华书店”购书；选择在“私营书店”购书的比例次之，为 35.9%。还有 16.3%的青少年购书者表示通常在“街头书摊”购书，有 9.1%的青少年购书者表示通常在“特价书店”购书，有 5.5%的青少年购书者表示通常在“图书批发市场”购书，有 5.2%的青少年购书者表示通常在“超市商场”购书。此外，有 8.0%的青少年购书者表示通常通过“网上书店”购书。而通过其他途径购书的青少年相对较少，选择比例均低于 5.0%。

具体情况如图 2-3-3 所示。

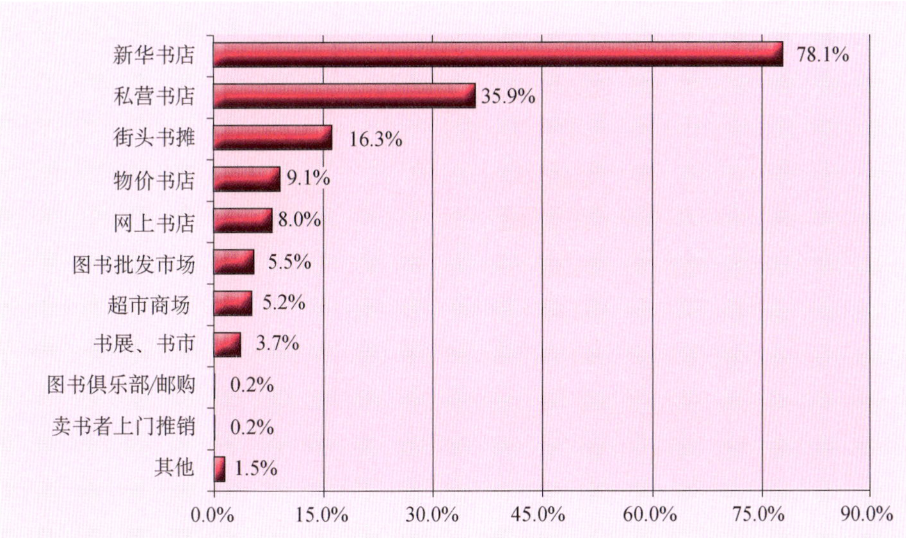

图 2-3-3　14—17 周岁青少年购书者图书购买渠道

2.3.4　影响购书的因素

通过对我国 14—17 周岁青少年购书者调查得知，“老师或学校推荐”和“图书内容简介”是影响其购书的最主要因素，选择比例分别为 56.3%和 46.6%。

其次，书名或目录、价格、作者和畅销书榜等因素对于青少年购书的影响也较大，有 21.9%的青少年购书者表示“书名或目录”是影响其购买图书的主要因素之一，有 18.5%的青少年购书者表示“价格”是影响其购买图书的主要因素之一，有 15.9%的青少年购书者表示“作者”是影响其购买图书的主要因素之一，还有 10.1%的青少年购书者表示“畅销书榜”是影响其购买图书的主要因素之一。

值得注意的是，我国青少年购书者在购书时对“店员推荐”

“出版社的名气”“图书广告”“媒体的书讯和书评”“网上或邮件图书信息推介”等因素并不太在意，选择比例均低于5.0%。

具体情况如图2-3-4所示。

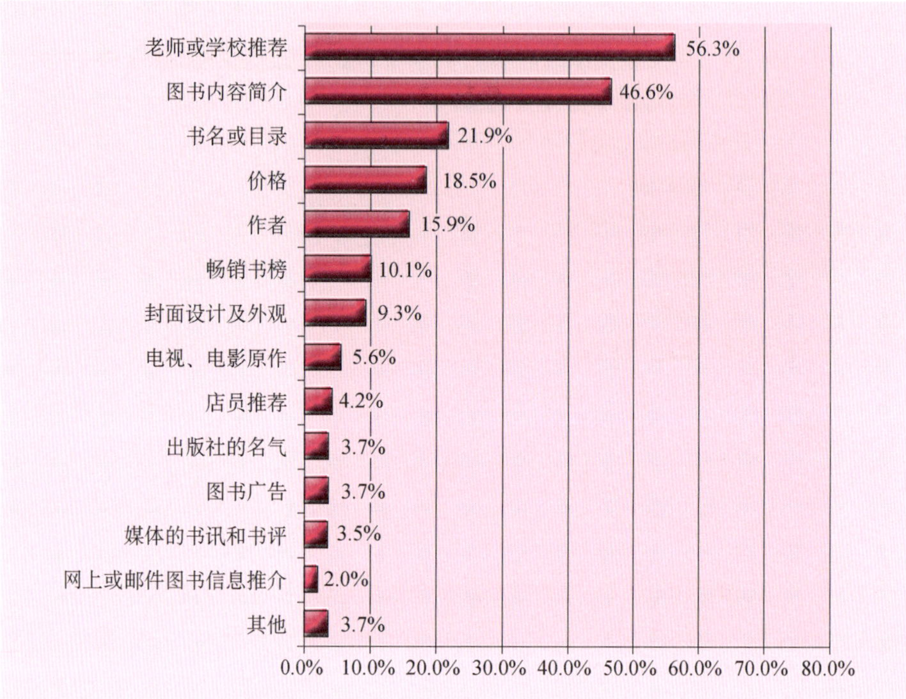

图2-3-4 影响14—17周岁青少年购书者购书的主要因素

2.3.5 购书制约因素

调查数据显示，有超过半数（50.5%）的我国14—17周岁青少年购书者认为在购书方面没有什么不便之处。我国14—17周岁青少年购书者认为距离和价格是导致其购书不便的最主要原因，有20.7%的青少年购书者表示购书不便是因为“家离卖书的地方很远”，有18.8%的青少年购书者表示“书价过高”会影响其购买图书。还有11.3%的青少年购书者因为“想买的书总是没有”感到不便，有10.9%的青少年购书者因为“对书的信息知道的少”感到不便，有6.6%的青少年购书者因为“书店陈列混乱，很难找书”感到购书不便。“书店服务态度不好”选项的选择比例则较低，仅为 2.7%。

具体情况如图 2-3-5 所示。

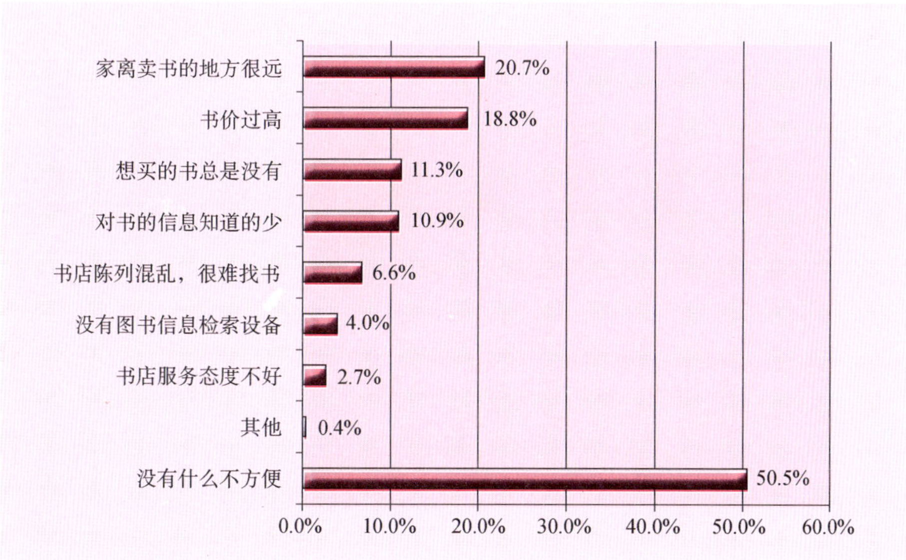

图 2-3-5　14—17 周岁青少年购书者购买图书的制约因素

2.3.6　购书距离

调查数据显示，我国 14—17 周岁青少年离家最近购书点的平均距离为 3.30 公里。具体来看，有 30.3%的我国 14—17 周岁青少年表示离家最近购书点的距离不超过 1 公里，有 58.4%的青少年表示离家最近购书点的距离不超过 3 公里。值得注意的是，还有 14.2%的青少年表示离家最近购书点的距离超过 10 公里。另外，有 11.6%的青少年对这一距离表示“不清楚/不知道”。

具体情况如图 2-3-6 所示。

从城乡对比来看，城镇青少年距离家最近购书点的平均距离为 1.62 公里，农村青少年距离家最近购书点的平均距离为 5.38 公里，比城镇青少年多出 3.76 公里。

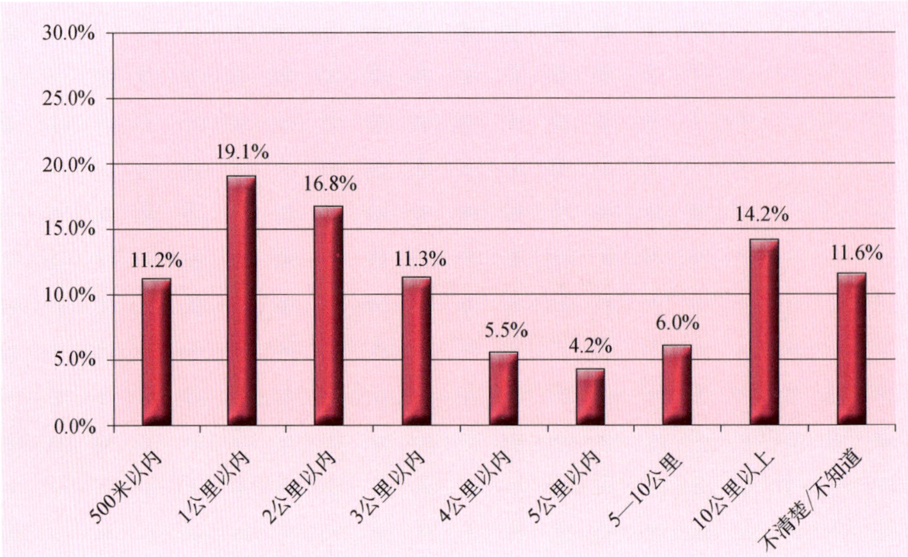

图 2-3-6　14—17 周岁青少年离家最近购书点距离

2.3.7　图书价格评价

调查显示，近半数（47.6%）我国 14—17 周岁青少年认为当前图书价格贵（“比较贵”或“非常贵”），仅有 5.0%的青少年认为当前图书价格便宜（“比较便宜”或“非常便宜”）。另外，认为当前图书价格“合适”的青少年比例为 37.8%，还有 9.7%的青少年“说不清”当前图书价格。

具体情况如图 2-3-7 所示。

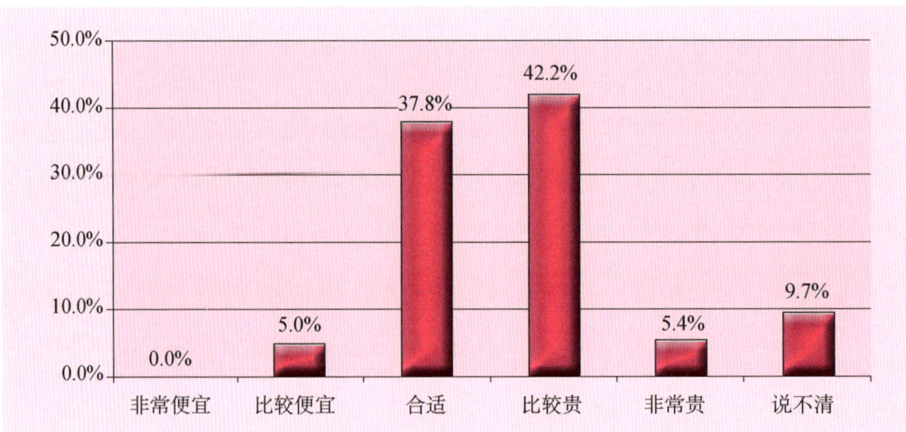

图 2-3-7　14—17 周岁青少年对图书价格的评价

2.3.8 图书价格承受力

对图书价格承受能力的分析发现，对于一本200页左右文学类简装书而言，我国14—17周岁青少年人均能够接受的图书定价为15.15元，较我国成年国民所能承受价格（13.67元）高出1.48元。其中，城镇青少年表示可以接受的图书定价为16.52元，较农村青少年可接受的价格（13.60元）高出2.92元。

在我国14—17周岁青少年中，对于购买一本200页左右的文学类简装书而言，大部分（75.8%）青少年能够接受的价格区间主要集中在8—30元，具体来看，21.4%的青少年能承受8—12元的价格，33.7%的青少年能承受12—20元的价格，20.7%的青少年能承受的价格为20—30元。此外，有3.6%的青少年只能接受4元以下的价格，12.6%的青少年能接受4—8元的价格，有2.8%的青少年能够承受的价格在30元及以上。还有5.2%的青少年认为对于图书“只要喜欢，多贵都买”。

具体情况如图2-3-8所示。

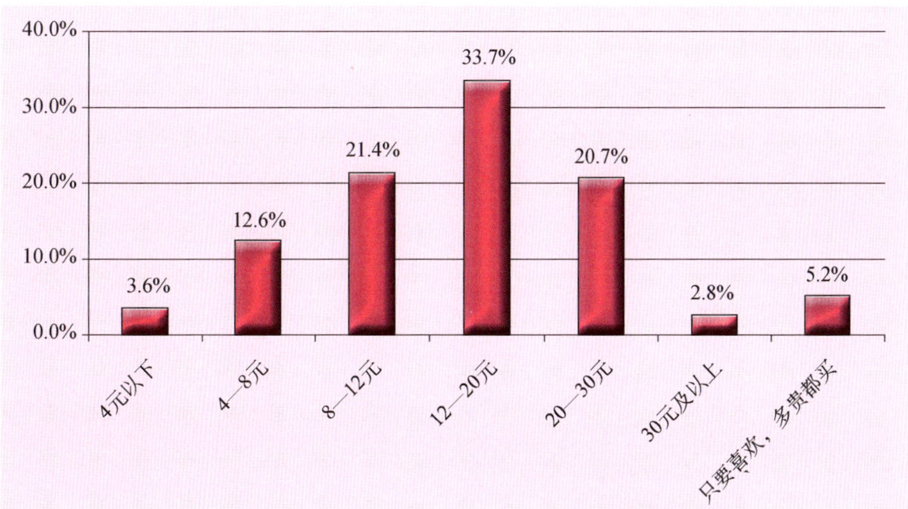

图2-3-8 14—17周岁青少年图书价格承受力

2.4　我国分类图书市场状况

2.4.1　各分类图书市场消费状况及市场预期

2.4.1.1　喜欢阅读的图书类型

本次调查显示，我国14—17周岁青少年最喜欢阅读的是“文学”类图书，选择比例高达52.5%。其次，“历史”和“科普”类图书，也较受该年龄段青少年读者的喜爱，有26.8%的青少年喜欢“历史”类图书，有26.4%的人喜欢“科普”类图书。而喜欢“农业”和“工业技术”等类图书的青少年相对较少，选择比例分别仅为0.9%和1.7%。

具体情况如图2-4-1所示。

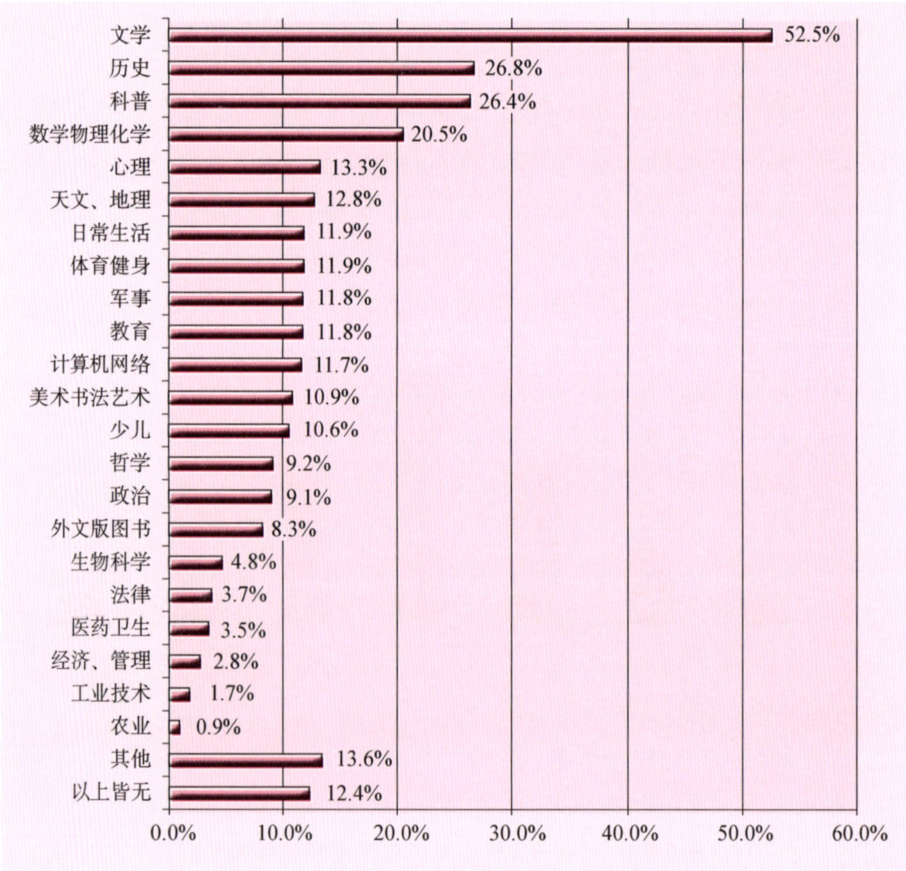

图2-4-1　14—17周岁青少年喜欢阅读的图书类型

2.4.1.2 各类型图书购买情况

调查显示，我国 14—17 周岁青少年购买的图书类型与阅读喜好较为一致，他们购买较多的图书类型，也是他们喜欢的图书类型。2012 年，购买率最高的是“文学”类图书，有 38.5％的 14—17 周岁青少年在 2012 年购买过该类图书。“数学物理化学”“科普”“历史”等类图书的青少年购买率也相对较高，分别为 17.7％、16.2％和 12.3％。

具体情况如图 2-4-2 所示。

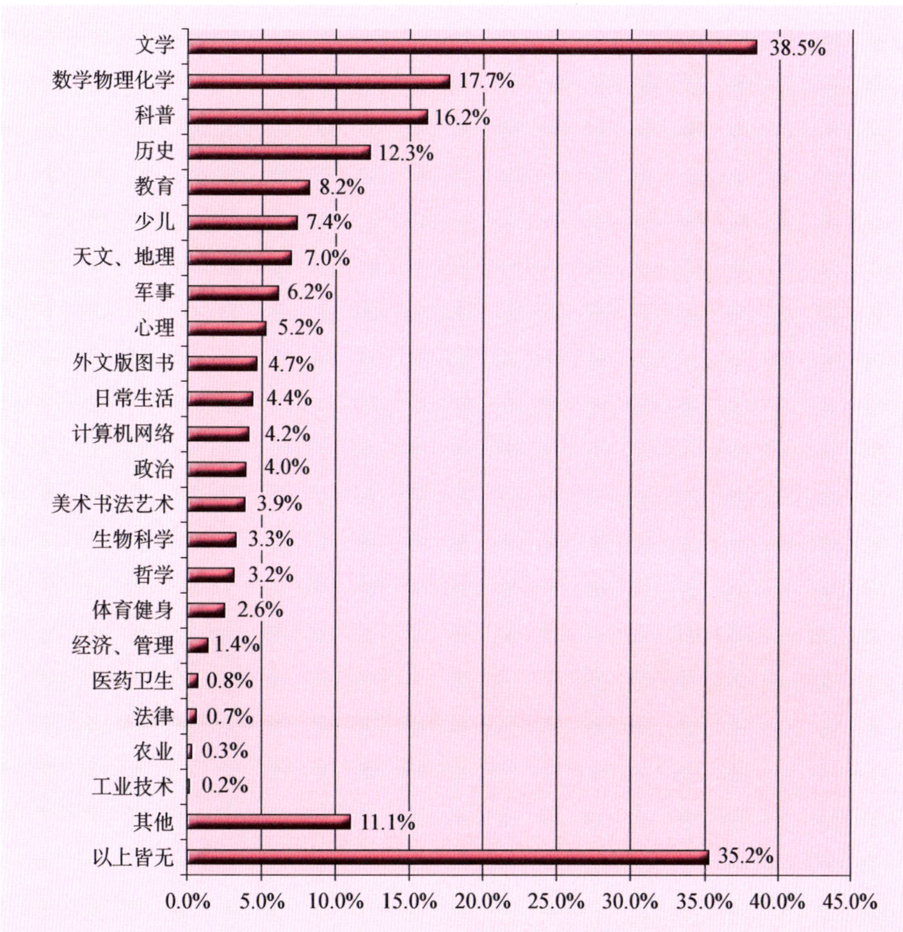

图 2-4-2　14—17 周岁青少年各类型图书购买情况

2.4.1.3 各类型图书空缺情况

调查显示，有 71.3％的 14—17 周岁青少年认为，市场上的图书种类并不缺乏，这说明青少年图书市场供给较为充足。相对来看，“文学”“历史”“数学物理化学”类图书的市场空缺度略高，有6.1%的青少年表示“文学”类图书较为缺少，有4.1%的青少年表示“历史”类图书目前较为缺少，还有3.9%的青少年表示“数学物理化学”类图书目前较为缺少。从中可以看出，对于14—17周岁青少年来说，“文学”“历史”“数学物理化学”类图书不仅购买状况较好、而且需求也较大。

具体情况如图2-4-3所示。

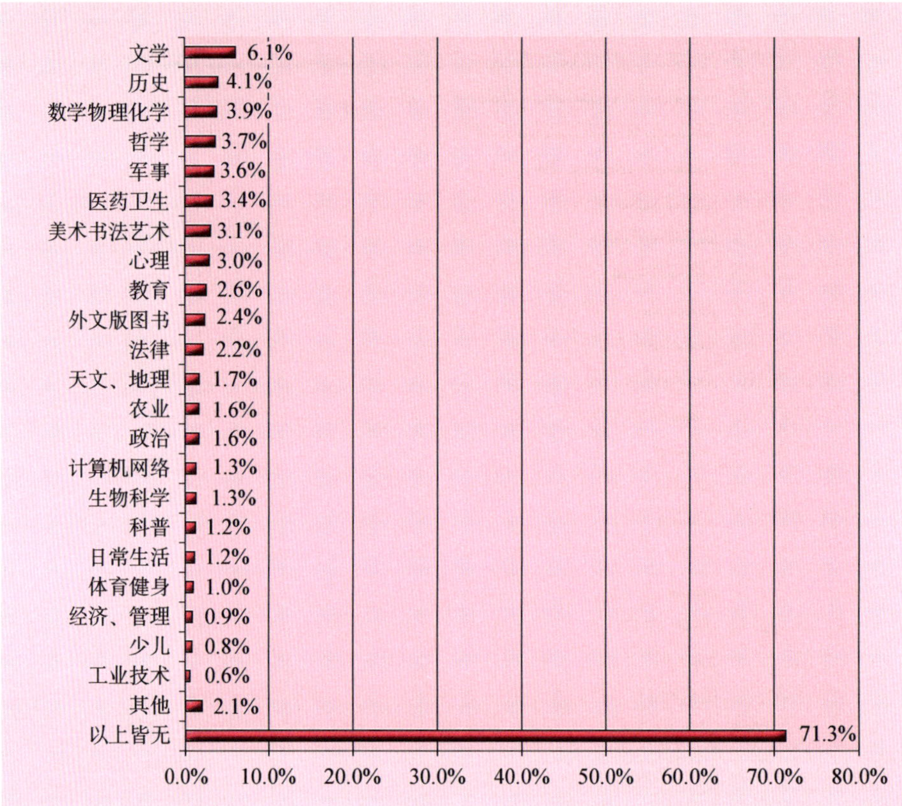

图2-4-3 14—17周岁青少年各类型图书空缺情况

2.4.1.4 各类型图书预购情况

调查显示，14—17周岁青少年图书市场中，预购率最高的依然为“文学”类图书，有32.1%的青少年今后打算购买该类图书，远高于其他各类图书。“科普”和“数学物理化学”类图书的预购率也相对较高，分别为 13.0%和 12.5%，均超过 10.0%。相比之下，“农业”类图书的预购率最低，仅为 0.3%。

综合分析得出，14—17 周岁青少年购买图书更多的是出于兴趣爱好，其次则是课业学习的需要。因此，对于 14—17 周岁青少年图书市场而言，“文学”类、“科普”类和学习教辅类图书的市场前景更加看好。

具体情况如图 2-4-4 所示。

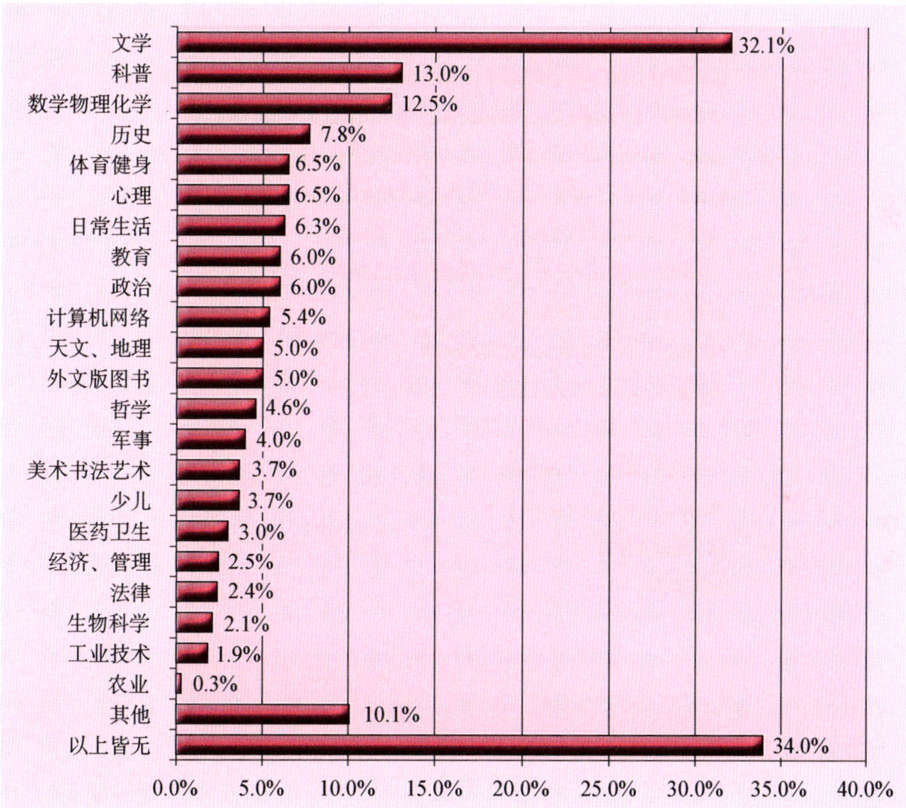

图 2-4-4　14—17 周岁青少年各类型图书预购情况

2.4.2　文学类图书市场消费状况及市场预期

2.4.2.1　最喜欢阅读的文学类图书类型

“文学”类图书是 14—17 周岁青少年最喜欢的图书类型。在文学类图书中，该年龄段青少年最喜欢阅读的是“当代小说”，选择比例达到36.1%。其次，“青春/玄幻小说”“科幻小说”“文学名著”类图书分列第二、三、四位，有31.2%的青少年喜欢“青春/玄幻小说，有31.1%的人喜欢“科幻小说”，有29.9%的人喜欢“文学名著”。而喜欢“文学评论”“纪实报告”“诗歌/戏剧”等类图书的青少年相对较少，选择比例分别为7.8%、4.8%和3.1%，均低于10.0%。

具体情况如图2-4-5所示。

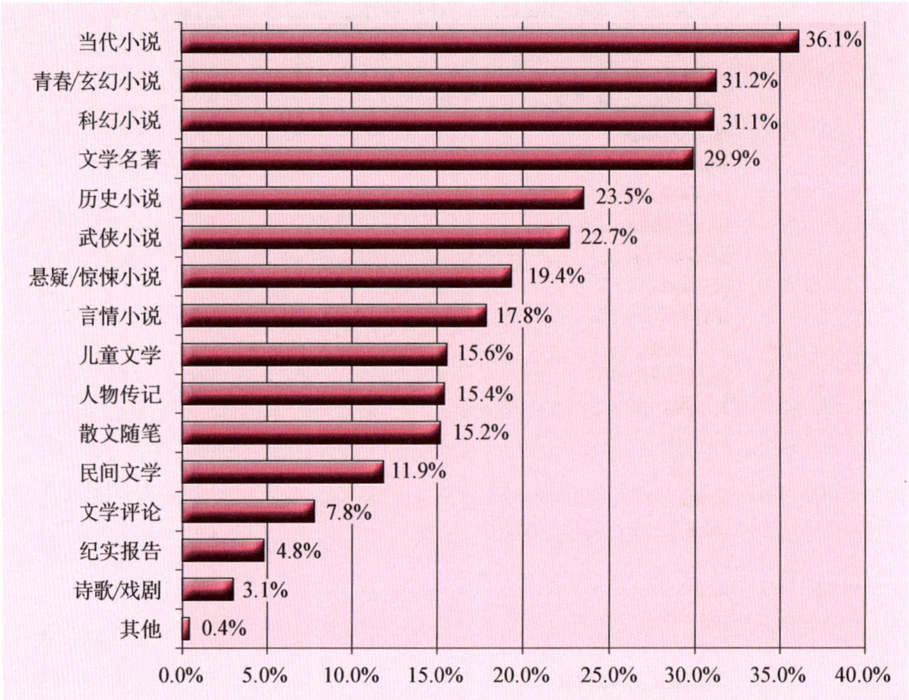

图2-4-5　14—17周岁青少年最喜欢阅读的文学类图书类型

2.4.2.2　各类文学类图书的购买和预购情况

调查显示，2012年，在文学类图书中，购买率最高的是“文学名著”，有35.7%的14—17周岁青少年在2012年购买过该类图书。“当代小说”“青春/玄幻小说”“科幻小说”“散文随笔”“历史小说”类图书的购买率也相对较高，分别为23.2%、22.1%、16.0%、15.1%和12.9%，均超过10.0%。此外，购买率较高的“文学名著”“当代小说”“科幻小说”“青春/玄幻小说”“散文随笔”“历史小说”类图书的预购率也相对较高，有 35.3%的 14—17 周岁青少年今后打算购买“文学名著”，有 21.4%的 14—17 周岁青少年今后打算购买“当代小说”，有 20.5%的 14—17 周岁青少年今后打算购买“科幻小说”，有 18.0%的 14—17 周岁青少年今后打算购买“青春/玄幻小说”，有 15.7%的 14—17 周岁青少年今后打算购买“散文随笔”，有 15.5%的 14—17 周岁青少年今后打算购买“历史小说”。

具体情况如图 2-4-6 所示。

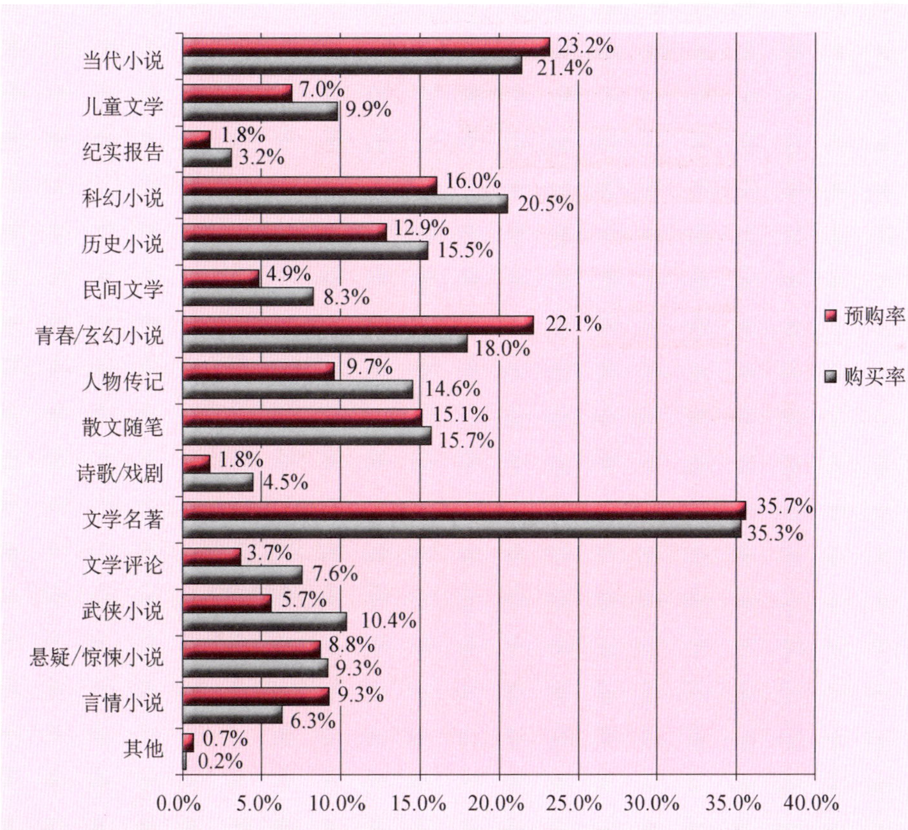

图 2-4-6　各类文学类图书的市场购买和预购情况

2.4.2.3　各类文学类图书的市场空缺情况

调查显示，14—17 周岁青少年认为文学类图书市场中最为缺乏的是“民间文学”“青春/玄幻小说”“文学评论”类图书，有22.1%的青少年表示“民间文学”最为缺乏，有21.8%的青少年表示“青春/玄幻小说”最为缺乏，有16.5%的青少年表示“文学评论”最为缺乏。而“言情小说”的市场空缺率相对较低，仅为0.6%。

具体情况如图2-4-7所示。

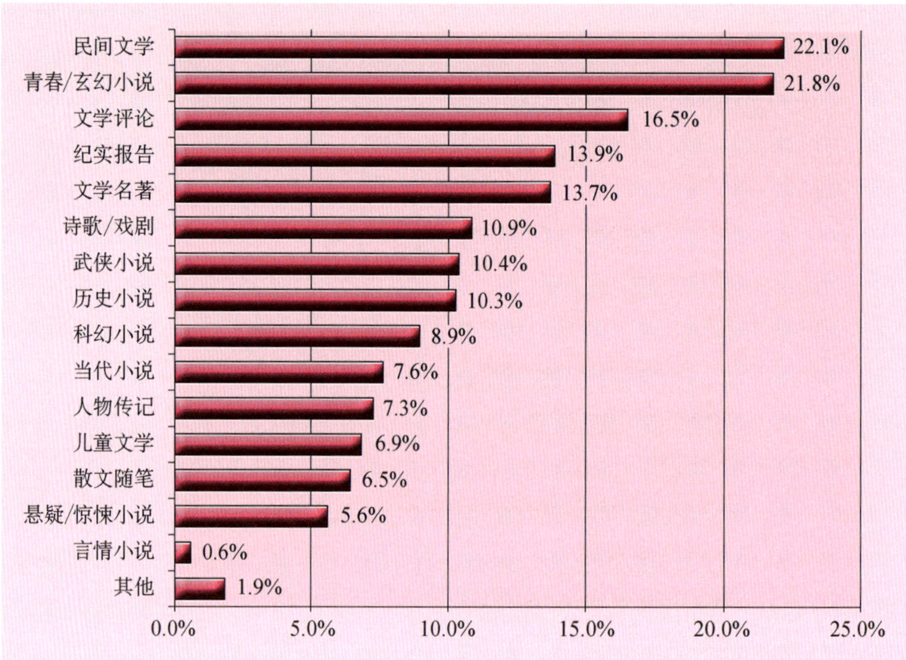

图2-4-7 各类文学类图书市场空缺情况

2.4.3 外语类图书市场消费状况及市场预期

2.4.3.1 最喜欢阅读的外语类图书类型

本次调查显示，14—17周岁青少年最喜欢的外语类图书是“教材教辅”“阅读写作”类图书，选择比例分别为48.0%和47.2%。其次，喜欢“外语工具书”“文艺读物”“词汇语法”“口语听力”类图书的青少年也相对较多，有31.0%的青少年喜欢“外语工具书”，有27.9%的人喜欢“文艺读物”，有25.9%的青少年喜欢“词汇语法”类图书，有22.0%的人喜欢“口语听力”类图书。

具体情况如表2-4-1所示。

表2-4-1 14—17周岁青少年最喜欢阅读的外语类图书类型

外语类图书	选择比例
教材教辅	48.0%
阅读写作	47.2%
外语工具书	31.0%
文艺读物	27.9%
词汇语法	25.9%
口语听力	22.0%
商贸外语	5.6%
其他	0.4%

2.4.3.2 各类外语类图书的购买和预购情况

在外语类图书中，购买率最高的是“教材教辅”，有59.6%的14—17周岁青少年在2012年购买过该类图书。“词汇语法”“外语工具书”“阅读写作”类图书的购买率也相对较高，分别为33.2%、33.1%、30.1%。而预购率最高的依然是“教材教辅”，有49.2%的青少年今后打算购买该类图书。“阅读写作”“文艺读物”“词汇语法”“外语工具书”和“口语听力”类图书的预购率也相对较高，分别为35.4%、24.8%、21.5%、21.1%和20.7%。

具体情况如图2-4-8所示。

2.4.3.3 外语类图书的市场空缺情况

调查显示，14—17周岁青少年认为最为缺乏的外语类图书为“文艺读物”，有35.0%的青少年表示此类图书最为缺乏。“阅读写作”“词汇语法”“教材教辅”“商贸外语”类图书的市场空缺率也相对较高，分别为25.8%、24.6%、24.3%和23.2%，均高于20.0%。

具体情况如表2-4-2所示。

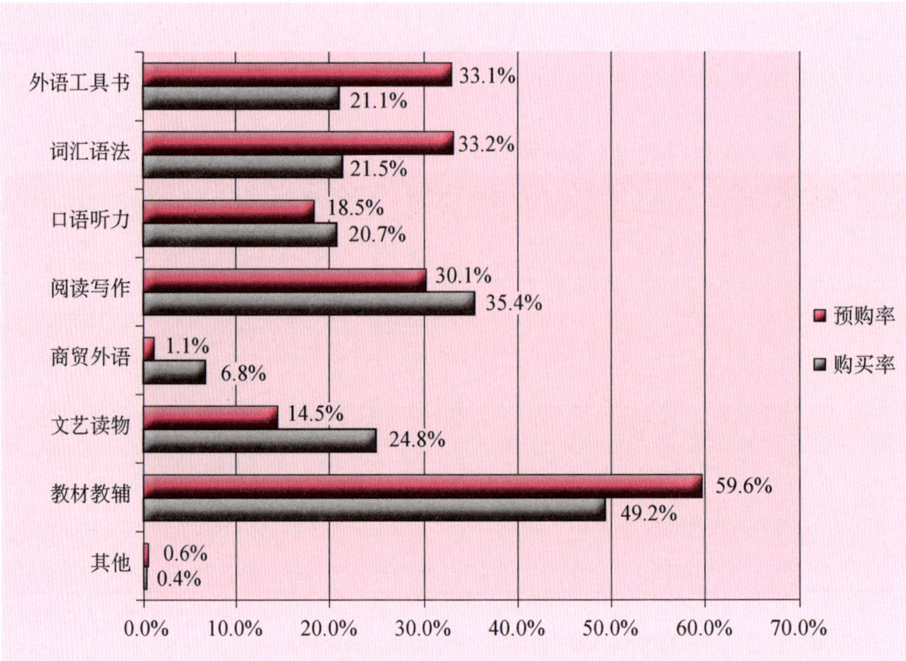

图 2-4-8　各种外语类图书的购买和预购情况

表 2-4-2　14—17 周岁青少年外语类图书市场空缺情况

外语类图书	选择比例
文艺读物	35.0%
阅读写作	25.8%
词汇语法	24.6%
教材教辅	24.3%
商贸外语	23.2%
外语工具书	18.9%
口语听力	17.3%
其他	1.2%

2.5　青少年最喜爱的图书

在无提示的情况下，调查者向青少年被访者询问他们最喜爱的三本图书是什么，然后根据图书被提及频次进行排名。结果显示，与去年情况相似，2012 年 14—17 周岁青少年最喜爱的图书中，中国古代四大名著包揽了前三名。《钢铁是怎样炼成的》《鲁宾逊漂流记》《朝花夕拾》等中外文学名著榜上有名。

另外，《盘龙》和《斗破苍穹》等网络小说也进入榜单，成为2012年最受青少年喜爱的图书。

具体情况如表2-5-1所示。

表2-5-1 14—17周岁青少年最喜爱的十本图书

排名	2012年最喜爱的图书	2011年最喜爱的图书
1	水浒传	三国演义
2	红楼梦	红楼梦
3	三国演义	西游记
4	钢铁是怎样炼成的	朝花夕拾
5	鲁宾逊漂流记	钢铁是怎样炼成的
6	朝花夕拾	最小说
7	盘龙	斗破苍穹
8	西游记	骆驼祥子
9	简·爱	安徒生童话
10	斗破苍穹	水浒传

2.6 青少年最喜爱的图书作者

在无提示的情况下，调查者向青少年被访者询问他们最喜欢的三位图书作者的姓名，然后根据作者被提及频次进行排名。结果显示，2012年14—17周岁青少年最喜爱的图书作者排名前四位的分别是鲁迅、郭敬明、老舍和韩寒，这与2011年情况大体一致，只是顺序略有不同。值得注意的是，2012年诺贝尔文学奖获得者莫言和网络作家唐家三少今年首次进入前十，分别排名第五和第七位。

具体情况如表2-6-1所示。

表2-6-1 14—17周岁青少年最喜爱的十位图书作者

排名	2012年最喜爱的作者	2011年最喜爱的作者
1	鲁迅	鲁迅
2	郭敬明	郭敬明
3	老舍	韩寒
4	韩寒	老舍
5	莫言	冰心
6	冰心	巴金
7	唐家三少	曹雪芹

续前表

排名	2012 年最喜爱的作者	2011 年最喜爱的作者
8	巴金	安东尼
9	郭沫若	金庸
10	金庸	朱自清

2.7 青少年最喜爱的出版社与出版社知名度、市场渗透率

2.7.1 青少年最喜爱的出版社

同样，在无提示的情况下，调查者向青少年被访者询问他们最喜欢的三家出版社是哪些，然后根据出版社被提及频次进行排名。结果显示，2012 年 14—17 周岁青少年最喜爱的出版社前三位分别是：人民出版社、新华出版社和人民教育出版社，这与 2011 年情况大体一致，仅顺序略有不同。

具体情况如表 2-7-1 所示。

表 2-7-1 14—17 周岁青少年最喜爱的十大出版社

排名	2012 年最喜爱的出版社	2011 年最喜爱的出版社
1	人民出版社	人民教育出版社
2	新华出版社	新华出版社
3	人民教育出版社	人民出版社
4	浙江教育出版社	中国青年出版社
5	北京出版社	北京出版社
6	人民文学出版社	人民文学出版社
7	中国青年出版社	北京师范大学出版社
8	明天出版社	江苏人民教育出版
9	北京师范大学出版社	中国少年儿童出版社
10	作家出版社	明天出版社

2.7.2 国内出版社知名度和市场渗透率排名

为了解国内出版社的知名度情况，我们列举了 21 家国内较为知名的出版社，请青少年被访者在其中选择其所知晓的出版社，然后

根据选择情况对这些出版社进行知名度排名。结果如表 2-7-2 所示，人民教育出版社、北京出版社、人民文学出版社和中国青年出版社的知名度排名最为靠前。此外，北京师范大学出版社、浙江教育出版社、教育科学出版社、江苏教育出版社等以教育出版为主体的出版社，以及中国少年儿童出版社、希望出版社等以少年儿童为主要读者对象的出版社，排名也较为靠前，均排在前十位之内。

表 2-7-2　出版社知名度排名

出版社名称	排名
人民教育出版社	1
北京出版社	2
人民文学出版社	3
中国青年出版社	4
北京师范大学出版社	5
中国少年儿童出版社	6
浙江教育出版社	7
教育科学出版社	8
江苏教育出版社	9
希望出版社	10
重庆出版社	11
上海少年儿童出版社	12
商务印书馆	13
二十一世纪出版社	14
明天出版社	15
外语教学与研究出版社	16
接力出版社	17
龙门书局	18
新蕾出版社	19
大象出版社	20
河北教育出版社	21

为进一步了解以上出版社的市场表现，我们询问青少年被访者在 2012 年曾购买过哪些出版社的出版物。调查结果如表 2-7-3 所示，人民教育出版社的知名度与市场渗透率排名均居首位。此外，人民文学出版社、北京师范大学出版社、浙江教育出版社、江苏教育出版社的市场渗透率排名也较为靠前，分列二至五位。

表 2-7-3　出版社市场渗透率排名

出版社名称	排名
人民教育出版社	1
人民文学出版社	2
北京师范大学出版社	3
浙江教育出版社	4
江苏教育出版社	5
中国青年出版社	6
北京出版社	7
希望出版社	8
教育科学出版社	9
商务印书馆	10
中国少年儿童出版社	11
龙门书局	12
重庆出版社	13
二十一世纪出版社	14
明天出版社	15
大象出版社	16
接力出版社	17
外语教学与研究出版社	18
上海少年儿童出版社	19
河北教育出版社	20
新蕾出版社	21

第三章 14—17 周岁青少年报刊阅读状况

3.1 青少年报纸阅读状况

3.1.1 报纸阅读率

本次调查显示，2012 年我国 14—17 周岁青少年的报纸阅读率为 43.2%，较 2011 年的 54.1%下降了 10.9 个百分点。

从性别差异看，该年龄段男生的报纸阅读率为 40.5%，较女生的报纸阅读率（46.4%）低 5.9 个百分点。从城乡对比看，该年龄段城镇青少年的报纸阅读率为 53.6%，较农村青少年的报纸阅读率（31.4%）高出 22.2 个百分点。

具体情况如表 3-1-1 所示。

表 3-1-1 不同人口特征 14—17 周岁青少年报纸阅读率

人口特征	类别	报纸阅读率
性别	男生	40.5%
	女生	46.4%
城乡	城镇	53.6%
	农村	31.4%

3.1.2 报纸阅读量

进一步分析数据可知，2012年，我国14—17周岁青少年的人均报纸阅读量为20.37期/份，较2011年的35.83期/份减少了15.46期/份。

从性别差异看，该年龄段男生的报纸阅读量为15.99期/份，较女生的报纸阅读量（25.69期/份）少9.70期/份。从城乡对比看，该年龄段城镇青少年的报纸阅读量为34.32期/份，远多于农村青少年的报纸阅读量（4.63期/份）。

具体情况如表3-1-2所示。

表3-1-2　不同人口特征群体14—17周岁青少年报纸阅读量

人口特征	类别	报纸阅读量（期/份）
性别	男生	15.99
	女生	25.69
城乡	城镇	34.32
	农村	4.63

3.2 青少年期刊阅读状况

3.2.1 期刊阅读率

调查显示，2012年我国14—17周岁青少年的期刊阅读率为51.0%，较2011年的55.0%下降了4.0个百分点。

从性别差异看，该年龄段男生的期刊阅读率为45.9%，较女生的期刊阅读率（57.2%）低11.3个百分点。从城乡对比看，该年龄段城镇青少年的期刊阅读率为59.0%，较农村青少年的期刊阅读率（41.9%）高出17.1个百分点。

具体情况如表3-2-1所示。

表 3-2-1　不同人口特征 14—17 周岁青少年期刊阅读率

人口特征	类别	期刊阅读率
性别	男生	45.9%
	女生	57.2%
城乡	城镇	59.0%
	农村	41.9%

3.2.2　期刊阅读量

2012 年我国 14—17 周岁青少年人均阅读期刊 5.58 期/份，较 2011 年的 9.71 期/份减少了 4.13 期/份。

从性别差异看，该年龄段男生的期刊阅读量为 4.49 期/份，较女生的期刊阅读量（6.90 期/份）少 2.41 期/份。从城乡对比看，该年龄段城镇青少年的人均期刊阅读量为 8.10 期/份，远多于农村青少年的期刊阅读量（2.71 期/份）。

具体情况如表 3-2-2 所示。

表 3-2-2　不同人口特征群体 14—17 周岁青少年期刊阅读量

人口特征	类别	期刊阅读量（期/份）
性别	男生	4.49
	女生	6.90
城乡	城镇	8.10
	农村	2.71

3.2.3　制约青少年阅读期刊的原因

在过去一年没有阅读过纸质期刊的 14—17 周岁青少年中，有 53.4%的青少年表示“功课忙，没时间读期刊”是其不读期刊的主要原因，选择比例最高。

排在第二、第三位的不读期刊的原因是“没有阅读期刊的习惯”和“对现在期刊上的内容没兴趣”，选择比例分别为 36.6%和

25.0%。而认为“期刊价格太贵”“看电视、听广播就够了，没有必要再读”“买期刊不方便”的青少年相对不多，由于这些原因而不读期刊的青少所占比例分别为 8.5%、8.2% 和 7.6%，均不足 10.0%。

具体情况如图 3-2-1 所示。

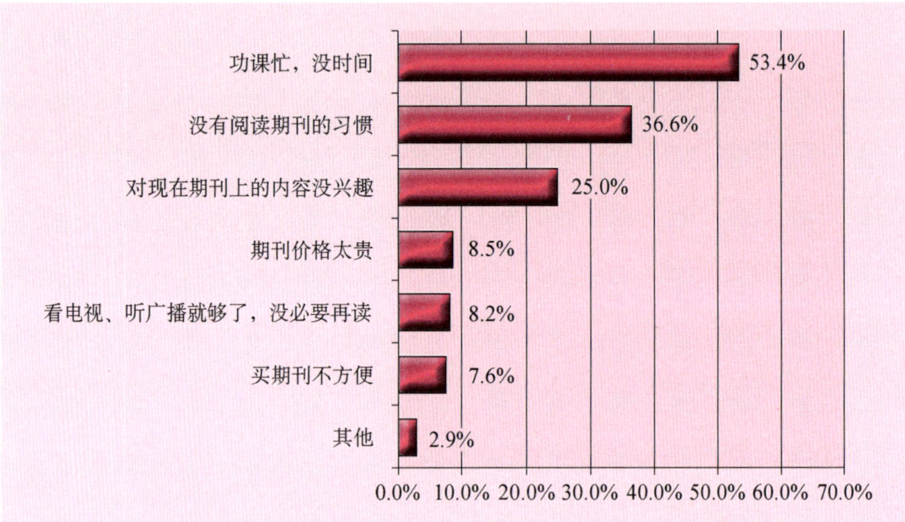

图 3-2-1　制约 14—17 周岁青少年阅读期刊的原因

3.2.4　期刊阅读来源

本次调查显示，我国 14—17 周岁青少年期刊读者阅读期刊的最主要来源是“向同学朋友借阅”，选择比例高达 58.2%。分列第二、第三位的青少年期刊阅读来源是“书店购买”“报摊购买”，选择比例分别为 41.6%和 37.2%。通过“学校订阅”“图书馆阅读”来获取期刊的青少年比例也较高，分别为 20.3%、15.7%。通过“个人/家庭订阅”来获取期刊的青少年比例为 8.9%。而选择“网上购买”“邮局购买”等渠道获得期刊的青少年则相对较少，选择比例分别为 3.6%和 2.8%。

具体情况如图 3-2-2 所示。

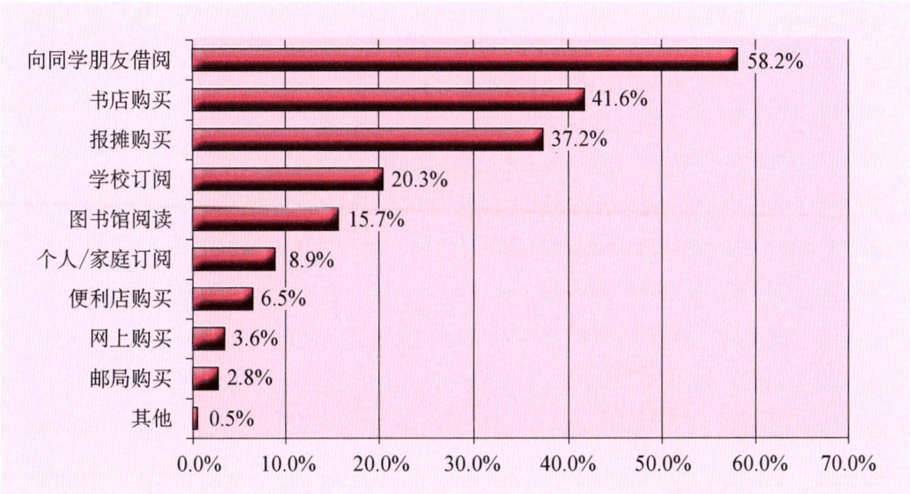

图 3-2-2　14—17 周岁青少年期刊读者阅读期刊的来源

3.2.5　期刊阅读偏好

通过对我国 14—17 周岁青少年期刊读者调查得知，“文学艺术/青春文学”“作文类”“流行时尚/明星八卦”“学习辅导”类期刊的喜爱者较多。具体来看，有 48.7%的青少年期刊读者经常阅读“文学艺术/青春文学”类期刊，有 35.3%的青少年期刊读者经常阅读“作文类”期刊，有 34.4%的青少年期刊读者经常阅读“流行时尚/明星八卦”类期刊，有 30.4%的青少年期刊读者经常阅读“学习辅导”类期刊。“卡通漫画”和“科普类”期刊的喜爱者也相对较多，分别有 21.2%和 18.7%的青少年期刊读者经常阅读。而“学术科技”类期刊的喜爱者相对较少，选择比例仅为 5.1%。

具体情况如图 3-2-3 所示。

3.2.6　期刊价格承受力

调查数据显示，2012 年，我国 14—17 周岁青少年人均可接受的单本期刊价格为 6.67 元，略低于我国成年国民可接受的价格（6.76 元）。进一步分析得出，超过四分之三（75.5%）的我国 14—17 周岁青少年能够接受的期刊价格集中在 3—9 元。具体来看，

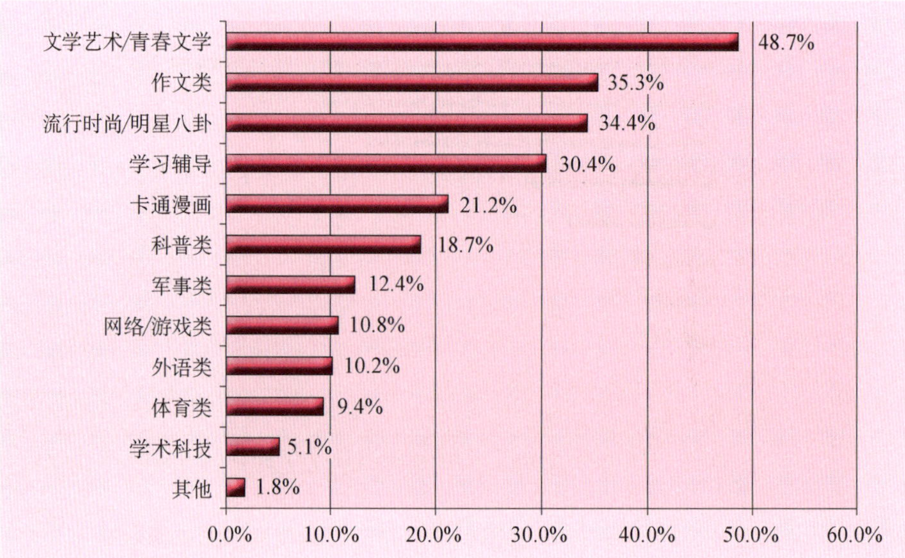

图 3-2-3　14—17 周岁青少年期刊读者经常阅读的期刊类型

44.1%的青少年能够接受的期刊价格区间在 3—6 元，31.4%的青少年能够接受的期刊价格区间在 6—9 元。此外，有 9.5%的青少年只能接受 3 元以下的期刊价格，有 13.5%的青少年能接受 9—19 元的期刊价格，而能接受每本期刊价格在 19 元及以上的青少年比例仅为 1.6%。

具体情况如图 3-2-4 所示。

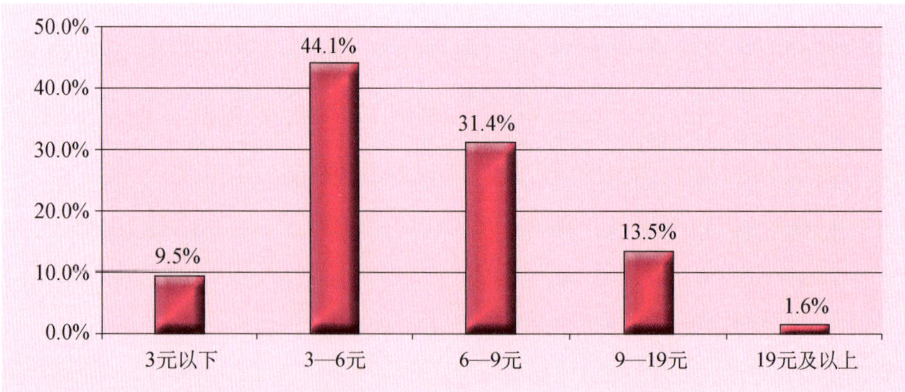

图 3-2-4　14—17 周岁青少年期刊价格承受力

数据显示，2012 年，有 52.6%的 14—17 周岁青少年认为目前的期刊价格“合适”。此外，有 36.1%的青少年认为目前的期刊价格“比较贵”，有2.7%的青少年认为目前期刊价格“非常贵”。而仅有8.6%的青少年认为目前期刊价格便宜（“非常便宜”或“比较便宜”）。

具体情况如图3-2-5所示。

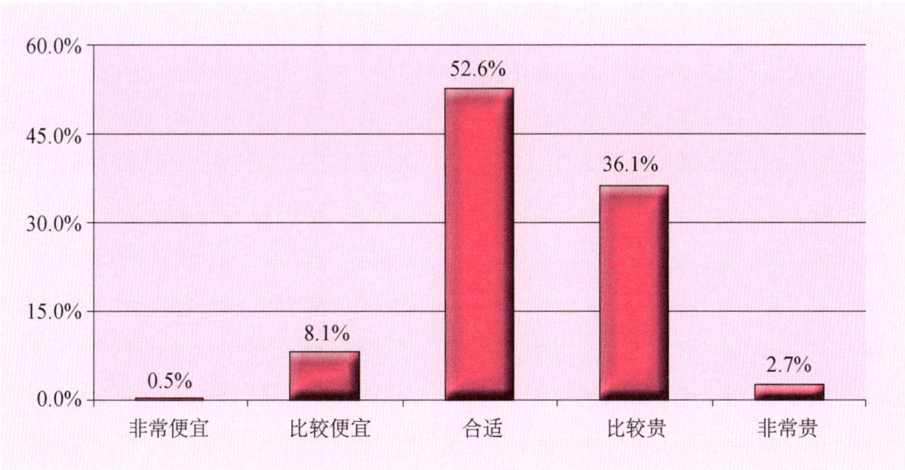

图3-2-5　14—17周岁青少年的期刊价格评价

3.3　青少年报刊市场状况

3.3.1　青少年最喜爱的期刊

本次调查中，在无提示的情况下，我们请青少年被访者列举其最喜爱的三本期刊的名称，然后根据期刊被提及的频次进行排名。结果显示，最受我国14—17周岁青少年期刊读者喜爱的期刊是《读者》，排在第二、第三位的依次是《意林》和《青年文摘》。从期刊的内容类型看，排在前列的期刊以与写作相关的文学类和作文类期刊居多。

具体情况如表3-3-1所示。

表3-3-1　14—17周岁青少年期刊读者最喜爱的十本期刊

2012年最喜爱的期刊	排名
读者	1

续前表

2012年最喜爱的期刊	排名
意林	2
青年文摘	3
男生女生	4
故事会	5
知音	6
格言	7
作文大王	8
新作文	9
课堂内外	10

3.3.2 报刊知名度排名

2012年，为了解报刊的知名度情况，我们选取了目前在国内受欢迎程度比较高的28种青少年报刊，请青少年被访者选择其所知晓的报刊，然后根据选择情况对这些报刊进行知名度排名。调查结果显示，《读者》的知名度最高，近三年来该期刊一直居于知名度榜首位置。《故事会》《青年文摘》《格言》与《意林》的知名度分别排在第二、第三、第四与第五位，与去年情况大体相同，仅顺序有所变化。

具体情况如表3-3-2所示。

表3-3-2 报刊知名度排名

报刊名称	排名
读者	1
故事会	2
青年文摘	3
格言	4
意林	5
知音	6
男生女生	7
新作文	8
作文大王	9
演讲与口才	10
语文报	11

续前表

报刊名称	排名
中学生阅读	12
课堂内外	13
中学生数理化	14
英语周报	15
电脑爱好者	16
家庭	17
海外文摘	18
女友	19
少年文艺	20
青年博览	21
英语沙龙	22
作文通讯	23
中学生博览	24
足球周刊	25
英语广场	26
少女	27
求学	28

3.3.3 报刊市场渗透率排名

本次调查中，我们请青少年被访者在列举出的国内受欢迎程度比较高的 28 种青少年报刊中，选择他们曾在 2012 年购买过的报刊以了解这些报刊的市场渗透情况。调查结果显示，《读者》的知名度与市场渗透率排名均居首位。此外，《意林》《故事会》《格言》和《语文报》被提及的频次也较高，市场渗透率排名分列第二、第三、第四和第五位。

具体情况如表 3-3-3 所示。

表 3-3-3 报刊市场渗透率排名

报刊名称	排名
读者	1
意林	2
故事会	3
格言	4
语文报	5

续前表

报刊名称	排名
青年文摘	6
男生女生	7
英语周报	8
知音	9
作文大王	10
新作文	11
课堂内外	12
中学生数理化	13
演讲与口才	14
英语广场	15
电脑爱好者	16
中学生阅读	17
海外文摘	18
足球周刊	19
作文通讯	20
英语沙龙	21
青年博览	22
少女	23
求学	24
少年文艺	25
女友	26
中学生博览	27
家庭	28

第四章
14—17 周岁青少年数字出版产品阅读与购买状况

4.1 青少年数字化阅读状况

4.1.1 数字化阅读方式接触情况

调查显示，2012 年，我国 14—17 周岁青少年的数字化阅读方式接触率为 59.3%。2012 年，有 46.9%的我国 14—17 周岁青少年表示接触过网络在线阅读，有 44.7%的青少年表示接触过手机阅读，有 10.2%的青少年接触过电子阅读器阅读，有 9.8%的青少年表示接触过 PDA/MP4/MP5 等阅读方式。表示接触过光盘（CD-ROM）阅读的青少年比例最少，仅为 2.6%。

具体情况如图 4-1-1 所示。

4.1.2 选择数字阅读的主要原因与制约因素

通过对我国 14—17 周岁青少年选择数字阅读的原因进行调查，我们发现便利性、低成本和海量性依旧是其选择数字化阅读方式的主要因素。调查数据显示，就便利性而言，有 64.3%的青少年数字化阅读接触者因为“获取便利”而选择数字阅读，45.9%的青少年接触者因为“方便随时随地阅读”而选择数字阅读，有 18.6%的青

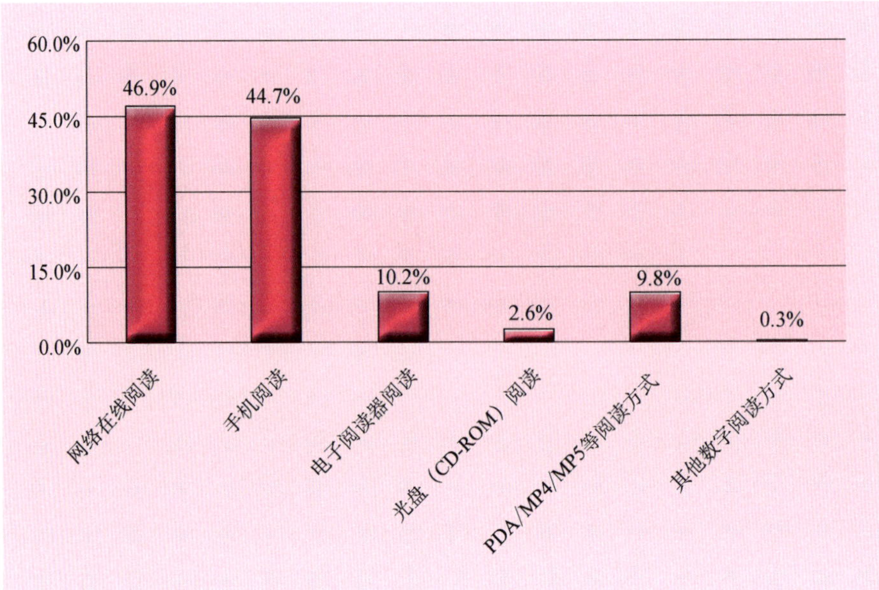

图 4-1-1　14—17 周岁青少年各类数字化阅读方式接触率

少年接触者因为“方便信息检索”而选择数字阅读。

其次，就低成本和海量性而言。有 23.7%的青少年数字化阅读接触者因为“收费少甚至不付费”而选择数字阅读，有 17.8%的青少年数字化阅读接触者因为“信息量大”而选择数字阅读。

具体情况如图 4-1-2 所示。

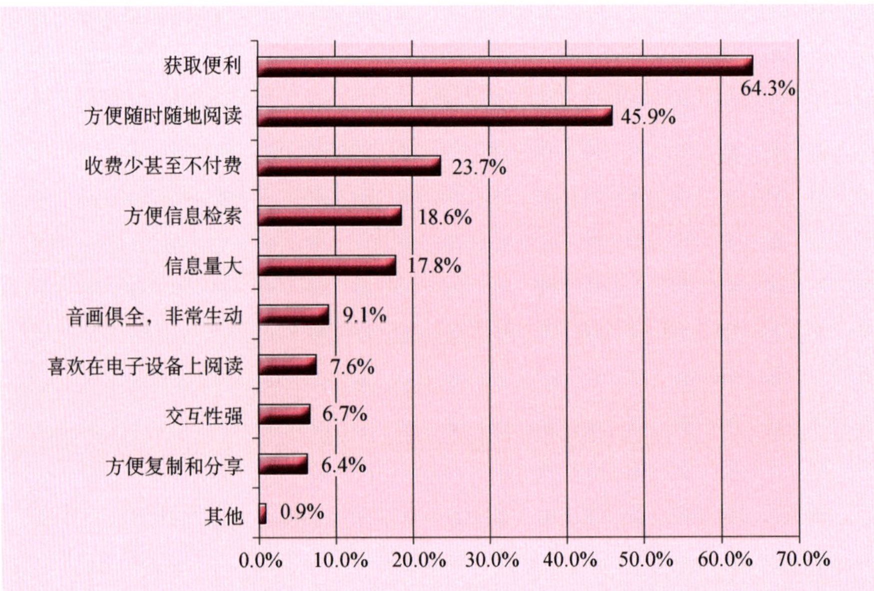

图 4-1-2　14—17 周岁青少年数字化阅读方式接触者选择数字阅读的主要原因

然而，数字阅读也存在一些缺点，伤眼睛和辐射问题是 14—17 周岁青少年普遍担心的问题。调查显示，近七成（67.7%）的青少年认为数字化阅读“伤眼睛，容易视觉疲劳”，超过四成（44.5%）的青少年认为数字化阅读“辐射大”。还有 15.5%和 14.2%的青少年分别表示“不习惯通过屏幕阅读”或者数字化阅读“有一定操作限制”。以上这些不足是今后进一步改善数字化阅读方式时需要优先考虑的问题。

具体情况如图 4-1-3 所示。

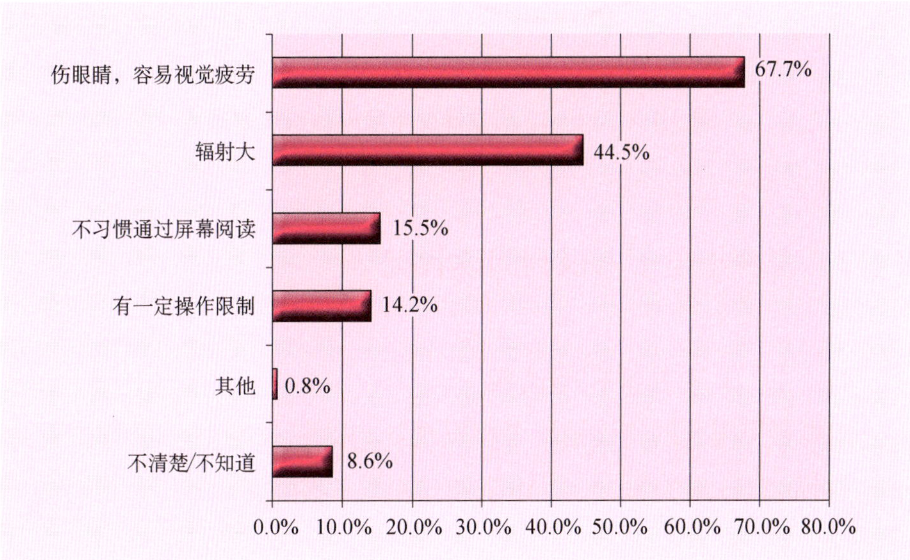

图 4-1-3　14—17 周岁青少年认为数字阅读的不足之处

4.1.3　阅读倾向

在我国 14—17 周岁青少年中，66.8%的青少年更倾向于“拿一本纸质图书阅读”，有 15.1%的青少年倾向于“在手机上阅读”，有 12.1%的青少年更倾向于“网络在线阅读”，有 4.4%的青少年倾向于“在电子阅读器上阅读”，1.6%的青少年“习惯从网上下载并打印下来阅读”。这说明大多数 14—17 周岁青少年的阅读习惯还是倾向于传统的纸质图书阅读，而数字阅读习惯也正在青少年中逐渐形成。

具体情况如图 4-1-4 所示。

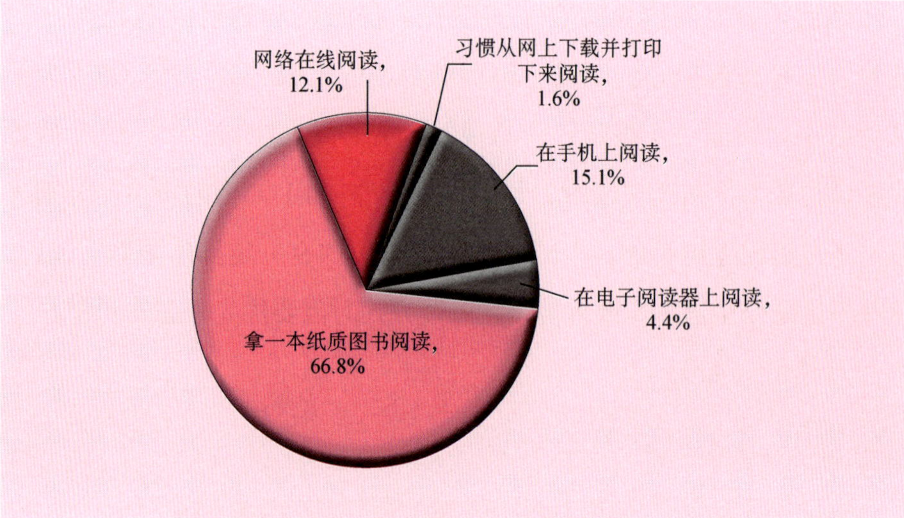

图 4-1-4　14—17 周岁青少年倾向的阅读方式

4.2　青少年电子书报刊阅读状况

4.2.1　电子书报刊阅读率

对电子书报刊的阅读情况考察发现，2012 年我国 14—17 周岁青少年电子书的阅读率为 32.9%，电子期刊和电子报的阅读率均为 5.4%。

4.2.2　电子书价格承受力

调查数据显示，2012 年，我国 14—17 周岁青少年平均能接受的单本电子书价格为 1.22 元。

在接触过数字化阅读方式的我国青少年中，有超过五成（50.6%）的青少年不能接受付费阅读/下载，与 2011 年的 50.3% 基本持平。表示只能接受单本电子书价格为 1 元及以下的青少年数字化阅读方式接触者比例为 13.4%，表示能够接受单本电子书价格在 2—5 元之间的青少年数字化阅读方式接触者比例为 31.9%，表示能够接受 6—9 元价格区间的青少年数字化阅读方式接触者比例为 3.3%，仅有 0.8%的青少年数字化阅读方式接触者能够接受 10 元及以上的单本电子书价格。

具体情况如图 4-2-1 所示。

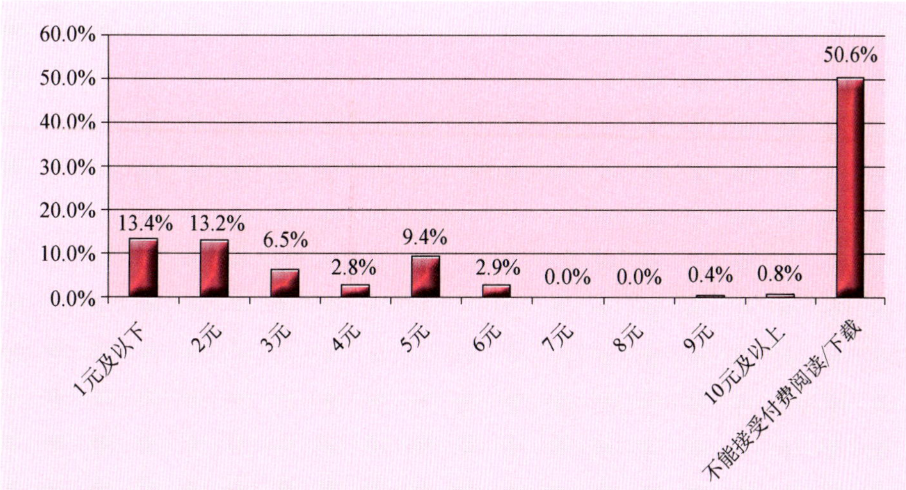

图 4-2-1　14—17 周岁青少年数字化阅读方式接触者电子书价格承受力

4.2.3　电子书对纸质图书销售的影响

在我国 14—17 周岁青少年电子书读者中，有 90.6%的青少年电子书读者表示阅读电子书后，就没有购买过该书的纸质版，这一比例较 2011 年的 85.7%有所上升。仅有 9.4%的青少年电子书读者表示在阅读电子书后，还购买过该书的纸质版。

具体情况如图 4-2-2 所示。

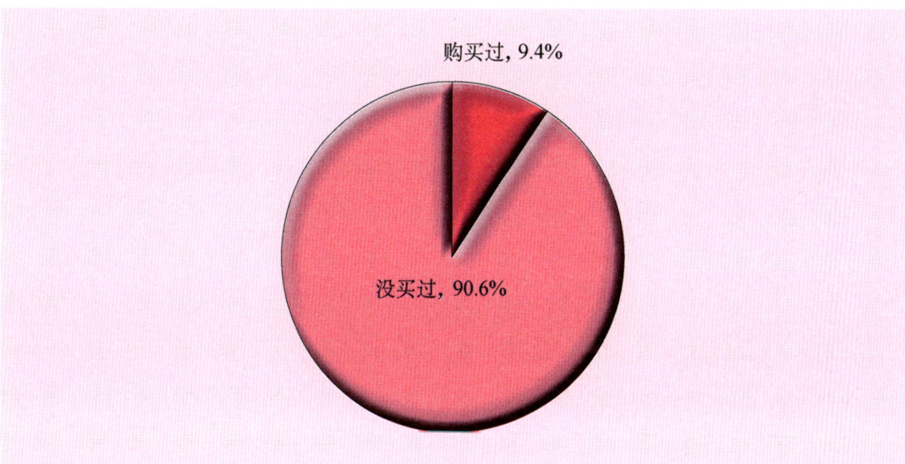

图 4-2-2　电子书对纸质图书销售的影响

4.3 青少年手机阅读状况

4.3.1 手机阅读接触率

2012年，我国14—17周岁青少年的手机阅读接触率为44.7%，比2011年的38.3%提高了6.4个百分点。近年来，我国青少年手机阅读接触率逐年上升，反映出手机阅读越来越受到我国青少年的欢迎。

具体情况如图4-3-1所示。

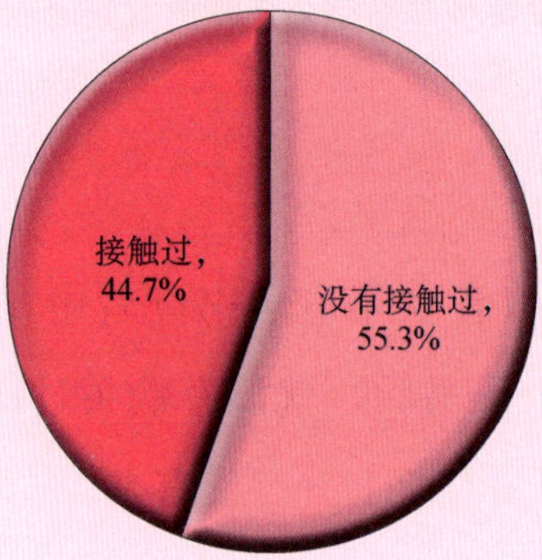

图4-3-1 14—17周岁青少年手机阅读接触率

4.3.2 通过手机进行的活动

本次调查数据显示，当问及你通过手机进行哪些活动时，“听音乐”、用“手机QQ、飞信等”和“看手机小说”是我国14—17周岁青少年手机阅读接触者使用手机进行的最主要的活动。在接触过手机阅读的青少年中，有86.1%的青少年选择“听音乐”，有77.5%的青少年选择使用“手机QQ、飞信等”，有65.7%的青少年选择“看手机小说”，选择比例均超过60.0%。

其次，有37.3%的青少年选择玩“手机游戏”，有30.8%的青少年选择“手机网页浏览”，选择比例均超过 30.0%。

值得注意的是，“阅读手机报”的选择比例近年来逐年下降（2009 年为 45.1%，2010 年为 34.2%，2011 为 29.3%），2012 年仅有 19.5%的青少年选择用手机“阅读手机报”。

此外，用手机查询“与工作/学习有关的信息”、查看“博客或微博”、用“手机查收电子邮件”的选择比例也相对较低，分别为 16.0%、15.4%和 5.5%。

通过调查数据可以看出，青少年利用手机的娱乐功能要大于阅读功能，这一状态在短时间内无法改变。随着手机日益智能化，功能越来越丰富，这一趋势也将会更加明显。

具体情况如图 4-3-2 所示。

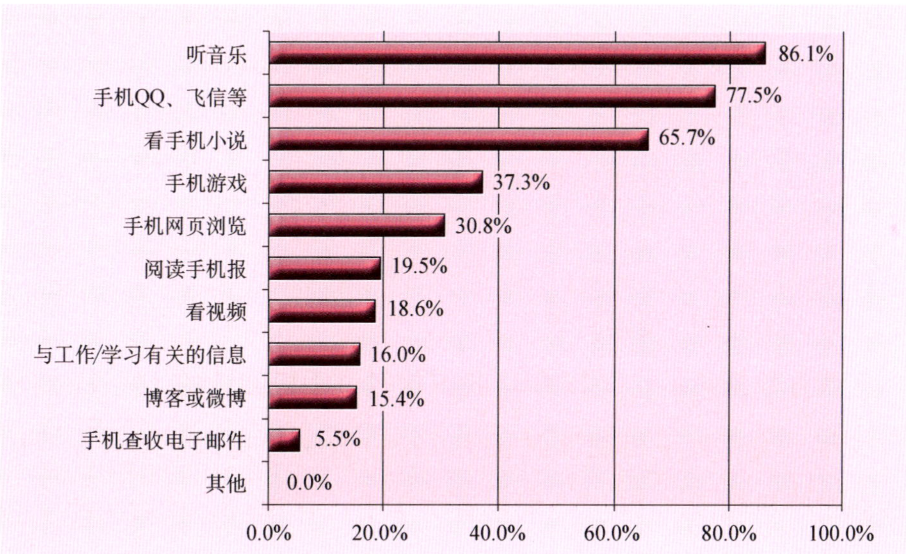

图 4-3-2　14—17 周岁青少年手机阅读接触者通过手机进行的活动及比例

从性别差异看，在我国 14—17 周岁青少年手机阅读接触群体中，男生、女生使用手机时会有不同的选择倾向。具体来看，当问及你通过手机进行哪些活动时，男生选择玩“手机游戏”和“阅读手机报”等选项的比例要高于女生；女生选择使用“手机 QQ、飞信等”选项的比例要高于男生。

具体情况如图 4-3-3 所示。

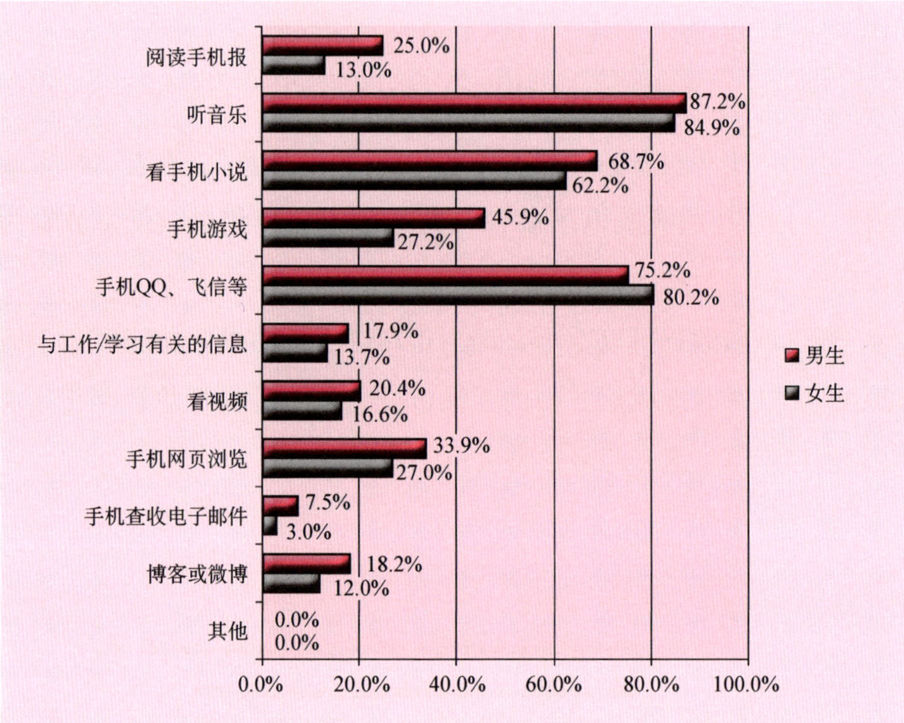

图 4-3-3　14—17 周岁青少年手机阅读接触者通过手机进行活动的性别差异

4.3.3　手机阅读时长

调查数据显示，2012 年，我国接触过手机阅读的 14—17 周岁青少年平均每天手机阅读时长为 39.80 分钟。具体来看，在我国接触过手机阅读的 14—17 周岁青少年中，有 36.8％的青少年平均每天花费在手机阅读的时间不足 20 分钟，有 23.6％的青少年平均每天花费在手机阅读的时间在 20—30 分钟之间，有 11.3％的青少年平均每天手机阅读时长在 0.5—1 小时之间，有 22.0％的青少年平均每天手机阅读时长在 1—2 小时之间。此外，有 6.2％的青少年手机阅读接触者平均每天花费在手机阅读上的时间超过 2 个小时。

具体情况如图 4-3-4 所示。

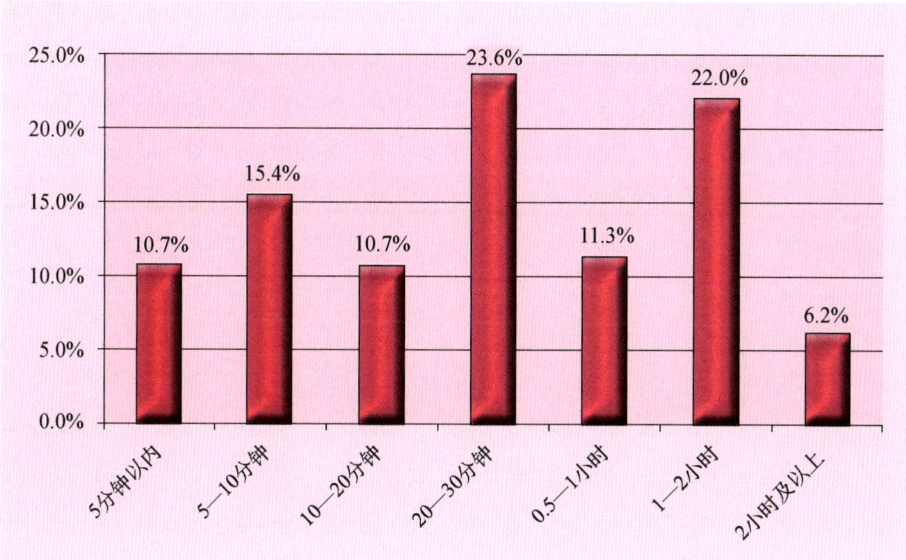

图 4-3-4　14—17 周岁青少年手机阅读接触者手机阅读时长

4.3.4　手机阅读花费

本次调查数据显示，2012 年，我国 14—17 周岁青少年手机阅读接触者人均手机阅读花费为 16.46 元。

在我国 14—17 周岁青少年手机阅读接触者中，有 56.9%的青少年从未对手机阅读进行付费，有 43.1%的青少年进行过付费手机阅读。具体来看，在我国 14—17 周岁青少年手机阅读接触者中，有 24.7%的青少年手机阅读花费在 20 元以下，有 14.6%的青少年手机阅读花费在 20—100 元之间，有 3.8%的青少年在手机阅读方面的花费在 100 元及以上。

具体情况如图 4-3-5 所示。

4.3.5　手机读物价格承受力

本次调查显示，面对和纸质读物内容完全相同的手机读物，“只看免费的”是我国 14—17 周岁青少年手机阅读接触者的首选，选择比例高达 70.4%。此外，可以接受“价格低于纸质读物的 80%

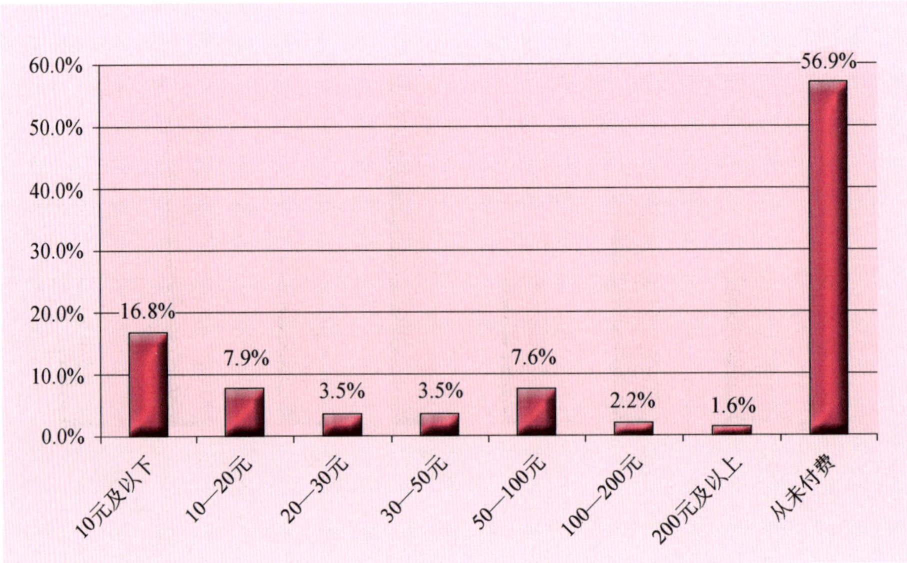

图 4-3-5　14—17 周岁青少年手机阅读接触者手机阅读花费

以上”的手机读物的青少年手机阅读接触者比例为 8.1%，可以接受“价格低于纸质读物的 50%以上”的手机读物的青少年手机阅读接触者比例为 8.1%，可以接受“价格低于纸质读物的 30%以上”的手机读物的青少年手机阅读接触者比例为 9.7%。只有 3.8%的青少年手机阅读接触者认为“可以花费和购买纸质读物一样多的钱”来购买手机读物。

具体情况如图 4-3-6 所示。

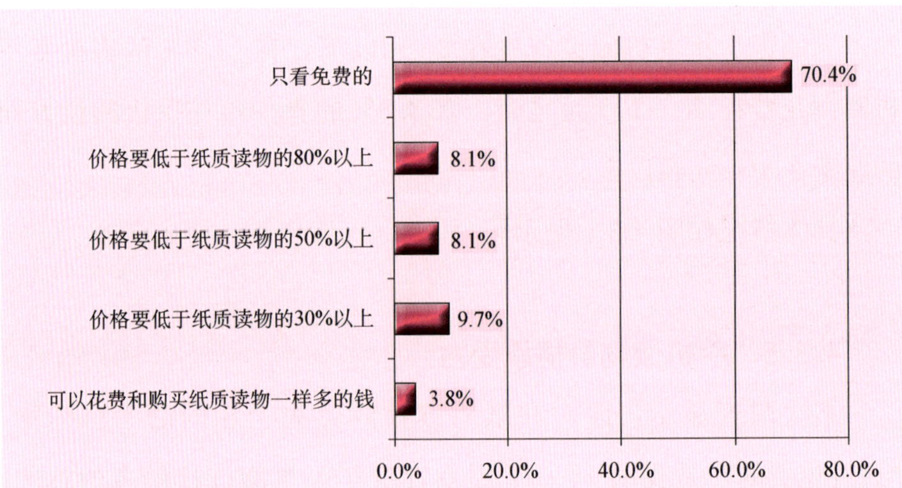

图 4-3-6　14—17 周岁青少年手机阅读接触者手机读物价格承受程度

4.3.6 手机阅读优缺点

接触过手机阅读的我国 14—17 周岁青少年表示，便利性是手机阅读最大的优点。数据显示，92.0%的青少年认为“可以随时随地阅读”是手机阅读的优点，27.9%的青少年认为“不用携带图书或其他阅读设备就能阅读”是手机阅读的优点。

此外，有 33.9%的青少年认为“阅读内容费用较低或免费”是手机阅读的优点。还有不少青少年将时效性强作为手机阅读的优点，选择“信息时效性强”的比例为 25.8%。

具体情况如图 4-3-7 所示。

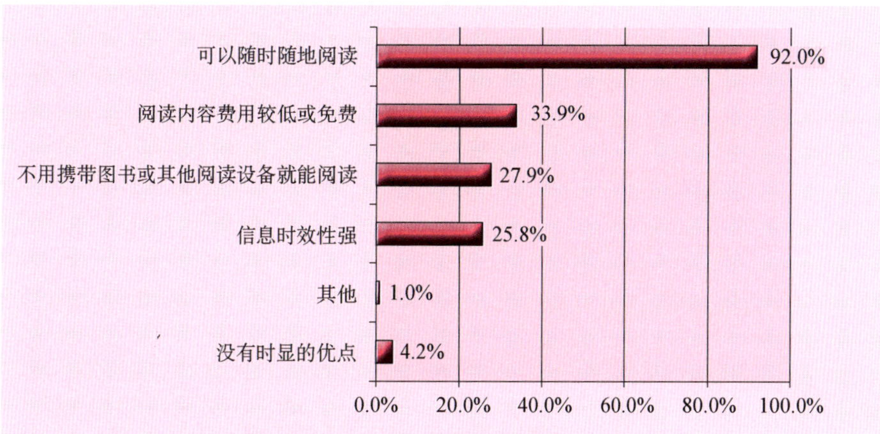

图 4-3-7　14—17 周岁青少年手机阅读接触者认为的手机阅读优点

与之相对，我国 14—17 周岁青少年手机阅读接触者表示，影响身体健康是手机阅读的主要缺点，“辐射大”“伤眼睛，容易视觉疲劳”两个选项的选择比例分别高达 56.3%和 56.2%。也有部分青少年手机阅读接触者认为，“手机屏幕太小”（35.2%）、“有一定操作限制”（14.5%）是手机阅读目前需要完善之处。

具体情况如图 4-3-8 所示。

4.3.7 手机阅读小说类型

在我国 14—17 周岁青少年手机阅读群体中，有 78.2%的青少

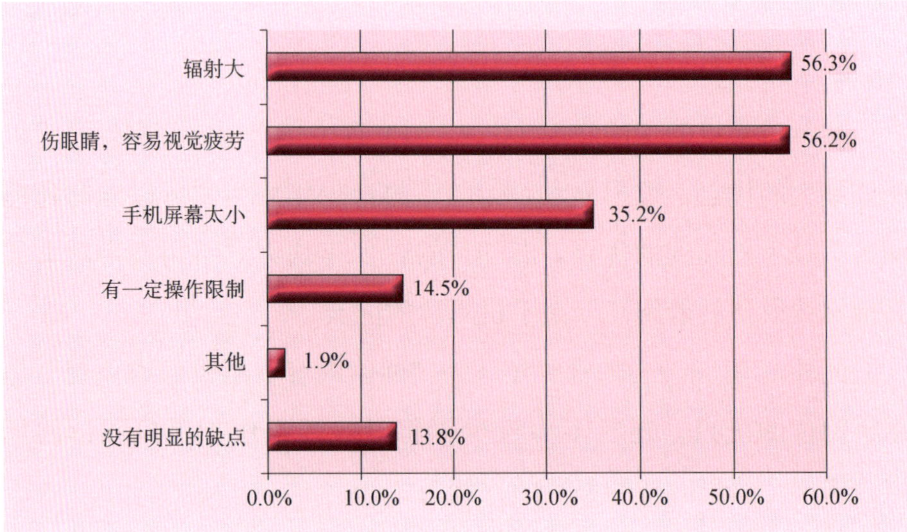

图 4-3-8　14—17 周岁青少年手机阅读接触者认为的手机阅读缺点

年通过手机阅读过小说。具体看来，我国青少年手机阅读群体最喜欢的手机小说类型为“玄幻”类，其次为“青春”和“武侠”类。“玄幻”类小说的选择比例为 31.3%，“青春”类小说的选择比例为 30.2%，“武侠”类小说的选择比例为 27.7%。

具体情况如图 4-3-9 所示。

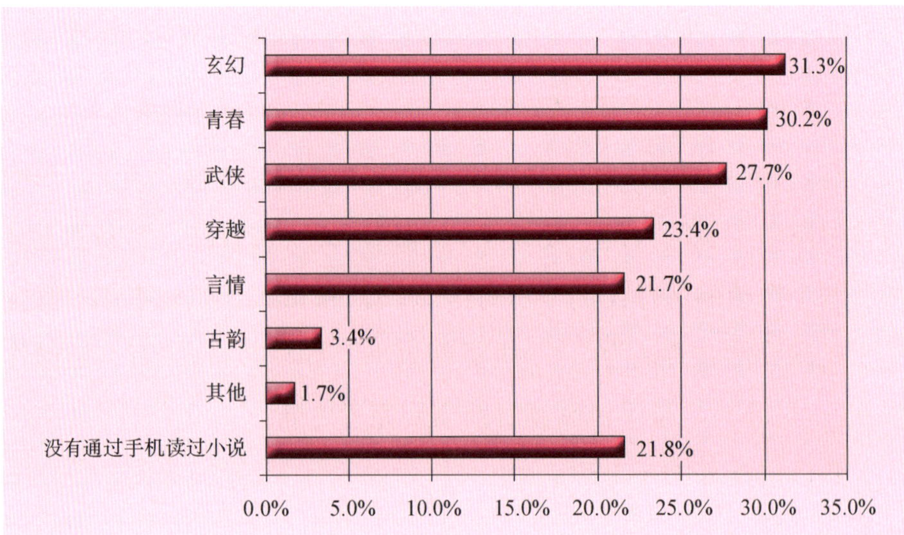

图 4-3-9　14—17 周岁青少年的手机阅读小说类型

进一步分析数据，男生和女生对手机阅读小说类型的偏好有所不同，女生选择“青春”和“言情”类小说的比例要高于男生，男生选择“武侠”和“玄幻”类手机小说的比例则要高于女生。

具体情况如图 4-3-10 所示。

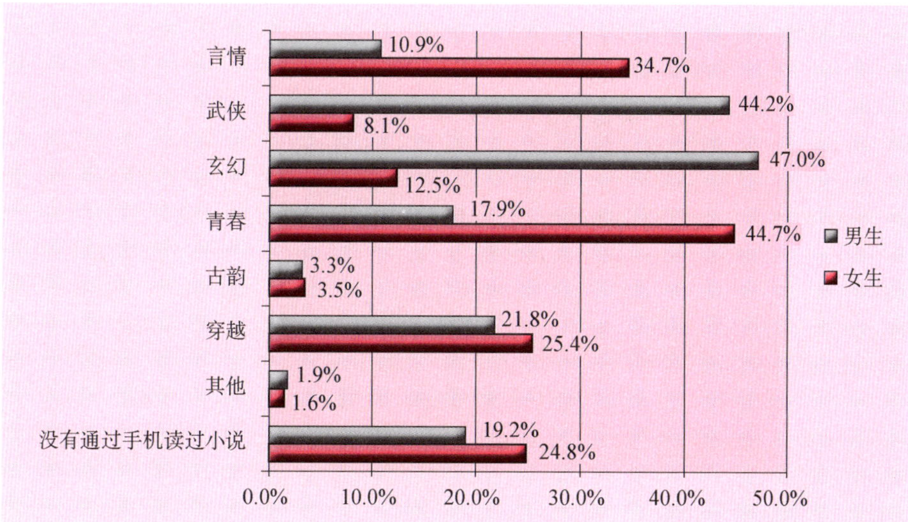

图 4-3-10　14—17 周岁青少年的手机阅读小说类型性别对比

4.3.8　手机定制服务

通过调查，有 54.2%的我国 14—17 周岁的青少年手机阅读接触者曾通过手机定制过服务或内容。“手机报”“电子版的文学杂志，如《读者》《青年文摘》等”“流行的完整版小说购买”和“手机美化软件，如主题，桌面等”是青少年手机阅读接触者通过手机定制的最主要的服务或内容，其选择比例分别为 16.8%、14.4%、14.1%和 14.0%。还有部分青少年手机阅读接触者定制过“在手机上定时弹出类似‘QQ 中央弹窗’的综合性新闻窗口”“流行的连载小说购买”和“新闻、资讯、本地新闻等”，选择比例分别为 9.1%、8.6%和 6.9%。

具体情况如表 4-3-1 所示。

表 4-3-1　14—17 周岁青少年手机定制服务类型及选择比例

定制手机内容服务	选择比例
手机报	16.8%
电子版的文学杂志，如《读者》《青年文摘》等	14.4%
流行的完整版小说购买	14.1%
手机美化软件，如主题，桌面等	14.0%
在手机上定时弹出类似“QQ 中央弹窗”的综合性新闻窗口	9.1%
流行的连载小说购买	8.6%
新闻、资讯、本地新闻等	6.9%
在手机上可以定制需要的资讯，同时也可以要求发送到你的邮箱或网盘	3.8%
从国内外，各大财经、商务当期杂志、报纸、网站上，根据你的定制需求摘选的文章	2.7%
同城的优惠短信、电子打折券等	2.4%
同城的购物信息，如团购信息等	2.1%
同城的聚会发起、活动发起、邀请信等	1.2%
电子版的时尚图文杂志，如《瑞丽》《时尚》等	0.4%
都没有定制过	45.8%

4.4　青少年电子阅读器阅读消费行为分析

4.4.1　电子阅读器阅读接触率及电子阅读器拥有率

如图 4-4-1 所示，2012 年，我国 14—17 周岁青少年电子阅读器阅读接触率为 10.2%，比 2011 年的 12.3%下降了 2.1 个百分点。

本次调查还发现，2012 年，在接触过电子阅读器阅读的我国 14—17 周岁青少年中，有 31.2%的青少年表示拥有自己的电子阅读器，有 68.8%的青少年表示没有自己的阅读器。

具体情况如图 4-4-2 所示。

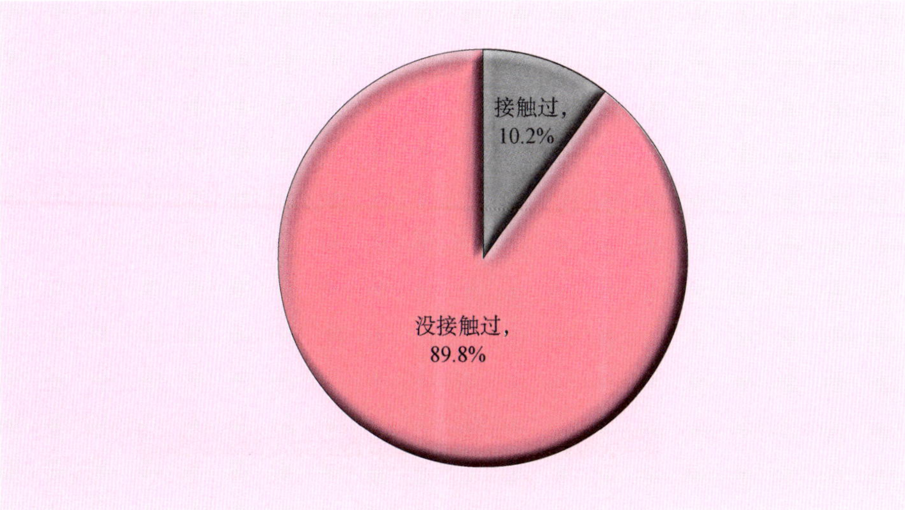

图 4-4-1　接触过电子阅读器阅读的 14—17 周岁青少年比例

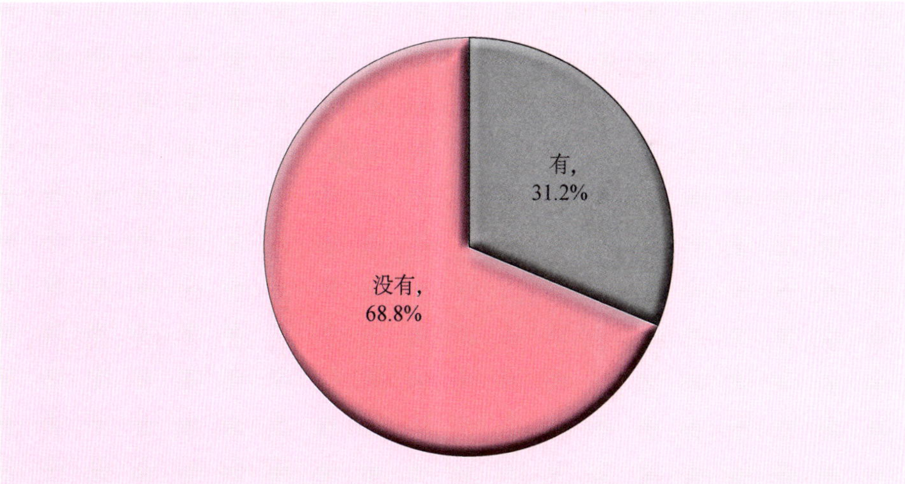

图 4-4-2　接触过电子阅读器阅读的 14—17 周岁青少年拥有电子阅读器的比例

4.4.2　电子阅读器的功能使用

2012 年，在接触过电子阅读器阅读的我国 14—17 周岁青少年中，绝大部分青少年经常用电子阅读器“看电子书”，其选择比例为 81.9%。其次，有 48.3%的青少年电子阅读器阅读接触者经常用电子阅读器“听音乐”，有 42.6%的青少年电子阅读器阅读接触者经常用电子阅读器“看视频”。此外，还有 15.9%的青少年电子阅读器阅读接触者经常用电子阅读器"阅读自行下载的文件"，有8.1%的青少年电子阅读器阅读接触者经常用电子阅读器"看漫画"，3.7%的青少年电子阅读器阅读接触者经常用电子阅读器"看报纸"，2.2%的青少年电子阅读器阅读接触者经常用电子阅读器"看电子期刊"。

具体情况如图 4-4-3 所示。

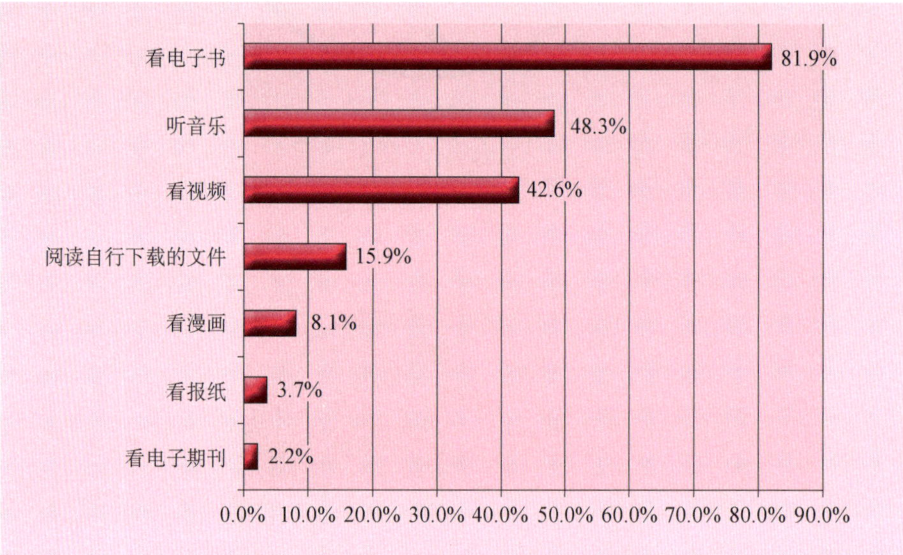

图 4-4-3 14—17 周岁青少年电子阅读器阅读接触者对电子阅读器的功能选择

4.4.3 电子阅读器阅读花费

2012 年，我国 14—17 周岁青少年电子阅读器接触者在电子阅读器阅读上人均花费 24.97 元，有 54.7%的青少年电子阅读器阅读接触者对电子阅读器阅读进行了付费。具体来看，有 31.3%的青少年电子阅读器阅读接触者在电子阅读器阅读上的花费不足 30 元，有 15.4%的青少年电子阅读器阅读接触者在电子阅读器阅读上的花费在 30—100 元之间，还有 8.0%的青少年电子阅读器阅读接触者在电子阅读器阅读上的花费在 100 元及以上。

具体情况如图 4-4-4 所示。

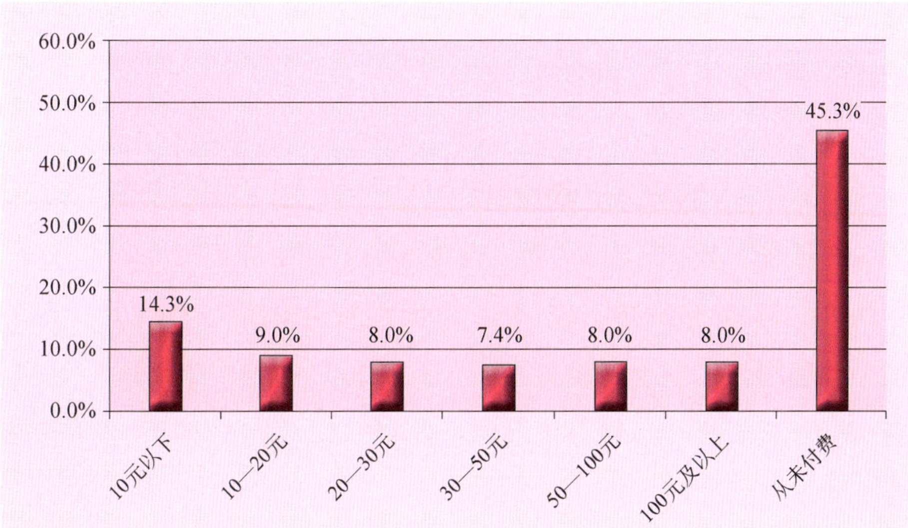

图 4-4-4　青少年在电子阅读器阅读上的花费情况

4.4.4　电子阅读器阅读资源来源

如图 4-4-5 所示，2012 年，在接触电子阅读器阅读的我国 14—17 周岁青少年中，"网上下载"是其所阅读电子资源的最主要来源，选择比例为 94.5%。而"电子阅读器自带电子书"和"朋友间互相传送"等选项的选择比例相对不高，分别仅为 4.0%和 1.5%。

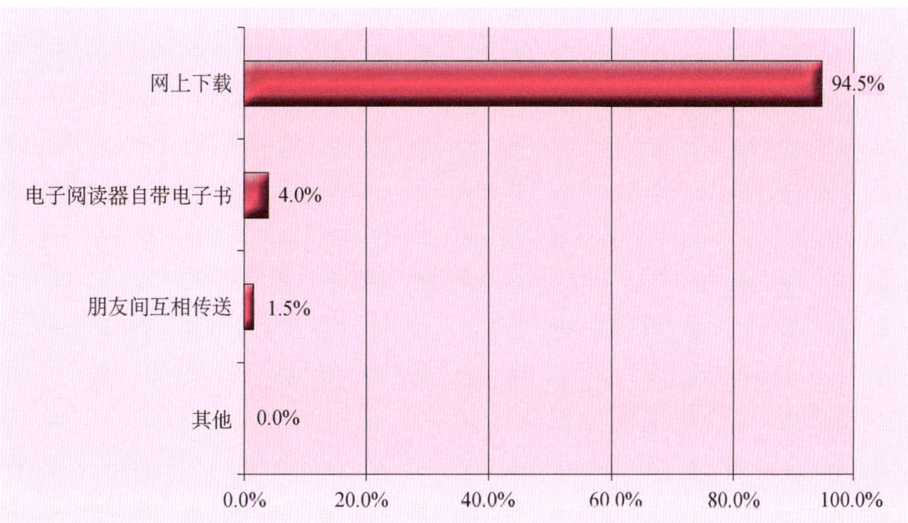

图 4-4-5　电子阅读器阅读资源来源

4.5 青少年互联网接触状况

4.5.1 上网率与上网设备

2012年，我国14—17周岁青少年的上网率为82.5%，较2011年的84.9%略有下降，较2012年我国成年国民（55.6%）高出26.9个百分点。从上网设备来看，有76.3%的青少年用电脑上网，有40.7%的青少年通过手机上网，仅有0.7%的青少年用电子阅读器上网。由此可见，电脑依然是我国14—17周岁青少年最重要的上网设备。

具体情况如图4-5-1所示。

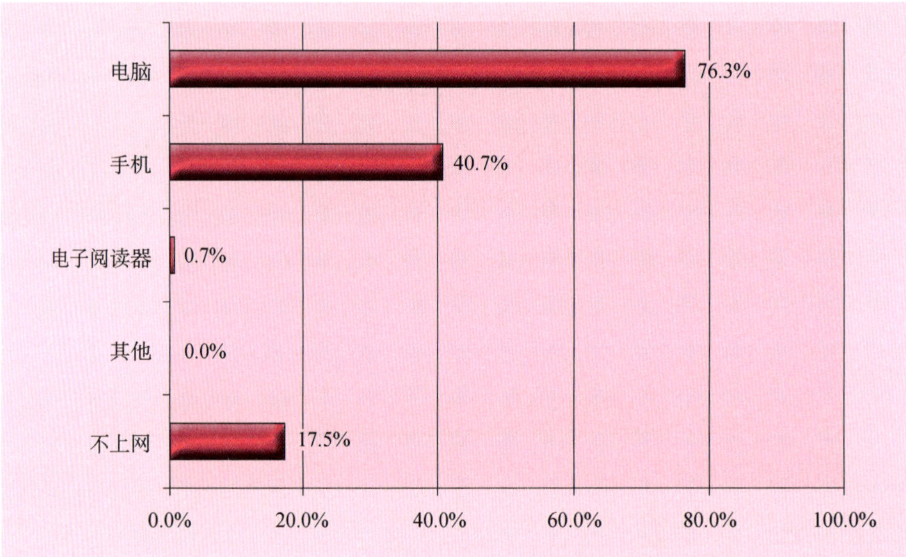

图4-5-1 14—17周岁青少年上网设备选择比例

4.5.2 上网频率

2012年，我国14—17周岁青少年网民的人均上网频率为每月16.73次，较2011年的每月15.54次多1.19次。大部分我国该年龄段青少年会经常上网。在我国14—17周岁青少年网民中，有

31.8%的青少年网民平均每天至少上一次网，18.3%的青少年网民平均每周上网 4—6 次，26.8%的青少年网民平均每周上网 2—3 次，还有 19.4%的青少年网民表示平均每周上网 1 次。总体来看，有高达 96.3%的 14—17 周岁我国青少年网民每周至少上网一次，此项比例较 2011 年的 95.7%上升了 0.6 个百分点。

具体情况如图 4-5-2 所示。

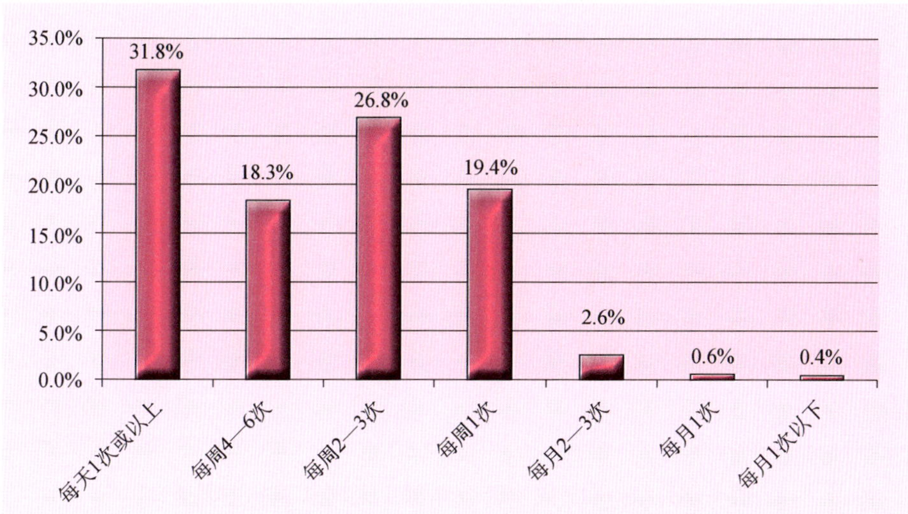

图 4-5-2　14—17 周岁青少年网民上网频率

4.5.3　上网从事的活动

调查显示，“网上聊天/交友”是 2012 年我国 14—17 周岁青少年网民上网时最经常进行的活动，其选择比例高达 76.8%。选择“网络游戏”“在线听歌/下载歌曲和电影”“查询各类信息”“看视频”“阅读新闻”的 14—17 周岁青少年网民也相对比较多，选择比例分别为 55.0%、49.6%、32.1%、32.1%和 30.2%，均高于 30.0%。还有部分该年龄段青少年网民在网上“制作/维护个人主页/博客”“阅读网络书籍、报刊”“软件上传或下载”，选择比例分别为 15.9%、13.9%和 13.1%，选择比例均超过 10.0%。其余选项的选择比例则相对不高。

具体情况如图 4-5-3 所示。

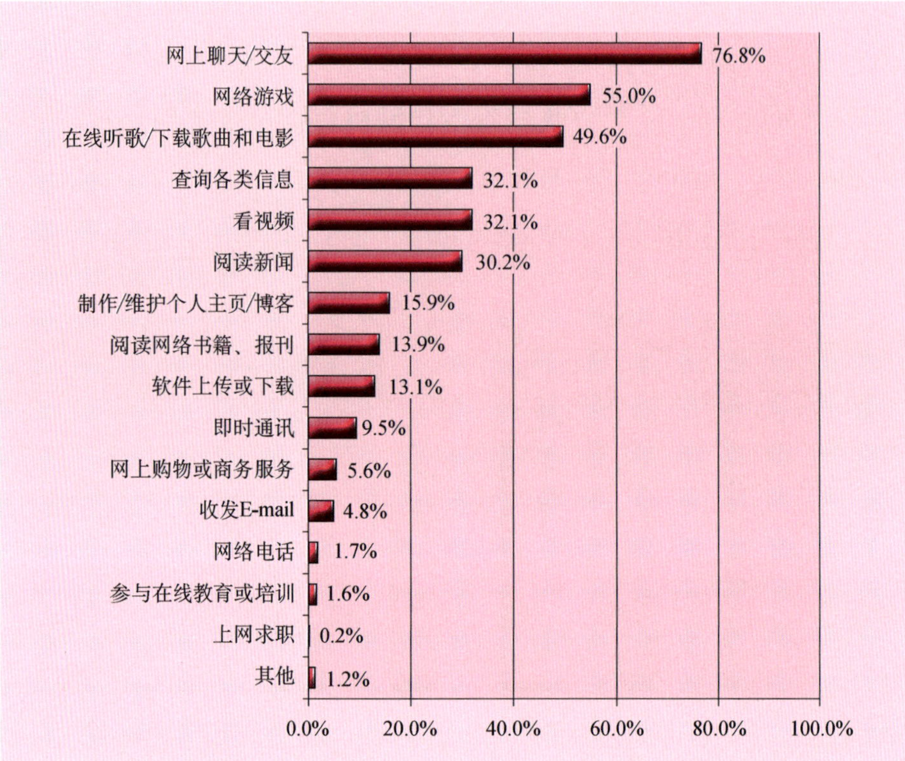

图 4-5-3　14—17 周岁青少年网民上网从事的主要活动

4.5.4　网上阅读行为

本次调查显示，我国 14—17 周岁青少年网络在线阅读接触者在网上从事的与阅读相关的活动首选“网上阅读新闻”，选择比例为 63.1%。排在第二、第三、第四位的网上从事的与阅读相关活动是“网上阅读电子书（或下载后阅读）”“搜索图书信息”“检索图书内容”，选择比例分别为 44.2%、30.6%和 24.9%。而“网上阅读电子报”和“网上阅读电子期刊”的选择比例相对不高，分别为 10.1%和 10.0%。

具体情况如图 4-5-4 所示。

在选择会通过互联网“搜索图书信息”的青少年网络在线阅读接触者中，有 89.4%的人表示每月至少进行一次该项活动。在选择

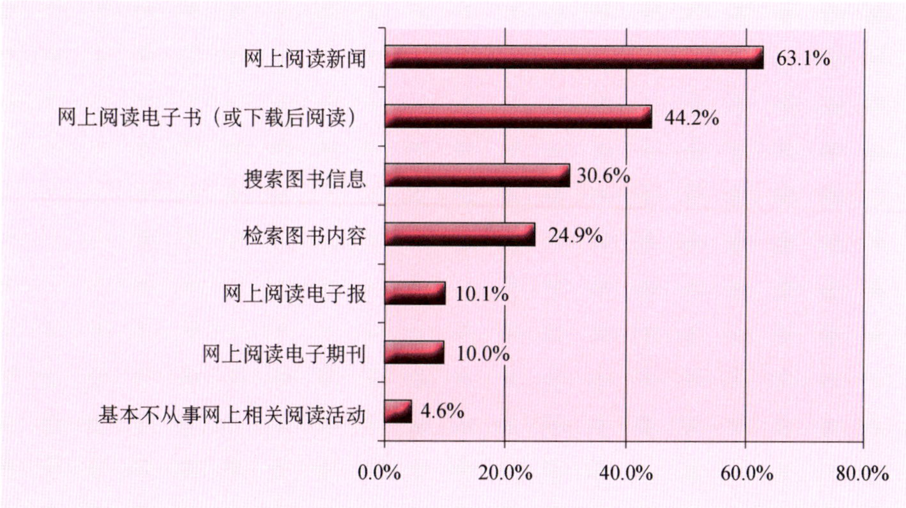

图 4-5-4　14—17 周岁青少年网络在线阅读接触者从事的与阅读相关活动的选择比例

会通过互联网“检索图书内容”的青少年网络在线阅读接触者中，有 82.7%的人表示每月至少进行一次该项活动。选择会在“网上阅读新闻”的青少年网络在线阅读接触者中，有 94.1%的人表示每月至少进行一次该项活动。

选择通过互联网阅读“电子期刊”“电子报”及“电子书”的青少年网络在线阅读接触者中，每周至少进行一次上述活动的比例分别是 72.5%、64.8%及 76.1%，每月至少进行一次上述活动的比例分别则为 81.6%、82.5%及 91.9%。

具体情况如表 4-5-1 所示。

表 4-5-1　14—17 周岁青少年网民从事与阅读相关活动的频率

频次	搜索图书信息	检索图书内容	网上阅读新闻	网上阅读电子期刊	网上阅读电子报	网上阅读电子书
几乎每天	4.6%	14.8%	26.2%	6.5%	2.2%	25.8%
每周 3—4 次	18.7%	13.8%	23.8%	31.8%	36.0%	26.5%
每周 1—2 次	37.1%	26.7%	35.9%	34.2%	26.6%	23.8%
每月 1—2 次	29.0%	27.4%	8.2%	9.1%	17.7%	15.8%
2—3 个月 1 次	9.8%	10.3%	4.3%	5.9%	4.7%	4.3%
每年 2—3 次	0.5%	4.6%	0.8%	0.0%	0.0	0.9%
每年 1 次	0.3%	2.4%	0.8%	12.6%	12.8%	3.0%

4.5.5 网络在线阅读花费

本次调查显示，2012 年，我国接触过网络在线阅读的 14—17 周岁青少年人均花费在网络在线阅读上的金额为 13.70 元，有 26.2%的青少年网络在线阅读接触者曾对网络在线阅读进行付费。

具体来看，有 9.9%的青少年网络在线阅读接触者付费额度在 10 元以下，付费额度在 10—50 元的青少年网络在线阅读接触者比例为 9.9%，另有 6.3%的青少年表示付费额度在 50 元及以上。

具体情况如图 4-5-5 所示。

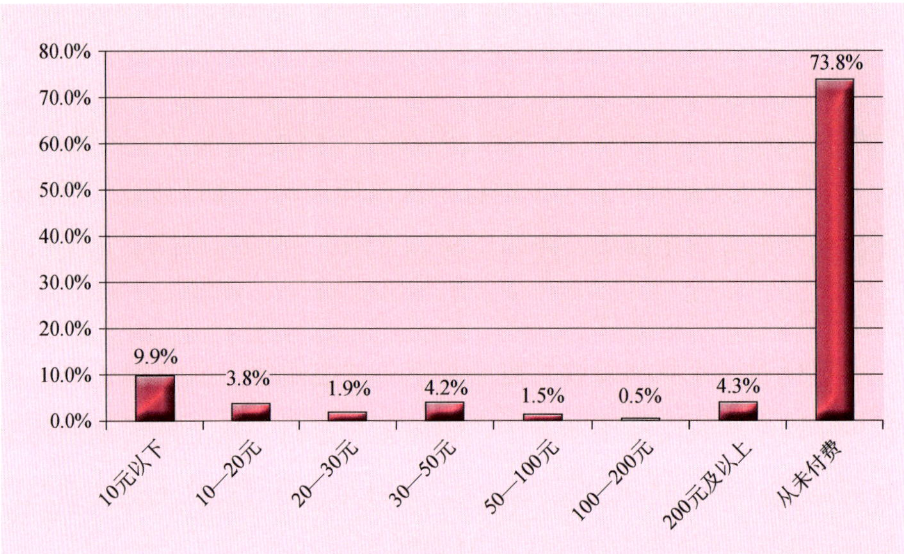

图 4-5-5　14—17 周岁青少年网络在线阅读接触者网络在线阅读花费

4.5.6 网上购买出版物情况

本次调查显示，有 13.0%的我国 14—17 周岁青少年网民通过互联网购买过不同类型出版物。在通过网络购买过出版物的青少年中，绝大部分青少年都曾经购买过图书，其选择比例为 86.5%。其次，表示通过网络购买过 CD 的青少年比例为 17.3%，通过网络购买过软件/游戏光盘的青少年比例为 12.2%，通过网络购买过期刊的青少年比例为12.0%，通过网络购买过盒式录音带的青少年比例为11.3%。而通过互联网购买过VCD/DVD的青少年比例则相对较低，仅为4.7%。

具体情况如图4-5-6所示。

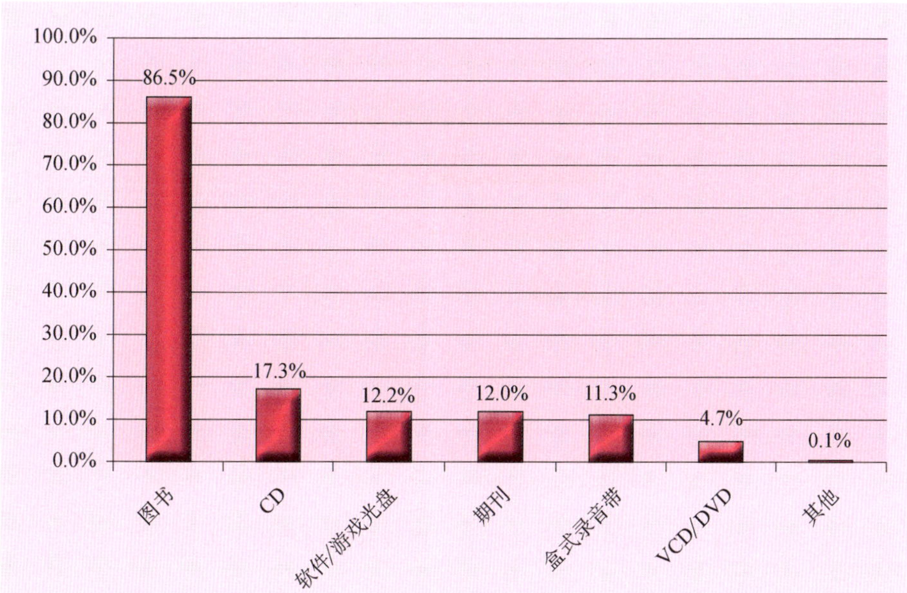

图4-5-6　14—17周岁青少年网民网上购买出版物的种类

在表示曾通过互联网购买过出版物的我国14—17周岁青少年网民中，超过五成（52.9%）的青少年选择"价格优惠"作为其在网上购买出版物的主要原因。可见，价格便宜对于青少年来说是通过网络购买出版物的最大吸引力所在。其次，便利性也是网络购买出版物的一个巨大优势。具体来看，在表示曾通过互联网购买过出版物的青少年网民中，有45.0%的青少年表示网络购买出版物可以"节省去书店的时间和费用"，有26.4%的青少年表示网络购买出版物可以"送货上门"，有21.4%的青少年表示通过网络购买出版物时"很容易找到需要的书"。除此之外，有37.8%的青少年表示选择在网上购买出版物的原因之一是"图书种类多"，有10.9%的青少年表示选择在网上购买出版物的原因之一是"有丰富的信息和评论供参考”。而“提供赠品，开展活动”的选择比例相对较低，仅为1.6%。

具体情况如图4-5-7所示。

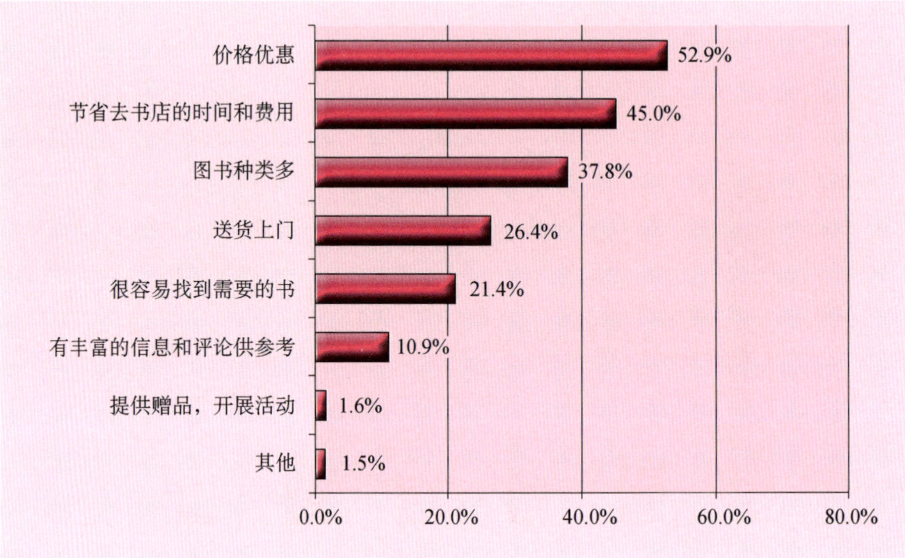

图4-5-7　14—17周岁青少年选择网购出版物的原因

通过对未在网上购买出版物的14—17周岁青少年网民展开调查，我们发现，购物习惯、安全因素以及便捷程度是制约青少年网民网上购买出版物的三大主要因素。首先，就购物习惯来说，在没有通过互联网购买过任何出版物的青少年网民中，有62.1%的青少年网民把“不习惯网上购物”作为不选择网上购买出版物的主要原因，是诸项原因中选择比例最高的一项。其次，就安全因素而言，有20.5%的青少年网民因为“网上购物不安全”而不通过互联网购买出版物，有17.6%的青少年网民因为担心“无法检验出版物质量”而不通过互联网购买出版物。此外，就便捷程度而言，有16.7%的青少年网民因为“太麻烦/流程过于复杂”而不通过互联网购买出版物，有11.9%的青少年网民因为“付费不方便”而不通过互联网购买出版物。而“运费太高”“交货周期太长”的选择比例相对较低，分别为4.3%和3.6%，可见网上购买出版物的物流配送服务已经逐步得到改善。

具体情况如图 4-5-8 所示。

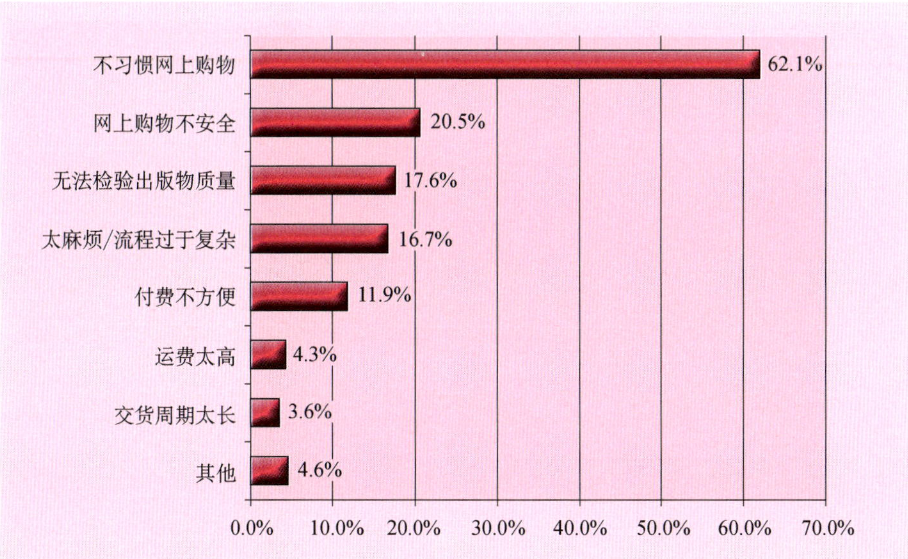

图 4-5-8 14—17 周岁青少年网络购买出版物的制约因素

4.6 阅读网站知名度和市场渗透率

在本次调查过程中，我们列举了 31 家较为知名的阅读网站或读书频道，请 14—17 周岁青少年被访网民选择其所知道的阅读网站或读书频道，然后再根据青少年被访网民的选择情况对这些阅读网站或读书频道进行知名度排名。同时，我们询问青少年被访网民在 2012 年曾在列举出的哪些阅读网站或读书频道进行过阅读，以了解其市场表现。

统计结果显示，“新浪读书”的知名度和市场渗透率分别达到 69.5%和 55.7%，均位列第一；“搜狐读书”的知名度和市场渗透率均位列第二，分别为 56.9%和 35.2%；“腾讯读书频道”的知名度和市场渗透率则均排在第三位，分别为 31.8%、23.8%。此外，“豆瓣网”“起点中文网”“小说阅读网”“天涯论坛”“红袖添香”等网站或者读书频道的知名度与市场渗透率也较高，排名较为靠前。

具体情况如表 4-6-1 所示。

表 4-6-1 阅读网站的知名度和市场渗透率

网站名称	知名度	市场渗透率
新浪读书	69.5%	55.7%
搜狐读书	56.9%	35.2%
中国知网	5.2%	1.2%
万方数据	0.1%	0.5%
维普网	1.9%	0.5%
爱读爱看网	7.1%	4.0%
一起看 17K	7.7%	4.4%
超星网	2.2%	0.1%
腾讯读书频道	31.8%	23.8%
龙源期刊网	0.4%	0.3%
起点中文网	19.8%	11.7%
红袖添香	19.1%	17.2%
榕树下	7.2%	0.8%
晋江原创网	3.4%	1.4%
幻剑书盟	3.3%	1.6%
豆瓣网	28.7%	11.0%
书生读吧	8.5%	4.2%
佐罗网 ZCOM	0.4%	0.1%
世纪文学网	8.5%	0.6%
飞库网	3.2%	1.3%
爱搜书	11.1%	3.2%
Xplus	0.4%	0.1%
非凡 TXT	2.0%	1.1%
书香门第	8.0%	3.2%
萌芽	2.0%	0.2%
E 书网	4.5%	0.7%
白鹿书院	4.1%	1.0%
小说阅读网	19.5%	14.8%
潇湘书院	10.6%	8.2%
逐浪玄幻小说	4.8%	1.8%
天涯论坛	19.3%	6.0%

第五章
14—17 周岁青少年音像电子出版物购买状况

5.1 青少年音像电子出版物购买渠道

2012 年，我国 14—17 周岁青少年音像电子出版物购买率为 38.7%，比 2011 年的 41.8%有所下降。其中，“音像店”“书店”是青少年最常购买音像电子出版物的场所，有 21.3%的青少年选择通过“音像店”购买音像电子出版物，有 17.3%的青少年通过“书店”购买音像电子出版物。此外，还有 6.1%的青少年通过“街头地摊”购买音像电子出版物，有 5.9%的青少年通过“商场超市”购买音像电子出版物。而通过其他途径购买音像电子出版物的比例则相对较低，均低于 5.0%。

具体情况如图 5-1-1 所示。

5.2 青少年音像电子出版物价格承受力

调查数据显示，我国 14—17 周岁青少年音像电子出版物购买者平均可接受的每张 CD 光盘价格为 11.22 元，平均可接受的每张 VCD/DVD 价格为 11.62 元，平均可接受的每盘盒式录音带价格

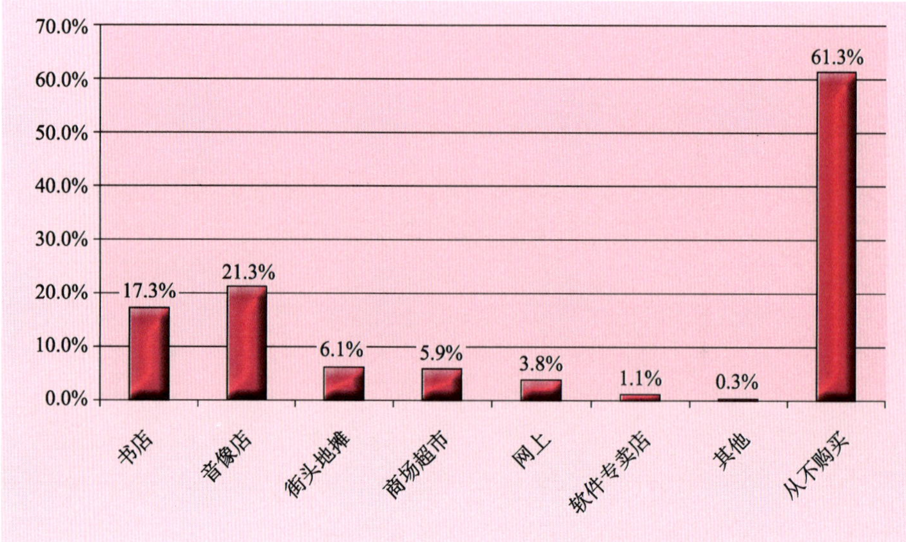

图 5-1-1　14—17 周岁青少年音像电子出版物的购买渠道

为 10.95 元，平均可接受的每张 CD-ROM 价格则为 15.24 元，除 VCD/DVD 外（2011 年为 12.26 元），均略高于 2011 年平均水平（CD 光盘为 10.86 元，盒式录音带为 10.21 元，CD-ROM 为14.35 元）。

2012 年，大部分音像电子出版物青少年购买者能够接受的音像电子出版物价格在 20 元以内。有 84.6%的音像电子出版物青少年购买者表示能接受的每张 CD 光盘价格在 20 元以内，有 79.6%的音像电子出版物青少年购买者表示能接受的每张 VCD/DVD 价格在 20 元以内，有 67.2%的音像电子出版物青少年购买者表示能接受的每盘盒式录音带价格在 20 元以内。同时由于使用者减少等原因，部分青少年购买者对一些音像电子出版物价格不够了解，分别有 26.9%和 38.1%的青少年购买者表示“不清楚/不知道”盒式录音带、CD-ROM 的价格。

具体情况如表 5-2-1 所示。

表 5-2-1　14—17 周岁青少年对音像电子出版物价格承受力

可接受价格	CD 光盘	VCD/DVD	盒式录音带	CD-ROM
≤10 元	44.7%	40.0%	36.2%	18.2%

续前表

可接受价格	CD 光盘	VCD/DVD	盒式录音带	CD-ROM
11—20 元	39.9%	39.6%	31.0%	27.4%
20—30 元	8.0%	6.7%	4.6%	9.5%
≥30 元	0.9%	2.2%	1.4%	6.8%
不清楚/不知道	6.5%	11.5%	26.9%	38.1%
平均可接受价格（元）	11.22	11.62	10.95	15.24

5.3 青少年音像电子出版物价格评价

2012 年，在 14—17 周岁的青少年音像电子出版物购买者中，有 37.0%的青少年购买者认为目前音像电子出版物价格“比较贵”或“非常贵”。有 52.2%的青少年购买者表示当前音像电子出版物的价格“合适”。仅有 10.8%的青少年购买者认为当前音像电子出版物的价格便宜（“非常便宜”或“比较便宜”）。

具体情况如下图 5-3-1 所示。

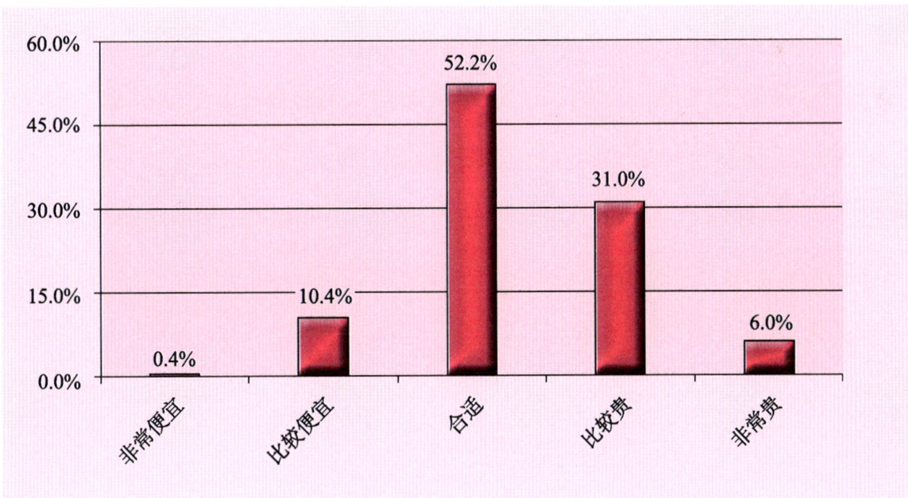

图 5-3-1　14—17 周岁青少年对音像电子出版物价格评价

第六章
14—17 周岁青少年动漫游戏接触状况

6.1 青少年动漫接触情况

6.1.1 青少年喜爱的动漫形式

2012 年，“动画片/动漫影视”是我国 14—17 周岁青少年最经常接触的动漫作品形式，其选择比例达到 59.4%。接触过“漫画书”的青少年也较多，选择比例为 48.0%。还有 43.7%的青少年表示接触过“网络游戏”形式的动漫作品，有 27.5%的青少年表示接触过“漫画期刊”形式的动漫作品，有 27.5%的青少年表示接触过“单机游戏”形式的动漫作品。

具体情况如图 6-1-1 所示。

6.1.2 青少年喜爱的动漫题材

2012 年，我国 14—17 周岁青少年动漫作品接触者最喜爱的动漫题材是“搞笑”类动漫，选择比例高达 60.9%。位列第二、第三、第四、第五位受欢迎的动漫题材分别是“科幻”“神话”“格斗”“侦探”类，选择比例分别为 41.8%、36.2%、35.7%和 35.4%，均高于 30.0%。

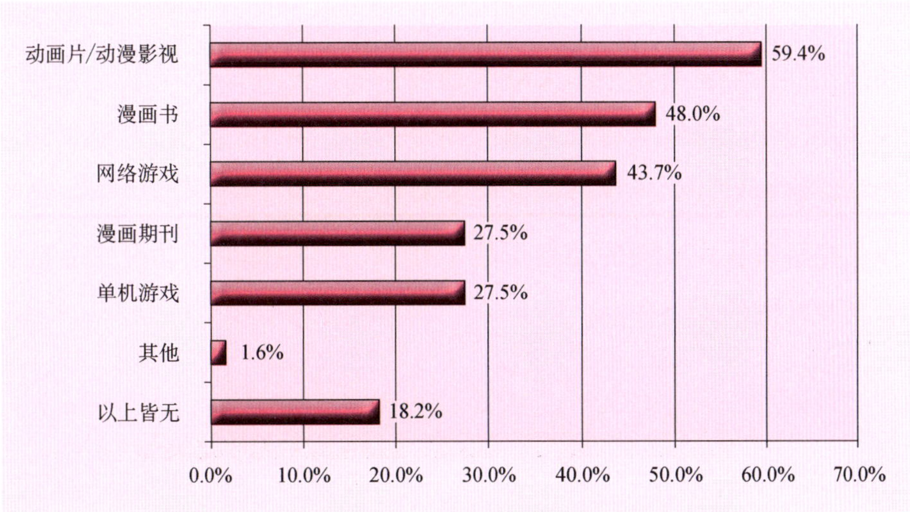

图 6-1-1　14—17 周岁青少年最喜爱的动漫形式

具体情况如图 6-1-2 所示。

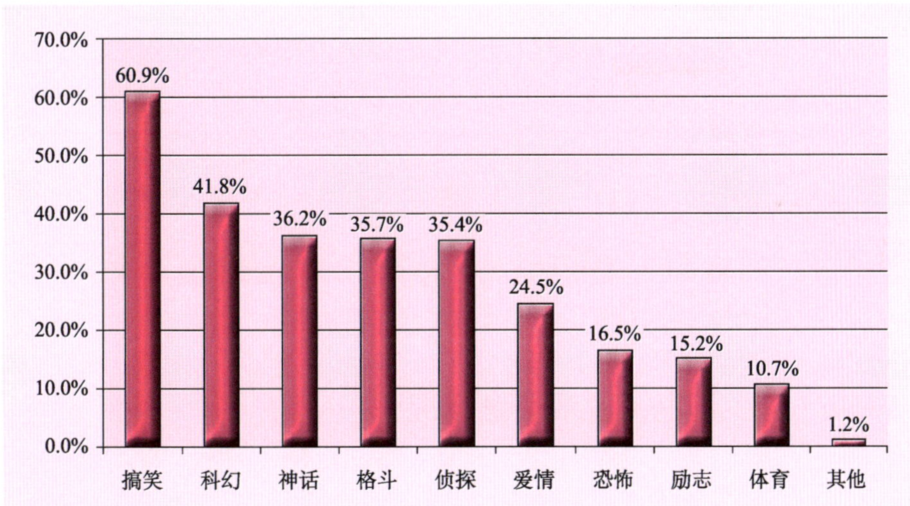

图 6-1-2　14—17 周岁青少年动漫作品接触者最喜爱的动漫题材

6.1.3　动漫产品竞争格局

14—17 周岁青少年动漫作品接触者喜欢的动漫作品来源地情况如图 6-1-3 所示。数据显示，2012 年，日本动漫作品在中国市场仍然占据优势，喜爱日本动漫的青少年动漫作品接触者比例为

60.8%。其次，中国大陆动漫作品也很受欢迎，有51.9%的青少年动漫作品接触者喜欢中国大陆的动漫作品。此外，还有30.6%的青少年动漫作品接触者喜欢美国的动漫作品，有16.3%的青少年动漫作品接触者喜欢中国港台地区的动漫作品，有12.8%的青少年动漫作品接触者喜欢欧洲的动漫作品，有12.3%的青少年动漫作品接触者喜欢韩国的动漫作品。

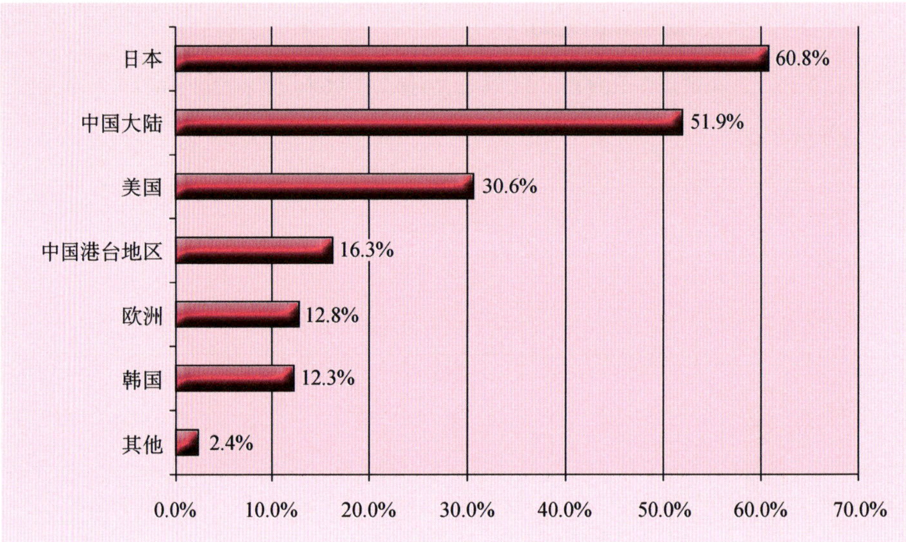

图 6-1-3　国内外动漫产品在中国市场的竞争格局

6.2　青少年电子游戏接触情况

6.2.1　喜爱的电子游戏题材

2012年，14—17周岁青少年动漫作品接触者最喜爱的单机游戏题材是“赛车类”和“动作类”，其所占比例分别为30.3%和25.5%。14—17周岁青少年动漫作品接触者最喜爱的网络游戏题材同样是“赛车类”和“动作类”，其所占比例分别为30.9%和28.2%。

具体情况如图6-2-1所示。

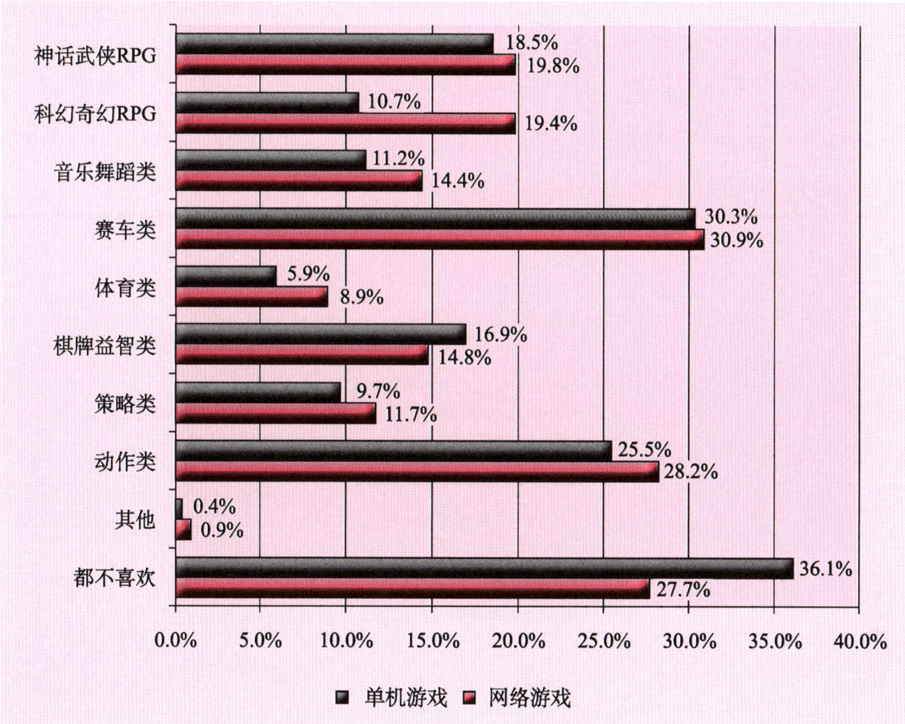

图 6-2-1　14—17 周岁青少年动漫作品接触者喜爱的电子游戏题材

6.2.2　电子游戏日均接触时长

调查中，当被问及过去一周平均每天玩单机游戏和网络游戏的时间长度时，有 42.0%的 14—17 周岁青少年表示接触过单机游戏，有 55.5%的该年龄段青少年表示接触过网络游戏。相比之下，网络游戏玩家更多一些。

2012 年，我国 14—17 周岁青少年单机游戏玩家平均每天接触单机游戏的时长为 62.42 分钟，网络游戏玩家平均每天接触网络游戏的时长为 77.74 分钟。

具体情况如图 6-2-2 所示，从单机游戏时间花费来看，有 43.6%的青少年单机游戏玩家平均每天玩单机游戏时长在 1 小时以内，每天平均花费 1—3 小时在单机游戏上的青少年玩家比例为 33.8%，还有 1.0%的青少年玩家平均每天玩单机游戏的时长超过 3 小时。

从网络游戏时间花费来看，有 49.0%的青少年网络游戏玩家平均每天玩网络游戏时长在 1 小时以内，有 28.4%的青少年玩家平均每天花费 1—3 小时在网络游戏上，还有 5.3%的青少年玩家平均每天玩网络游戏的时长超过 3 小时。

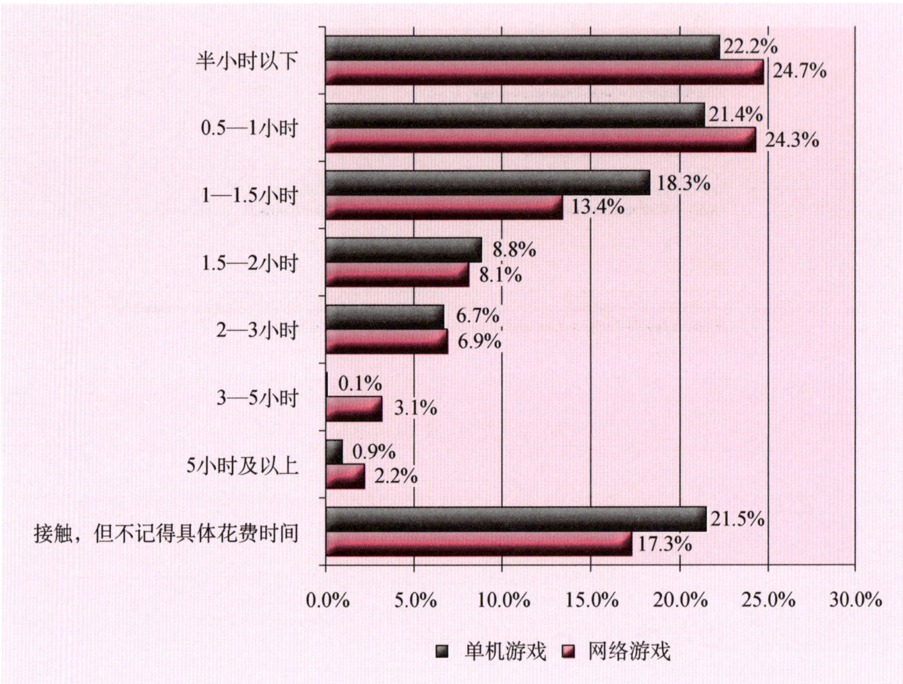

图 6-2-2　14—17 周岁青少年动漫作品接触者电子游戏日均接触时长分布

6.2.3　在电子游戏上的花费

调查显示，2012 年，接近六成（59.6%）的 14—17 周岁青少年单机游戏玩家表示在单机游戏上“没有花费”，近五成（49.3%）的青少年网络游戏玩家表示在网络游戏上“没有花费”。由此我们可以看出，我国 14—17 周岁青少年单机游戏玩家和网络游戏玩家的游戏付费率分别达到了 40.4%、50.7%，相比之下，青少年更容易为网络游戏付费。

2012 年，我国 14—17 周岁青少年单机游戏玩家人均花费在单机游戏上的金额为 26.59 元，网络游戏玩家人均花费在网络游戏上的金额为 52.50 元。

从单机游戏方面来看，有 8.0%的青少年单机游戏玩家表示其在单机游戏上的花费在 20 元以下，有 5.7%的青少年玩家表示其在单机游戏上的花费在 20—50 元之间，有 1.8%的青少年玩家表示其在单机游戏上的花费在 50—100 元之间。还有 7.5%的青少年玩家表示其在单机游戏上的花费超过 100 元。从网络游戏来看，有 8.3%的青少年网络游戏玩家表示其在网络游戏上的花费在 20 元以下，有 12.3%的青少年玩家表示其在网络游戏上的花费在 20—50 元之间，有 4.0%的青少年玩家表示其在网络游戏上的花费在 50—100 元之间。有 8.3%的青少年玩家表示其在网络游戏上的花费超过 100 元。

具体情况如图 6-2-3 所示。

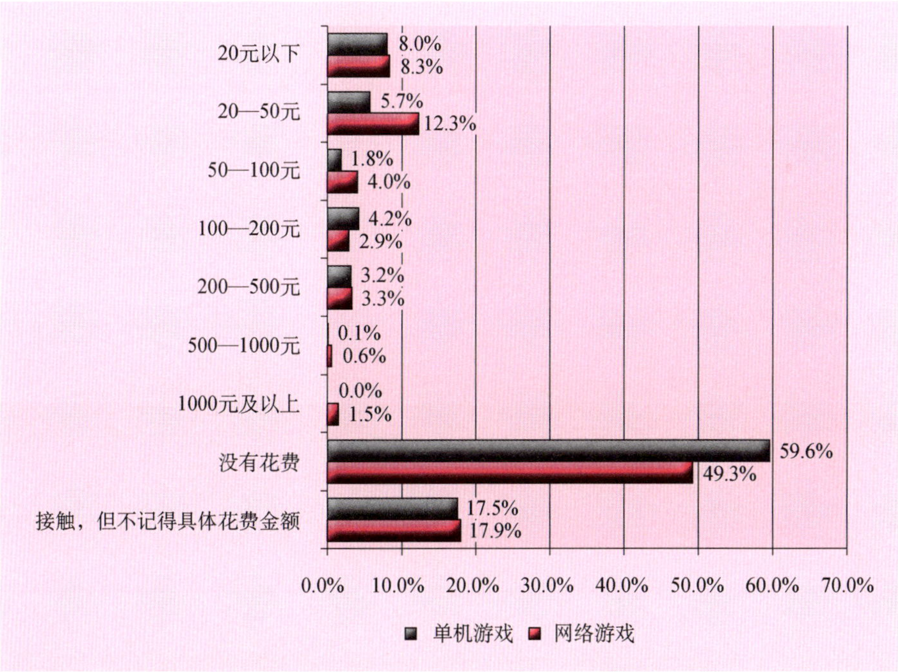

图 6-2-3　14—17 周岁青少年电子游戏花费金额

第七章
14—17 周岁青少年版权认知状况

7.1 青少年版权认知度

2012 年，我国 14—17 周岁青少年的版权认知度较高，有 76.5%的该年龄段青少年表示其“听说过”版权问题，与 2011 年（77.0%）基本持平。从性别差异看，该年龄段男生版权认知度为 76.1%，略低于女生的版权认知度（77.0%）。从城乡对比看，该年龄段城镇青少年版权认知度为 79.3%，而农村青少年版权认知度为 73.3%，较城镇青少年低 6.0 个百分点。

具体情况如表 7-1-1 所示。

表 7-1-1 不同人口特征 14—17 周岁青少年版权认知度

人口特征	类别	版权认知度
性别	男生	76.1%
	女生	77.0%
城乡	城镇	79.3%
	农村	73.3%

7.2 盗版出版物购买状况

7.2.1 盗版出版物购买率

调查数据显示，2012 年，我国 14—17 周岁青少年的盗版出版物购买率为 16.7%，较 2011 年的 26.0%有所下降。具体来看，仅有 0.3%的青少年表示购买的出版物均为盗版，还有 16.4%的青少年表示正版盗版出版物均购买过。同时，在我国 14—17 周岁青少年中，有 23.8%的青少年表示购买的图书或音像制品均为正版。另外，仍有 42.7%的人表示分不清其购买的出版物是正版还是盗版。

具体情况如图 7-2-1 所示。

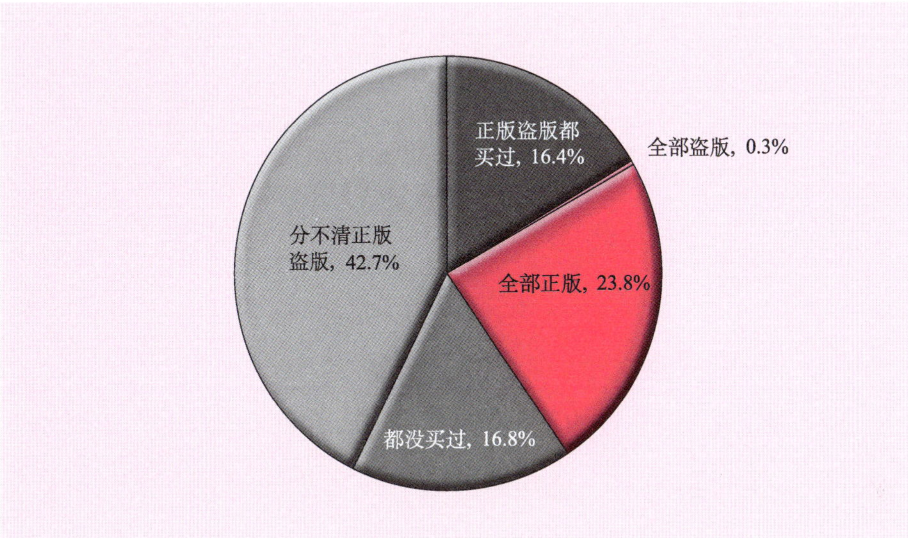

图 7-2-1　14—17 周岁青少年盗版出版物消费情况

7.2.2　购买盗版出版物的类型

2012 年，在各种盗版出版物中，“一般图书”“教材教辅”是被青少年购买最多的盗版出版物。在购买过盗版出版物的我国 14—17 周岁青少年中，有 53.3%的青少年表示曾购买过盗版“一般图书”，有 32.3%的青少年表示曾经购买过盗版“教材教辅”，还有 28.3%的青少年表示曾经购买过盗版“音像制品”。此外，有 5.5%的人表示曾经购买过盗版“游戏软件”，有 2.0%的青少年表示曾经购买过盗版“计算机软件”。

具体情况如图 7-2-2 所示。

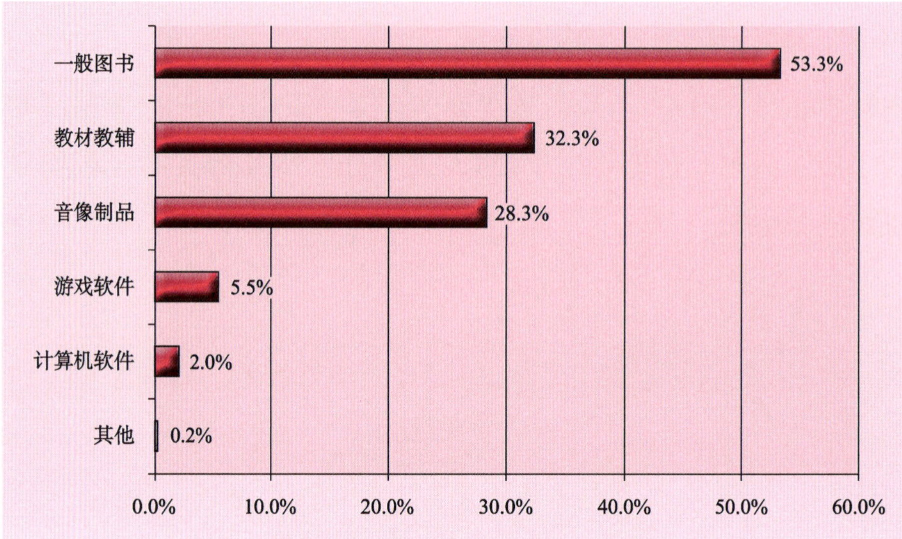

图 7-2-2　14—17 周岁青少年购买的盗版出版物类型

7.2.3　购买盗版出版物的驱动因素

调查显示，对 2012 年购买过盗版出版物的我国 14—17 周岁青少年而言，“价格便宜”是其购买盗版出版物的最主要原因，有超过五成（52.2%）的青少年盗版出版物购买者选择这一选项。另外，有 18.0%的青少年盗版出版物购买者表示“购买方便”是促使其购买盗版出版物的主要原因，还分别有 9.7%和 2.6%的青少年盗版出版物购买者表示“品种丰富”和“内容新颖”是其购买盗版出版物的主要原因。此外，有高达 46.8%的青少年盗版出版物购买者表示“买时不知道是盗版”，仅有 2.6%的青少年盗版出版物购买者表示“没有正版可买”。

具体情况如图 7-2-3 所示。

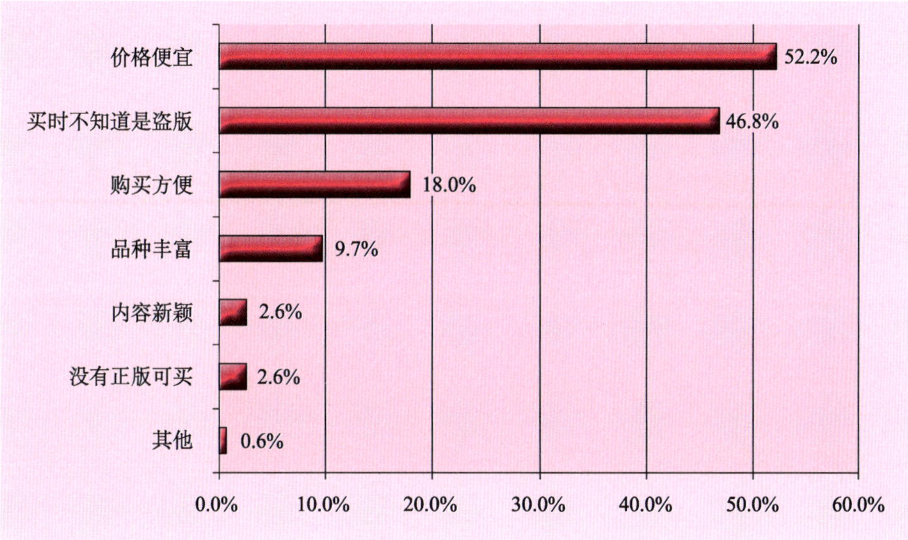

图 7-2-3　14—17 周岁青少年购买盗版出版物驱动因素

第八章
14—17 周岁青少年个人阅读评价与阅读活动参与状况

8.1 青少年个人阅读状况评价

8.1.1 对个人阅读量的评价

2012 年，我国有超过五成（50.8%）的 14—17 周岁青少年认为自己的阅读量“一般”，有 12.6%的青少年认为自己阅读量“比较多”，仅有 4.9%的青少年认为自己阅读量“很多”。还有 31.7%的青少年认为自己的阅读量“很少”或“比较少”。

具体情况如图 8-1-1 所示。

8.1.2 对个人阅读满意度的评价

2012 年，我国有 32.6%的 14—17 周岁青少年对个人阅读情况表示满意（“比较满意”或“非常满意”），有 45.4%的青少年对个人阅读情况的满意度评价为“一般”，还有 22.0%的青少年对个人阅读情况表示不满意（“不大满意”或“非常不满意”）。

具体情况如图 8-1-2 所示。

8.1.3 对自己读书影响最大的人

调查显示，“老师”“同学/朋友”是对青少年读书影响最大的

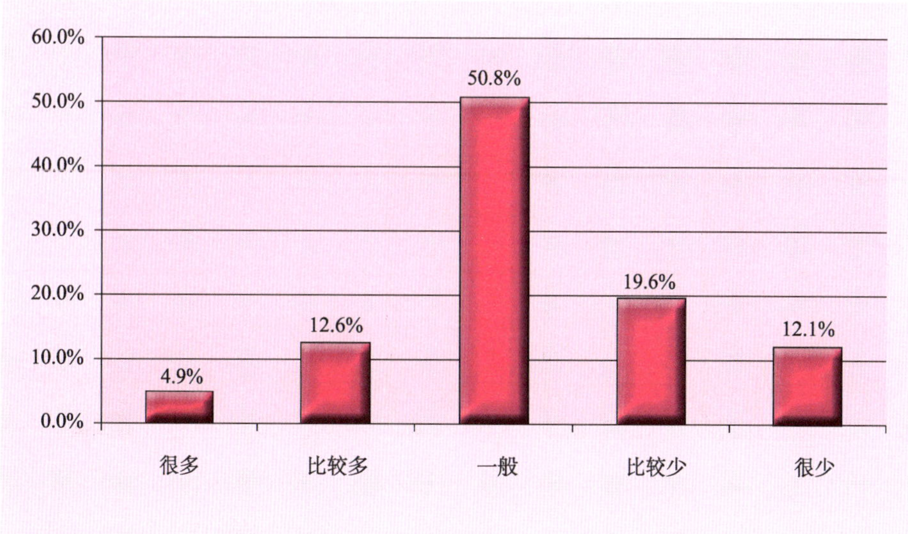

图 8-1-1 14—17 周岁青少年个人阅读量评价

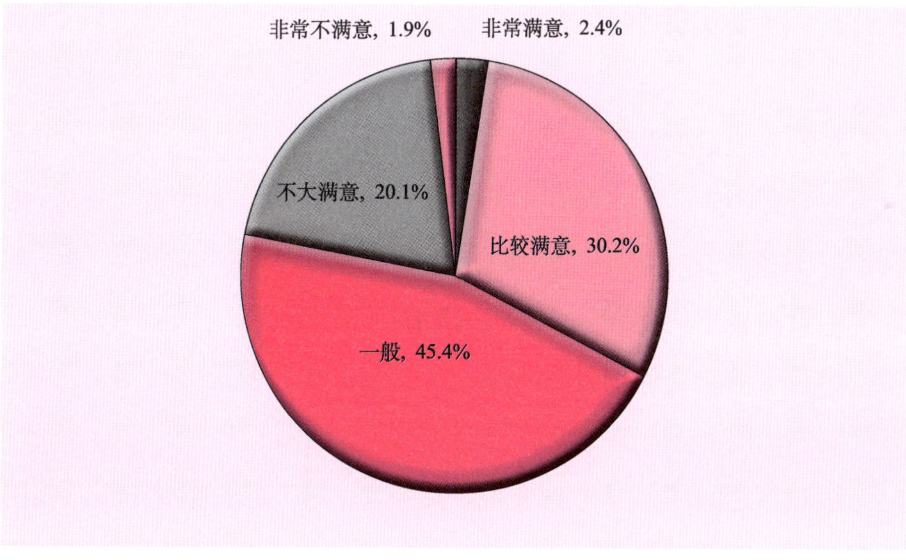

图 8-1-2 14—17 周岁青少年个人阅读情况满意度

人。具体来说，有 37.3%的 14—17 周岁青少年表示对自己读书影响最大的人是“老师”，有 35.9%的该年龄段青少年表示对自己读书影响最大的人是“同学/朋友”，有 24.3%的该年龄段青少年表示对自己读书影响最大的人是“父母/家人”。

具体情况如图 8-1-3 所示。

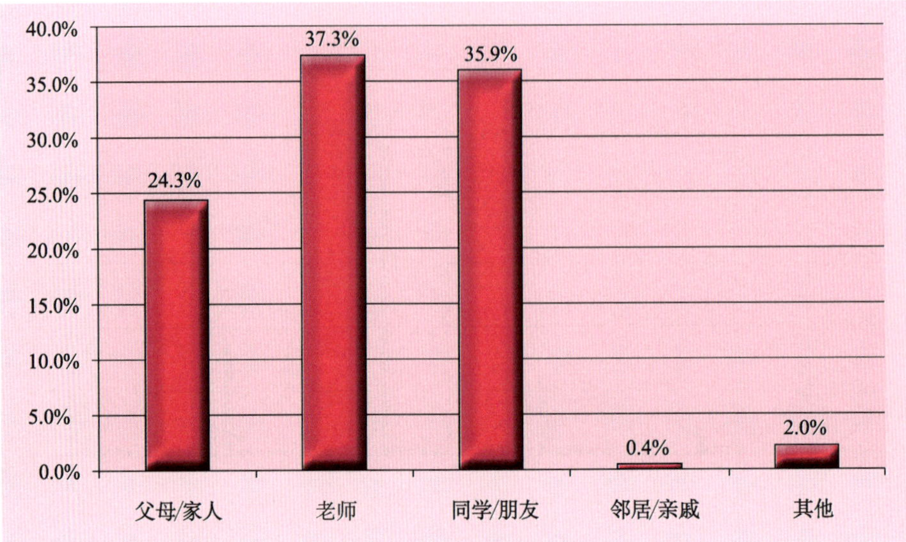

图 8-1-3　对 14—17 周岁青少年读书影响最大的人

8.2　青少年读书活动参与状况

8.2.1　读书活动/读书节知晓情况

在不提及具体读书活动前提下，2012 年，我国有 24.3%的 14—17 周岁青少年表示周围举办过读书活动/读书节，有 60.9%的青少年明确表示周围没有举办过读书活动/读书节，另有 14.8%的青少年表示不知道周围是否举办过读书活动/读书节。

具体情况如图 8-2-1 所示。

从城乡之间的差异考察发现，城镇 14—17 周岁青少年表示周围举办过读书活动/读书节的比例为 30.6%，而农村该年龄段青少年表示周围举办过读书活动/读书节的比例仅为 17.1%，较城镇青少年低 13.5 个百分点。

具体情况如图 8-2-2 所示。

8.2.2　读书活动/读书节诉求情况

2012 年，有 86.1%的我国 14—17 周岁青少年认为学校或

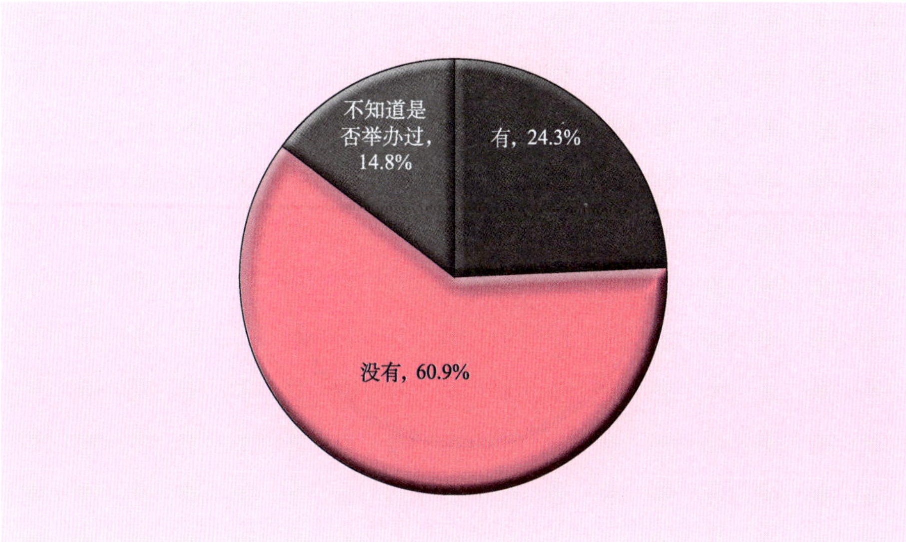

图 8-2-1　14—17 周岁青少年读书活动/读书节知晓情况

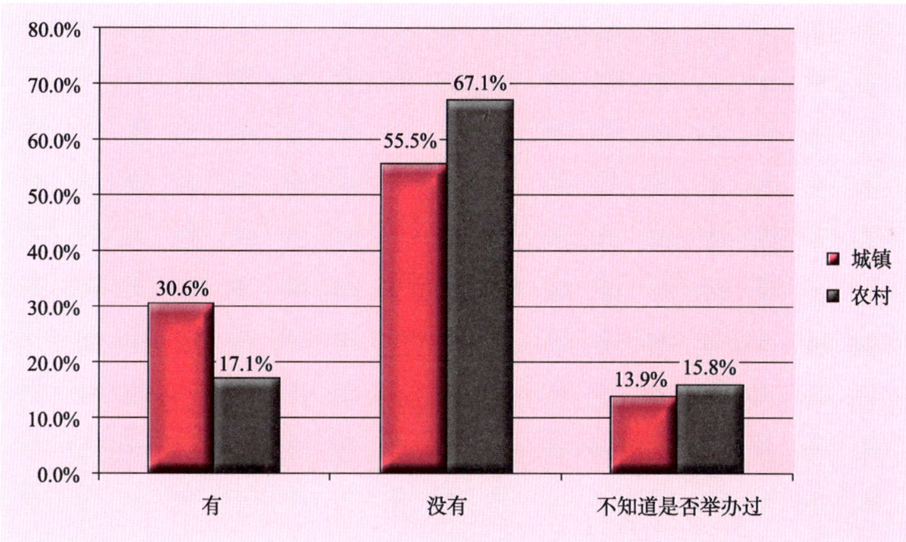

图 8-2-2　14—17 周岁青少年读书活动/读书节知晓情况的城乡差异

当地其他部门应当举办读书活动/读书节，对于学校或当地其他部门是否应当举办读书活动/读书节持“无所谓”态度的青少年比例为 11.9%，仅有 2.0%的青少年认为不应当举办读书活动/读书节。

具体情况如图 8-2-3 所示。

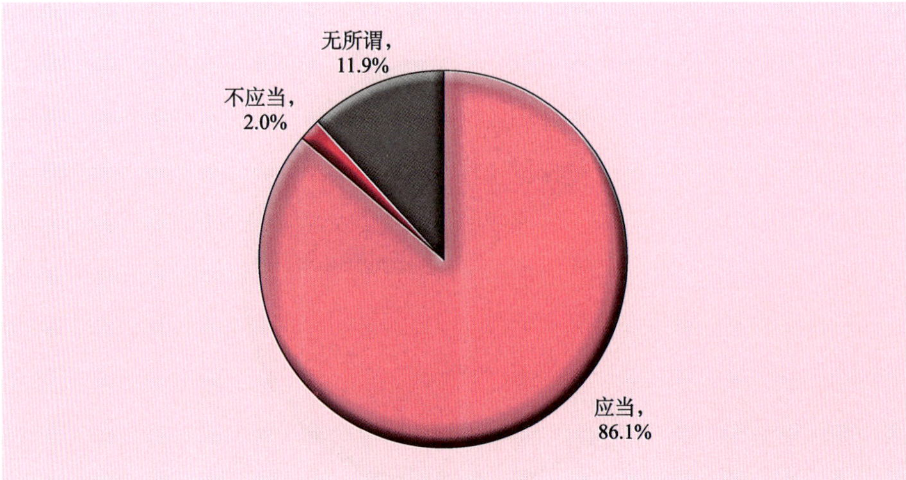

图 8-2-3　14—17 周岁青少年对是否应该举办读书活动/读书节的看法

8.2.3　读书活动参与类型

2012 年，在提及具体读书活动前提下，有 32.2%的我国 14—17 周岁青少年表示曾参加过阅读活动。具体来看，“捐书献爱心活动”“读书竞赛/演讲/辩论赛”“读书征文/作文或书画摄影大赛”的青少年参与者相对较多，在参加过阅读活动的青少年中，分别有 50.4%、44.1%和 37.0%的人参加过上述活动。此外，在参加过阅读活动的青少年中，还有 16.5%的青少年参与了“图书展览会/特价书市”活动，有 12.1%的青少年参与了“读书交流会”，有 11.4%的青少年参与了“读书讲座/作家报告会”，有 11.1%的青少年参与了“作家签名售书/新书推介”，有 6.6%的青少年参与了“晒书会/读书游园会”。

具体情况如图 8-2-4 所示。

8.2.4　参与读书活动的原因

2012 年，我国大多数 14—17 周岁青少年阅读活动参与者表示自己参与阅读活动的主要原因是“学校组织参加”和“促进自己的读书学习”，其选择比例分别高达 63.7%和 54.5%。此外，有

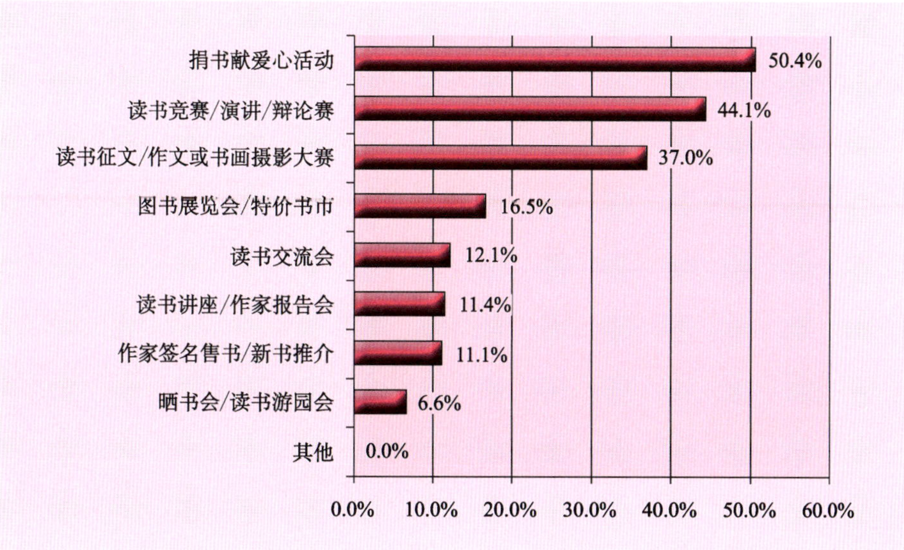

图 8-2-4　14—17 周岁青少年阅读活动的参与类型及比例

14.5%的青少年认为参与阅读活动是因为“有意思，好玩”，有13.8%的青少年认为参与阅读活动是为了“结识朋友”，有 13.2%的青少年认为参与阅读活动是为了“方便得到图书信息”，还有7.5%的青少年认为参与阅读活动是为了“看书、买书优惠”。

具体情况如图 8-2-5 所示。

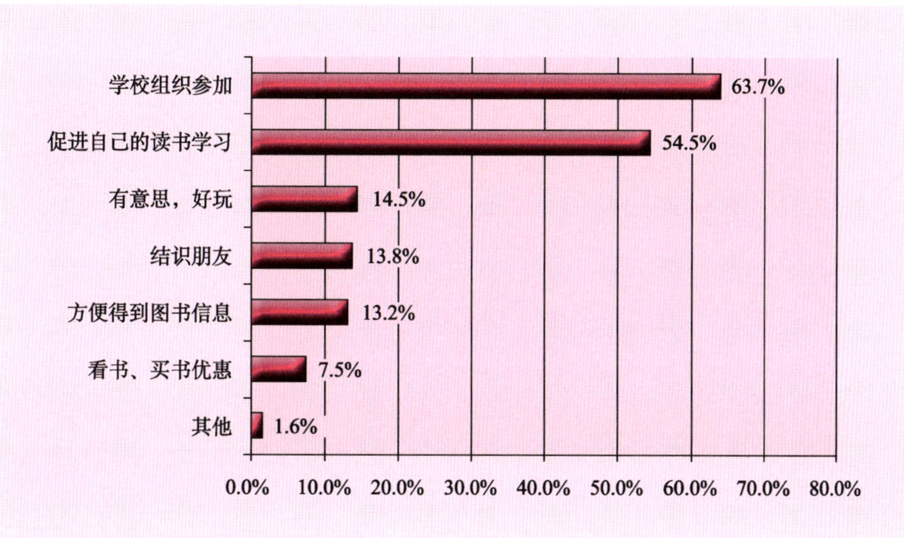

图 8-2-5　14—17 周岁青少年阅读活动参与者参与阅读活动的原因

8.2.5 制约青少年参与阅读活动的因素

在未参加过阅读活动的我国14—17周岁青少年中，62.6%的青少年表示自己没有参加阅读活动的主要原因是“没见到相关活动”，28.2%的青少年认为“不感兴趣”是他们没参加阅读活动的原因，20.4%的青少年认为“没时间参加”是他们没参加阅读活动的原因，还有7.2%的青少年认为“相关活动缺乏吸引力”是他们没参加阅读活动的原因。

这说明，阅读活动主办方首先应通过各种渠道宣传阅读活动，力求提升阅读活动的知晓度。

具体情况如图8-2-6所示。

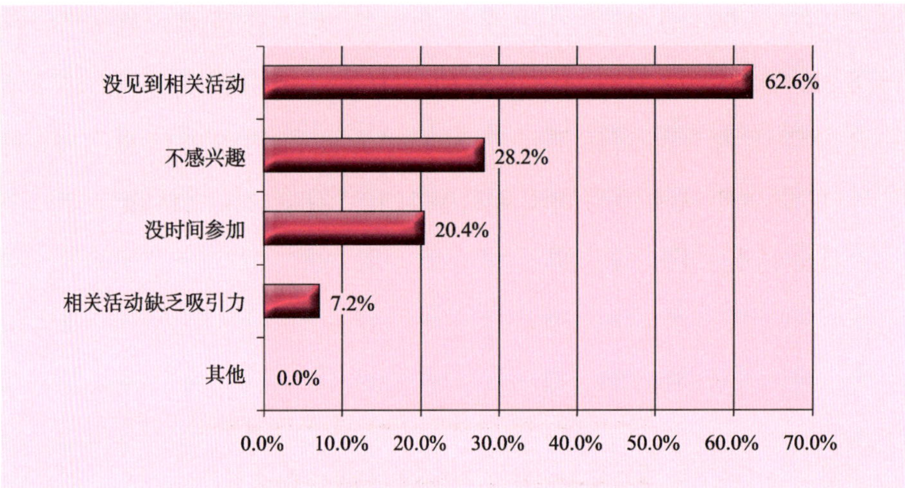

图8-2-6 14—17周岁青少年不参与阅读活动的原因

8.2.6 老师对青少年阅读课外书的态度

2012年，我国有66.2%的14—17周岁青少年表示，老师对他们阅读课外书的行为持赞成态度（“非常赞成”或“比较赞成”）。只有16.0%的青少年表示，老师对他们阅读课外书的行为持反对态度（“比较反对”或“非常反对”）。另外，还有17.7%的青少年表示，老师对他们阅读课外书持“无所谓”态度。

具体情况如图 8-2-7 所示。

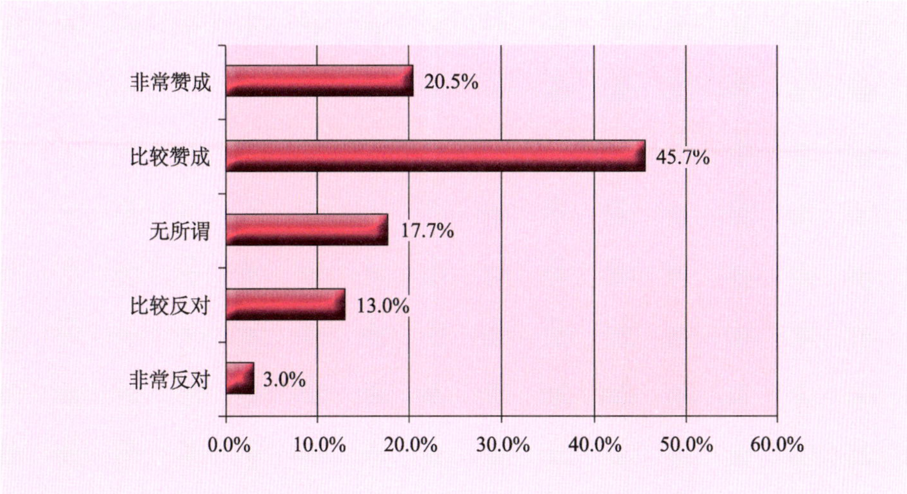

图 8-2-7　老师对 14—17 周岁青少年阅读课外书的态度

8.3　青少年校园图书馆使用情况

8.3.1　校园图书馆普及情况

调查数据显示，2012 年，有 72.2%的我国 14—17 周岁青少年表示所在学校设有图书馆，有 27.8%的我国青少年表示所在学校没有图书馆。

具体情况如图 8-3-1 所示。

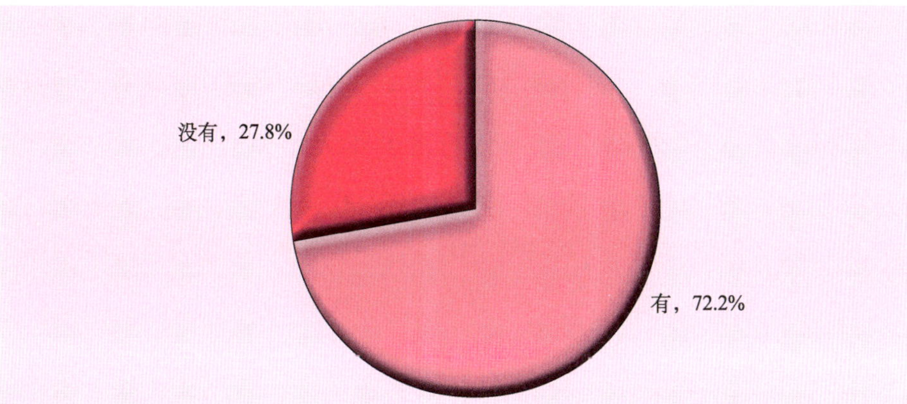

图 8-3-1　14—17 周岁青少年所在学校图书馆普及情况

从城乡对比来看，14—17 周岁城镇青少年所在学校图书馆的普及率相对较高，其比例为 78.7%，而农村青少年所在学校图书馆的普及率则相对较低，为 64.8%。

具体情况如图 8-3-2 所示。

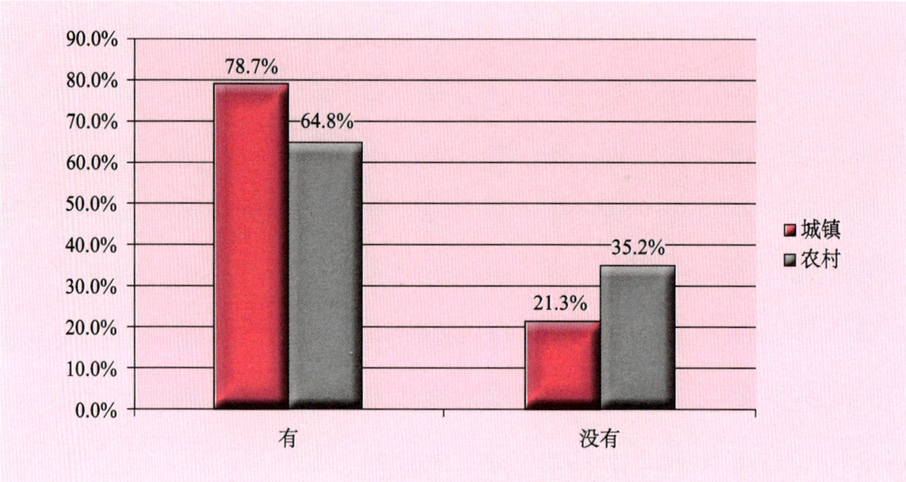

图 8-3-2　学校图书馆普及情况的城乡差异

8.3.2　校园图书馆使用率与满意度

调查数据显示，表示学校有图书馆的我国 14—17 周岁青少年平均每月去 4.92 次图书馆。在表示学校有图书馆的青少年中，有 76.4%的青少年去过学校图书馆。具体来看，36.1%的青少年每周至少去过一次学校图书馆（选择“每天都去”的比例为 2.6%，选择“每周 4—6 次”的比例为 7.4%，选择“每周 1—3 次”的比例为 26.1%）；另外，有 24.9%的青少年表示每月会去 1—3 次学校图书馆，每月去学校图书馆“不足一次”的青少年比例为 15.4%。

具体情况如图 8-3-3 所示。

数据显示，在表示学校有图书馆的我国 14—17 周岁青少年中，有 38.4%的青少年对校园图书馆表示“满意”，有 35.6%的青少年

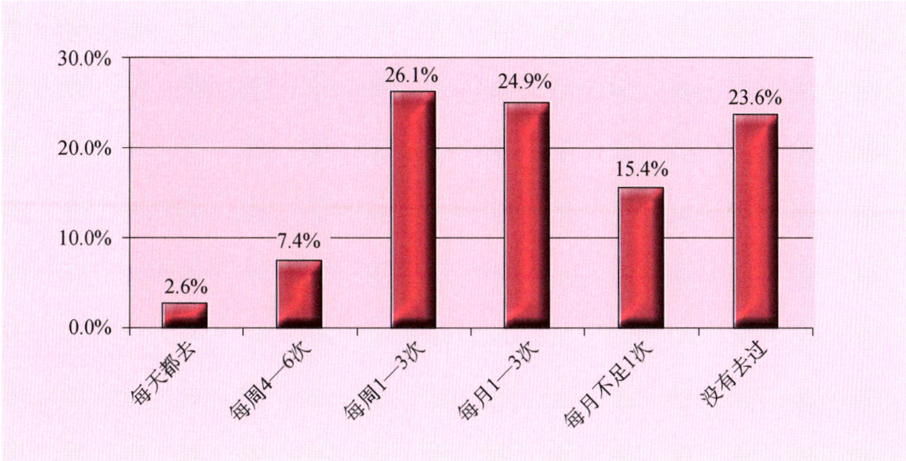

图 8-3-3　14—17 周岁青少年学校图书馆使用频率

认为“一般”。而对学校图书馆“不满意”的青少年比例为 8.0%，还有 18.0%的青少年表示“没去过，不知道”。

具体情况如图 8-3-4 所示。

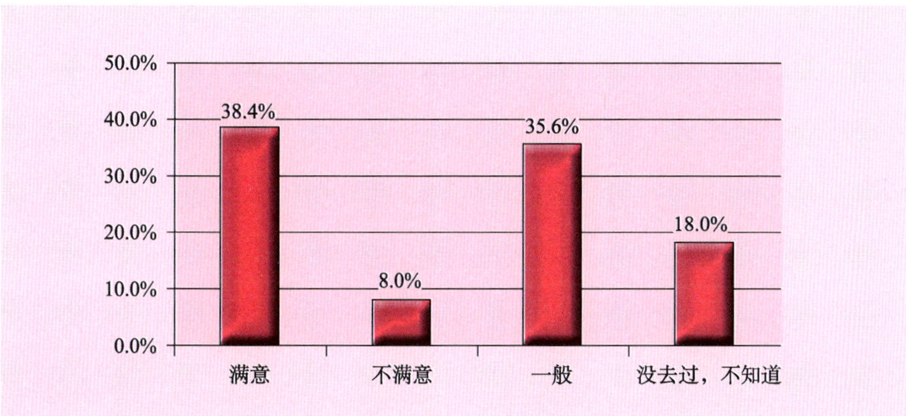

图 8-3-4　14—17 周岁青少年对学校图书馆满意度

调查数据也显示，中小学校图书馆对于青少年成长的作用毋庸置疑，加强学校图书馆对在校青少年的阅读服务工作，提高青少年对学校图书馆的利用率和认可度，是今后学校图书馆工作的一大重心。吸引更多的青少年利用学校图书馆，从而逐渐培养他们的阅读习惯，使图书馆在培养青少年素质方面发挥越来越大的作用，是我们未来乐见的情况。

第三篇

9—13 周岁少年儿童部分

第一章 9—13 周岁少年儿童图书阅读与购买状况[①]

1.1 少年儿童阅读状况

1.1.1 图书阅读率与图书阅读量

2012 年，我国 9—13 周岁少年儿童纸质图书阅读率为 96.5%，较 2011 年的 93.5%上升了 3.0 个百分点。

从性别差异看，我国 9—13 周岁男孩图书阅读率为 97.2%，较女孩的图书阅读率（95.7%）高出 1.5 个百分点。从城乡对比看，我国 9—13 周岁城镇少年儿童图书阅读率为 97.2%，较农村少年儿童的图书阅读率（95.9%）高出 1.3 个百分点。

具体情况如表 1-1-1 所示。

表 1-1-1　不同人口特征 9—13 周岁少年儿童图书阅读率

人口特征	类别	图书阅读率
性别	男孩	97.2%
	女孩	95.7%
城乡	城镇	97.2%
	农村	95.9%

2012 年我国 9—13 周岁少年儿童人均纸质图书阅读量为 6.04

① 本章所指图书为除教科书和期刊外的课外图书。

本，较 2011 年的 7.24 本减少了 1.20 本。

从性别差异看，我国 9—13 周岁男孩图书阅读量为 5.97 本，较女孩的图书阅读量（6.12 本）少 0.15 本。从城乡对比看，我国 9—13 周岁城镇少年儿童图书阅读量为 6.62 本，较农村少年儿童的图书阅读量（5.55 本）多出 1.07 本。

具体情况如表 1-1-2 所示。

表 1-1-2　不同人口特征 9—13 周岁少年儿童图书阅读量

人口特征	类别	图书阅读量（本）
性别	男孩	5.97
	女孩	6.12
城乡	城镇	6.62
	农村	5.55

2012 年，有 36.0%的 9—13 周岁少年儿童课外书阅读量在 5 本以内，20.1%的少年儿童课外书阅读量在 6—9 本，有 22.8%的少年儿童课外书阅读量在“10 本及以上”。除此之外，还有 17.6%的少年儿童表示“读了一些，但不清楚有多少本”。

具体情况如图 1-1-1 所示。

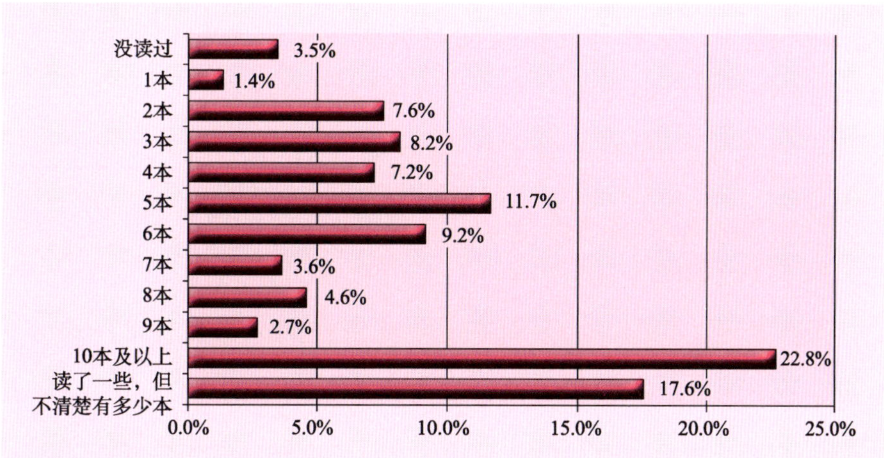

图 1-1-1　9—13 周岁少年儿童图书阅读量

1.1.2　对阅读的喜爱程度

数据显示，我国有 90.3%的 9—13 周岁少年儿童喜欢读书，具体看，选择“喜欢，经常看”的少年儿童占到59.6%；选择“喜欢，但不经常看”的少年儿童比例则为30.7%。仅有6.5%的少年儿童选择“不喜欢，基本上不看”。

具体情况如图1-1-2所示。

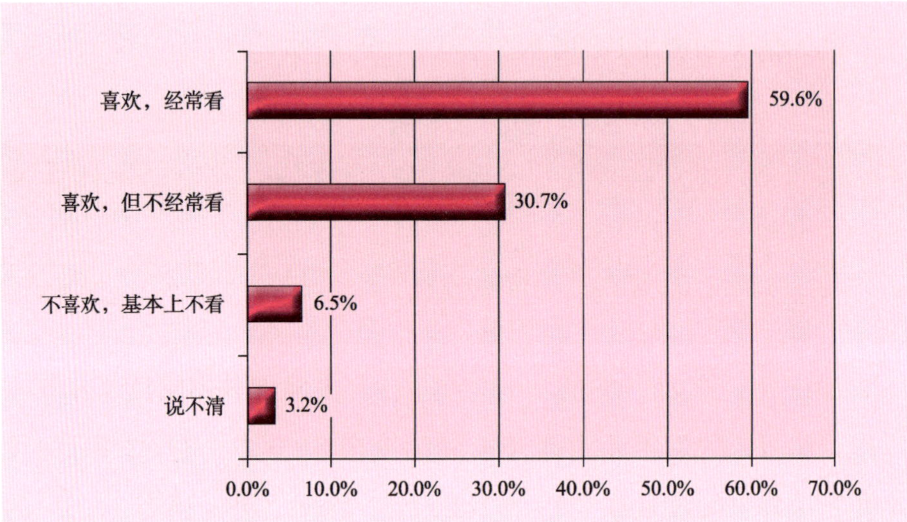

图1-1-2　9—13周岁少年儿童对阅读的喜爱程度

调查发现，我国9—13周岁少年儿童对阅读喜爱程度的性别差异并不明显，男孩与女孩对阅读喜爱程度基本相当，女孩选择“喜欢，经常看”的比例（65.5%）要高于男孩（54.6%），而男孩选择“喜欢，但不经常看”的比例（34.0%）则要高于女孩（26.8%）。

具体情况如图1-1-3所示。

调查发现，我国9—13周岁少年儿童对阅读喜爱程度的城乡差异同样并不明显，城镇少年儿童“不喜欢”读书的比例（7.4%）略高于农村少年儿童（5.7%）。此外，农村少年儿童选择“喜欢，经常看”的比例（61.3%）要略高于城镇少年儿童（57.5%），而城镇少年儿童选择“喜欢，但不经常看”的比例（32.0%）则要高于农村少年儿童（29.7%）。

具体情况如图1-1-4所示。

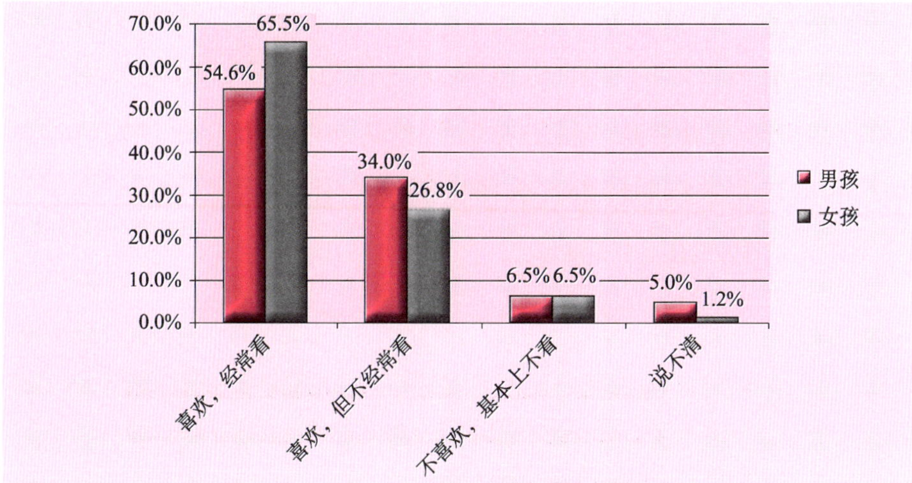

图 1-1-3　9—13 周岁少年儿童对阅读喜爱程度的性别差异

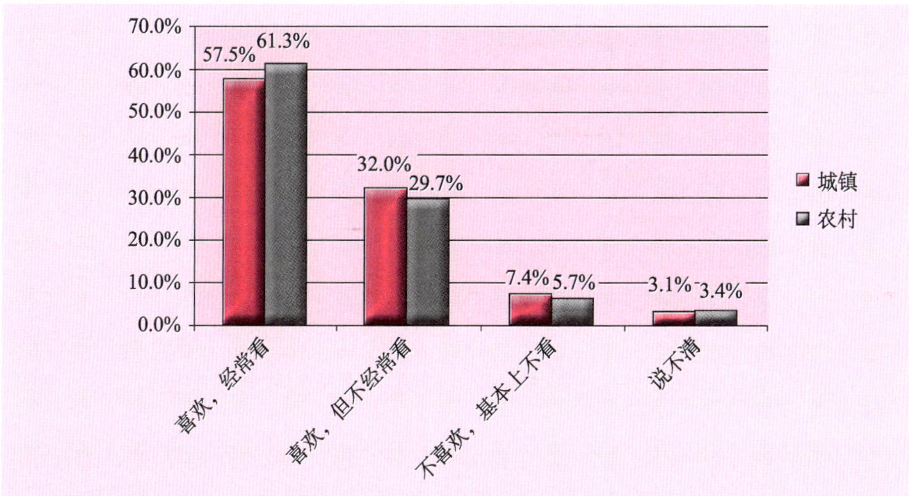

图 1-1-4　9—13 周岁少年儿童对阅读喜爱程度的城乡对比

1.1.3　喜爱的课外书类型

2012 年，对于读过课外书的 9—13 周岁少年儿童而言，最受欢迎的课外书是“作文精选”和“卡通漫画”，选择比例分别为 22.4%和 22.2%。喜欢“童话寓言”和“校园小说”类课外书的少年儿童也较多，选择比例分别为 10.0%和 9.6%。还有 8.3%的少年儿童喜欢“幽默故事”类课外书，有 6.9%的少年儿童喜欢

"历险故事"类课外书，有6.7%的少年儿童喜欢"经典名著"类课外书，有6.2%的少年儿童喜欢"科普百科"类课外书，有5.0%的少年儿童喜欢"科幻神话"类课外书。而喜欢"古诗绘画本"的少年儿童相对较少，选择比例仅为1.5%。

具体情况如图1-1-5所示。

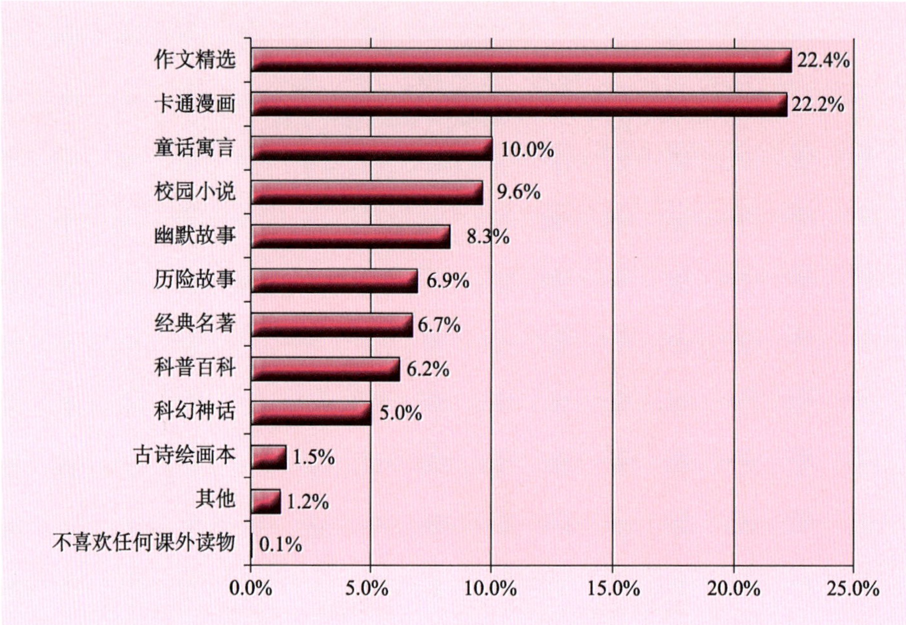

图1-1-5　9—13周岁少年儿童读者喜爱的课外书类型

不同性别少年儿童所喜爱的课外书类型差异较为明显，女孩选择"作文精选""校园小说"和"童话寓言"等类型课外书的比例要高于男孩，男孩选择"卡通漫画""幽默故事""科普百科"等类型课外书的比例则要高于女孩。这样的阅读倾向反映出，该年龄段的男孩好奇心较强，探险意识强，女孩则偏重于文学类读物。今后要在尊重不同年龄段、不同性别少年儿童特点的基础上，引导他们进行全面阅读。

具体情况如图1-1-6所示。

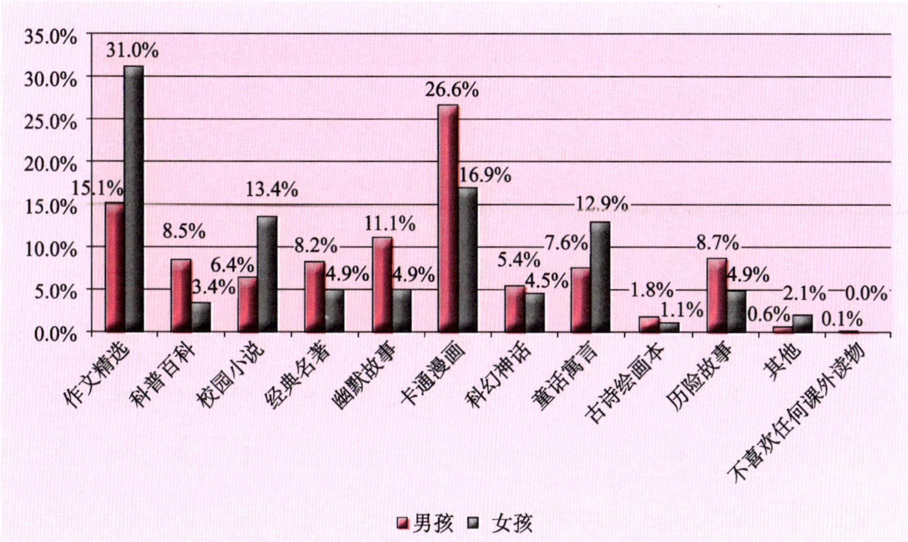

图 1-1-6 9—13 周岁少年儿童读者喜爱课外书类型的性别差异

1.1.4 阅读来源

本次调查显示，在读过课外书的 9—13 周岁少年儿童中，有 56.9%的少年儿童表示经常阅读的图书是“爸妈买的”；其次，“自己买的”“找同学朋友借的”“到图书馆看”和“学校里发的”等选项也有一定选择比例，分别为 16.5%、13.3%、5.9%和 5.2%。而“在书店看”和“在网上看”的选择比例则相对较低，分别为 1.0%和 0.7%。

具体情况如图 1-1-7 所示。

对比城镇和农村 9—13 周岁少年儿童的阅读来源，整体趋势大致相同，均是以“爸妈买的”选择比例最高。城镇少年儿童选择“爸妈买的”（59.1%）选项的比例略高于农村少年儿童（55.1%）。而农村少年儿童选择“找同学朋友借的”（15.6%）选项的比例略高于城镇少年儿童（10.6%）。

具体情况如图 1-1-8 所示。

1.1.5 阅读时长

2012 年，读过课外书的 9—13 周岁少年儿童平均每天课外书阅

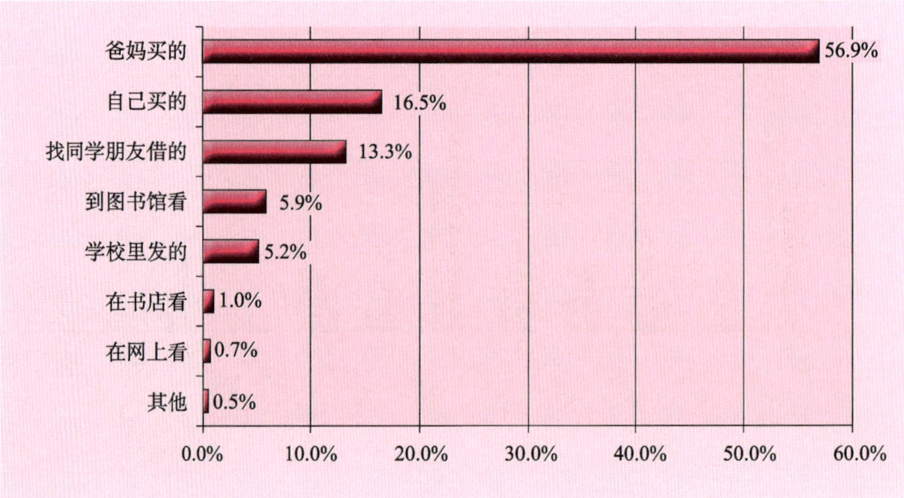

图 1-1-7　9—13 周岁少年儿童读者的阅读来源

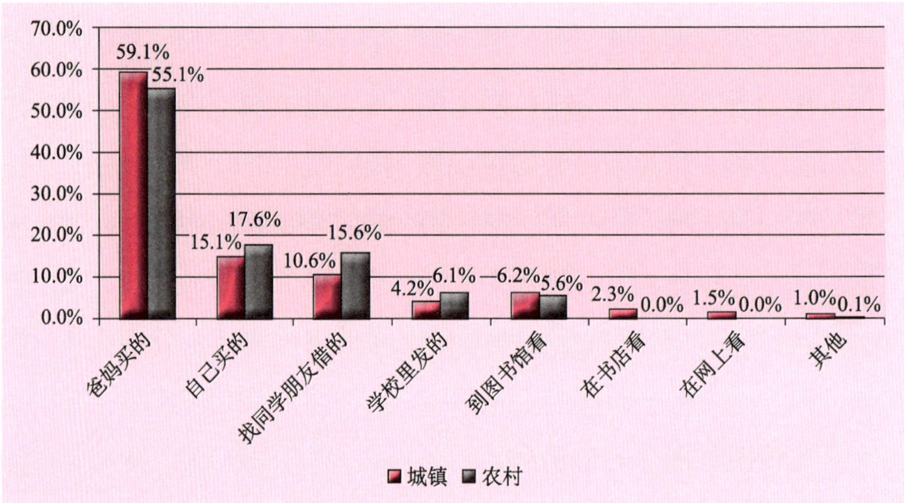

图 1-1-8　9—13 周岁少年儿童读者阅读来源的城乡对比

读时长为 26.13 分钟，比 2011 年的 22.59 分钟多出 3.54 分钟。其中，男孩平均每天课外书阅读时长为 26.27 分钟，较女孩（25.96 分钟）多出 0.31 分钟。城镇少年儿童平均每天课外书阅读时长为 26.04 分钟，略少于农村少年儿童（26.21 分钟）。

读过课外书的 9—13 周岁少年儿童日均课外书阅读时长主要集中在 5—60 分钟，有 9.3%的少年儿童平均每天看 5—10 分钟课外书，有 14.2%的少年儿童平均每天看 10—20 分钟课外书，有

27.2%的少年儿童平均每天看 20—30 分钟课外书，有 14.8%的少年儿童平均每天看 30—60 分钟课外书。此外，有 7.2%的少年儿童平均每天阅读课外书的时长在 1 小时及以上，仅有 5.7%的少年儿童平均每天阅读课外书的时长在 5 分钟以下。

具体情况如图 1-1-9 所示。

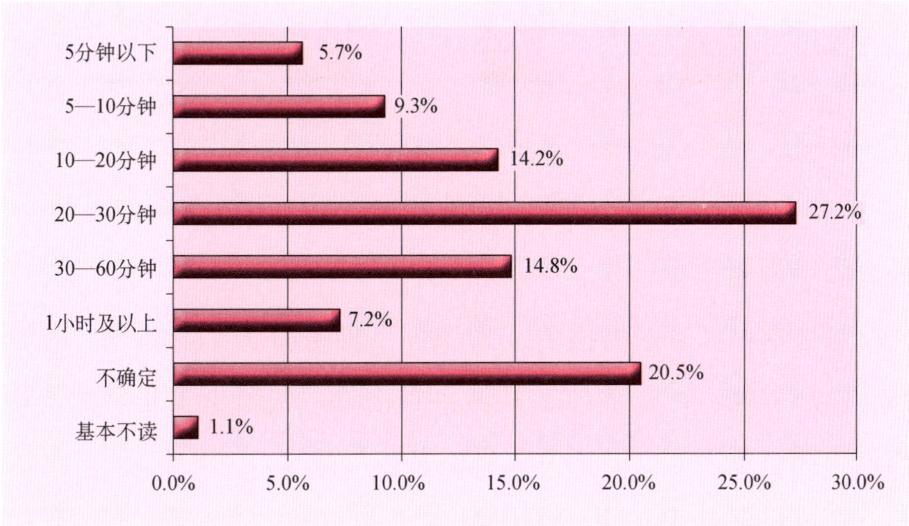

图 1-1-9　9—13 周岁少年儿童读者日均课外书阅读时长

1.1.6　阅读地点

本次调查显示，在读过课外书的 9—13 周岁少年儿童中，“家里”是他们首选的课外书阅读地点，有 68.2%的我国少年儿童主要在“家里”阅读，有 37.6%的少年儿童表示主要在“学校”阅读课外书。此外，还有 15.3%的少年儿童没有固定的课外书阅读地点。

具体情况如图 1-1-10 所示。

1.1.7　图书拥有量

2012 年，读过课外书的 9—13 周岁少年儿童人均课外书拥有量为 20.57 本。不同人口特征少年儿童群体之间的课外书拥有量

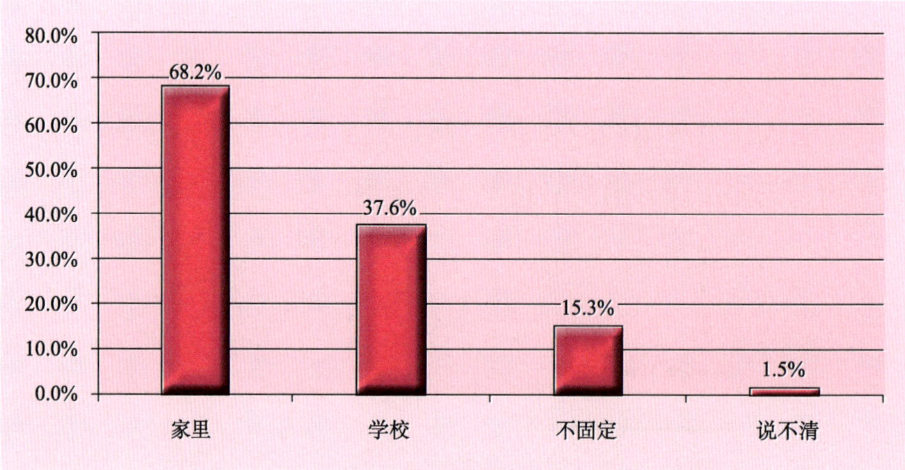

图 1-1-10　9—13 周岁少年儿童读者的课外书阅读地点

存在一定差异。

从性别差异看，男孩的人均课外书拥有量为 18.40 本，较女孩（23.15 本）少 4.75 本。从城乡对比看，城镇少年儿童的人均课外书拥有量为 27.90 本，远多于农村儿童的 14.46 本。

在读过课外书的 9—13 周岁少年儿童中，大部分（75.6%）少年儿童的课外书拥有量集中在 30 本以内，具体来看，有 18.8%的少年儿童的课外书拥有量在 5 本以内，有 24.9%的少年儿童的课外书拥有量在 6—10 本之间，有 19.1%的少年儿童的课外书拥有量在 11—20 本之间，有 12.9%的少年儿童的课外书拥有量在 21—30 本之间。此外，课外书拥有量在 31—50 本之间的少年儿童比例为 12.1%，课外书拥有量超过 50 本的少年儿童比例为 8.4%。仅有 3.9%的少年儿童表示没有属于自己的课外书。

具体情况如图 1-1-11 所示。

1.1.8　拥有第一本书的年龄

调查数据显示，9—13 周岁少年儿童拥有第一本书的起始年龄平均为 3.34 周岁。从城乡对比看，城镇少年儿童拥有第一本书的年龄相对较低，为 2.68 周岁；而农村少年儿童的起始阅读年龄则在

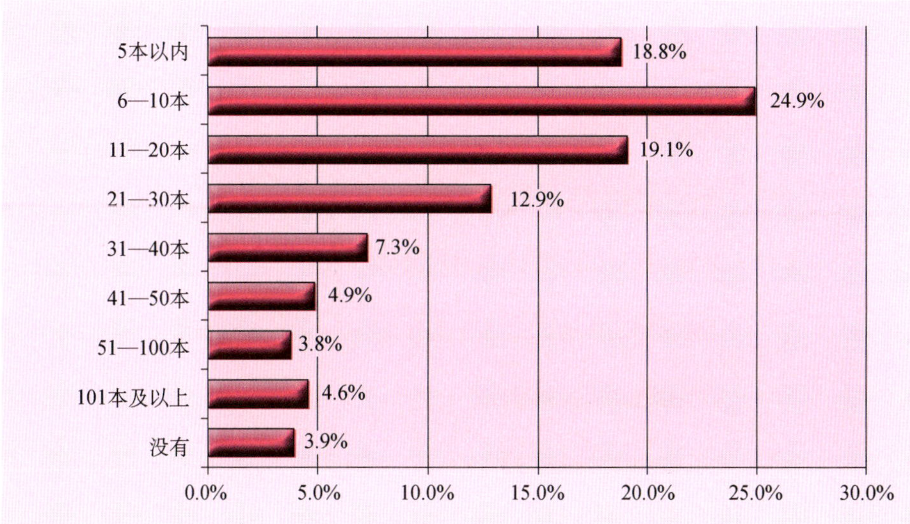

图 1-1-11　9—13 周岁少年儿童读者家中课外书拥有量

3.88 周岁。

近六成（59.1%）该年龄段少年儿童是在 3 周岁以前开始拥有自己的第一本书，还有 21.0%的少年儿童是在 4—5 周岁开始拥有自己的第一本书。值得注意的是，6 周岁及以上才开始拥有自己第一本书的少年儿童比例为 19.9%，接近整体的 1/5。

具体情况如图 1-1-12 所示。

1.1.9　老师/家长对少年儿童阅读课外书的态度

本次调查显示，在读过课外书的 9—13 周岁少年儿童中，有 82.0%的少年儿童认为学校老师对于其阅读课外书持赞成态度（“非常赞成”或“比较赞成”）。仅有 6.9%的少年儿童认为学校老师反对（“比较反对”或“非常反对”）其阅读课外书。还有 5.7%的少年儿童表示学校老师对其阅读课外书持“无所谓”态度，5.3%的少年儿童表示“不清楚/不知道”学校老师对其阅读课外书持什么态度。可见，我国大部分老师对少年儿童阅读课外书并不排斥。

具体情况如图 1-1-13 所示。

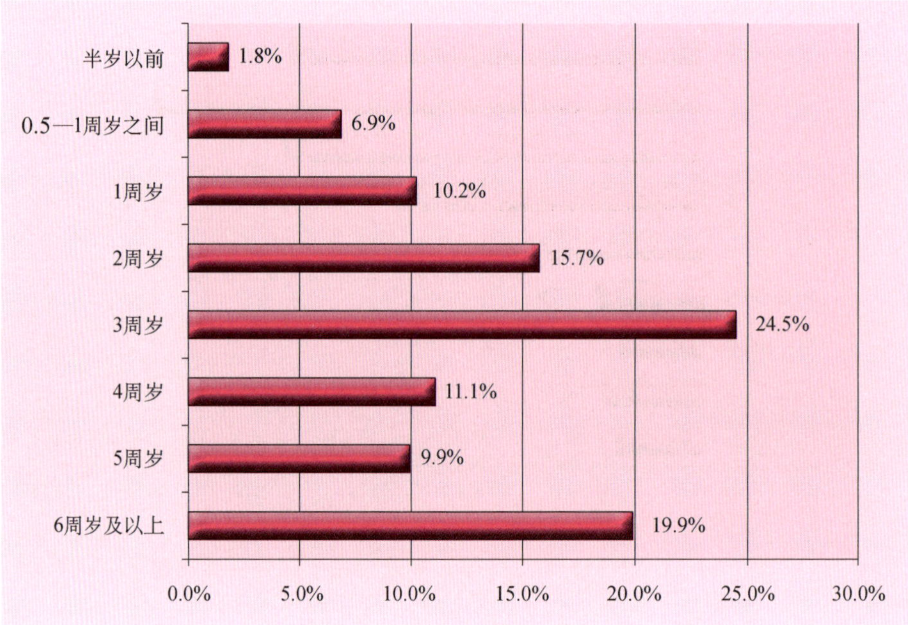

图 1-1-12　9—13 周岁少年儿童拥有第一本书的起始年龄

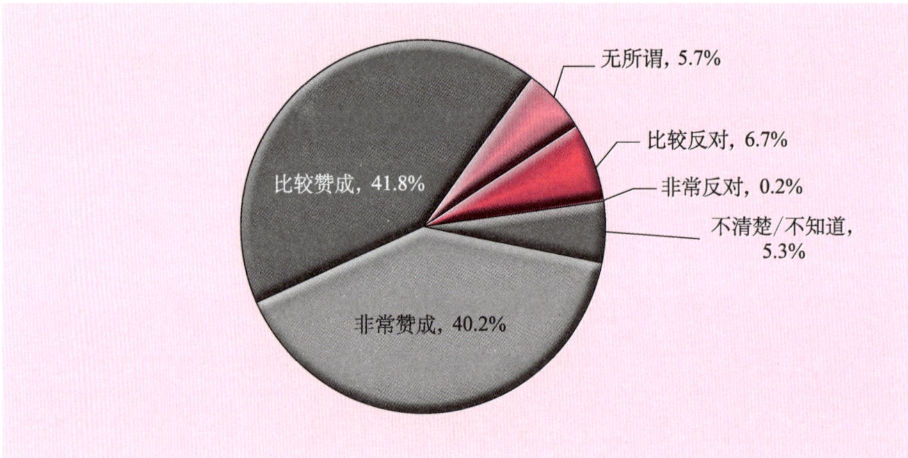

图 1-1-13　老师对 9—13 周岁少年儿童阅读课外书的态度

从城乡差异看，城镇少年儿童认为学校老师赞成其阅读课外书（“非常赞成”或“比较赞成”）的比例为 82.3%，与农村少年儿童认为学校老师赞成其阅读课外书的比例（81.8%）大体相当。不过，农村少年儿童认为学校老师反对其阅读课外书（“非常反对”或“比较反对”）的比例（9.6%）要高于城镇少年儿童认为学校老师反对其阅读课外书的比例（3.8%）。

具体情况如图 1-1-14 所示。

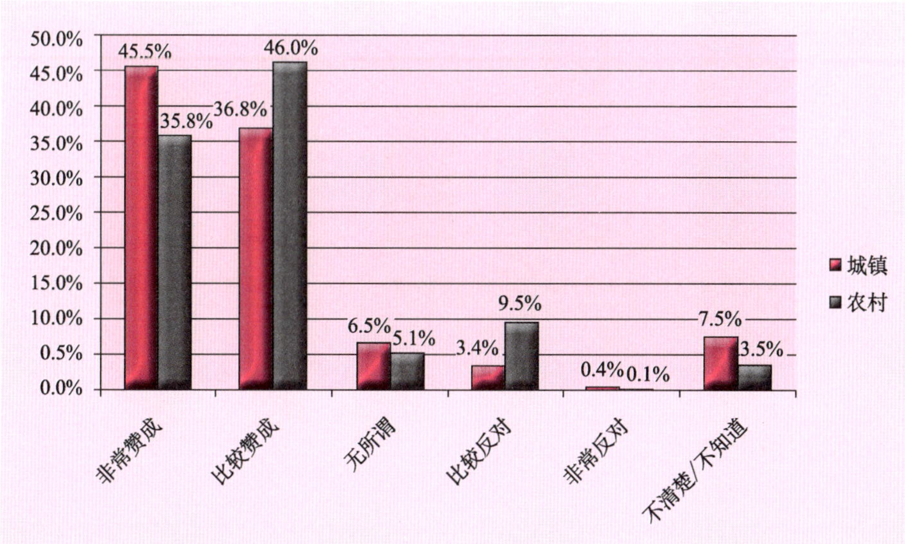

图 1-1-14　老师对 9—13 周岁少年儿童阅读课外书态度及城乡对比

本次调查显示，80.2%的 9—13 周岁少年儿童家长对孩子阅读课外书持赞成态度（“非常赞成”或“比较赞成”），仅有 3.4%的少年儿童家长反对（“比较反对”或“非常反对”）其阅读课外书。还有 16.4%的少年儿童家长对孩子阅读课外书持“无所谓”的态度。可见，我国绝大部分少年儿童家长对孩子阅读课外书并不反对。

具体情况如图 1-1-15 所示。

将城乡少年儿童家长对孩子阅读课外书的态度进行对比发现，城镇少年儿童家长赞成（“非常赞成”或“比较赞成”）孩子阅读课外书的比例（85.4%），要高于农村少年儿童家长（76.0%）。而城镇少年儿童家长反对孩子阅读课外书的比例（3.6%），与农村少年儿童家长反对孩子阅读课外书的比例（3.2%）大体相当。

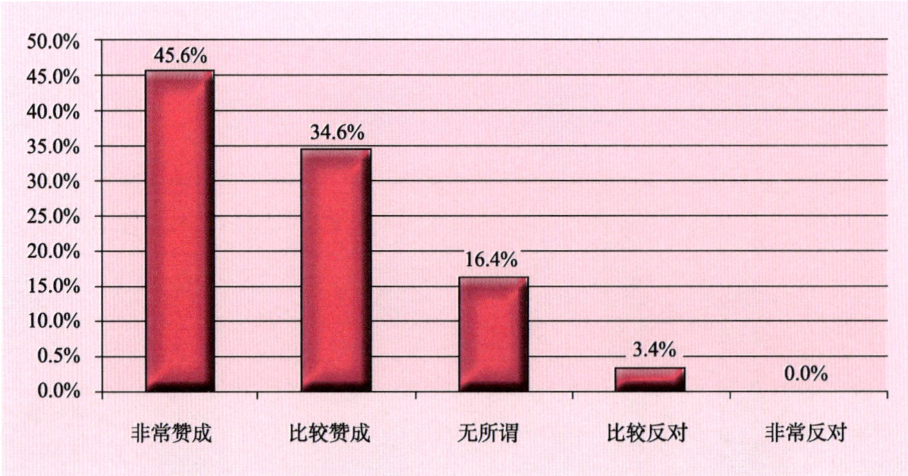

图 1-1-15　家长对 9—13 周岁少年儿童阅读课外书的态度

具体情况如图 1-1-16 所示。

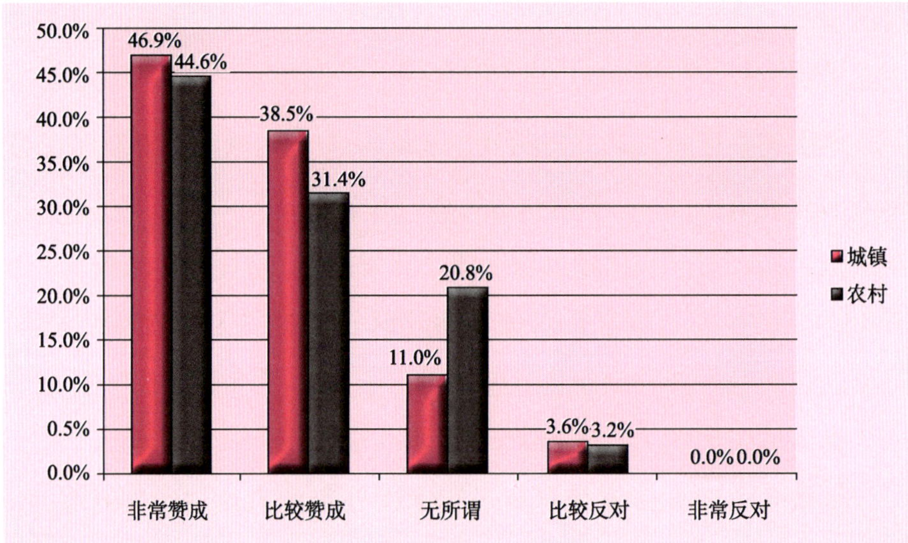

图 1-1-16　家长对 9—13 周岁少年儿童阅读课外书态度的城乡差异

1.1.10　制约少年儿童阅读的因素

调查显示，在我国 9—13 周岁不经常看书的少年儿童的家长中，33.9％的家长认为制约孩子读书的主要因素是“没人教孩子看书”，28.3％的家长认为制约孩子读书的主要因素是“孩子不喜欢看书”，还有 23.6%的家长认为“读课外书影响孩子学习”。此外，仅有 3.5%的家长认为孩子不读书或不经常读书是因为“没有闲钱给孩子买课外书”。

具体情况如图 1-1-17 所示。

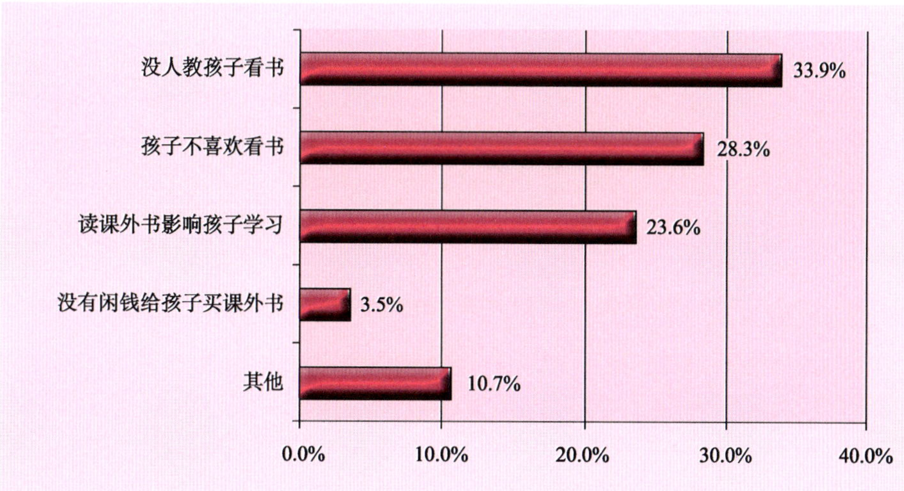

图 1-1-17　制约 9—13 周岁少年儿童阅读的因素

1.2　少年儿童购书状况

1.2.1　少年儿童图书购买量

本次调查显示，2012 年，我国 9—13 周岁少年儿童家长人均为孩子购买少儿图书 7.81 本。其中，城镇少年儿童家长人均为孩子购买少儿图书 9.42 本，较农村少年儿童家长（6.48 本）多出 2.94 本。

具体来看，购书数量在 10 本以内的家长所占比例高达 65.6%，购书数量在 11—50 本之间的家长比例为 13.3%，仅有 3.1%的家长给孩子购买的少儿图书数量超过 50 本。此外，还有 18.1%的我国少年儿童家长没给孩子买过任何少儿图书。

具体情况如图 1-2-1 所示。

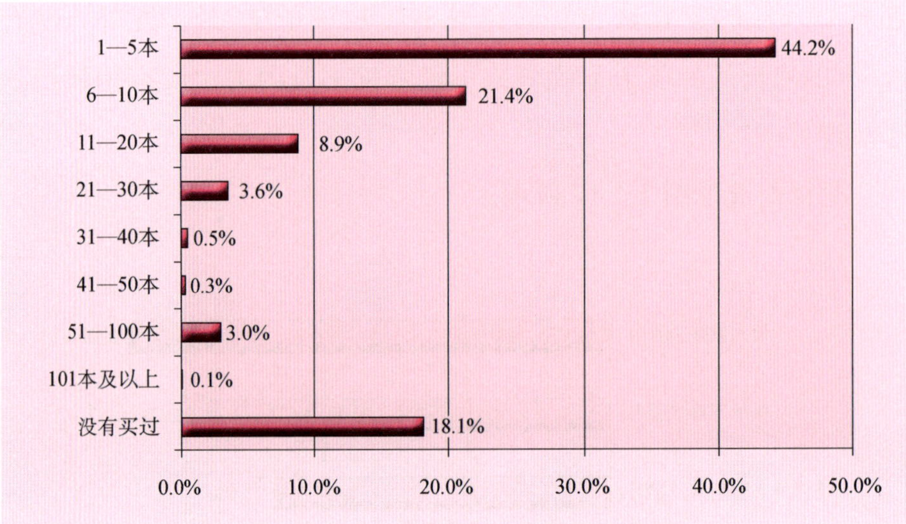

图 1-2-1　9—13 周岁少年儿童图书购买量

1.2.2　少儿图书购买金额

2012 年，曾给孩子购买过少儿图书的我国 9—13 周岁少年儿童家长人均少儿图书购买金额为 72.35 元。进一步分析可知，城镇少年儿童家长人均少儿图书购买金额为 79.69 元，较农村家长（65.87 元）多出 13.82 元。

具体来看，在过去一年曾给孩子购买过少儿图书的我国 9—13 周岁少年儿童家长中，有 29.1%的家长购书金额在 50 元以下，有 33.6%的家长购书金额在 50—100 元之间。尤其值得注意的是，有 37.5%的我国少年儿童家长为孩子购买图书的花费超过 100 元。

具体情况如图 1-2-2 所示。

1.2.3　家长对少儿图书的购买力

1.2.3.1　家长对少儿图书的价格承受力

调查显示，对于一本 200 页左右的少儿简装书，我国 9—13 周岁少年儿童家长平均能够接受的价格为 15.18 元。

对于购买一本 200 页左右的少儿简装书，近八成（77.2%）的

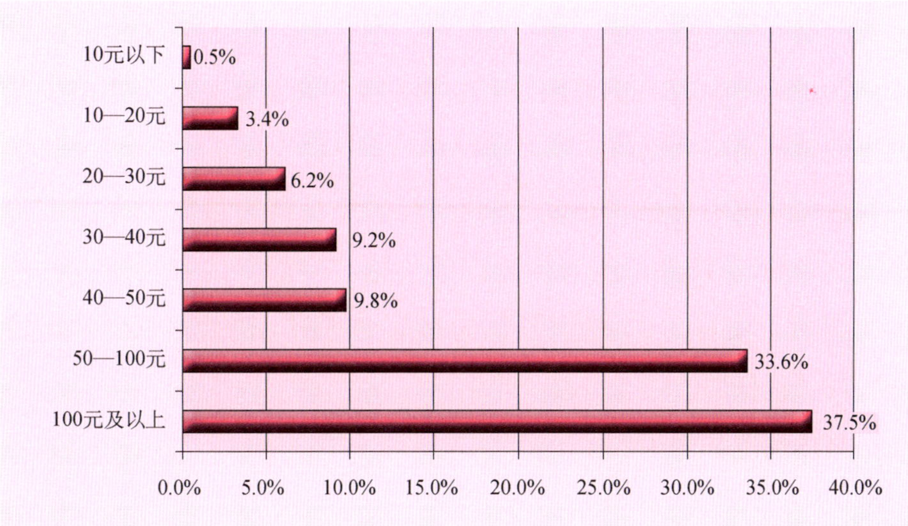

图 1-2-2　9—13 周岁少年儿童图书购买金额

我国 9—13 周岁少年儿童家长能够接受的价格区间集中在 8—30 元。具体来看，26.7%的家长能承受的价格区间为 8—12 元，36.9%的家长能承受 12—20 元的价格，13.6%的家长能承受 20—30 元的价格。此外，有 11.2%的少年儿童家长只能承受 8 元以下的价格，有 5.8%的家长能够承受 30 元及以上的价格，还有 5.8%的家长认为“只要喜欢，多贵都买”。

具体情况如图 1-2-3 所示。

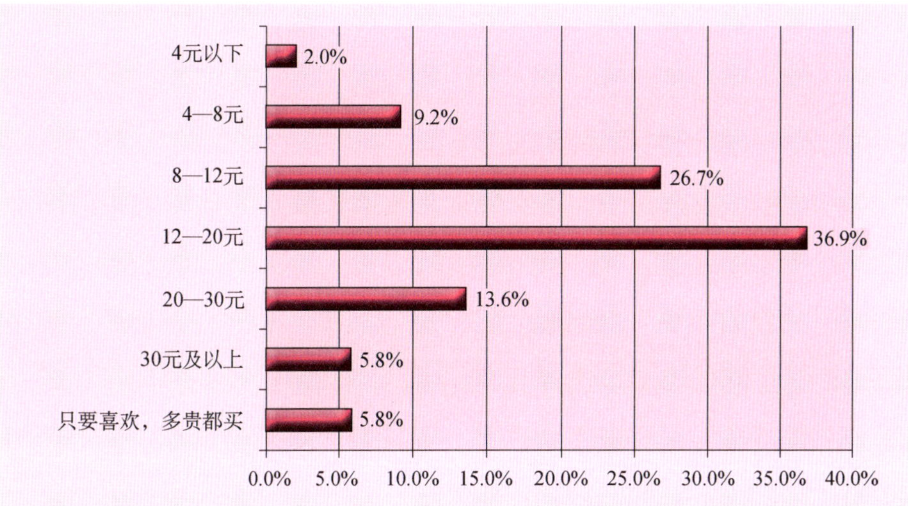

图 1-2-3　9—13 周岁少年儿童家长对少儿图书的价格承受力

1.2.3.2 家长对少儿图书价格的评价

2012 年，52.5%的我国 9—13 周岁少年儿童家长认为当前少儿图书的定价高（“比较高”或“很高”）。具体看来，8.0%的家长认为目前少儿图书价格“很高”，44.5%的家长认为目前少儿图书价格“比较高”。此外，认为少儿图书价格“一般”的家长所占比例为 43.6%，仅有 3.9%的家长认为目前少儿图书的价格低（“比较低”或“很低”）。

具体情况如图 1-2-4 所示。

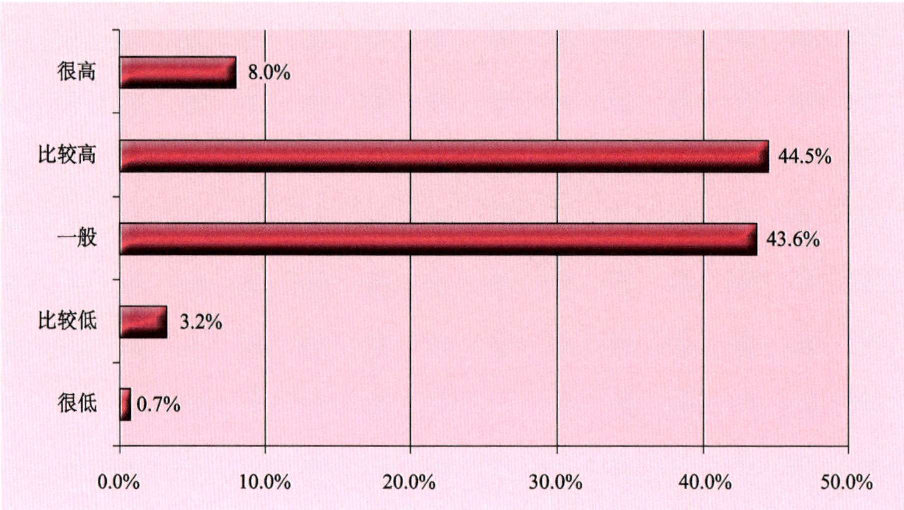

图 1-2-4 9—13 周岁少年儿童家长对少儿图书价格的评价

1.2.4 家长为孩子购书的类型

2012 年，我国 9—13 周岁少年儿童家长最常为孩子购买的图书类型是“作文精选”，选择比例为 51.7%；其次，给孩子购买“卡通漫画”“寓言童话”“经典名著”“励志故事”和“科普百科”类图书的家长也相对较多，选择比例分别为 31.0%、28.9%、24.5%、23.1%和 20.5%，均超过 20.0%。而选择“美术绘画音乐艺术”类图书的家长相对较少，选择比例仅为 2.5%。

具体情况如图 1-2-5 所示。

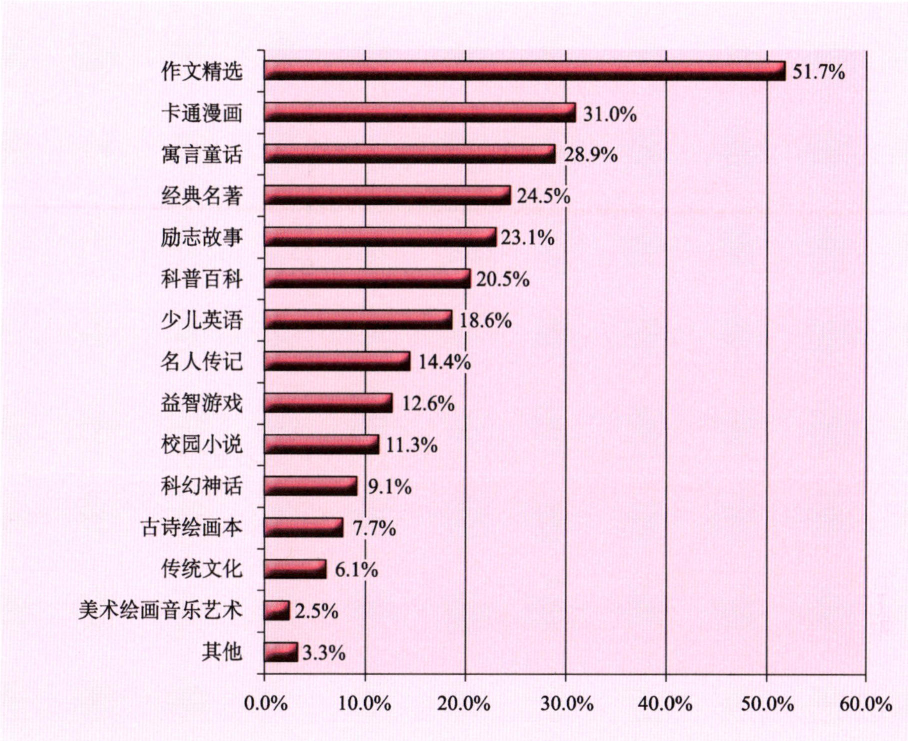

图 1-2-5 9—13 周岁少年儿童家长为孩子购买的图书类型

1.2.5 家长对少儿图书种类和质量的评价

2012 年，60.9%的我国 9—13 周岁少年儿童家长认为目前少儿图书市场上的图书种类丰富。具体看来，25.1%的家长认为种类“很丰富”，35.8%的家长认为种类“比较丰富”。另外，有 30.9%的家长认为目前市场上少儿图书种类“一般”，仅有 8.2%的家长认为目前市场上少儿图书种类少（“比较少”或“很少”）。

具体情况如表 1-2-1 所示。

表 1-2-1 9—13 周岁少年儿童家长对少儿图书种类的评价

评价	选择比例
很丰富	25.1%
比较丰富	35.8%
一般	30.9%
比较少	6.0%
很少	2.2%

调查显示，40.8%的我国9—13周岁少年儿童家长认为目前少儿图书市场上的图书质量高（“很高”或“比较高”）。具体看，9.2%的家长认为少儿图书质量“很高”，31.6%的家长认为少儿图书质量“比较高”。此外，认为目前市场上少儿图书质量“一般”的家长所占比例为49.5%。还有9.7%的家长认为目前市场上少儿图书质量低（“比较低”或“很低”）。

具体情况如表1-2-2所示。

表1-2-2　9—13周岁少年儿童家长对少儿图书质量的评价

评价	选择比例
很高	9.2%
比较高	31.6%
一般	49.5%
比较低	9.3%
很低	0.4%

1.2.6　购书渠道

调查显示，在过去一年曾给孩子购买过少儿图书的9—13周岁少年儿童家长中，大部分家长主要在实体书店给孩子购书。经常在“新华书店”购书的比例最高，达到75.4%；不少家长也经常会在“私营书店”和“超市商场”给孩子选购图书，选择比例分别为37.1%和17.9%。以上三种购书渠道成为9—13周岁少年儿童购书的主要渠道，其他渠道的选择比例则相对较低。此外，除了实体书店，仅有3.0%的9—13周岁少年儿童家长经常在网上给孩子买书。

具体情况如图1-2-6所示。

1.2.7　影响家长购书渠道选择的因素

我国9—13周岁少年儿童家长在选择购书渠道时，“图书种类多”是其最主要的考虑因素，在过去一年购买过少儿图书的9—13周岁少年儿童家长中，有66.8%的家长选择了此项。信息丰富程

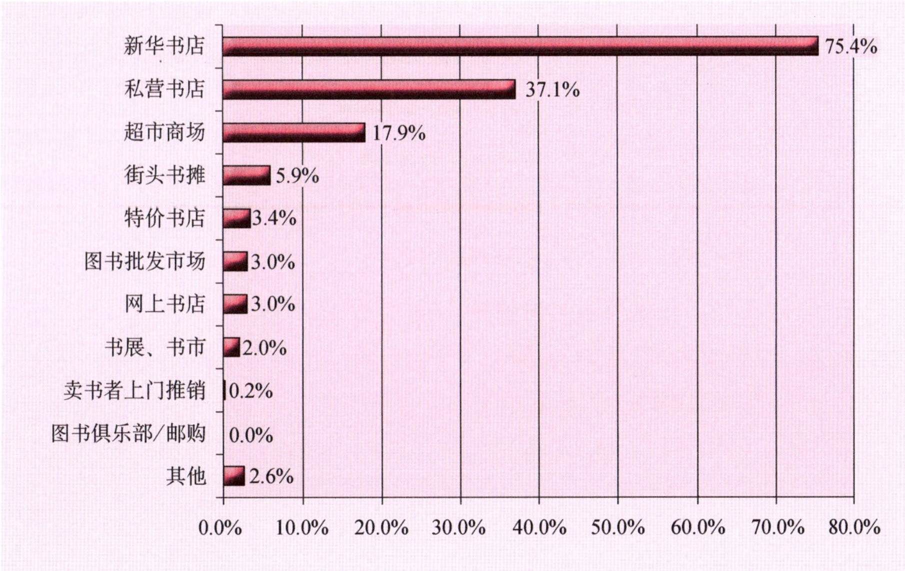

图 1-2-6　9—13 周岁购书少年儿童家长图书购买渠道

度、便利性和购书距离也是我国少年儿童家长选择购书渠道的重要因素，在过去一年购买过少儿图书的 9—13 周岁少年儿童家长中，有 34.0％的家长认为“图书信息丰富”是其选择购书渠道的一个主要原因，有 29.6％的家长认为“很容易找到需要的书”是其选择购书渠道的一个主要原因，有 24.6％的家长认为“离得较近”是其选择购书渠道的一个主要原因，选择比例均超过 20.0％。

具体情况如图 1-2-7 所示。

1.2.8　购书距离

调查数据显示，我国 9—13 周岁少年儿童家长平均在 3.28 公里内可找到购书点，即离家最近购书点的平均距离为 3.28 公里。目前城乡之间的图书购买点分布密度存在一定差异。城镇中各类图书购买点较多，分布较为紧密，城镇少年儿童家长平均在 1.76 公里内可找到购书点。而农村的图书购买点分布则相对零散，农村少年儿童家长平均在 4.62 公里内才能找到购书点。

有近六成（57.0％）的 9—13 周岁少年儿童家长表示离家最近

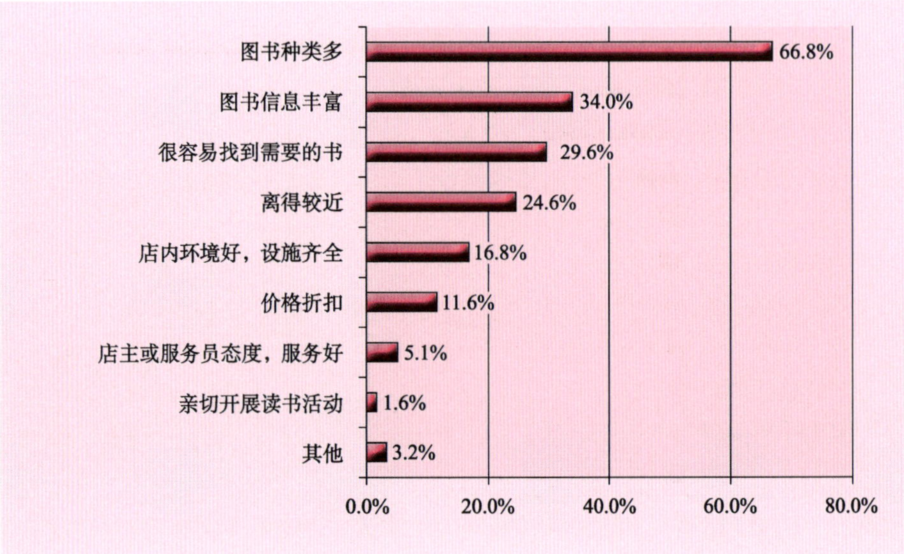

图 1-2-7　9—13 周岁购书少年儿童家长购书渠道的选择因素

的购书点在 3 公里以内。有 34.7%的家长表示离家最近的购书点在 3 公里及以上。特别值得注意的是，有 12.3%的家长表示离家最近购书点在 10 公里及以上。还有 8.2%的少年儿童家长对这一距离表示“不清楚/不知道”。

具体情况如图 1-2-8 所示。

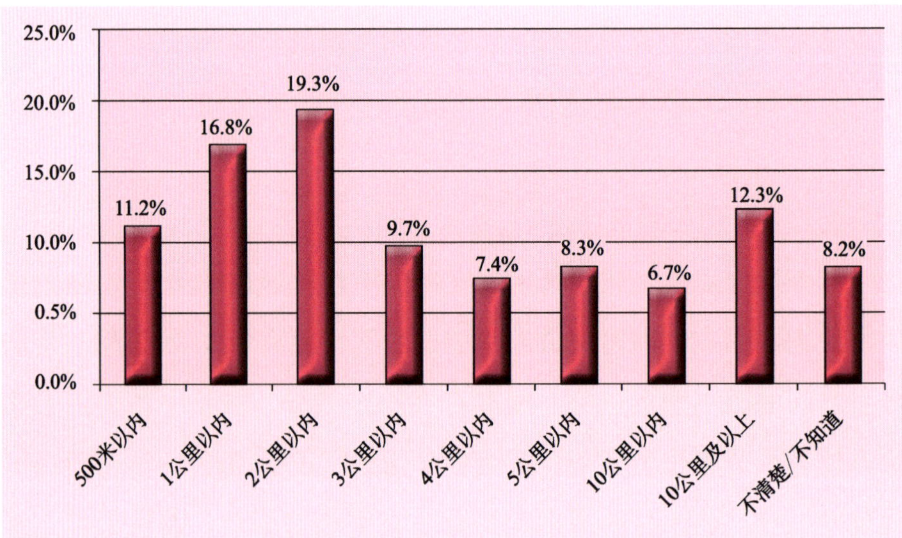

图 1-2-8　9—13 周岁少年儿童离家最近购书点距离

1.2.9 影响家长为孩子购书的主要因素

对于曾在2012年购买过少儿图书的我国9—13周岁少年儿童家长来说，“老师或学校推荐”和“孩子喜欢”是影响其为孩子购书的重要原因，选择比例分别为61.1%和57.9%。其次，“图书内容简介”也是影响其为孩子购书的主要因素，选择比例为28.7%。再次，还分别有10.2%、9.7%、7.1%、7.1%的家长将“朋友推荐”“价格”“封面设计及外观”和“书名或目录”作为给孩子选购图书时考虑的主要因素之一。而“网上或邮件图书信息介绍”“媒体的书讯和书评”和“出版社的名气”等因素的影响力则相对较弱，选择比例均不足2.0%。

具体情况如图1-2-9所示。

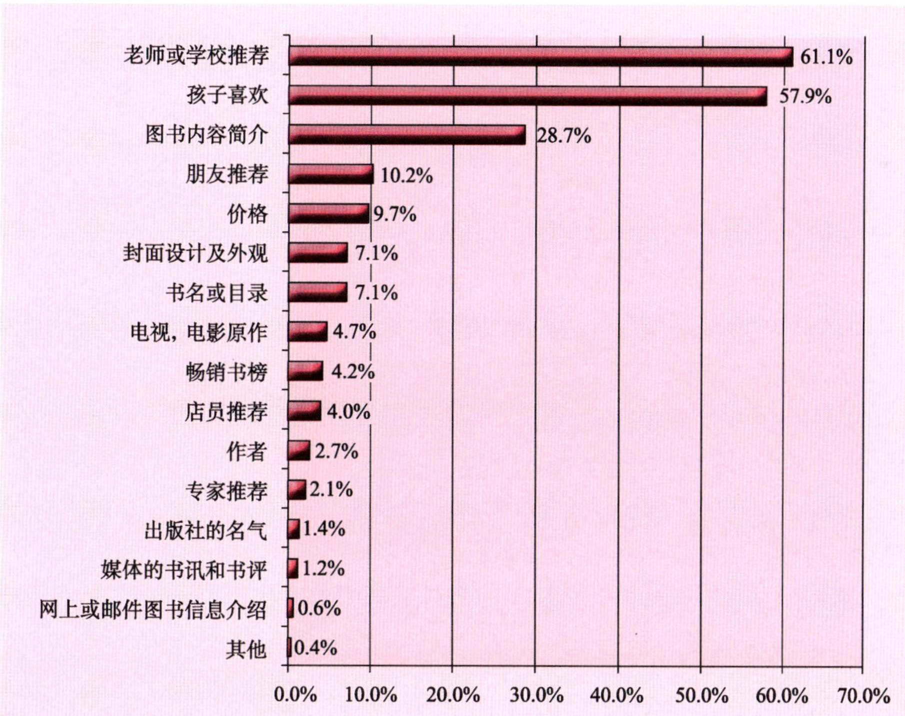

图1-2-9 影响9—13周岁少年儿童家长为孩子购书的主要因素

1.2.10　家长为孩子购书的不便之处

通过调查显示，57.5%的我国9—13周岁少年儿童家长认为在为孩子购书时没有不方便的地方。购书距离过远是我国少年儿童家长在给孩子买书时遇到的主要不便之处，有22.7%的少年儿童家长表示“家离卖书的地方很远”会影响其购买图书。此外，还有9.2%的少年儿童家长表示购书不便是因为“对书的信息知道得少”，有7.3%的少年儿童家长表示购书不便是因为“书价过高”，有6.2%的少年儿童家长因为“想买的书总是没有”而感到不便。

具体情况如图1-2-10所示。

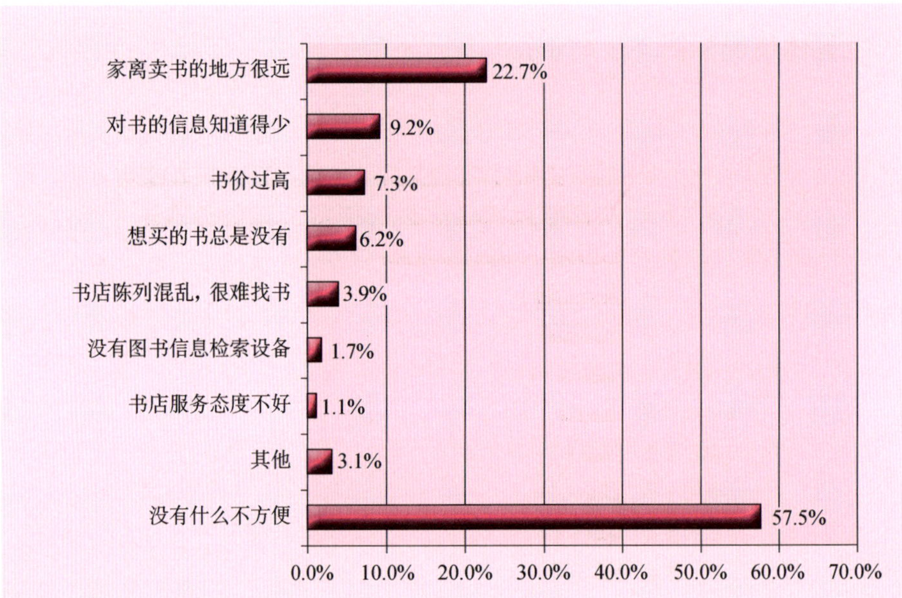

图1-2-10　9—13周岁少年儿童家长为孩子购书的不便之处

1.2.11　家长为孩子选择图书的倾向

在购买少儿读物时，有47.0%的9—13周岁少年儿童家长选择的是国内原创图书。选择购买引进版图书的家长仅占2.1%。还有一半以上（50.9%）的家长表示，在为孩子购书时并未注意过所购出版物是国内原创图书还是引进版图书。

具体情况如图 1-2-11 所示。

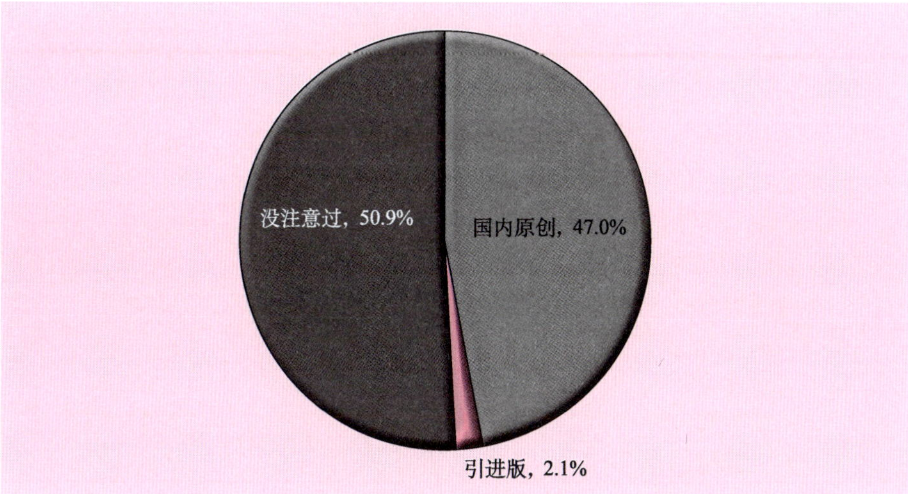

图 1-2-11　家长为少年儿童选择引进版与原创图书的比较

1.2.12　书店的知名度和市场渗透率

调查过程中，我们列举了国内 16 家较为知名的书店（包括网上书店），让被访的 9—13 周岁少年儿童家长挑选出其听说过的书店和曾为孩子购买过出版物的书店，然后再根据其选择情况对这些书店进行知名度和市场渗透率排名。结果表明，“本地新华书店”的知名度和市场渗透率均位列第一，“本地国营大型书店、图书大厦、图书城等”的知名度和市场渗透率均位列第二。此外，当当网、大众书局、京东商城、新华文轩连锁书店、卓越亚马逊网、苏宁易购等国内知名度较高的书店，其市场渗透度排名也相对靠前。

具体情况如表 1-2-3 所示。

表 1-2-3　书店的知名度和市场渗透率

书店名称	知名度	市场渗透率
当当网	13.7%	3.0%
卓越亚马逊网	6.5%	2.9%
99 网上书城	1.3%	0.5%

续前表

书店名称	知名度	市场渗透率
蔚蓝图书网	0.6%	0.1%
一城网	0.7%	0.4%
中国图书网	3.8%	0.5%
博库书城	4.0%	0.7%
时代网上书店	2.3%	0.4%
红泥巴图书网	0.7%	0.4%
蒲蒲兰绘本馆	0.3%	0.1%
本地国营大型书店、图书大厦、图书城等	32.8%	27.5%
本地新华书店	85.6%	76.2%
大众书局	13.3%	6.6%
新华文轩连锁书店	7.5%	3.9%
京东商城	8.2%	0.9%
苏宁易购	4.5%	0.9%

1.3 少年儿童与家长互动阅读情况

1.3.1 家长陪孩子读书情况

9—13 周岁少年儿童已经具备了相当的理解和阅读能力，且独立意识开始凸显，有 57.4%的我国 9—13 周岁少年儿童平时在家里主要是自己读书，没有家长陪伴。“妈妈”是最经常陪伴孩子读书的家长，有 32.2%的少年儿童表示平时在家主要是“妈妈”陪自己读书，有 11.5%的少年儿童表示平时在家主要是“爸爸”陪自己读书。还分别有 5.4%和 2.9%的少年儿童表示平时在家主要是“奶奶”或者“爷爷”陪自己读书，而“外婆”和“外公”则较少陪孩子读书，选择比例均不高。

具体情况如图 1-3-1 所示。

1.3.2 家长带孩子逛书店的频率

本次调查显示，我国 9—13 周岁少年儿童家长一年平均带孩子逛 11.72 次书店。其中，城镇少年儿童家长年平均带孩子逛 14.28

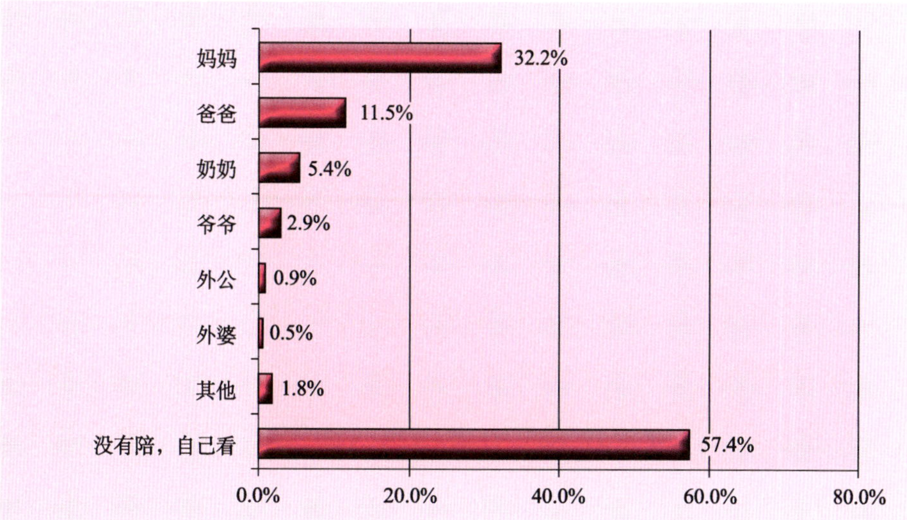

图 1-3-1　9—13 周岁少年儿童家长陪孩子读书情况

次书店，农村少年儿童家长一年平均带孩子逛 9.62 次书店。具体来看，79.4%的少年儿童家长会带孩子逛书店。有 9.2%的家长平均每星期带孩子逛一次书店，有 11.8%的家长平均每月带孩子逛两次书店，有 29.6%的家长平均每月带孩子逛一次书店，还有 28.8%的家长平均每学期带孩子逛一次书店。

具体情况如图 1-3-2 所示。

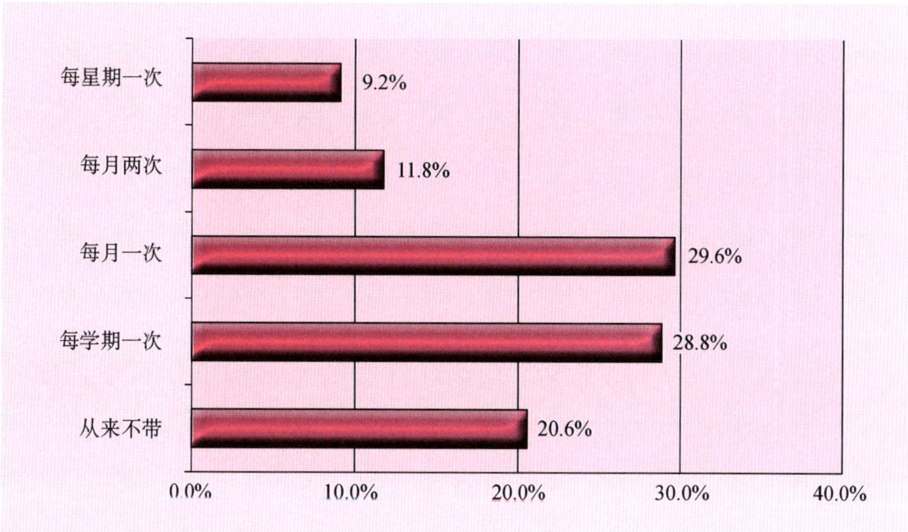

图 1-3-2　9—13 周岁少年儿童家长带孩子逛书店的频率

1.4 少年儿童最喜爱的十本书

在无提示的情况下，调查者向少年儿童被访者询问他们最喜爱的三本书的名字，然后根据图书被提及频次进行排名。结果显示，2012 年我国 9—13 周岁少年儿童最喜爱的图书是《西游记》，其次为《格林童话》和《十万个为什么》。此外，《三国演义》《水浒传》《鲁滨逊漂流记》等中外文学名著以及《白雪公主和七个小矮人》《安徒生童话》等童话类图书也榜上有名。

具体情况如表 1-4-1 所示。

表 1-4-1　9—13 周岁少年儿童最喜爱的十本图书

排名	2012 年最喜爱的图书
1	西游记
2	格林童话
3	十万个为什么
4	三国演义
5	水浒传
6	白雪公主和七个小矮人
7	鲁滨逊漂流记
8	阿衰 on line
9	爱的教育
10	安徒生童话

1.5 少年儿童最喜爱的十大作者

2012 年，9—13 周岁少年儿童最喜爱的十大图书作者中，排名第一的是安徒生，其后是杨红樱、郑渊洁、冰心、老舍、鲁迅、沈石溪、罗贯中、格林兄弟和管家琪。

具体情况如表 1-5-1 所示。

表 1-5-1 9—13 周岁少年儿童最喜爱的十大作者

排名	2012 年最喜爱的作者
1	安徒生
2	杨红樱
3	郑渊洁
4	冰心
5	老舍
6	鲁迅
7	沈石溪
8	罗贯中
9	格林兄弟
10	管家琪

1.6 出版社知名度和市场渗透率

调查过程中，我们列举了国内 25 家较为知名的出版社，请被访少年儿童家长从中挑选出听说过的出版社和曾为孩子购买过出版物的出版社，然后再根据其选择情况对这些出版社进行知名度和市场渗透率排名。结果显示，人民教育出版社、中国少年儿童出版社、北京少年儿童出版社的知名度和市场渗透率均名列前茅。此外，人民文学出版社、教育科学出版社和希望出版社等出版社的知名度排名较为靠前，而浙江少年儿童出版社、浙江教育出版社和人民文学出版社的市场渗透率排名较为靠前。

具体情况如表 1-6-1 所示。

表 1-6-1 出版社市场知名度和市场渗透率

出版社	知名度	市场渗透率
北京少年儿童出版社	40.1%	13.9%
北京师范大学出版社	17.0%	3.7%
春风文艺出版社	5.8%	1.2%
大象出版社	6.4%	2.3%
二十一世纪出版社	9.9%	6.8%
海燕出版社	8.1%	1.5%
河北教育出版社	6.8%	4.8%
湖北少年儿童出版社	4.7%	3.0%

续前表

出版社	知名度	市场渗透率
湖南少年儿童出版社	7.3%	4.8%
江苏教育出版社	15.0%	8.8%
江苏少年儿童出版社	5.7%	3.2%
教育科学出版社	21.7%	11.1%
接力出版社	6.0%	1.6%
龙门书局	3.1%	2.0%
明天出版社	9.6%	6.4%
人民教育出版社	60.5%	27.1%
人民文学出版社	31.5%	11.8%
上海少年儿童出版社	19.6%	10.7%
童趣出版公司	2.6%	1.8%
外语教学与研究出版社	2.4%	1.1%
希望出版社	21.5%	6.9%
新蕾出版社	8.0%	2.7%
浙江教育出版社	15.8%	13.0%
浙江少年儿童出版社	16.8%	13.1%
中国少年儿童出版社	42.9%	31.1%

第二章
9—13 周岁少年儿童期刊阅读与购买状况

2.1　少年儿童的期刊阅读率与阅读量

2012 年，我国 9—13 周岁少年儿童的期刊阅读率为 47.4%，较 2011 年的 59.4%下降了 12.0 个百分点。

从性别差异看，该年龄段男孩的期刊阅读率为 36.7%，较女孩的期刊阅读率（59.9%）低 23.2 个百分点。从城乡对比看，该年龄段城镇少年儿童的期刊阅读率为 60.8%，较农村少年儿童的期刊阅读率（36.4%）高出 24.4 个百分点。

具体情况如表 2-1-1 所示。

表 2-1-1　不同人口特征 9—13 周岁少年儿童期刊阅读率

人口特征	类别	期刊阅读率
性别	男孩	36.7%
	女孩	59.9%
城乡	城镇	60.8%
	农村	36.4%

2012 年，我国 9—13 周岁少年儿童人均期刊阅读量为3.22 期/份。

从性别差异看，该年龄段男孩的期刊阅读量为 2.36 期/份，较女孩的期刊阅读量（4.21 期/份）少 1.85 期/份。该年龄段城镇少年儿童的期刊阅读量为 4.79 期/份，较农村少年儿童的期刊阅读量（1.95 期/份）多出 2.84 期/份。

具体情况如表 2-1-2 所示。

表 2-1-2 不同人口特征 9—13 周岁少年儿童期刊阅读量

人口特征	类别	期刊阅读量（期/份）
性别	男孩	2.36
	女孩	4.21
城乡	城镇	4.79
	农村	1.95

2012 年，有 23.2%的 9—13 周岁少年儿童的期刊阅读量在 5 本以内，8.0%的少年儿童期刊阅读量在 6—9 本，有 9.5%的少年儿童期刊阅读量在“10 本及以上”。除此之外，还有 6.8%的少年儿童表示“不清楚”。

具体情况如图 2-1-1 所示。

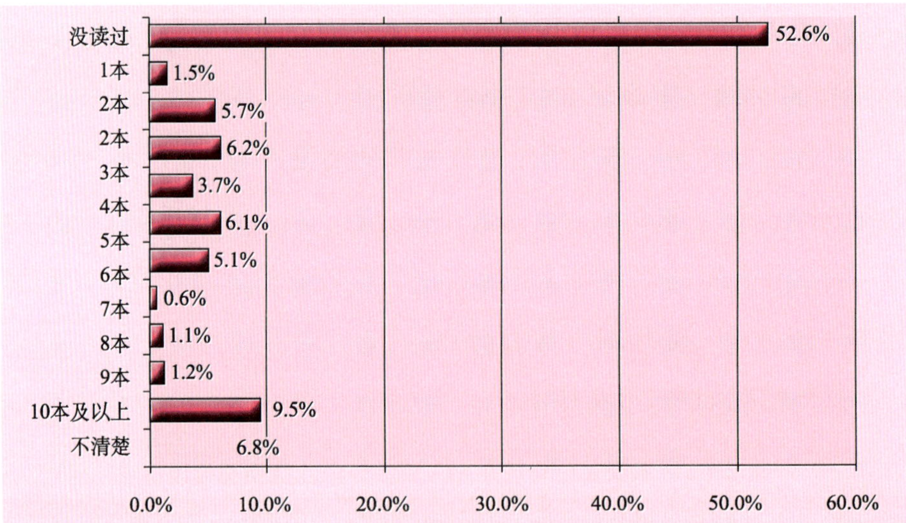

图 2-1-1 9—13 周岁少年儿童期刊阅读量

2.2 家长对少儿期刊的购买状况

2.2.1 家长对少儿期刊的价格承受力

本次调查显示，我国 9—13 周岁少年儿童家长平均可接受的单本少儿期刊价格为 7.52 元。其中，城镇家长平均可接受的单本少儿期刊价格为 7.45 元，农村家长平均可接受的单本少儿期刊价格为 7.59 元。

进一步分析来看，超过九成（90.4%）的我国 9—13 周岁少年儿童家长能接受的少儿期刊价格区间在 2—12 元。具体来看，有 12.6%的家长能接受 2—4 元的价格区间，有 24.0%的家长能接受 4—6 元的价格区间，有 22.4%的家长能接受 6—8 元的价格区间，8—10 元的价格区间被 18.2%的家长所接受，10—12 元价格区间的选择比例为 13.2%。此外，能接受单本少儿期刊价格在 12 元及以上的家长占 9.1%，只有 0.5%的家长能接受单本少儿期刊的价格在 2 元以下。

具体情况如图 2-2-1 所示。

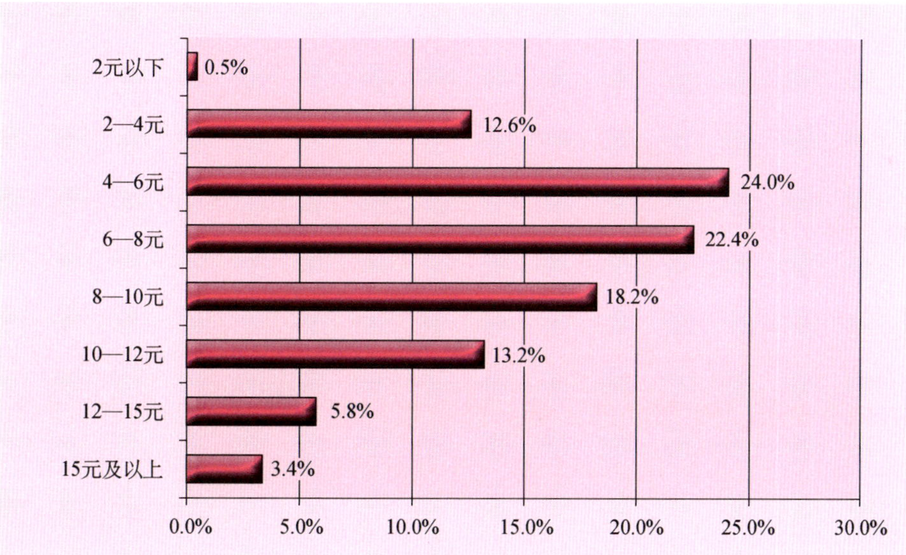

图 2-2-1　9—13 周岁少年儿童家长对少年儿童期刊的价格承受力

2.2.2　家长对少儿期刊的价格评价

调查显示，有 46.8%的我国 9—13 周岁少年儿童家长认为当前少儿期刊价格偏贵（有 44.4%的家长认为“比较贵”，2.4%的家长认为“非常贵”)。还有47.7%的我国9—13周岁少年儿童家长认为目前的少儿期刊价格合适。此外，仅有5.5%的家长认为目前少儿期刊价格便宜（“比较便宜”或“非常便宜”)。

具体情况如图2-2-2所示。

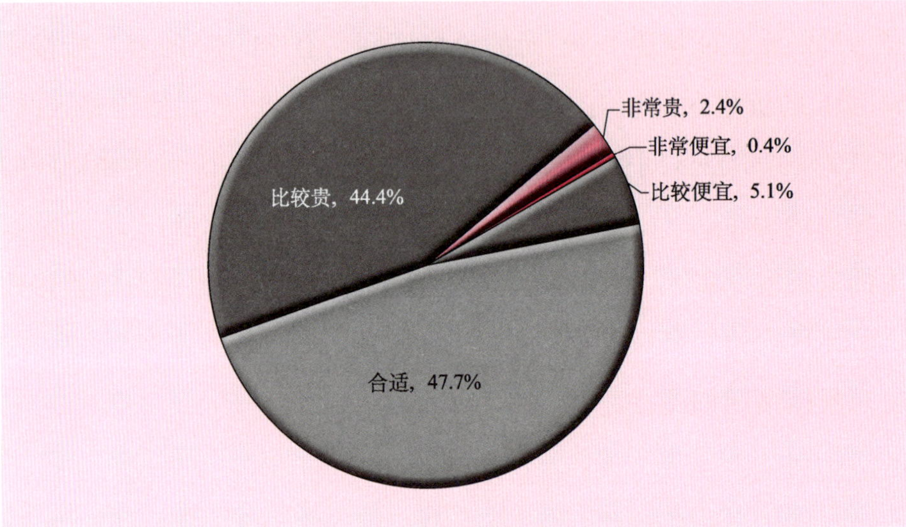

图 2-2-2 9—13 周岁少年儿童家长对少儿期刊价格的评价

2.3 少年儿童最喜爱的十大期刊

本次调查中，在无提示的情况下，我们请少年儿童被访者列举其最喜爱的三本期刊的名称，然后根据期刊被提及的频次进行排名。如表2-3-1所示，文学类、漫画类期刊较受9—13周岁少年儿童的喜爱。其中，《意林》《读者》和《故事会》分列2012年最受少年儿童喜爱的期刊前三位。

表 2-3-1 9—13 周岁少年儿童最喜爱的十大期刊

排名	2012 年最喜爱的期刊
1	意林
2	读者
3	故事会
4	青年文摘

续前表

排名	2012 年最喜爱的期刊
5	故事大王
6	漫客
7	儿童文学
8	漫画大王
9	课堂内外
10	学生天地

2.4 少儿报刊市场状况

2.4.1 报刊知名度

为了解报刊的知名度情况，我们选取了目前在国内受欢迎程度比较高的 25 种少儿报刊，请被访少年儿童家长选择其所知晓的报刊，然后根据选择情况对这些报刊进行知名度排名。结果显示，2012 年，9—13 周岁少年儿童报刊知名度的排名和上一年相比变化不大。《故事大王》《故事会》《童话大王》依然占据榜单前三位，是在该年龄段少年儿童家长中知名度最高的三种报刊。

由表 2-4-1 的数据可知，故事类、作文类、童话类、漫画类报刊在该年龄段少年儿童家长中的知名度较高。

表 2-4-1 少年儿童类报刊知名度排名

排名	报刊名称	知名度
1	故事大王	54.7%
2	故事会	48.0%
3	童话大王	43.4%
4	小学生作文	39.0%
5	漫画大王	34.0%
6	儿童文学	30.4%
7	童话世界	25.2%
8	语文报	16.6%
9	少年文艺	15.7%
10	小学生之友	15.6%
11	连环画报	14.3%
12	创新作文	14.0%

续前表

排名	报刊名称	知名度
13	少年科学画报	13.7%
14	科幻世界	13.5%
15	作文通讯	12.7%
16	英语周报	12.1%
17	课堂内外	11.0%
18	小爱迪生	10.1%
19	红领巾	9.6%
20	我们爱科学	8.0%
21	小主人报	6.3%
22	小哥白尼	5.5%
23	红蜻蜓	4.6%
24	快乐巧连智	3.1%
25	琴童	0.7%

2.4.2 报刊市场渗透率

本次调查中，我们请被访少年儿童家长在列举出的国内受欢迎程度比较高的25种少儿报刊中，选择他们曾在2012年购买过的报刊以了解这些报刊的市场渗透情况。结果发现，2012年，《小学生作文》市场渗透率最高。此外，知名度较高的故事类、童话类、作文类报刊的市场渗透率也较高。

具体情况如表2-4-2所示。

表2-4-2 少年儿童报刊市场渗透率排名

排名	报刊名称	市场渗透率
1	小学生作文	29.9%
2	故事会	26.0%
3	故事大王	24.3%
4	童话大王	17.7%
5	漫画大王	16.4%
6	儿童文学	14.2%
7	童话世界	11.4%
8	语文报	11.2%
9	英语周报	11.0%

续前表

排名	报刊名称	市场渗透率
10	创新作文	10.8%
11	课堂内外	9.3%
12	小学生之友	8.5%
13	科幻世界	8.0%
14	作文通讯	6.6%
15	小爱迪生	5.9%
16	我们爱科学	5.5%
17	连环画报	4.2%
18	小哥白尼	4.1%
19	红领巾	3.7%
20	少年文艺	2.8%
21	少年科学画报	2.2%
22	小主人报	1.8%
23	红蜻蜓	1.3%
24	快乐巧连智	0.6%
25	琴童	0.1%

第三章
9—13 周岁少年儿童上网情况

3.1　少年儿童上网率及上网设备

本次调查显示，2012 年，我国 9—13 周岁少年儿童的上网率为 43.6%。从上网使用的设备来看，我国少年儿童最常用的上网设备是电脑，有 42.4%的少年儿童平时用电脑上网。此外，还有 6.4%的少年儿童平时通过手机上网。

具体情况如图 3-1-1 所示。

3.2　少年儿童网民上网频率

2012 年，我国 9—13 周岁少年儿童网民的人均上网频率为每月 9.14 次。具体来看，有 7.8%的少年儿童网民平均每天至少上一次网，7.0%的少年儿童网民平均每周上网 4—6 次，36.1%的少年儿童网民平均每周上网 2—3 次，还有 41.3%的少年儿童网民表示平均每周上网 1 次。总体来看，有高达 92.2%的 9—13 周岁少年儿童网民每周至少上网一次。

具体情况如图 3-2-1 所示。

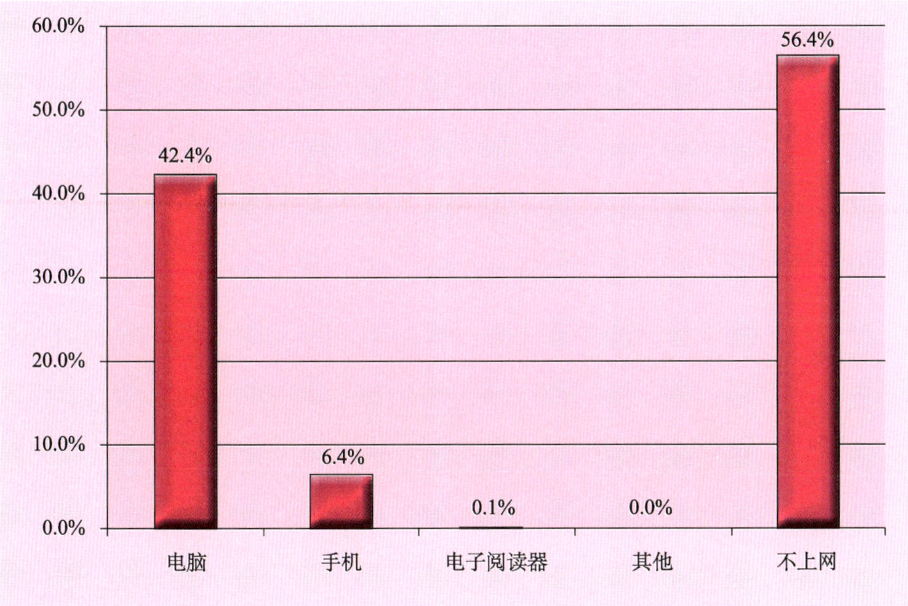

图 3-1-1　9—13 周岁少年儿童上网设备选择比例

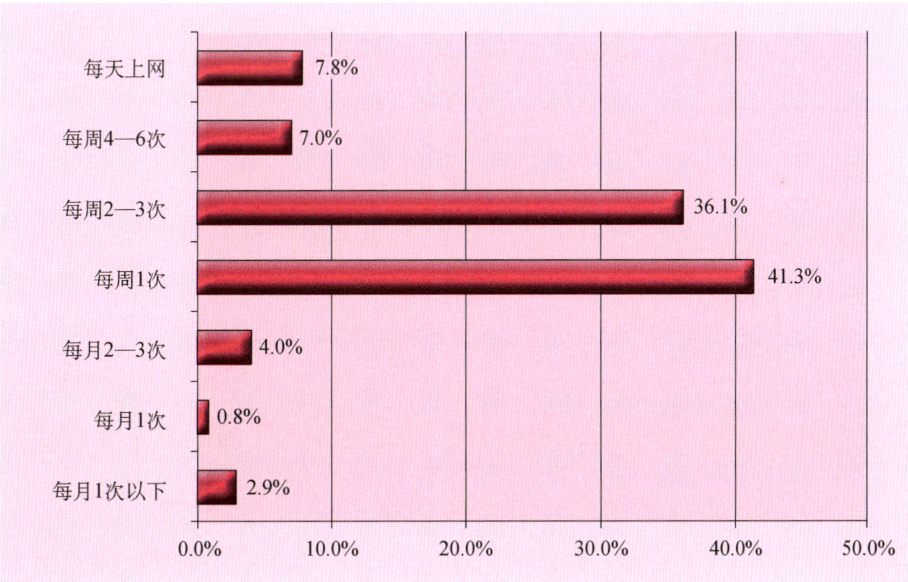

图 3-2-1　9—13 周岁少年儿童网民上网频率

3.3　少年儿童网民上网地点

调查显示，2012 年，我国 9—13 周岁少年儿童网民平时主要在家里上网，选择比例高达90.4%。平时主要在学校、网吧等地点上网的少年儿童不多，仅有3.4%的少年儿童选择主要在学校上网，1.9%的少年儿童选择主要在网吧上网，1.6%的少年儿童选择主要在同学家上网。此外，还有2.5%的少年儿童上网地点“不固定”。

具体情况如图3-3-1所示。

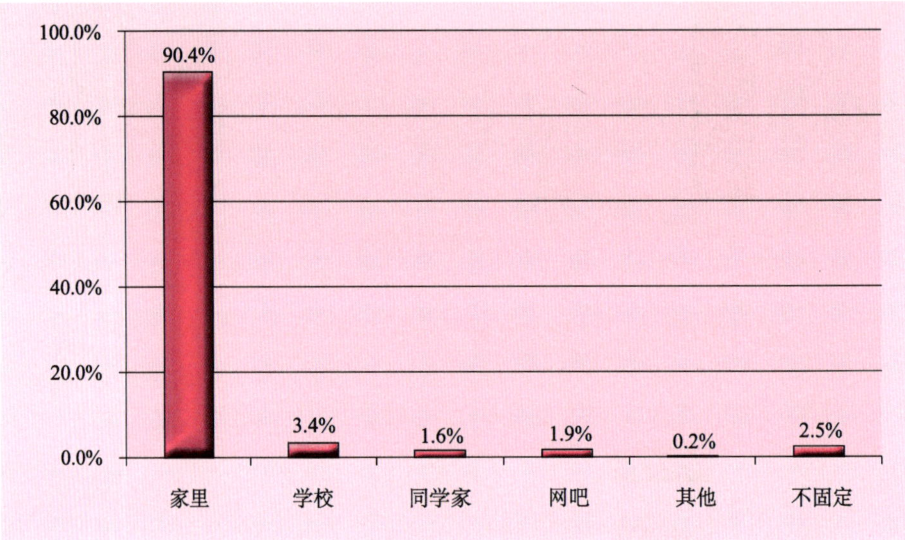

图3-3-1　9—13周岁少年儿童网民上网地点

3.4　少年儿童网民上网从事的主要活动

调查数据显示，“打网络游戏”是我国9—13周岁少年儿童网民上网时最经常进行的活动，选择比例为57.3%。“收听/收看/下载歌曲和电影”“网上聊天/交友”“网上学习”“看书/漫画”和“搜索信息”也是少年儿童网民较为主要的网络活动，选择比例分别为43.2%、42.7%、33.1%、26.8%和22.3%。而上网进行“更新博客或阅读他人博客”“网络购物”“收发E-mail”和“BBS灌水或浏览”等活动的少年儿童网民则相对较少。

具体情况如图3-4-1所示。

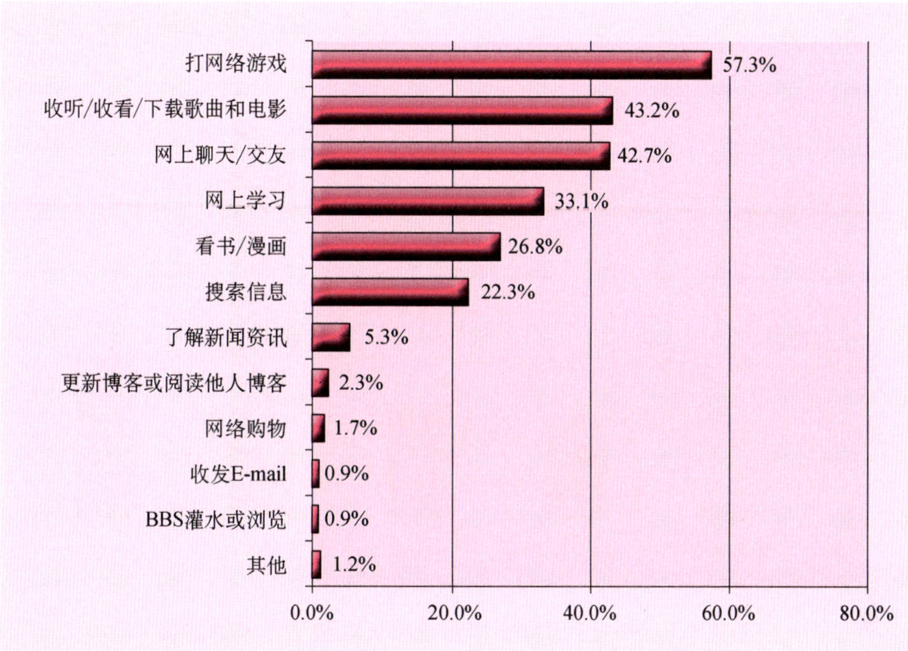

图 3-4-1　9—13 周岁少年儿童网民上网从事的主要活动

3.5　家长对孩子上网的态度

本次调查显示，有 70.8%的我国 9—13 周岁少年儿童家长对孩子上网持反对态度（“比较反对”或“非常反对”），持赞成态度（“比较赞成”或“非常赞成”）的家长比例为 15.0%。另外，还有 14.3%的家长对少年儿童上网持“无所谓”的态度。

具体情况如图 3-5-1 所示。

3.6　家长网上购买出版物状况

3.6.1　家长网上购买出版物的种类

2012 年，在通过网络购买过少年儿童出版物的 9—13 周岁少年儿童的家长中，有 67.2%的家长表示在网上给孩子购买过图书，另有 35.3%的家长在网上为孩子购买学习用音像制品。而在网上给孩

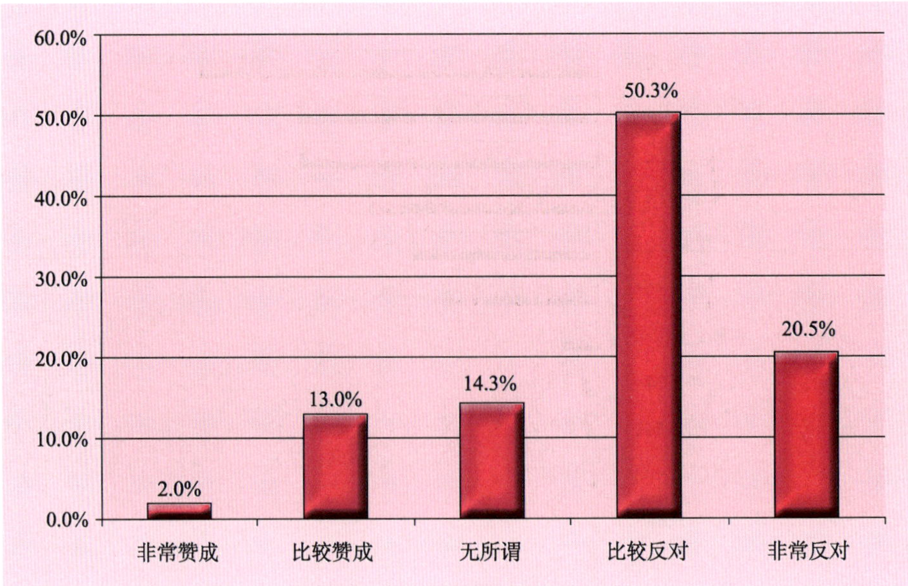

图 3-5-1　9—13 周岁少年儿童家长对孩子上网的态度

子购买娱乐休闲用音像制品、软件/游戏光盘以及盒式录音带的家长比例相对较低，均不足 10.0%。

具体情况如图 3-6-1 所示。

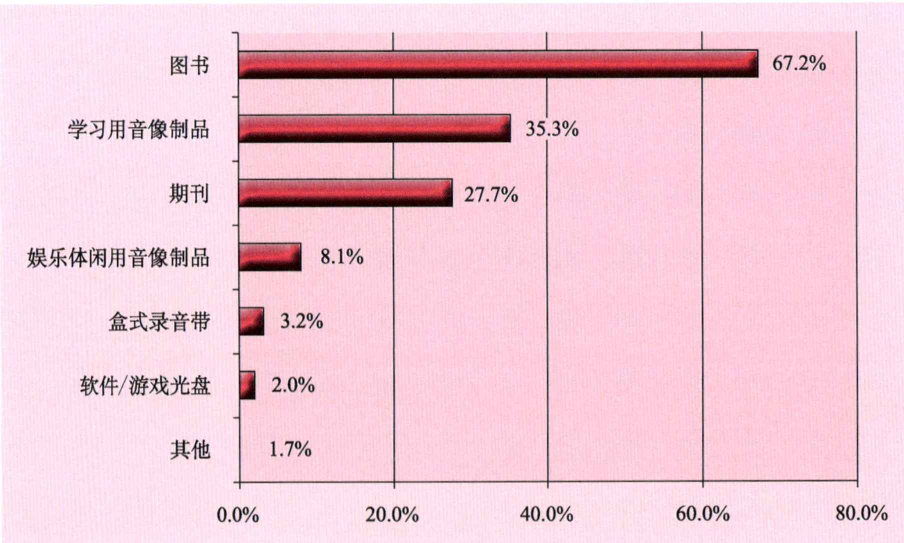

图 3-6-1　9—13 周岁少年儿童家长上网购买出版物的种类

3.6.2 家长选择网上购买出版物的原因

调查显示，9—13 周岁少年儿童家长选择在网上给孩子购买出版物的最主要原因是“价格优惠”，此项选择比例为 67.9%；其次，“送货上门”和“图书种类多”等因素也是家长选择在网上给孩子购买出版物的重要因素，选择比例分别为 56.1%和 40.1%。可见，网络购买出版物的优惠性、方便性与品种丰富性是其重要特色，同时也是吸引少年儿童家长在网上给孩子购买出版物的重要因素。

具体情况如图 3-6-2 所示。

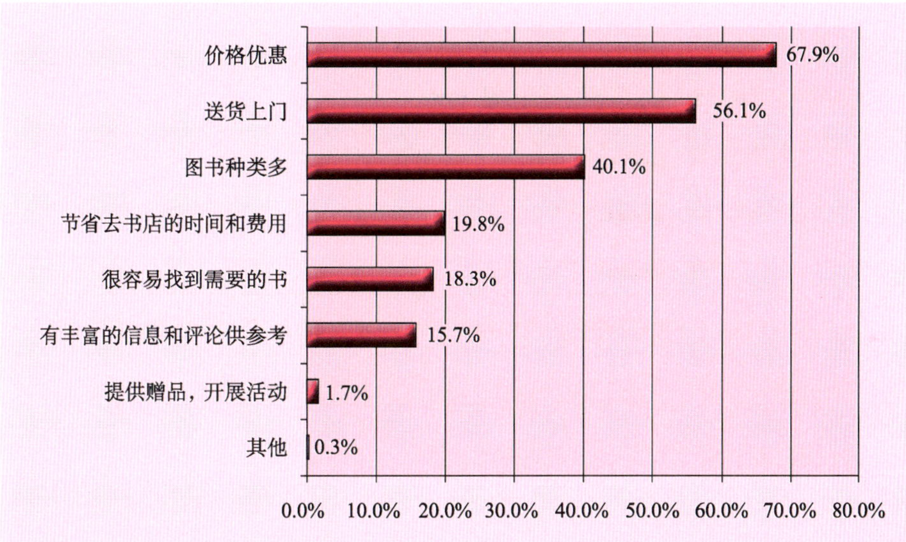

图 3-6-2 9—13 周岁少年儿童家长选择网上购买出版物的原因

3.6.3 网上购买出版物的制约因素

本次调查显示，对于没有选择通过网络给孩子购买出版物的 9—13 周岁少年儿童家长而言，“不习惯网上购物”是其重要的制约因素。有 45.1%的家长将其作为没有在网上给孩子购买出版物的主要原因。其次，有 28.7%的家长因为“不能上网”而没有在网上给孩子购买过出版物，有 22.0%的家长因为“太麻烦/流程过于复杂”

而没有在网上给孩子购买过出版物，有22.0%的家长因为担心“网上购物不安全”而没有在网上给孩子购买过出版物，还有14.6%的家长因为担心“无法检验出版物质量”而没有在网上给孩子购买过出版物。此外，“付费不方便”和“运费太高”的选择比例相对较低，分别为5.0%和4.7%。

具体情况如图3-6-3所示。

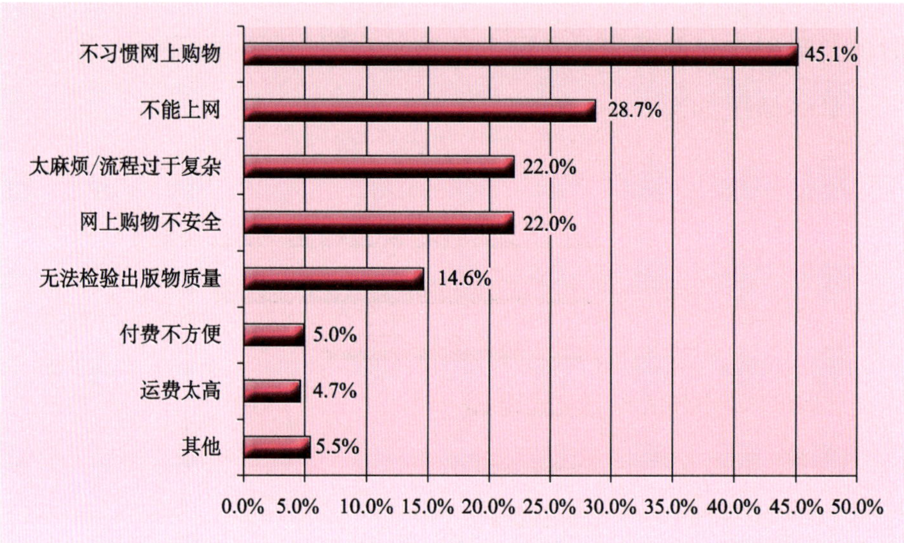

图3-6-3 9—13周岁少年儿童家长网上购买出版物的制约因素

第四章
9—13 周岁少年儿童音像电子出版物购买状况

4.1　音像电子出版物的购买渠道

2012 年调查显示，我国 9—13 周岁少年儿童家长音像电子出版物的购买率为 56.6%。购买音像电子出版物的主要渠道是“书店”，选择比例为 28.0%；其次是“商场超市”“音像店或软件专卖店”和“学校统一订购”等渠道，选择比例分别为 15.8%、15.6%和 11.7%。而选择“网上”购买音像电子出版物的家长较少，仅占 1.0%。由此可见，到实体店为孩子购买音像电子出版物，是家长们选择的主要渠道。

具体情况如图 4-1-1 所示。

4.2　家长对音像电子出版物的购买状况

4.2.1　音像电子出版物的价格承受力

调查数据显示，我国 9—13 周岁少年儿童家长平均可接受的每张 CD 光盘价格为 9.94 元，平均可接受的每张 VCD/DVD 价格为 10.62 元，平均可接受的每盘盒式录音带价格为 9.98 元，平均可接

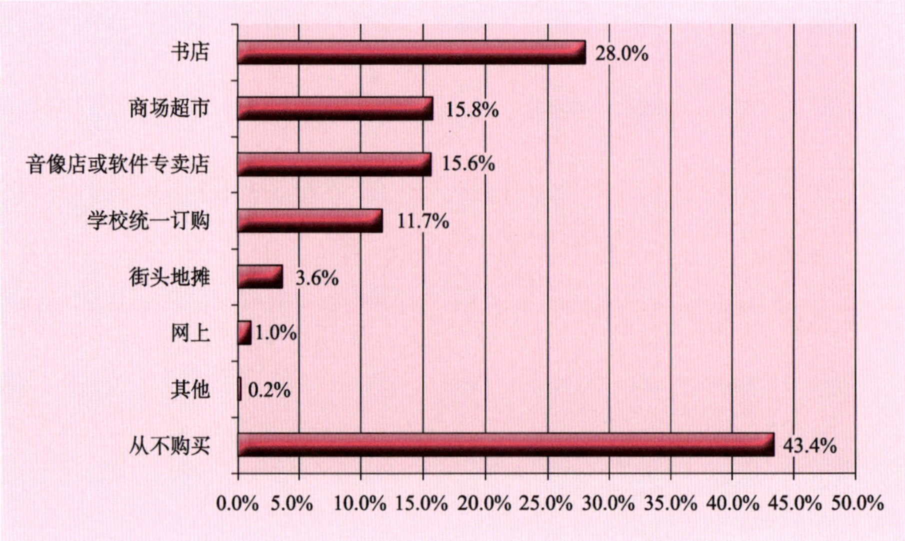

图 4-1-1　家长对音像电子出版物的购买渠道

受的每张 CD-ROM 价格则为 12.04 元。

具体看来，2012 年，大部分少年儿童家长能够接受的音像电子出版物价格在 20 元以内。有 67.9%的少年儿童家长表示能够接受的每张 CD 光盘价格在 20 元以内，有 68.6%的少年儿童家长表示能够接受的每张 VCD/DVD 价格在 20 元以内，有 55.1%的少年儿童家长表示能够接受的每盘盒式录音带价格在 20 元以内。而由于使用者减少等原因，不少家长对一些音像电子出版物的价格不够了解，分别有 39.2%和 51.6%的家长表示“不清楚/不知道”盒式录音带和 CD-ROM 的价格。

具体情况如表 4-2-1 所示。

表 4-2-1　家长对少年儿童音像电子出版物的价格承受力

	CD 光盘	VCD/DVD	盒式录音带	CD-ROM
＜10 元	42.4%	41.1%	37.5%	24.2%
10—20 元	25.5%	27.5%	17.6%	15.5%
20—30 元	4.4%	6.4%	4.1%	6.2%
≥30 元	0.7%	0.9%	1.5%	2.4%
不清楚/不知道	27.0%	24.1%	39.2%	51.6%
平均可接受单价	9.94 元	10.62 元	9.98 元	12.04 元

4.2.2 音像电子出版物的价格评价

2012年，近五成（49.7%）的9—13周岁少年儿童家长表示目前少年儿童类音像电子出版物的价格较贵。比较贵或非常贵有43.8%的家长表示目前音像电子出版物的价格“合适”。仅有6.4%的家长认为当前音像电子出版物的价格便宜（“非常便宜”或“比较便宜”）。

具体情况如图4-2-1所示。

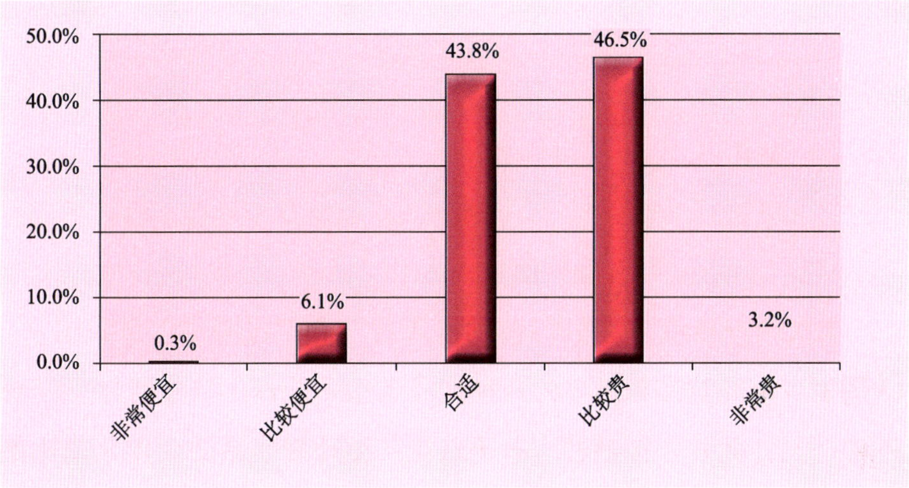

图4-2-1 9—13周岁少年儿童家长对少年儿童类音像电子出版物的价格评价

第五章
9—13 周岁少年儿童动漫及电子游戏接触状况

5.1　少年儿童动漫接触情况

5.1.1　动漫类型偏好度

本次调查显示，“动画片/动漫影视”和“漫画书”是我国 9—13 周岁少年儿童接触最多的两种动漫类型，选择比例分别为 68.5%和 61.2%。此外，接触过“电子游戏”类动漫作品的少年儿童比例为 20.3%，接触过“漫画期刊”类动漫作品的少年儿童比例为 19.9%。还有 12.2%的我国少年儿童表示，选择项中列举的所有类型的动漫产品“都没有接触过”。

具体情况如图 5-1-1 所示。

5.1.2　动漫题材偏好度

本次调查显示，“搞笑”类动漫是我国 9—13 周岁少年儿童动漫作品接触者最喜爱的动漫题材，61.6%的少年儿童选择此项；“神话”、“科幻”和“侦探”类动漫也较受我国少年儿童喜爱，选择比例分别为 38.6%、34.3%和 28.9%。“体育”和“爱情”类动漫的选择比例则相对不高。

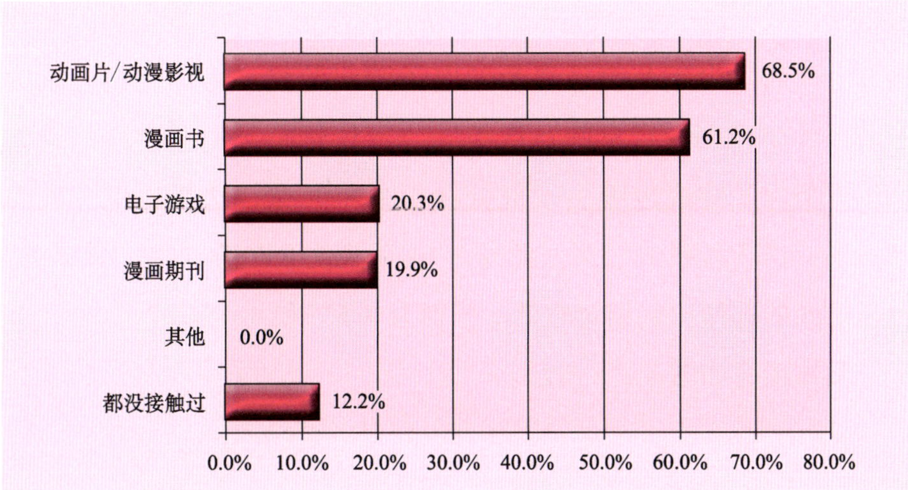

图 5-1-1　9—13 周岁少年儿童喜爱的动漫类型

具体情况如图 5-1-2 所示。

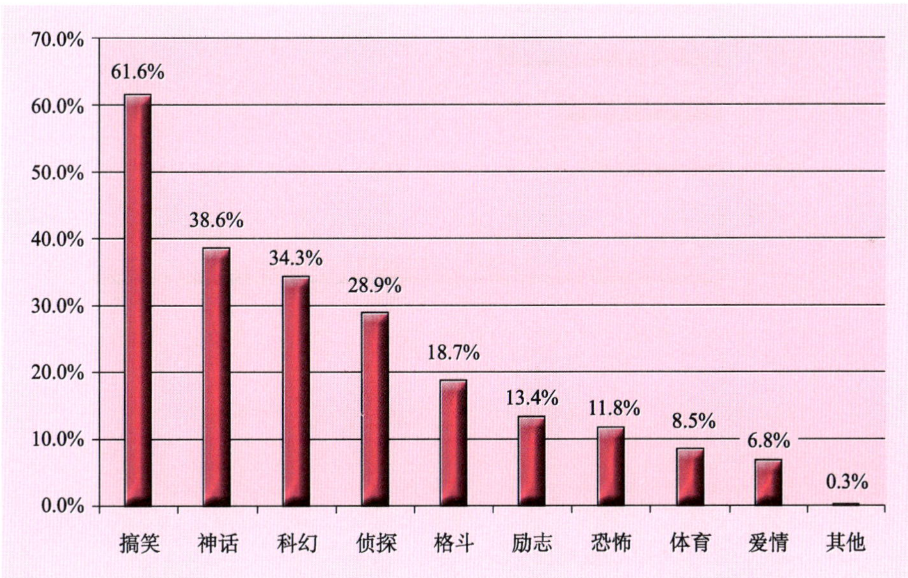

图 5-1-2　9—13 周岁少年儿童动漫作品接触者喜爱的动漫题材

5.2　少年儿童电子游戏接触情况

5.2.1　电子游戏题材偏好度

调查显示，2012 年，有 62.2%的我国 9—13 周岁少年儿童接触过电子游戏。进一步分析发现，“动作打斗类”和“赛车类”是我国9—13周岁少年儿童最喜爱的电子游戏题材，选择比例分别为27.3%和25.1%。“棋牌益智类”“音乐舞蹈类”和“科幻奇幻RPG”类电子游戏也吸引了部分我国少年儿童，选择比例分别为18.1%、15.9%和13.4%。此外，“神话武侠RPG”类和“策略类”电子游戏的选择比例相对略低，分别为9.6%和8.4%。

具体情况如图5-2-1所示。

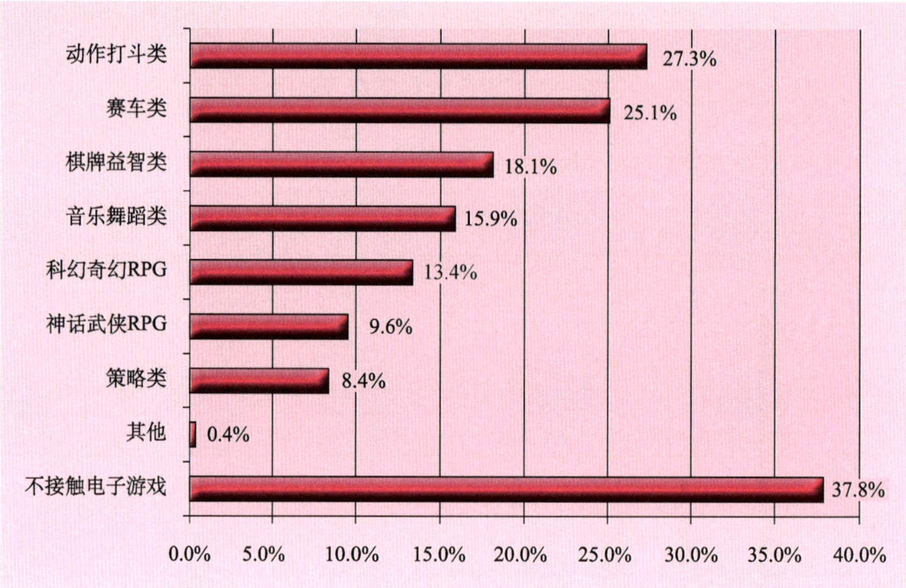

图5-2-1　9—13周岁少年儿童喜爱的电子游戏题材

5.2.2　电子游戏接触时长

2012年，我国9—13周岁少年儿童的电子游戏接触率为80.0%，比2011年的80.4%低了0.4个百分点，少年儿童电子游戏接触者的日均电子游戏接触时长为49.97分钟。具体来看，21.8%的少年儿童电子游戏接触者平均每天电子游戏接触时长在半小时以下，这一选择比例最高。还有19.9%的少年儿童电子游戏接触者平均每天玩电子游戏的时长在0.5—1小时之间，有23.6%的少年儿童电子游戏接触者平均每天玩电子游戏的时长在1—3个小时之间，仅有2.7%的少年儿童电子游戏接触者平均每天玩电子游戏超过3个小时。

具体情况如图5-2-2所示。

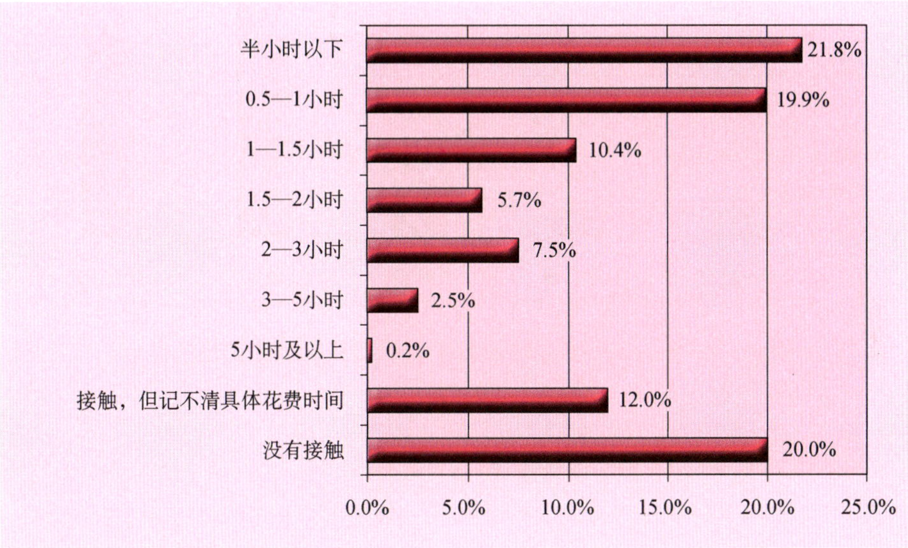

图5-2-2　9—13周岁少年儿童电子游戏接触者日均电子游戏接触时长

5.3　家长对孩子玩电子游戏的态度

本次调查显示，接近九成（87.6%）的我国9—13周岁少年儿童家长对孩子玩电子游戏持反对态度（“非常反对”或“比较反对”）。具体来看，有49.5%的家长选择“比较反对”，38.1%的家长选择“非常反对”。只有5.2%的家长赞成孩子玩电子游戏（“非常赞成”或“比较赞成”）。另外，还有7.2%的家长认为孩子玩电子游戏“无所谓”。

具体情况如图5-3-1所示。

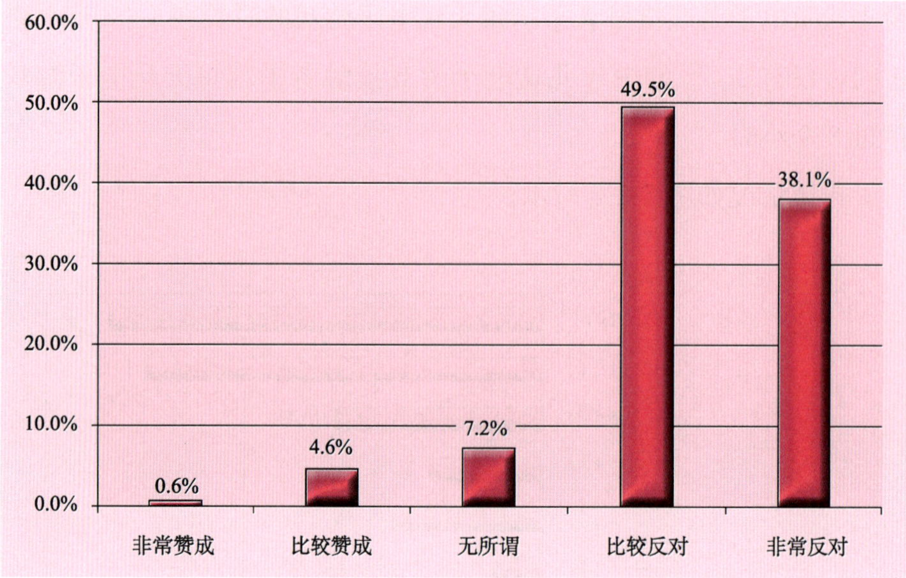

图 5-3-1 9—13 周岁少年儿童家长对孩子玩电子游戏的态度

第六章
9—13 周岁少年儿童家长的版权认知状况

6.1 少年儿童家长版权认知度

调查得知，70.2%的 9—13 周岁少年儿童家长表示听说过版权这回事。从城乡对比看，该年龄段城镇少年儿童家长版权认知度为 82.5%，而农村少年儿童家长版权认知度为 60.1%，较城镇少年儿童家长版权认知度低 22.4 个百分点。

具体情况如图 6-1-1 所示。

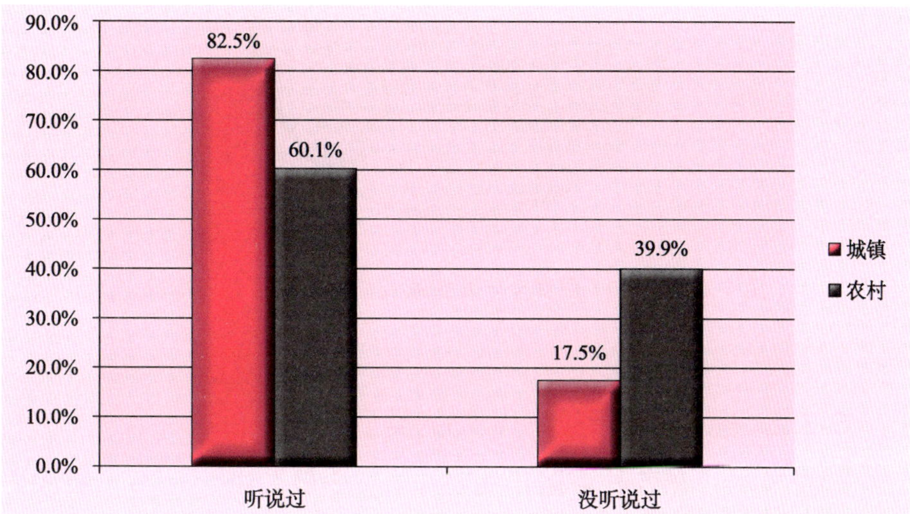

图 6-1-1 9—13 周岁少年儿童家长版权认知度的城乡差异

6.2 少年儿童家长盗版出版物购买状况

6.2.1 家长对盗版出版物的购买率

调查数据显示，就 2012 年给孩子购买过的图书和音像制品而言，我国 9—13 周岁少年儿童家长的盗版出版物购买率为 13.0%。具体来看，仅有 4.0%的家长表示给孩子购买的出版物均为盗版，还有 9.0%的家长表示正版盗版出版物均购买过，即至少有 13.0%的家长在 2012 年给孩子购买过盗版出版物。同时，在我国 9—13 周岁少年儿童家长中，有 27.4%的家长表示给孩子购买过的图书或音像制品均为正版。此外，仍有 45.1%的家长表示分不清其给孩子购买的出版物是正版还是盗版。

具体情况如图 6-2-1 所示。

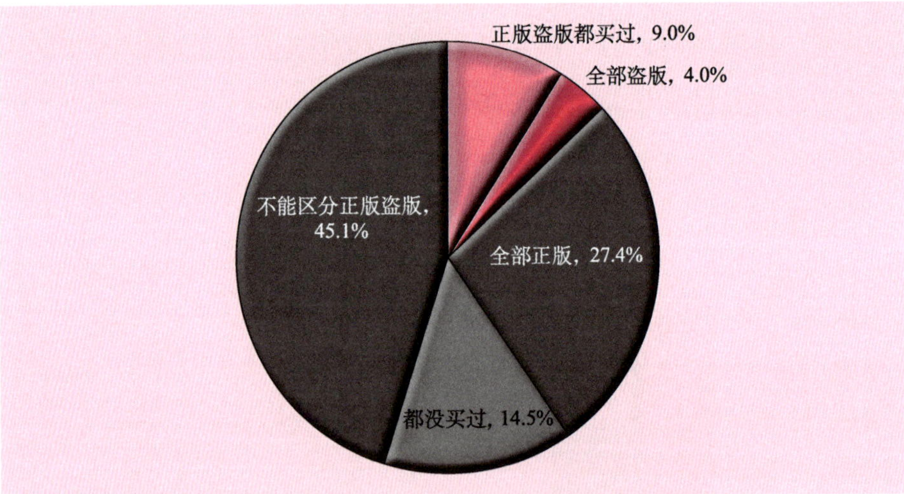

图 6-2-1 9—13 周岁少年儿童家长盗版出版物购买情况

6.2.2 家长购买盗版出版物的类型

调查显示，在各种盗版出版物中，“一般图书”是家长最常为孩子购买的盗版出版物类型。在 2012 年给孩子购买过盗版出版物的我国9—13周岁少年儿童家长中，有74.1%的家长在2012年给孩子购买过盗版的“一般图书”。其次，给孩子购买过盗版“音像制品”和盗版“教材教辅”的家长也不在少数，选择比例分别为41.0%和35.0%。

具体情况如图6-2-2所示。

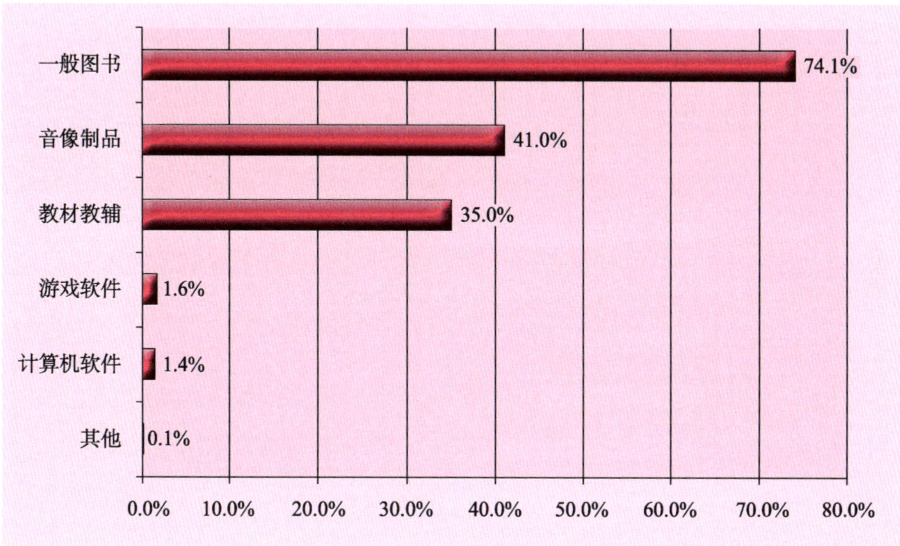

图6-2-2　9—13周岁少年儿童家长购买盗版出版物的类型

6.2.3　家长购买盗版出版物的驱动因素

对2012年给孩子购买过盗版出版物的我国9—13周岁少年儿童家长而言，“价格便宜”是其给孩子购买盗版出版物的最主要原因，选择此选项的比例为64.1%。“品种丰富”和“购买方便”也是家长们给孩子购买盗版出版物的主要因素，有20.8%的家长选择“品种丰富”，有17.6%的家长选择“购买方便”。此外，还有24.6%的家长表示“买时不知道是盗版”，有18.1%的家长则表示“没有正版可买”。

具体情况如图6-2-3所示。

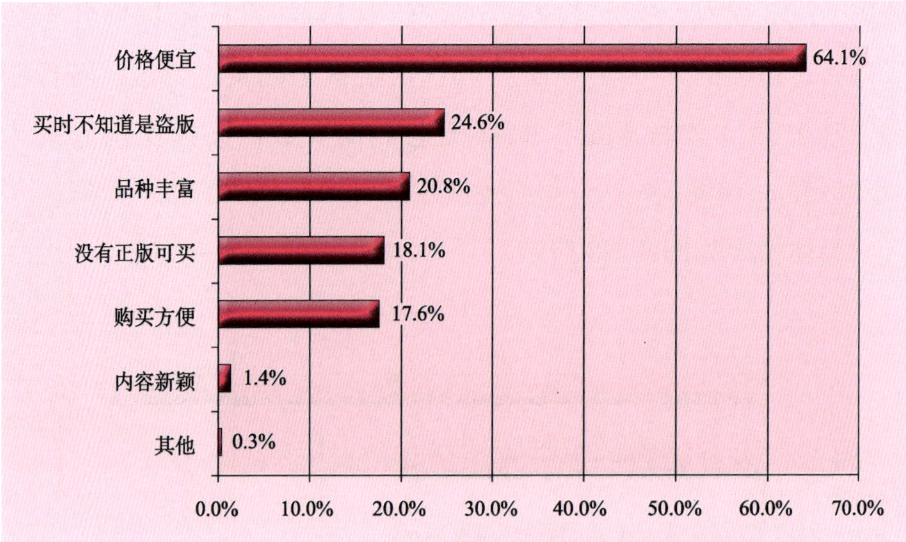

图 6-2-3　9—13 周岁少年儿童家长购买盗版出版物的驱动因素

第七章 9—13 周岁少年儿童阅读活动参与状况

7.1 少年儿童学校图书馆使用情况

本次调查显示，我国有 62.9%的 9—13 周岁少年儿童表示所在学校有图书馆，低于我国 14—17 周岁青少年表示所在学校设有图书馆的比例（72.2%）。可见，我国小学阶段的学校图书馆普及建设还有待加强。

调查数据显示，表示学校有图书馆的我国 9—13 周岁少年儿童平均每月去 5.84 次图书馆。在表示学校有图书馆的我国 9—13 周岁少年儿童中，有 80.7%的少年儿童去过学校图书馆。具体来看，40.5%的少年儿童平均每周至少去过一次学校图书馆（选择“每天都去”的比例为 2.2%，选择“每周 4—6 次”的比例为 7.5%，选择“每周 1—3 次”的比例为 30.8%）。还有 26.8%的少年儿童表示平均每月去 1—3 次学校图书馆，平均每月去图书馆“不足一次”的少年儿童比例为 13.4%。同时，有 19.3%的我国少年儿童表示“没有去过”学校图书馆。

具体情况如表 7-1-1 所示。

表 7-1-1　9—13 周岁少年儿童学校图书馆使用频率

学校图书馆使用情况	比例（%）
每天都去	2.2%
每周 4—6 次	7.5%
每周 1—3 次	30.8%
每月 1—3 次	26.8%
每月不足一次	13.4%
没有去过	19.3%

7.2　读书活动/读书节的知晓情况

在不提及具体读书活动前提下，2012 年，我国有 13.4%的 9—13 周岁少年儿童家长表示周围举办过读书活动/读书节，有 86.6%的家长表示周围没有举办过读书活动/读书节。从城乡对比上看，有 19.6%的城镇少年儿童家长表示身边有读书活动/读书节，仅有 8.2%的农村少年儿童家长表示身边有读书活动/读书节，不到城镇少年儿童家长的二分之一。

具体情况如图 7-2-1 所示。

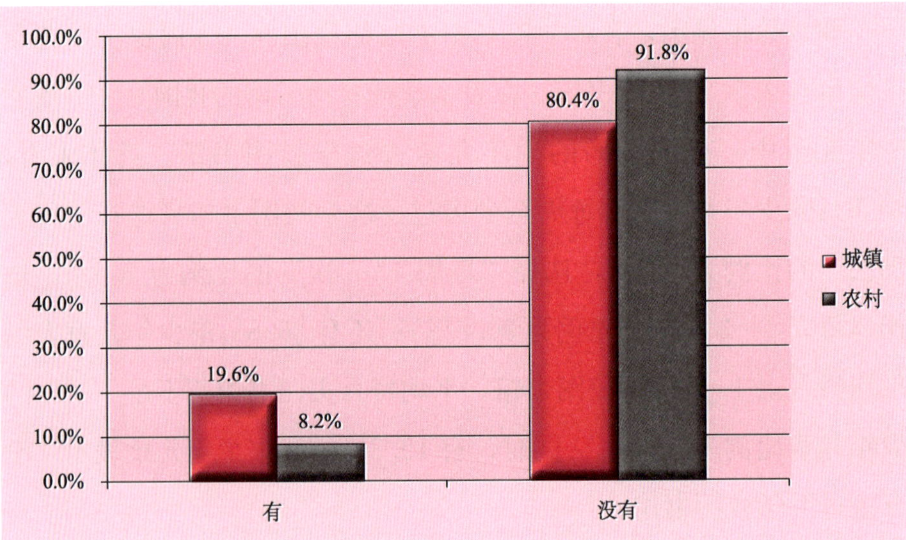

图 7-2-1　9—13 周岁少年儿童家长对读书活动/读书节知晓情况的城乡差异

7.3 少年儿童阅读活动参与类型

2012 年，在提及具体读书活动前提下，有 30.6%的我国 9—13 周岁少年儿童表示参加过阅读活动。具体来看，在参加过阅读活动的少年儿童中，有 38.1%的少年儿童参加过“读书征文/作文或书画摄影大赛”，选择比例最高；此外，还有 37.3%的少年儿童参加过“捐书爱心活动”，有 33.2%的少年儿童参加过“读书竞赛/演讲/辩论赛”。其余阅读活动的参加比例相对较低，在参加过阅读活动的少年儿童中，9.6%的少年儿童参加过“读书游园会”，8.5%的少年儿童参加过“读书讲座/作家报告会”，7.2%的少年儿童参加过“图书展览会/特价书市”，3.4%的少年儿童参加过“作家签名售书/新书推介”，均低于 10.0%。可见，我国少年儿童阅读活动的参与程度还有待提高。

具体情况如图 7-3-1 所示。

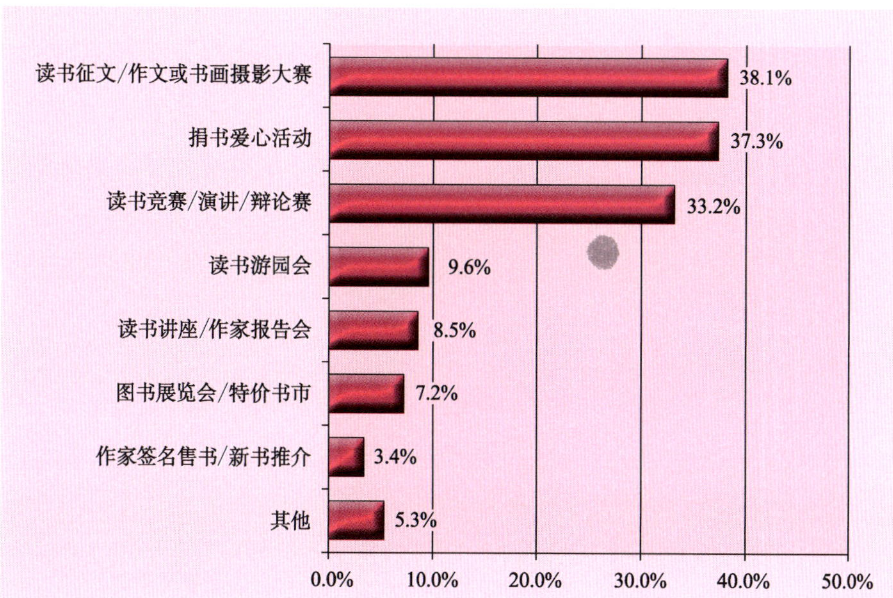

图 7-3-1 9—13 周岁少年儿童阅读活动参与类型

第四篇

0—8 周岁儿童部分

第一章 0—8 周岁儿童图书阅读与购买状况

1.1 儿童综合阅读率和阅读起始时间

1.1.1 综合阅读率

2012 年，我国 0—8 周岁儿童综合阅读率①为 75.4%，比 2011 年的 75.2%上升了 0.2 个百分点。从性别差异看，男孩的综合阅读率为 73.5%，略低于女孩的 77.6%。从城乡对比看，城镇儿童的综合阅读率为 79.1%，高于农村儿童的 72.6%。

2012 年，综合阅读率在不同年龄段儿童之间也存在一定差异，年龄稍大儿童的综合阅读率相对较高。0—1 周岁儿童的综合阅读率最低，仅为 35.0%。3 周岁以内儿童的综合阅读率随年龄增长而提升明显，6—8 周岁儿童的综合阅读率相对较高，均在 95.0%以上。

具体情况如图 1-1-1 所示。

---

① 0—8 周岁儿童综合阅读率指 2012 年阅读过挂图、识图卡片、识字卡片、玩具书、图书、报刊等各类出版物的儿童占 0—8 周岁儿童总体的比例。

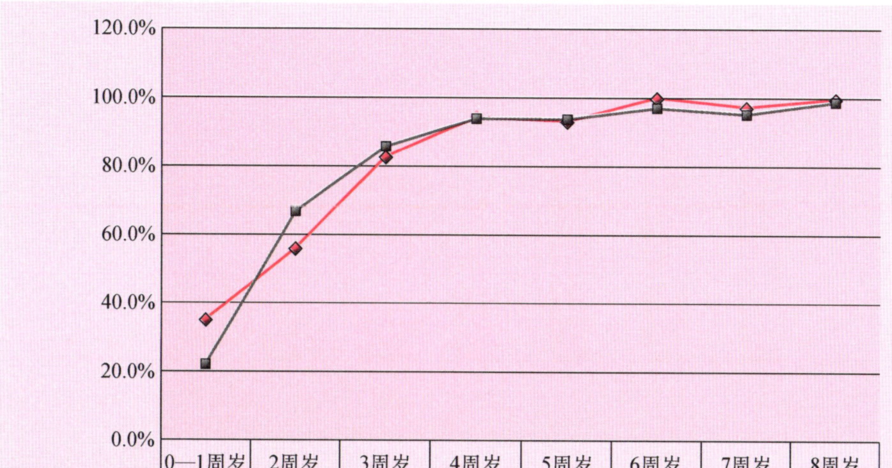

	0—1周岁	2周岁	3周岁	4周岁	5周岁	6周岁	7周岁	8周岁
2012年	35.0%	55.8%	82.5%	94.1%	92.9%	99.8%	97.1%	99.5%
2011年	22.1%	66.8%	85.7%	93.9%	93.7%	97.0%	95.2%	98.8%

图 1-1-1　0—8 周岁儿童各年龄段综合阅读率

1.1.2　阅读起始时间

本次调查显示，2012 年，我国 0—8 周岁儿童平均阅读起始年龄为 2.08 周岁。从性别差异看，男孩与女孩的平均阅读起始年龄相差不大，男孩的平均阅读起始年龄为 2.07 周岁，略低于女孩的 2.09 周岁。从城乡对比看，城镇儿童的平均阅读起始年龄为 1.91 周岁，农村儿童的平均阅读起始年龄为 2.22 周岁。

80.4%的我国 0—8 周岁儿童在 3 周岁之前（包括 3 周岁）就开始了不同形式的阅读活动（含挂图、绘画、识字卡片等），与 2011 年的 80.6%大体相当。具体来看，23.8%的儿童在 1 周岁之前就开始阅读，在 2 周岁开始阅读和 3 周岁开始阅读的儿童比例分别为 31.3%和 25.2%。还有 8.9%的儿童在 4 周岁开始阅读，有 6.0%的儿童在 5 周岁开始阅读，而在 6—8 周岁才开始阅读的儿童相对较少，所占比例仅为 4.7%。

具体数据如图 1-1-2 所示。

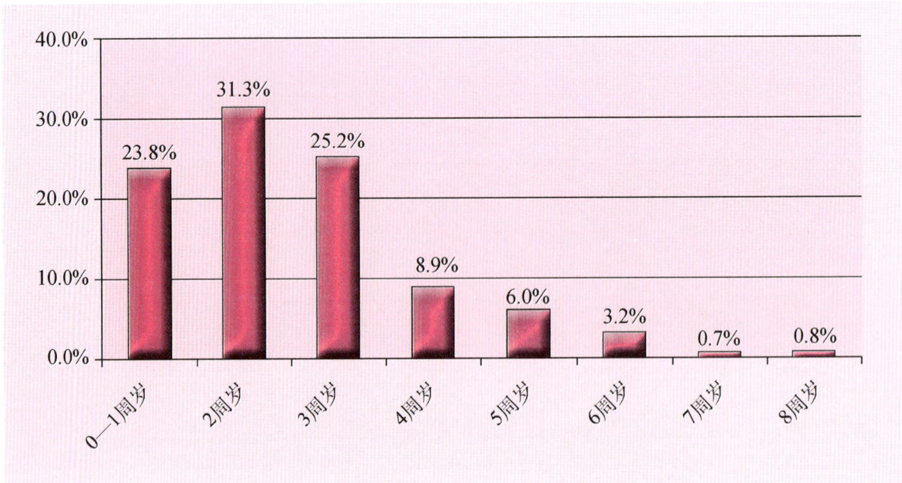

图 1-1-2　0—8 周岁儿童开始阅读的起始年龄

1.2　儿童图书阅读状况

1.2.1　图书阅读率与阅读量①

2012 年我国 0—8 周岁儿童的纸质图书阅读率为 64.5%，较 2011 年的 69.0%下降了 4.5 个百分点。

从性别差异看，我国 0—8 周岁男孩图书阅读率为 62.8%，较女孩的图书阅读率（66.5%）低 3.7 个百分点。从城乡对比看，我国 0—8 周岁城镇儿童图书阅读率为 70.9%，较农村儿童的图书阅读率（59.7%）高出 11.2 个百分点。

具体情况如表 1-2-1 所示。

表 1-2-1　不同人口特征 0—8 周岁儿童图书阅读率

人口特征	类别	图书阅读率
性别	男孩	62.8%
	女孩	66.5%
城乡	城镇	70.9%
	农村	59.7%

① 此处所指图书均为除教科书和期刊外的课外图书。

2012 年我国 0—8 周岁儿童的人均图书阅读量为 3.85 本，较 2011 年的 5.40 本减少了 1.55 本。

从性别差异看，我国 0—8 周岁男孩图书阅读量为 3.96 本，较女孩的图书阅读量（3.75 本）多出 0.21 本。从城乡对比看，我国 0—8 周岁城镇儿童图书阅读量为 4.83 本，较农村儿童的图书阅读量（3.07 本）多出 1.76 本。

具体情况如表 1-2-2 所示。

表 1-2-2　不同人口特征 0—8 周岁儿童图书阅读量

人口特征	类别	图书阅读量（本）
性别	男孩	3.96
	女孩	3.75
城乡	城镇	4.83
	农村	3.07

2012 年，在有过阅读行为的 0—8 周岁儿童中，有 30.9%的儿童阅读了 5 本及 5 本以上的课外图书，课外图书阅读量在“10 本及以上”的儿童占 9.9%。另外，有 16.0%的儿童“读了一些，记不清楚具体本数了”，还有 14.5%的儿童“基本不读”课外图书。

具体情况如图 1-2-1 所示。

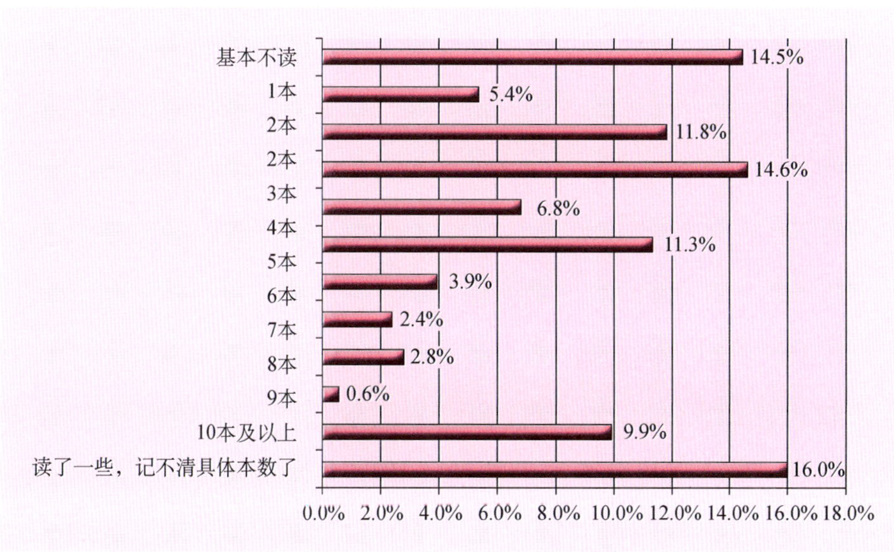

图 1-2-1　有过阅读行为的 0—8 周岁儿童年图书阅读量

1.2.2 儿童阅读童书的主要来源

调查显示，有88.2%的我国0—8周岁儿童家长表示孩子阅读的童书主要来自“家长购买”，说明家长对儿童图书的消费积极性较高。此外，有21.9%的儿童家长表示孩子主要“在幼儿园、学校看”童书，有7.1%的家长表示孩子阅读童书的来源主要是“亲戚朋友赠送”，有5.7%的儿童家长表示孩子主要通过“亲戚朋友借阅”来阅读童书。而书店和图书馆的选择比例相对较低，仅有2.9%的儿童家长表示孩子阅读童书的来源主要是“在书店看”，2.8%的儿童家长表示孩子阅读童书的来源主要是到“图书馆借阅”。

具体情况如图1-2-2所示。

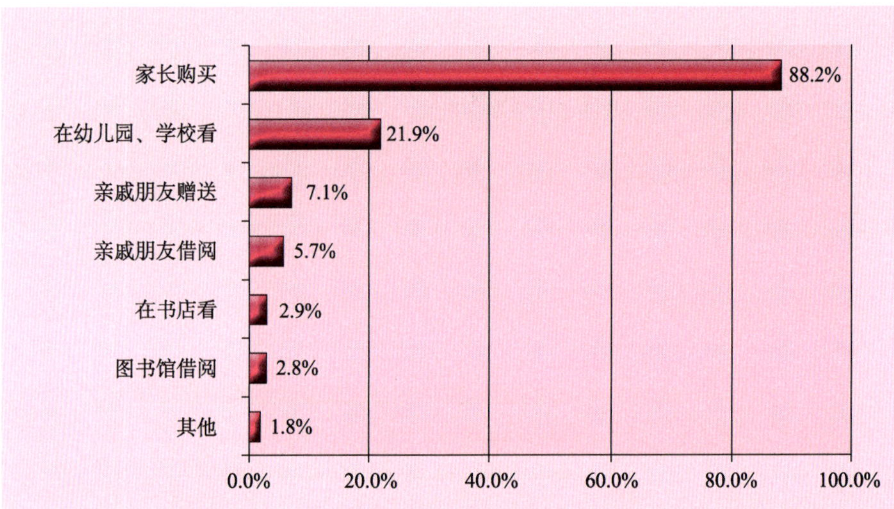

图1-2-2 0—8周岁儿童阅读童书的主要来源

1.2.3 图书拥有量

调查显示，2012年，我国0—8周岁儿童人均图书拥有量为12.29本。从性别差异看，男孩的人均图书拥有量为12.26本，略少于女孩的人均图书拥有量（12.32本），二者相差不大。从城乡对比看，城镇儿童的人均图书拥有量为16.99本，接近农村儿童的人均图书拥有量（8.50 本）的两倍。

有高达 91.5%的我国 0—8 周岁儿童拥有自己的图书。74.6%的儿童的图书拥有量在 20 本以下。具体来看，有 36.9%的儿童的图书拥有量在 1—5 本，有 21.6%的儿童的图书拥有量在 6—10 本，有 16.1%的儿童的图书拥有量在 11—20 本。此外，有 7.1%的儿童的图书拥有量在 21—30 本，有 6.8%的儿童的图书拥有量在 31—50 本之间，仅有 2.9%的儿童的图书拥有量超过 50 本，还有 8.5%的儿童没有属于自己的图书。

具体情况如图 1-2-3 所示。

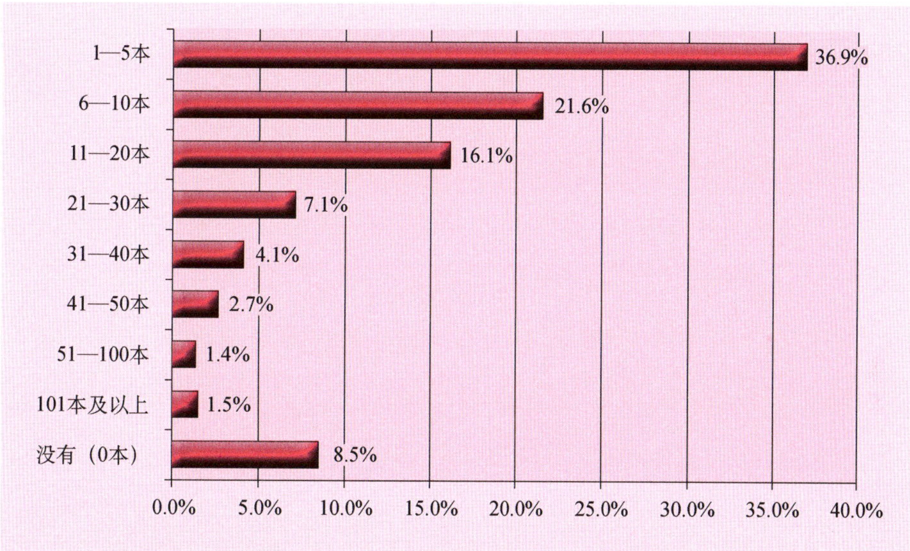

图 1-2-3　0—8 周岁儿童图书拥有量

数据显示，2012 年，不同年龄段儿童的人均图书拥有量存在一定差异，大体而言，儿童的人均图书拥有量随年龄增长而增加。具体来说，0—1 周岁和 2 周岁儿童的人均图书拥有量最少，分别仅为 6.29 本和 6.15 本；8 周岁儿童的人均图书拥有量最多，达到 16.51 本。3—8 周岁儿童的人均图书拥有量均超过了 10 本。

具体情况如图 1-2-4 所示。

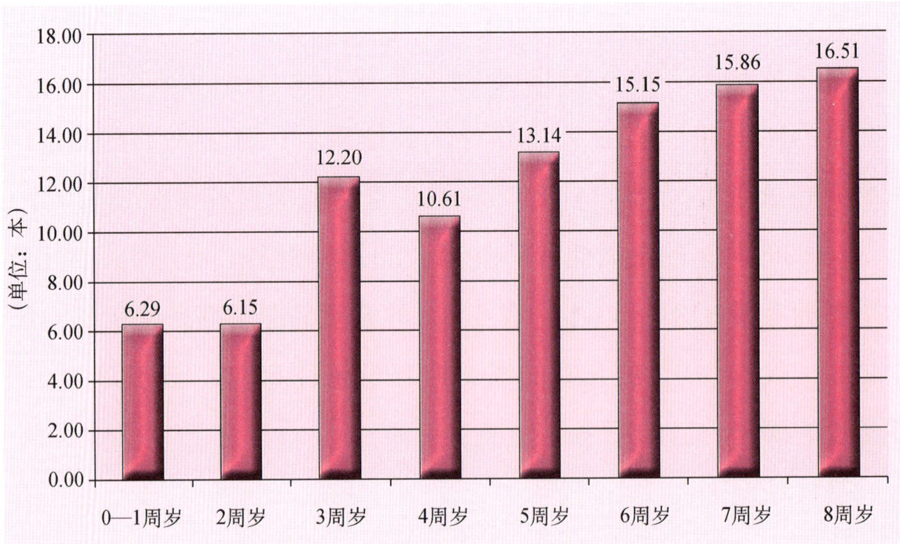

图 1-2-4　0—8 周岁各年龄段儿童的图书拥有量

1.2.4　儿童阅读兴趣

有 53.8%的我国 0—8 周岁儿童表示"喜欢，经常看"图书，有 29.6%的儿童表示"喜欢，但不经常看"。只有 10.8%的儿童明确表示"不喜欢，基本不看"，还有 5.8%的儿童表示对此问题"说不清"。具体情况如图 1-2-5 所示。

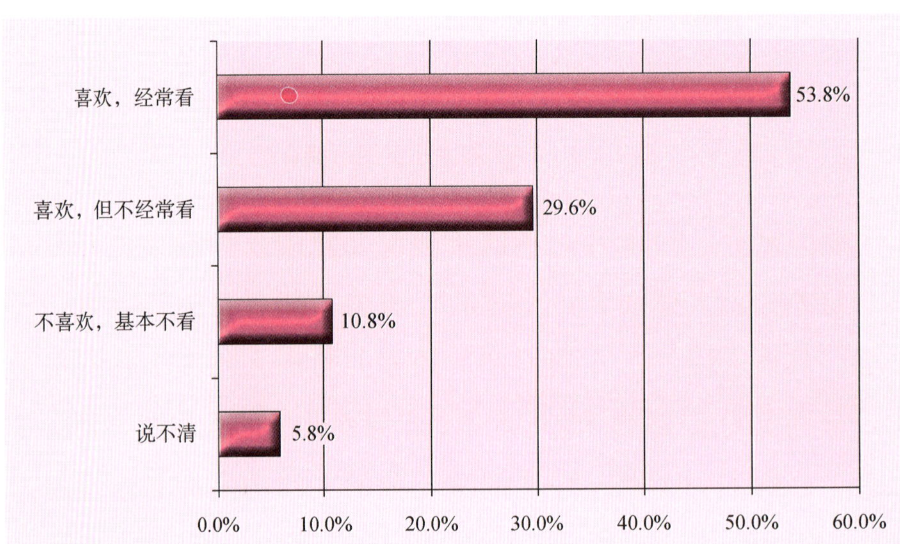

图 1-2-5　0—8 周岁儿童阅读兴趣

1.2.5 儿童喜欢的阅读方式

对儿童最喜欢的阅读方式的调查数据分析显示，家长在儿童阅读中所扮演的角色显得举足轻重，亲子阅读是学龄前儿童较普遍选择的阅读方式。有38.3%的我国0—8周岁儿童喜欢“家长读给孩子听”，有27.7%的儿童喜欢“家长陪孩子一起读”，有25.7%的儿童喜欢“自己阅读”。只有7.9%的儿童喜欢“和小伙伴一起阅读”。

具体情况如图1-2-6所示。

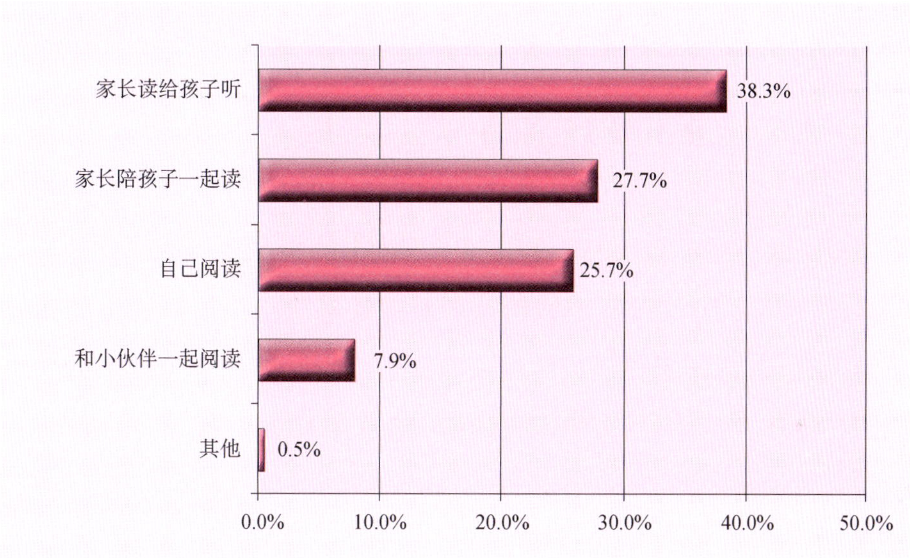

图1-2-6 0—8周岁儿童喜欢的阅读方式

从年龄特征上分析，0—8周岁儿童喜欢的阅读方式随着年龄的增长而产生变化，年龄越大的儿童越倾向于自己独立阅读。在0—1周岁儿童中，有45.8%的儿童喜欢“家长读给孩子听”。在4周岁儿童中这一比例为24.2%，在5周岁儿童中这一比例为27.6%，在6周岁儿童中这一比例为13.9%，在7周岁儿童中为20.1%，而在8周岁儿童中仅为9.1%。

与上述情况相反的是，在0—1周岁儿童中，喜欢“自己阅读”的儿童比例仅为16.4%。在6周岁、7周岁儿童中，这一比例分别为35.8%、44.4%。而在8周岁的儿童中，超过半数喜欢“自己阅读”，选择比例为 50.1%。

具体情况如表 1-2-3 所示。

表 1-2-3　不同年龄阶段 0—8 周岁儿童喜欢的阅读方式

	0—1 周岁	2 周岁	3 周岁	4 周岁	5 周岁	6 周岁	7 周岁	8 周岁
家长读给孩子听	45.8%	44.3%	31.7%	24.2%	27.6%	13.9%	20.1%	9.1%
家长陪孩子一起读	33.1%	44.7%	49.1%	39.1%	46.2%	43.7%	27.5%	27.5%
自己阅读	16.4%	7.9%	11.1%	25.5%	16.0%	35.8%	44.4%	50.1%
和小伙伴一起阅读	4.6%	3.1%	8.1%	8.5%	10.1%	6.4%	8.0%	13.2%
其他	0.1%	0.0%	0.0%	2.7%	0.2%	0.2%	0.0%	0.0%

1.2.6　儿童不阅读的原因

当问及孩子不读书的原因时，有 87.8%的 0—8 周岁儿童家长认为“孩子太小还不会读书”是其孩子不读书的最主要原因。此外，有 5.3%的家长认为“没有闲钱给孩子买课外书”是孩子不读书的主要原因，有 5.0%的家长认为“没人教孩子看书”是孩子不读书的主要原因。此外，仅有 1.9%的家长认为“孩子不喜欢看书”。

具体情况如图 1-2-7 所示。

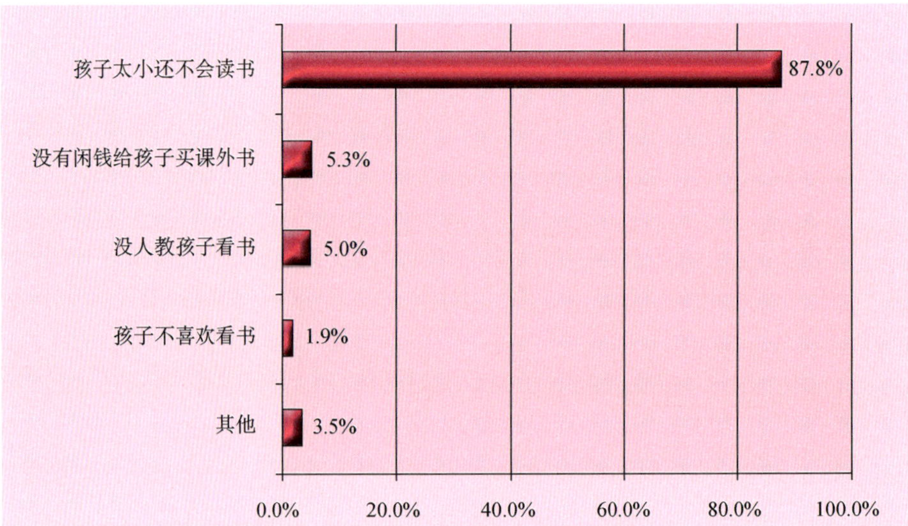

图 1-2-7　0—8 周岁儿童不读书的原因

从城乡对比看，城镇儿童家长选择“孩子太小还不会读书”的比例要高于农村儿童家长；而农村儿童家长选择“没有闲钱给孩子买课外书”“没人教孩子看书”“孩子不喜欢看书”的比例则要高于城镇儿童家长。

具体情况如图 1-2-8 所示。

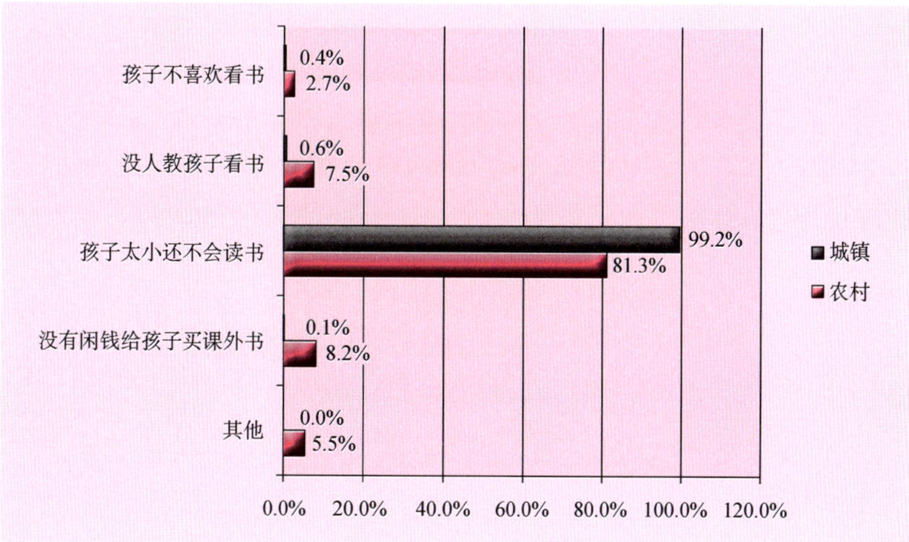

图 1-2-8　0—8 周岁儿童不读书原因城乡对比

1.3　儿童图书购买状况

1.3.1　购买童书金额

2012 年，我国 0—8 周岁儿童的家长平均花费 73.86 元给孩子购买童书。城镇儿童家长平均花费 103.21 元给孩子购买童书，而农村儿童家长的平均花费金额仅为 50.55 元，不及城镇儿童家长的二分之一。

有 91.2%的我国 0—8 周岁儿童家长给孩子购买过童书。有 33.3%的家长为孩子购买童书的花费在 50 元及以上。具体来看，为孩子购书花费在 50—100 元之间的家长比例为 15.6%，为孩子购书花费在 100—300 元之间的家长比例为 12.9%，花费在 300 元及以上的家长比例为 4.8%。此外，为孩子购买童书花费在 50 元以内的家长比例为 43.6％，还有 14.3％的家长虽然买了，但是表示忘记具体购买金额。

具体情况如图 1-3-1 所示。

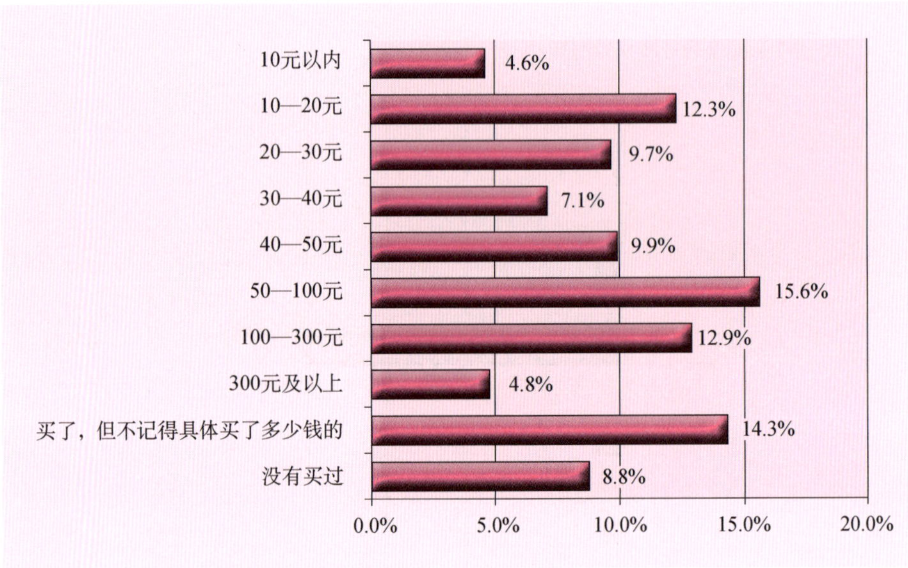

图 1-3-1　0—8 周岁儿童家长购买童书金额

1.3.2　家长购买童书的主要渠道

2012 年，实体书店仍然是我国 0—8 周岁儿童家长为孩子购书的主要渠道。有 54.4％的我国 0—8 周岁儿童家长通常会在“新华书店”为孩子购书，通常选择在“私营书店”为孩子购书的家长比例为 32.8％。“超市商场”也是近年来儿童图书销售的一个重要渠道，有 28.0％的儿童家长通常会在“超市商场”为孩子购书，这一比例较 2011 年（20.8％）高出 7.2 个百分点。

还有 12.0％的 0—8 周岁儿童家长通常在“街头书摊”为孩子购书，这一比例较 2011 年（22.7％）下降了 10.7 个百分点。街头书摊以其价格低廉与购买便捷受到不少家长的青睐，但其图书质量往往良莠不齐，并且盗版书籍大多在街头书摊上进行销售，无论内容还是纸张印刷都可能难以达到儿童图书标准，更有甚者还会危害儿童的身心健康，这一情况已经引起家长重视。

值得注意的是，有3.8%的我国0—8周岁儿童家长经常在“网上书店”给孩子买书。

具体情况如图1-3-2所示。

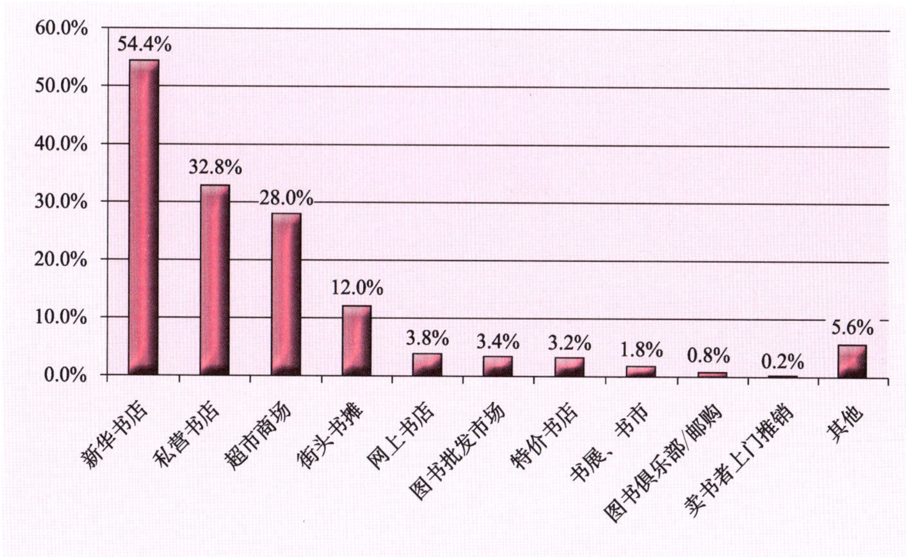

图1-3-2　0—8周岁儿童家长给孩子购买童书的主要渠道

1.3.3　家长选择购买童书渠道的影响因素

数据显示，2012年有57.4%的我国0—8周岁儿童家长在选择给孩子买书的渠道时重点考虑的因素是“图书种类多”。图书的易获取性也是家长选择购书渠道时考虑的主要因素，“离得较近”和“很容易找到需要的书”两个选项的选择比例分别为34.9%和24.5%。也有部分家长在选择购书渠道时比较看重价格折扣、店内环境与图书信息丰富程度，“价格折扣”“店内环境好、设施齐全”和“图书信息和评论丰富”的选择比例分别为15.7%、15.3%和9.5%。此外，“店主或服务员态度亲切、服务好”和“开展读书活动”的关注度相对不高，选择比例分别仅为4.7%和1.5%。

具体情况如图1-3-3所示。

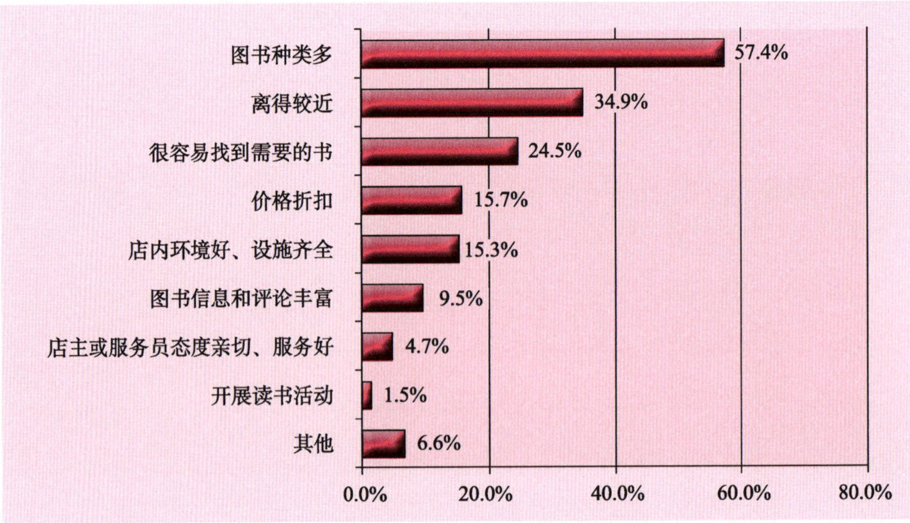

图 1-3-3　影响 0—8 周岁儿童家长选择购买童书渠道的因素

1.3.4　购书距离

调查数据显示，我国 0—8 周岁儿童家长平均在 3.55 公里内可找到购书点，即离家最近购书点的平均距离为 3.55 公里。

有 58.4%的我国 0—8 周岁儿童家长表示离家最近的购书点在 3 公里以内，有 34.1%的家长表示离家最近的购书点在 3 公里及以上。特别值得注意的是，有 15.8%的家长表示离家最近购书点在 10 公里及以上。还有 7.6%的儿童家长对这一距离表示“不清楚/不知道”。

具体情况如图 1-3-4 所示。

1.3.5　家长获取儿童读物信息的主要途径

2012 年，通过“逛书店”了解儿童读物信息的我国 0—8 周岁儿童家长最多，选择比例达 47.5%。还有 38.2%的家长主要通过人际传播（“朋友或幼儿园老师介绍”）来获取儿童读物信息，有 10.2%的家长主要通过“电视或广播上的读书节目”来获取儿童读物信息。而通过“图书或文学专业网站”“门户网站的‘读书’频道”“图书排行榜”以及“报刊上的出书新闻或书评”来获取儿童

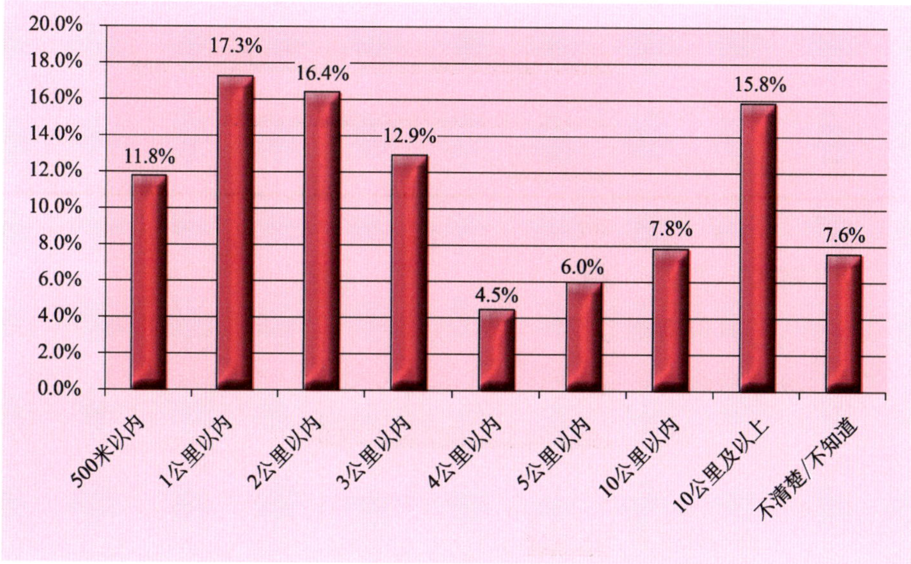

图 1-3-4　0—8 周岁儿童离家最近购书点距离

读物信息的家长比例相对不高，均低于 10.0％。另有 28.6％的家长表示获取儿童读物信息“很随意”，有 8.5％的家长则表示“没有信息渠道”。可以看出，在儿童读物信息传播方面，亲身体验和口碑传播会有较大作用。

具体情况如图 1-3-5 所示。

1.3.6　影响家长为孩子购买童书的主要因素

调查数据显示，有 61.1％的我国 0—8 周岁儿童的家长表示，“孩子喜欢”是影响其为孩子购买图书的最主要因素。其次，“朋友、老师或幼儿园推荐”和“图书内容简介”也是影响其为孩子购书的主要原因，选择比例分别为 41.7％和 36.5％。此外，还分别有 11.7 ％的家长将“价格”、9.9％的家长将“封面设计及外观”、9.8％的家长将“店员推荐”、7.0％的家长将“书名或目录”作为给孩子选购图书时考虑的主要因素之一。而“媒体的书讯和书评”“电视、电影原作”“作者”“网上或邮件图书信息推介”“畅销书榜”以及“出版社的名气”因素的影响力则相对较弱，选择比例均低于

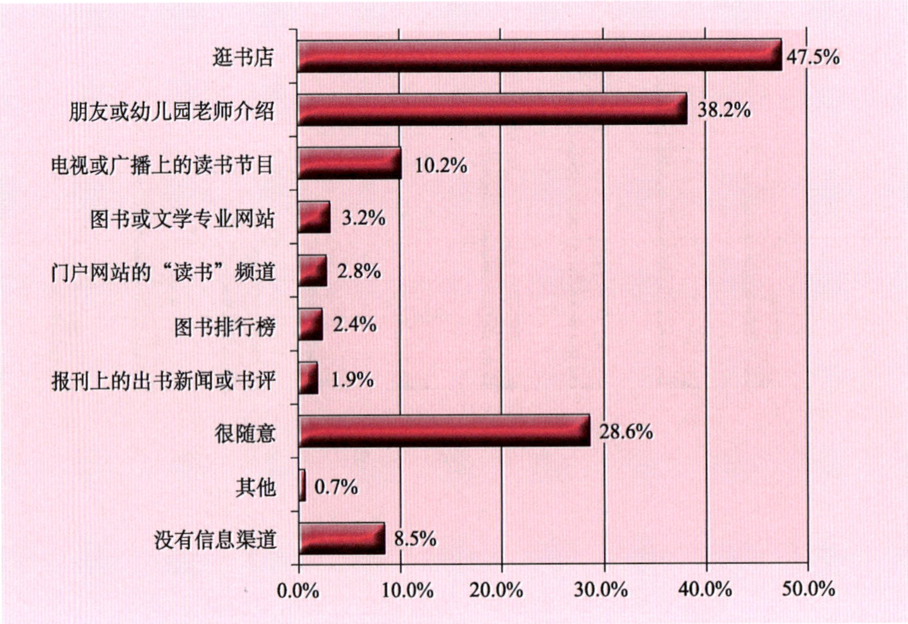

图 1-3-5　0—8 周岁儿童家长儿童读物信息的获取途径

5.0%。这说明儿童图书是否能吸引儿童读者本身，是决定家长是否购买的最关键因素。

具体情况如图 1-3-6 所示。

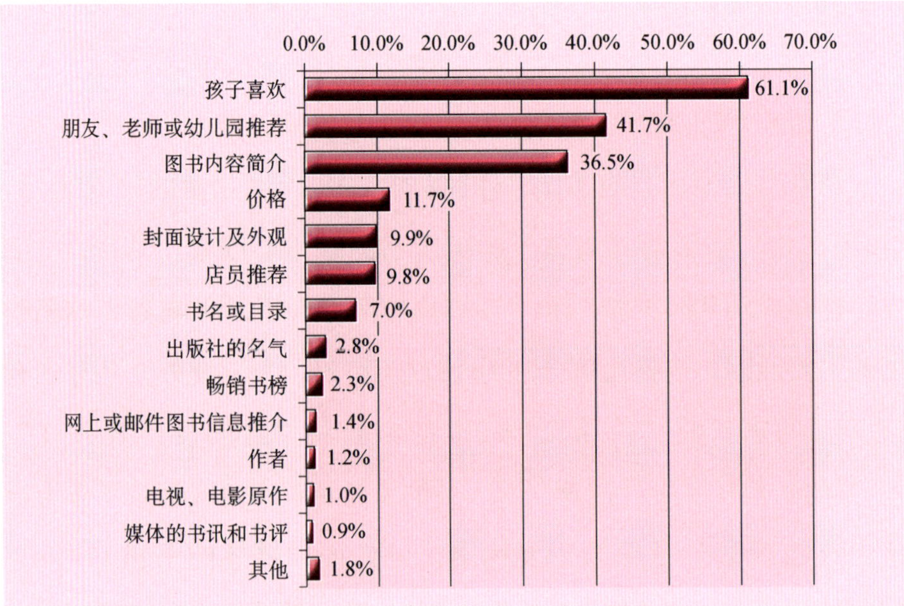

图 1-3-6　影响 0—8 周岁儿童家长为孩子购书的主要因素

1.3.7 家长购买童书的不便之处

63.7％的我国 0—8 周岁儿童家长认为在为孩子购书时没有不方便的地方。购书距离远、图书信息少是我国 0—8 周岁儿童家长给孩子买书的主要障碍，“家离卖书的地方很远”和“对书的信息知道得少”的选择比例分别为 22.5％和 10.6％。另外，“想买的书总是没有”“没有图书信息检索设备”和“书店陈列混乱，很难找书”的选择比例分别为 3.3％、2.9％和 2.8％，而选择“书店服务态度不好”的比例相对较低，仅为 0.8％。

具体情况如图 1-3-7 所示。

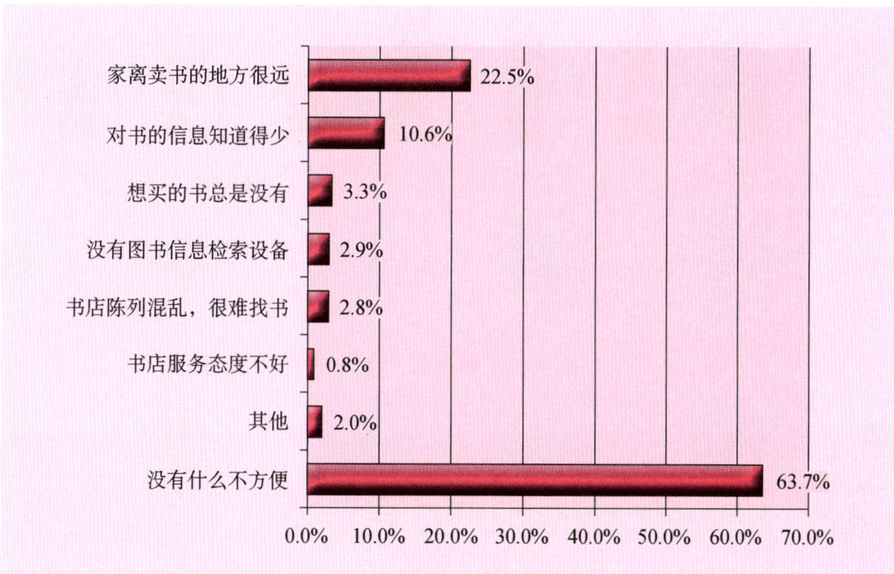

图 1-3-7　0—8 周岁儿童家长为孩子购书的不便之处

1.3.8 家长对童书价格的承受力

数据显示，2012 年，对于一本 40 页左右、内容精美的彩色图画书，我国 0—8 周岁儿童的家长平均可承受的价格为 12.31 元，高于 2011 年的 11.97 元。

对于一本 40 页左右、内容精美的彩色图画书来说，73.0％的我国0—8周岁儿童家长能够接受的价格区间集中在4—20元。具体来看，有22.7%的家长能承受4—8元的价格，23.3%的家长能承受8—12元的价格，27.0%的家长能承受12—20元的价格。此外，有5.6%的家长只能承受4元以下的价格，8.7%的家长能承受20—30元的价格，2.5%的家长能够承受的价格在30元及以上，还有10.1%的家长认为“只要喜欢，多贵都买”。

具体情况如图1-3-8所示。

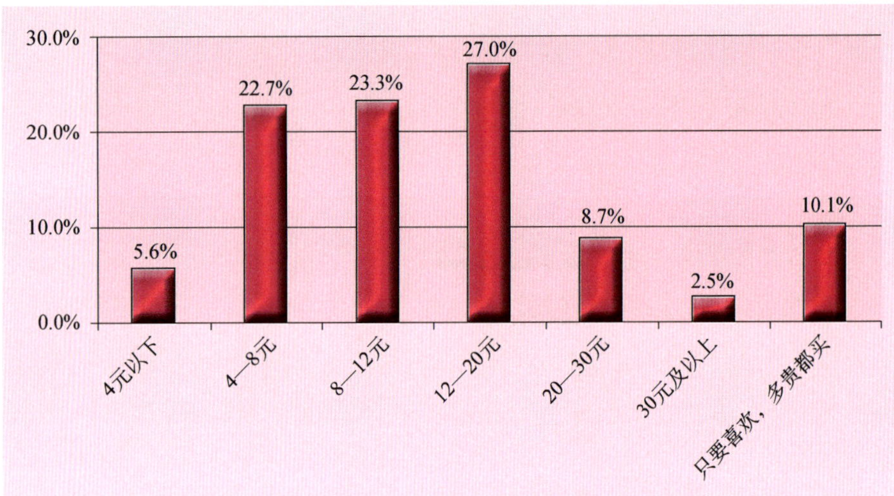

图1-3-8　0—8周岁儿童家长对童书价格的承受力

1.3.9　家长对儿童类图书的评价

1.3.9.1　家长对儿童图书种类评价

调查数据显示，2012年，大部分（57.6%）我国0—8周岁儿童家长对目前市场上的儿童图书种类评价较高，认为市场上的儿童图书种类“很丰富”或“比较丰富”。另外，有19.2%的家长认为目前市场上儿童图书种类“一般”，认为“很少”或“比较少”的家长比例仅有6.6%。还有16.7%的家长对儿童图书种类的评价较为模糊，表示“说不上来”。

具体情况如图1-3-9所示。

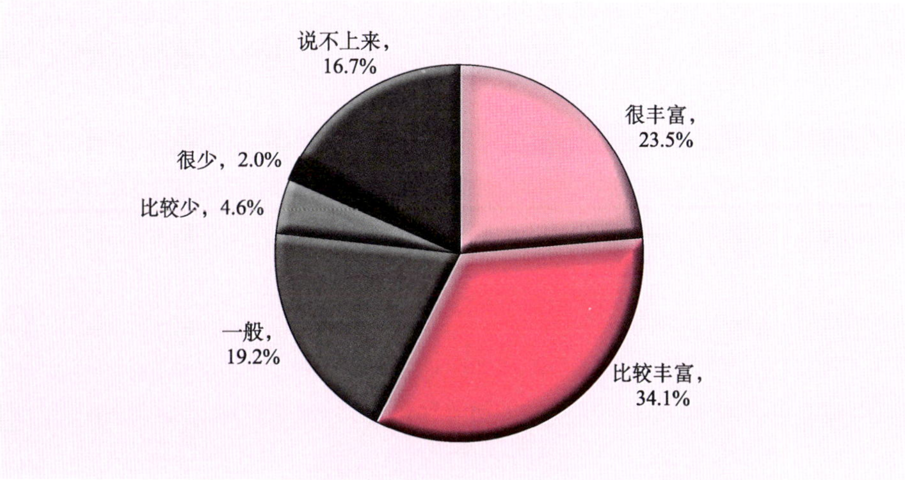

图 1-3-9　0—8 周岁儿童家长对儿童图书种类的评价

1.3.9.2　家长对儿童图书质量评价

如图 1-3-10 所示，有 40.6%的我国 0—8 周岁儿童家长认为目前儿童图书质量高（“很高”和“比较高”），有 38.9%的家长认为儿童图书质量一般，认为儿童图书质量“比较低”和“很低”的比例仅为 5.6%。还有 15.0%的家长对儿童图书质量的评价较为模糊，表示“说不清”。

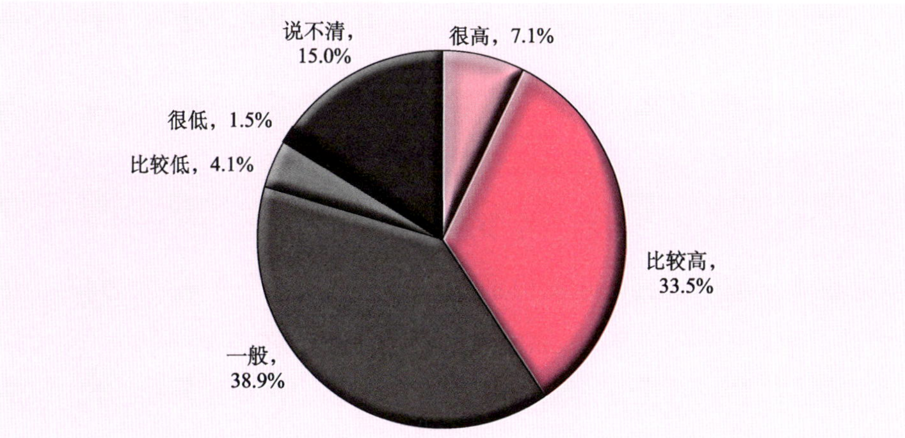

图 1-3-10　0—8 周岁儿童家长对儿童图书质量的评价

1.3.9.3　家长对儿童图书价格评价

调查数据显示，2012 年有 33.8%的我国 0—8 周岁儿童家长认为目前市场上儿童图书价格“合适”，有51.0%的家长认为目前儿童图书定价高（“比较贵”或“非常贵”），而认为市场上儿童图书价格便宜（“比较便宜”或“非常便宜”）的家长比例只有2.3%。还有12.9%的家长表示“说不清”目前少儿图书价格是高是低。

具体情况如图1-3-11所示。

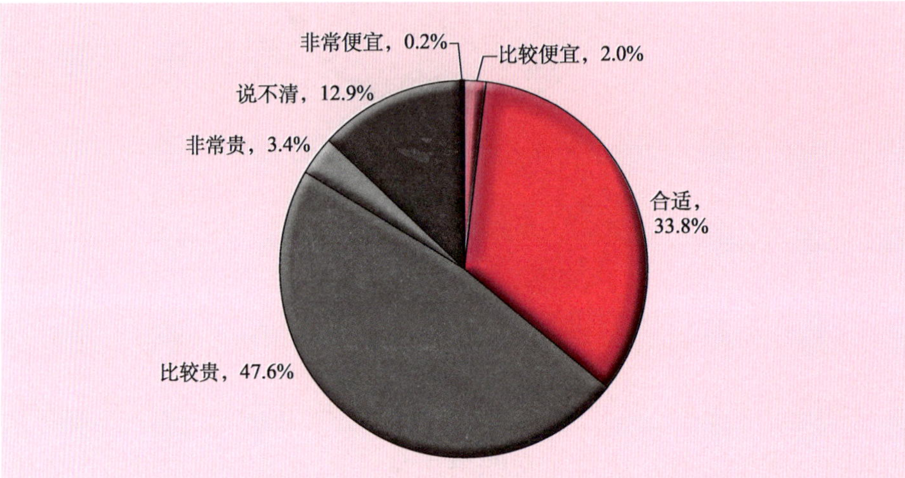

图1-3-11　0—8周岁儿童家长对儿童图书价格的评价

1.3.10　家长网上购买儿童出版物行为分析

1.3.10.1　家长网上购买儿童出版物种类

调查显示，2012年有15.1%的我国0—8周岁家长通过互联网给孩子购买过各类出版物。在通过网络购买过各类出版物的0—8周岁家长中，有63.1%的家长通过互联网给孩子购买过图书，有41.5%的家长通过互联网给孩了购买过学习用音像制品，有18.5%的家长通过互联网给孩子购买过期刊，还有16.3%的家长通过互联网给孩子购买过娱乐休闲用音像制品。以上四种出版物，位居家长网上购买儿童出版物种类的前四位。

具体情况如图1-3-12所示。

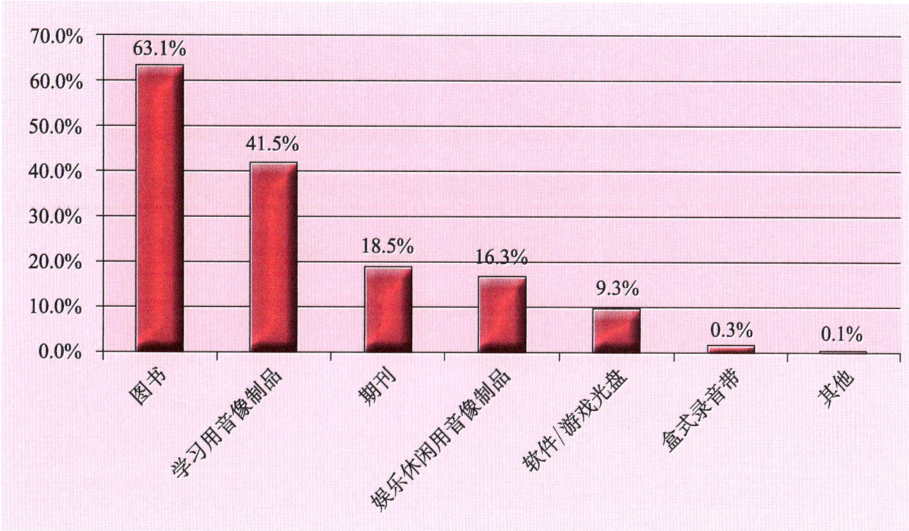

图 1-3-12　0—8 周岁儿童家长通过互联网购买出版物种类

1.3.10.2　家长选择网上购买儿童出版物原因

调查发现，2012 年，“送货上门”“价格优惠”“节省去书店的时间和费用”和“图书种类多”是吸引我国 0—8 周岁家长选择在网上购买儿童出版物的四个主要原因。其中，有 44.6%的家长表示“送货上门”是吸引他们选择网上购买儿童出版物的主要原因；有 43.6%的家长表示“价格优惠”是吸引他们选择网上购买儿童出版物的主要原因；有 42.1%的家长表示网上购买图书可以“节省去书店的时间和费用”；还有 38.7%的家长是因为“图书种类多”而选择网上购书。此外，有 24.3%的家长表示网上“很容易找到需要的书”；有 9.4%的家长认为，网上购买儿童出版物“有丰富的信息和评论供参考”。

具体情况如图 1-3-13 所示。

1.3.10.3　制约家长网上购买儿童出版物的因素

分析家长未在网上给孩子购买出版物的原因可以得知，“不习惯网上购物”“不能上网”“网上购物不安全”“无法检验出版物质量”等因素，是制约家长通过网络购买儿童出版物的主要原因。“不习惯网上购物”是家长未在网上购买儿童出版物的首要因素（44.9%）。还有

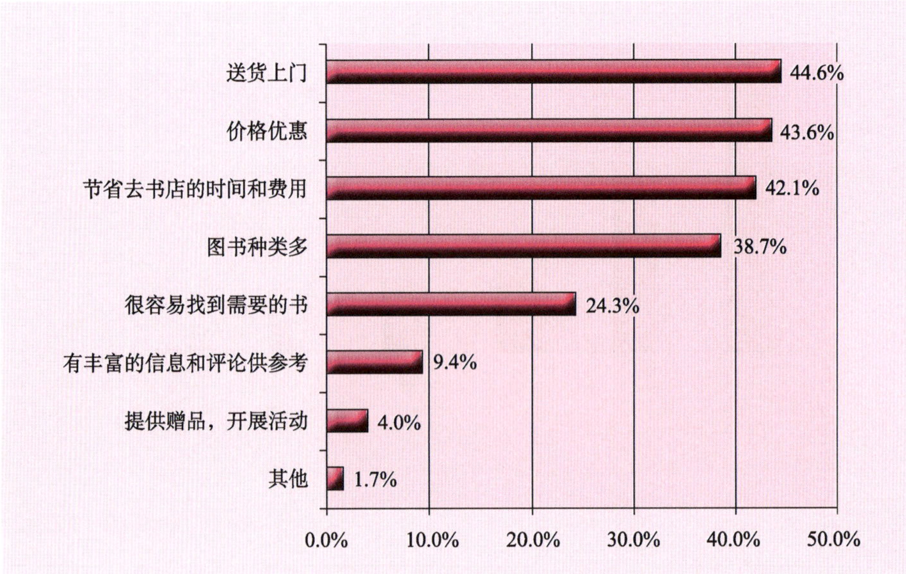

图 1-3-13　0—8 周岁儿童家长选择网上购买儿童出版物的原因

23.3%的家长表示“不能上网”是制约其网上购买儿童出版物的原因；有 22.7%的家长表示因为“网上购物不安全”，没有在网上给孩子购书；有 20.4%的家长表示因为“无法检验出版物质量”，没有在网上给孩子购书；有 18.4%的家长表示因为“太麻烦/流程过于复杂”，没有在网上给孩子购书。

具体情况如图 1-3-14 所示。

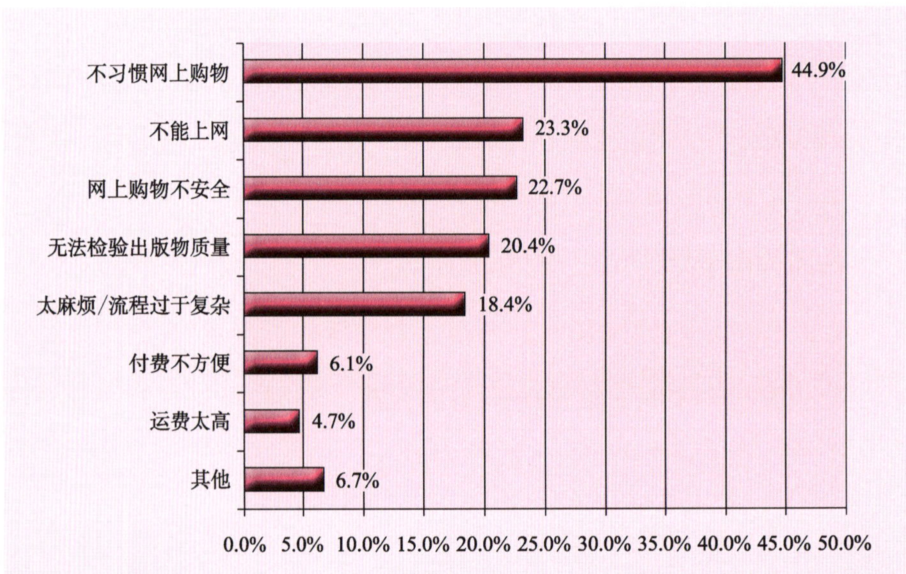

图 1-3-14　制约 0—8 周岁儿童家长网上购买儿童出版物的因素

1.3.11　家长对原创与引进版出版物的选择情况

如图 1-3-15 所示，2012 年家长为孩子购买过的儿童读物中，国内原创读物占 50.6%，远高于国外引进出版物的 3.7%。还有 45.7%的家长表示，并未注意这些儿童读物是国内原创还是国外引进版。这说明只要图书内容质量好，孩子和家长并不在意图书的来源，图书内容本身对于读者有吸引力才是影响读者选择的关键。

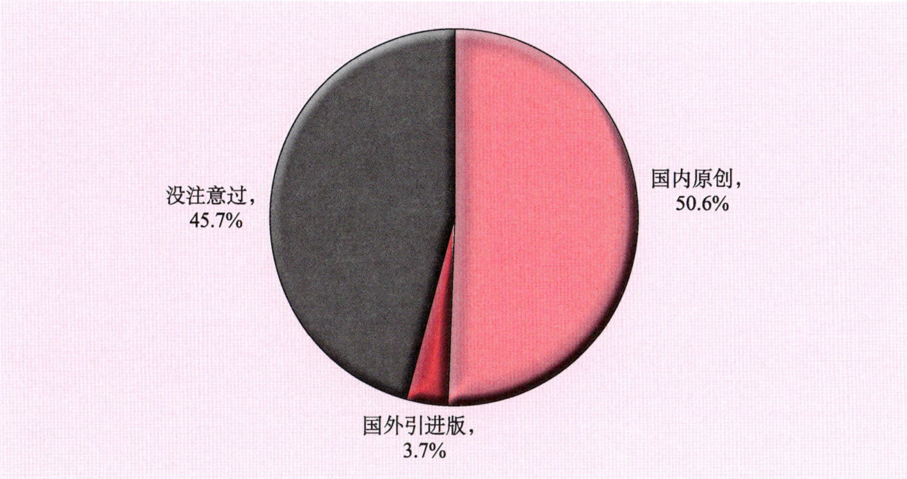

图 1-3-15　0—8 周岁儿童家长为儿童选择出版物的倾向

1.3.12　书店知名度和市场渗透率

调查过程中，我们列举了国内 18 家较为知名的书店（包括网上书店），让被访的 0—8 周岁儿童家长从中挑选出听说过的书店和曾为孩子购买过出版物的书店，以了解这些书店的知名度和市场表现。结果显示，“本地新华书店”稳居知名度和购买率第一位。其次，当当网、京东商城、卓越亚马逊网、大众书局、新华文轩连锁书店等知名度较高的书店市场渗透率（购买率）也相对较高。

具体情况如表 1-3-1 所示。

表 1-3-1　书店的知名度和市场渗透率

书店名称	知名度	市场渗透率
当当网	24.3%	8.1%
卓越亚马逊网	11.3%	1.5%
99 网上书城	3.1%	0.1%
蒲蒲兰绘本馆	0.3%	0.1%
一城网	0.5%	0.3%
红孩子网站	6.4%	0.5%
博库书城	2.1%	0.4%
丽家宝贝网站	1.4%	0.2%
红泥巴图书网	0.7%	0.1%
北京西单图书大厦	2.0%	1.0%
上海书城	3.3%	1.4%
本地新华书店	83.8%	85.7%
大众书局	8.2%	4.2%
新华文轩连锁书店	8.0%	4.1%
乐友网	0.6%	0.6%
福连家网	0.6%	0.1%
京东商城	16.8%	2.7%
苏宁易购	12.7%	1.0%

1.4　少年儿童与家长互动阅读情况

1.4.1　家长引导儿童阅读的目的

通过调查发现，有 50.3%的 0—8 周岁儿童家长认为引导孩子阅读的主要目的是“开发智力，培养学习能力”，有 46.7%的家长认为引导孩子阅读的主要目的是“帮助认识各种事物”，有 44.8%的家长表示引导孩子阅读的主要目的是“养成阅读兴趣和习惯”，有 44.0%的家长表示引导孩子阅读的主要目的是“帮助识字、学数数”。只有 9.3%的家长认为引导孩子阅读的目的是“为了给小孩玩耍/让小孩安静下来”。

具体情况如表 1-4-1 所示。

表 1-4-1　0—8 周岁儿童家长引导儿童阅读的主要目的

家长引导儿童阅读的目的	选择比例
开发智力，培养学习能力	50.3%
帮助认识各种事物	46.7%
养成阅读兴趣和习惯	44.8%
帮助识字、学数数	44.0%
为了给小孩玩耍/让小孩安静下来	9.3%
其他	0.0%

1.4.2　家长对儿童阅读的陪护状况

1.4.2.1　主要陪读者

对亲子阅读行为的分析发现，2012 年，在我国 0—8 周岁儿童家庭中，有陪孩子读书习惯的家庭占 87.5%，较 2011 年的 85.9% 上升了 1.6 个百分点。

作为儿童阅读的陪护者，“妈妈”充当着最主要的角色，是最经常陪伴孩子读书的家长，选择比例达 69.2%；其次是“爸爸”，选择比例为 21.6%；其余陪读人员的选择比例，从高到低排列依次是“奶奶”“爷爷”“外婆”“外公”等家庭成员。值得注意的是，有 12.5%的我国儿童平时在家里主要是自己读书，没有家长陪伴。

具体情况如图 1-4-1 所示。

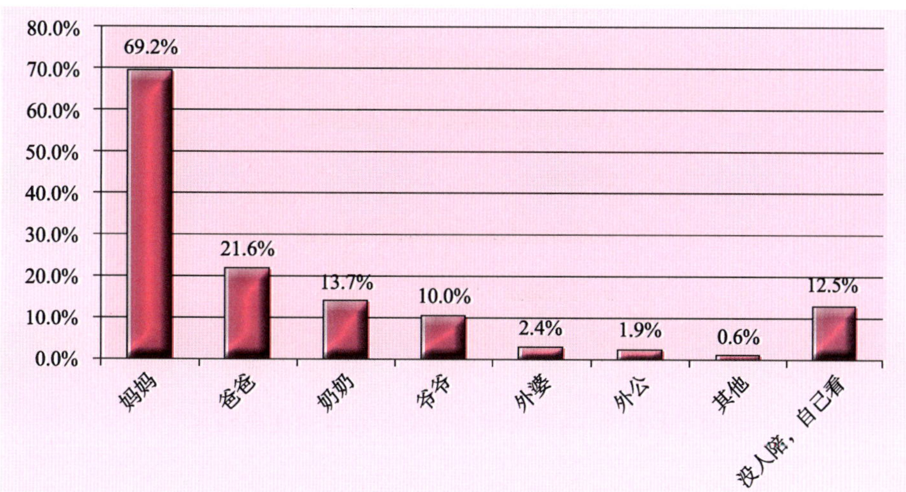

图 1-4-1　0—8 周岁儿童家长陪孩子读书情况

1.4.2.2 陪读时长

调查数据显示，2012 年，在有过亲子共读行为的我国 0—8 周岁儿童家庭中，家长平均每天花费 26.67 分钟陪孩子阅读，较 2011 年平均水平（24.15 分钟）增加了 2.52 分钟。其中，城镇家长平均每天花费 26.66 分钟陪孩子阅读，而农村家长平均每天花费 26.68 分钟陪孩子阅读，两者相差不大。

在有过亲子共读行为的我国 0—8 周岁儿童家庭中，家长平均每天花费 10 分钟以上陪孩子读书的比例为 64.1%。具体看来，陪读时间为 10—20 分钟的选择比例为 15.7%，陪读时间为 20—30 分钟的选择比例为 20.4%，陪读时间为 30—60 分钟的选择比例为 16.7%，陪读时间在 1 小时及以上的选择比例为 11.3%。此外，家长平均每天陪读时间为 5—10 分钟的比例为 13.7%，家长平均每天陪孩子读书时间不足 5 分钟的比例为 3.0%。

具体情况如图 1-4-2 所示。

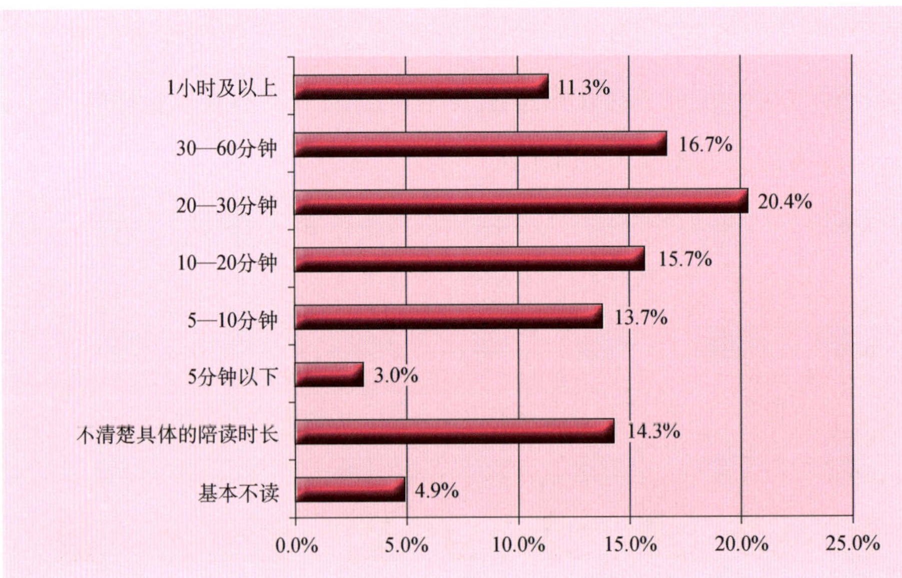

图 1-4-2　0—8 周岁儿童家长陪孩子阅读的时长

1.4.3 家长带孩子逛书店的频率

2012 年我国 0—8 周岁儿童家长平均每年带孩子逛书店 3.75 次，较 2011 年的 3.12 次多出 0.63 次。值得注意的是，逛书店频率这一指标连续三年呈增长趋势（2010 年家长平均每年带孩子逛书店 2.69 次）。

调查还显示，76.9%的我国 0—8 周岁儿童家长会带孩子逛书店。39.8%的儿童家长半年内至少会带孩子逛一次书店。具体来看，有 28.6% 的家长会在 1—3 个月内带孩子逛一次书店，有 11.2%的家长会在 4—6 个月内带孩子逛一次。此外，有 9.2%的家长会在半年至一年内带孩子逛一次书店，还有 25.9%的家长表示“说不好”多久带孩子去逛一次书店。

具体情况如图 1-4-3 所示。

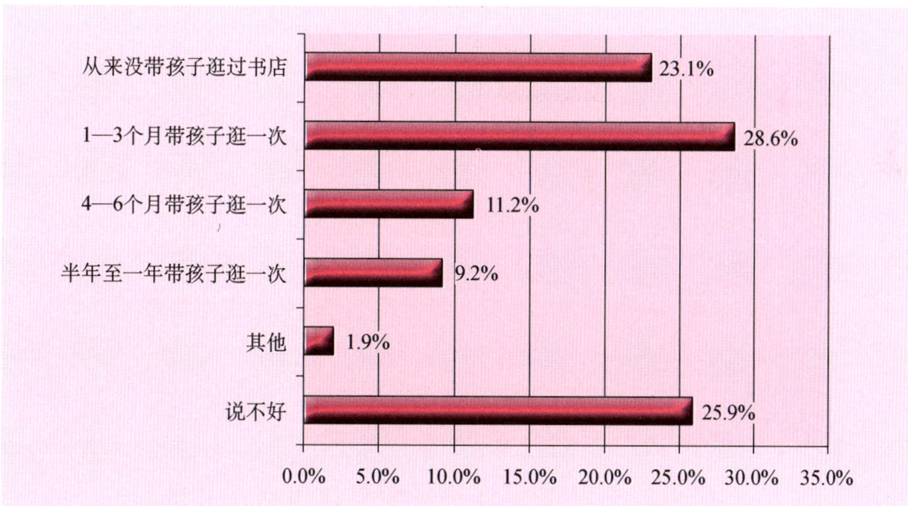

图 1-4-3　0—8 周岁儿童家长带孩子逛书店的频率

1.4.4 家长引导儿童接触的童书种类

2012 年，有 49.2%的我国 0—8 周岁儿童家长经常给孩子看“童话寓言故事”，有 44.1%的家长经常给孩子看“图画卡片、挂图”。“识字数数类”“卡通漫画”“诗歌童谣”和“科学知识、常识类”童书，其中“识字数数类”“卡通漫画”的选择比例分别为30.6%和28.3%；“诗歌童谣”和“科学知识、常识类”选择比例皆为20.9%。而“绘画故事（图画文字并重）”“益智游戏”以及“立体书、布艺书、玩具书”类童书供孩子阅读的选择比例分别为15.1%、12.1%和8.7%。总体看来，家长们引导儿童阅读的图书种类，呈现出多元化的特征。

具体情况如图 1-4-4 所示。

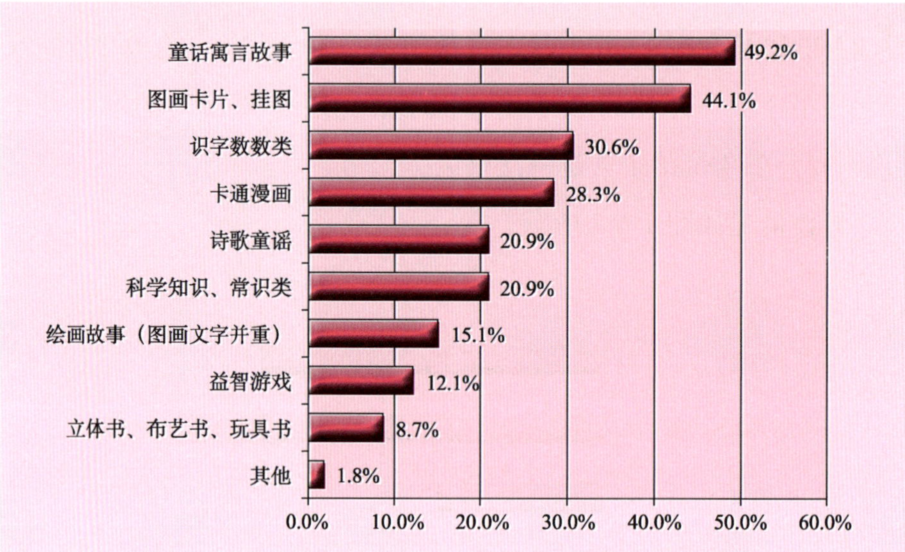

图 1-4-4　0—8 周岁儿童家长经常为孩子选择的童书类型

1.4.5　家长认为适合儿童阅读的形式

2012 年，有 60.6%的家长认为纸质书籍更适合儿童阅读，这一比例较 2011 年的 61.7%略有下降。其次，有 19.8%的家长认为音像读物更适合儿童阅读，有 18.6%的家长认为电视更适合儿童阅读。

具体情况如图 1-4-5 所示。

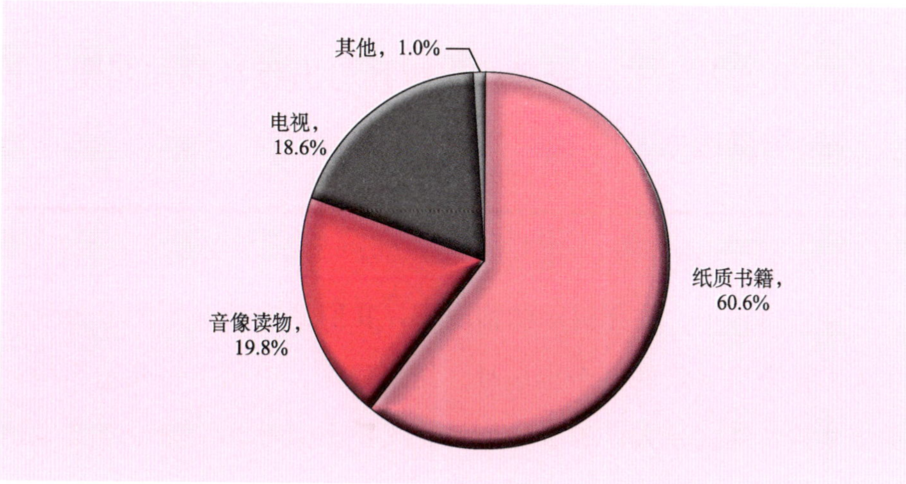

图 1-4-5　家长认为适合 0—8 周岁儿童的阅读形式

1.5　儿童及家长最喜爱的十本儿童图书

调查过程中，在无提示的情况下，我们请被访儿童的家长列举本人或孩子最喜欢的三本儿童图书。结果显示，“喜洋洋与灰太狼”系列、《格林童话》和《十万个为什么》等图书，最受 0—8 周岁儿童及家长的欢迎，尤其是“喜洋洋与灰太狼”系列图书，已经连续几年卫冕儿童及家长最喜爱图书的冠军。

具体情况如表 1-5-1 所示。

表 1-5-1　最受 0—8 周岁儿童及家长最喜爱的十本儿童图书

排名	2012 年最喜爱的儿童图书	2011 年最喜爱的儿童图书
1	“喜洋洋与灰太狼”系列	“喜洋洋与灰太狼”系列
2	格林童话	格林童话
3	十万个为什么	唐诗系列
4	识字类图书、卡片	安徒生童话系列
5	安徒生童话系列	白雪公主和七个小矮人
6	“奥特曼”系列	“奥特曼”系列
7	唐诗系列	识字类图书、卡片
8	白雪公主和七个小矮人	十万个为什么
9	寓言故事	“三字经”系列
10	“三字经”系列	童话故事

1.6 儿童及家长最喜爱的出版社与出版社的知名度、市场渗透率

1.6.1 儿童及家长最喜爱的出版社

调查过程中，在无提示的情况下，我们请被访儿童的家长列举本人和孩子最喜欢的三个出版社。结果显示，中国少年儿童出版社最受欢迎，其次是人民教育出版社、人民出版社和上海少年儿童出版社等出版社。

具体情况如表 1-6-1 所示。

表 1-6-1 最受 0—8 周岁儿童及家长最喜爱的出版社

排名	2012 年最喜爱的出版社
1	中国少年儿童出版社
2	人民教育出版社
3	人民出版社
4	上海少年儿童出版社
5	浙江教育出版社
6	希望出版社
7	浙江少年儿童出版社
8	海豚出版社
9	明天出版社
10	教育科学出版社

1.6.2 出版社知名度与市场渗透率

我们在调查中列举了国内 24 家较为知名的出版社，请被访者从中挑选出听说过的和曾为孩子购买过出版物的出版社，以了解这些出版社的知名度和市场表现。结果如表 1-6-2 所示，2012 年中国少年儿童出版社的知名度和市场渗透率均名列榜首。人民教育出版社、上海少年儿童出版社、北京少年儿童出版社知名度排名分列第二、第三、第四位，这些知名度较高的出版社其市场渗透率（购买率）也相对较高，这与 2011 年的调查统计结果基本吻合。

表 1-6-2　出版社的知名度和市场渗透率

出版社名称	知名度	市场渗透率
中国少年儿童出版社	62.5%	38.0%
上海少年儿童出版社	30.2%	17.8%
人民教育出版社	52.2%	28.1%
北京少年儿童出版社	22.8%	7.9%
江苏少年儿童出版社	7.0%	3.2%
海豚出版社	5.8%	2.0%
新蕾出版社	11.5%	6.0%
外语教学与研究出版社（外研社）	1.2%	0.3%
教育科学出版社	11.4%	4.4%
北京师范大学出版社	13.6%	6.0%
大象出版社	8.8%	2.3%
二十一世纪出版社	9.6%	3.8%
河北教育出版社	5.2%	1.5%
明天出版社	9.4%	5.2%
接力出版社	4.8%	2.9%
希望出版社	15.7%	6.4%
童趣出版社	3.3%	1.9%
江苏教育出版社	7.5%	3.1%
浙江教育出版社	10.8%	6.1%
海燕出版社	6.4%	1.1%
浙江少年儿童出版社	13.2%	7.7%
湖北少年儿童出版社	5.5%	4.9%
湖南少年儿童出版社	5.4%	2.9%
南海出版社	2.2%	0.7%

第二章
0—8 周岁儿童期刊阅读与购买状况

2.1 儿童期刊阅读率与阅读量

2012 年，我国 0—8 周岁儿童的期刊阅读率为 34.8%，较 2011 年 53.9%有所下降。不同人口特征儿童群体之间的期刊阅读率存在一定差异。

从性别差异看，该年龄段男孩的期刊阅读率为 34.7%，与女孩的期刊阅读率（34.8%）大体相当。从城乡对比看，该年龄段城镇儿童的期刊阅读率为 43.1%，较农村儿童的期刊阅读率（28.6%）高出 14.5 个百分点。

具体情况如图 2-1-1 所示。

表 2-1-1　不同人口特征 0—8 周岁儿童期刊阅读率

人口特征	类别	期刊阅读率
性别	男孩	34.7%
	女孩	34.8%
城乡	城镇	43.1%
	农村	28.6%

2012 年，我国 0—8 周岁儿童的人均期刊阅读量为 2.26 期/份，较 2011 年的 2.45 期/份所有减少。不同人口特征儿童群体之间的期

刊阅读量存在一定差异。

从性别差异看，该年龄段男孩的期刊阅读量为 2.49 期/份，较女孩的期刊阅读量（2.02 期/份）多出 0.47 期/份。从城乡差异看，该年龄段城镇儿童的期刊阅读量为 3.07 期/份，较农村儿童的期刊阅读量（1.62 期/份）多出 1.45 期/份。

具体情况如表 2-1-2 所示。

表 2-1-2　不同人口特征 0—8 周岁儿童期刊阅读量

人口特征	类别	期刊阅读量（期/份）
性别	男孩	2.49
	女孩	2.02
城乡	城镇	3.07
	农村	1.62

2012 年，在有过阅读行为的 0—8 周岁儿童中，有 24.2%的 0—8 周岁儿童的期刊阅读量在 5 本以内，4.1%的儿童期刊阅读量在 6—9 本，有 4.8%的儿童期刊阅读量在“10 本及以上”。除此之外，还有 13.1%的儿童表示不清楚读了多少本。

具体情况如图 2-1-1 所示。

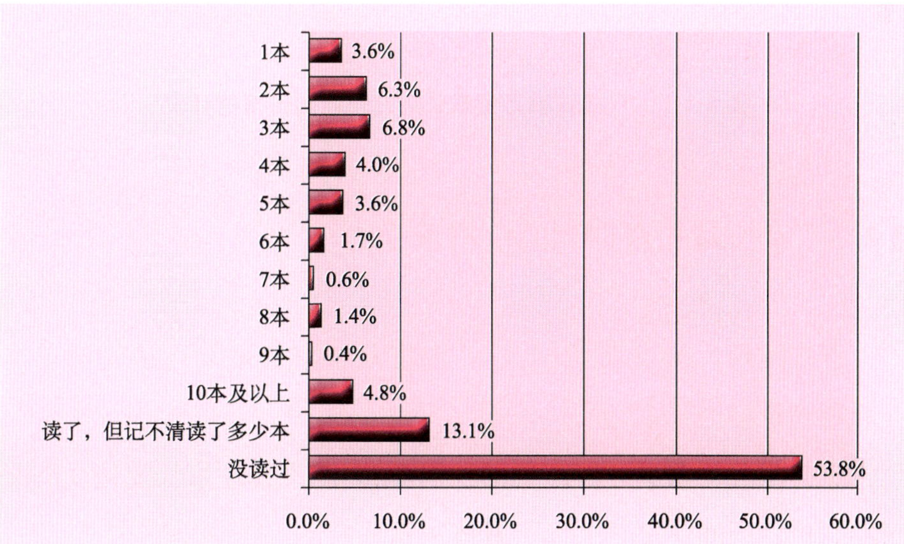

图 2-1-1　有过阅读行为的 0—8 周岁儿童年期刊阅读量

2.2 家长对儿童期刊的价格评价

调查显示，2012 年有 29.5%的我国 0—8 周岁儿童家长认为目前儿童期刊价格“合适”，43.7%的家长认为当前儿童期刊价格偏贵（“比较贵”或“非常贵”），仅有 2.3%的家长认为目前儿童期刊价格便宜（“比较便宜”和“非常便宜”）。另外，有 24.5%的家长对儿童类期刊的价格认知模糊，表示“说不清”。

具体情况如图 2-2-1 所示。

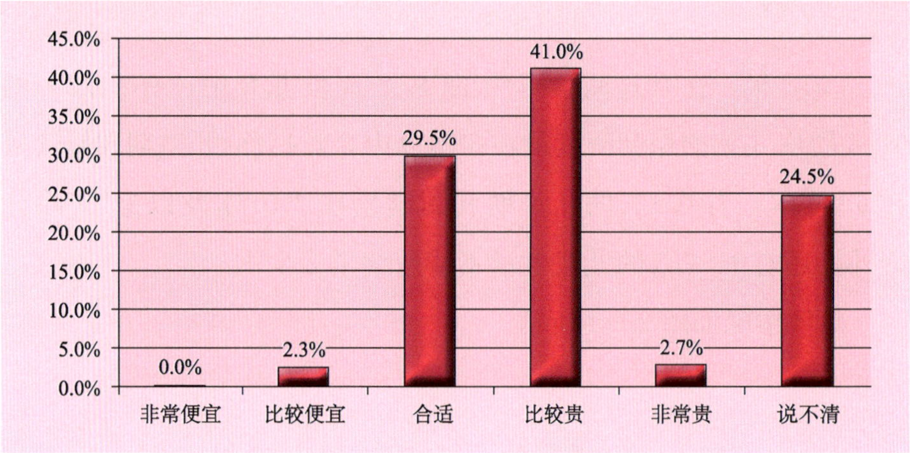

图 2-2-1　0—8 周岁儿童家长对儿童期刊价格的评价

2.3 家长对儿童期刊的价格承受力

调查发现，2012 年我国 0—8 周岁儿童家长平均可接受的单本儿童期刊价格为 6.52 元。

进一步分析来看，87.7%的我国 0—8 周岁儿童家长能接受的儿童期刊价格区间在 2—12 元。具体来看，有 18.9%的家长接受 2—4 元的价格区间，有 27.0%的家长接受 4—6 元的价格区间，有 17.0%的家长接受 6—8 元的价格区间，8—10 元价格区间的选择比例为 15.5%，10—12 元价格区间的选择比例为 9.3%。另有 7.0%的家长能够接受 12 元及以上的价格，仅有 5.4%的家长只能接受每本儿童期刊价格在 2 元以下。

具体情况如图 2-3-1 所示。

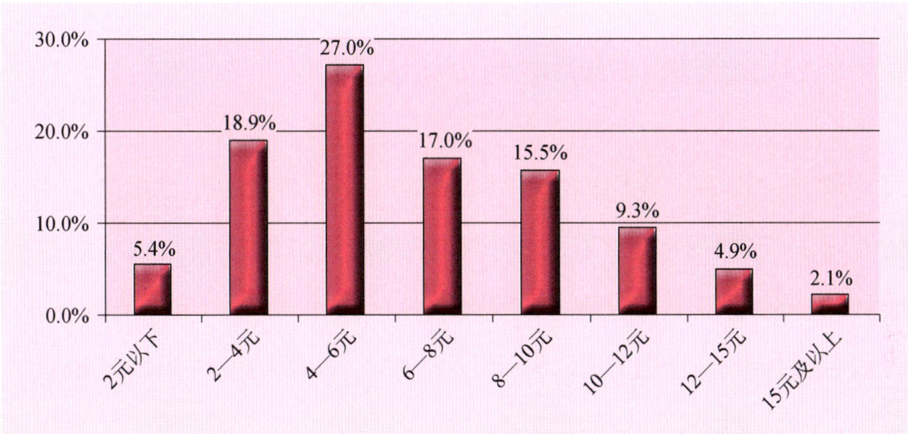

图 2-3-1　0—8 周岁儿童家长对儿童期刊的价格承受力

2.4　儿童及家长最喜爱的儿童期刊

在无提示的情况下，我们请被访儿童的家长列举 2012 年本人和孩子最喜欢的三份儿童期刊的名字。结果显示，《故事大王》《米老鼠》《童话世界》《幼儿画报》《童话大王》等儿童期刊最受喜爱，与 2011 年情况大体相似，只是排名顺序有所变化。

具体情况如表 2-4-1 所示。

表 2-4-1　最受 0—8 周岁儿童及家长最喜爱的十本期刊

排名	2012 年最喜爱的期刊	2011 年最喜爱的期刊
1	故事大王	米老鼠
2	米老鼠	故事大王
3	童话世界	童话大王
4	幼儿画报	童话世界
5	童话大王	大灰狼画报
6	漫画大王	漫画大王

续前表

排名	2012 年最喜爱的期刊	2011 年最喜爱的期刊
7	小熊维尼	喜羊羊与灰太狼
8	花园宝宝	小公主
9	喜羊羊与灰太狼	花园宝宝
10	娃娃画报	小熊维尼

2.5 儿童类报刊知名度与市场渗透率

调查过程中，我们列出了 18 种国内较为知名的儿童报刊，由被访儿童家长选择他们知道的报刊和曾经购买过的报刊，以了解这些报刊的知名度与市场表现。结果显示，《故事大王》与《童话大王》的知名度最高，分别为 56.5%和 56.4%；其市场渗透率排名也最为靠前，《童话大王》的市场渗透率为 35.2%，排在第一位，《故事大王》的市场渗透率为 27.6%，排在第二位。此外，《童话世界》《米老鼠》《漫画大王》等知名度较高的儿童报刊，其市场渗透率也相对较高。

具体情况如表 2-5-1 所示。

表 2-5-1 儿童类报刊知名度与市场渗透度

报刊名称	知名度	市场渗透率
婴儿画报	12.4%	3.4%
幼儿画报	22.1%	13.3%
幼儿智力大世界	9.1%	3.9%
小公主	11.2%	5.6%
童话世界	38.8%	24.4%
娃娃画报	7.4%	4.8%
红蜻蜓	5.7%	0.8%
大灰狼画报	22.4%	11.2%
天线宝宝	18.3%	9.6%
童话大王	56.4%	35.2%
故事大王	56.5%	27.6%
知心姐姐	12.1%	2.8%

续前表

报刊名称	知名度	市场渗透率
漫画大王	28.3%	11.9%
快乐巧连智	3.1%	1.3%
米老鼠	38.2%	20.3%
琴童	0.5%	0.1%
小猕猴智力画刊	2.2%	2.6%
小熊维尼	26.7%	11.2%

第三章
0—8 周岁儿童音像电子出版物购买状况

3.1　儿童音像电子出版物的购买渠道

2012 年，我国 0—8 周岁儿童家长音像电子出版物的购买率为 54.5%，城镇家长的购买率为 63.4%，高于农村家长的 47.4%。

如图 3-1-1 所示，通过“书店”“商场超市”“音像店或软件专卖店”等渠道购买各类音像电子出版物的家长较多，选择比例分别

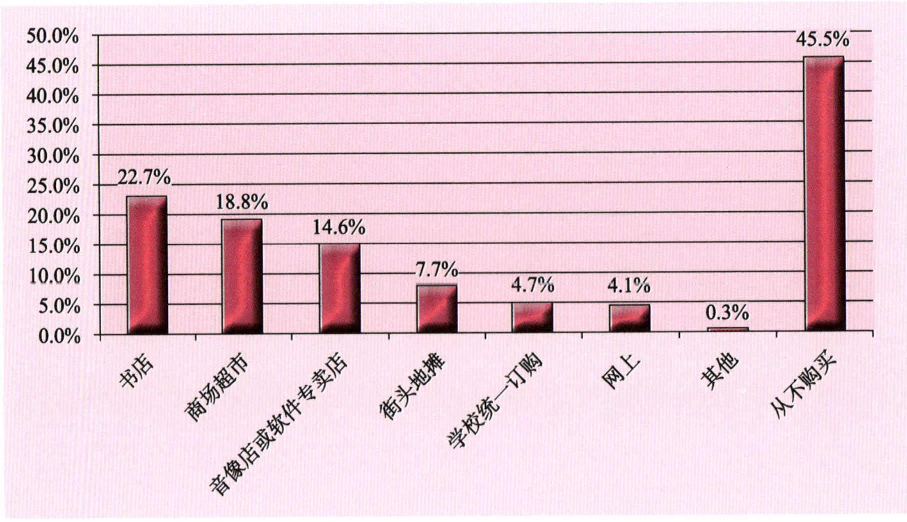

图 3-1-1　音像电子出版物的购买渠道

为 22.7%、18.8%和 14.6%。而在“网上”给孩子购买音像电子出版物的家长较少，仅占总体的 4.1%。值得注意的是，还有 45.5%的家长表示从不给孩子购买音像电子出版物。

3.2 家长对儿童类音像电子出版物价格的评价

有 45.6%的我国 0—8 周岁家长认为目前儿童类音像电子出版物的价格较高（“比较贵”或“非常贵”）；还有 36.3%的家长认为目前儿童类音像电子出版物的价格“合适”；认为此类出版物价格便宜（“非常便宜”或“比较便宜”）的家长只占 4.1%。还有 14.0%的家长表示“说不清”价格是贵还是便宜。

具体情况如图 3-2-1 所示。

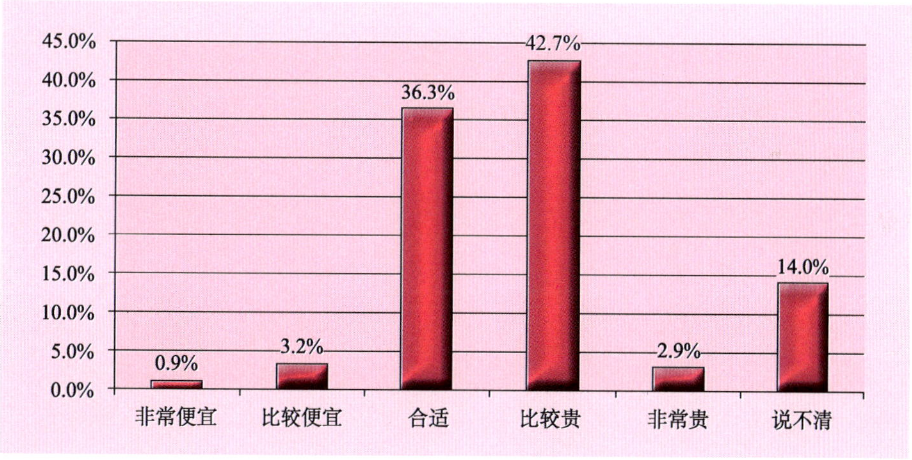

图 3-2-1　0—8 周岁儿童家长对儿童类音像电子出版物价格的评价

3.3 家长对儿童类音像电子出版物的价格承受力

调查数据显示，我国 0—8 周岁儿童家长平均可接受的每张 CD 光盘价格为 10.89 元，平均可接受的每张 VCD/DVD 价格为 11.58 元，平均可接受的每盘盒式录音带价格为 10.43 元，平均可接受的每张 CD-ROM 价格则为 13.23 元。具体看来，2012 年，大部分儿童家长能够接受的音像电子出版物价格在 20 元以内。有 73.7%的少年儿童家长表示能够接受的每张 CD 光盘价格在 20 元以内，有 78.0%的少年儿童家长表示能够接受的每张 VCD/DVD 价格在 20 元以内，有 56.3%的少年儿童家长表示能够接受的每盘盒式录音带价格在 20 元以内。而由于使用者减少等原因，不少家长对一些音像电子出版物的价格不够了解，分别有 36.3%和 46.2%的家长表示“不清楚/不知道”盒式录音带和 CD-ROM 的价格。

具体情况如表 3-3-1 所示。

表 3-3-1　0—8 周岁儿童家长对儿童音像电子出版物的价格承受力

	CD 光盘	VCD/DVD	盒式录音带	CD-ROM
<10 元	42.3%	41.7%	37.7%	25.5%
10—20 元	31.4%	36.3%	18.6%	14.2%
20—30 元	5.8%	7.6%	5.1%	10.6%
≥30 元	2.0%	2.7%	2.4%	3.6%
不清楚/不知道	18.4%	11.8%	36.3%	46.2%
平均可接受单价	10.89 元	11.58 元	10.43 元	13.23 元

第四章
0—8 周岁儿童家长版权认知状况

4.1 家长购买盗版儿童出版物情况

调查数据显示，对于 2012 年给孩子购买过图书和音像制品的我国 0—8 周岁儿童家长而言，盗版出版物购买率为 10.4%。具体来看，仅有 3.5%的家长表示给孩子购买的出版物均为盗版，还有 6.9%的家长表示正版盗版出版物均购买过，即至少有 10.4%的家长在 2012 年给孩子购买过盗版出版物。同时，在我国 0—8 周岁儿童家长中，有 27.0%的家长表示给孩子购买过的图书或音像制品均为正版。此外，不少家长对版权的认知仍然较为模糊，并不知道如何区分正版和盗版，仍有 47.4%的家长表示分不清其给孩子购买的出版物是正版还是盗版。

具体情况如图 4-1-1 所示。

4.2 家长购买盗版儿童出版物类别

在为孩子购买过盗版儿童出版物的家长中，有六成以上（62.8%）的家长表示购买过一般盗版图书，有四成以上（41.7%）

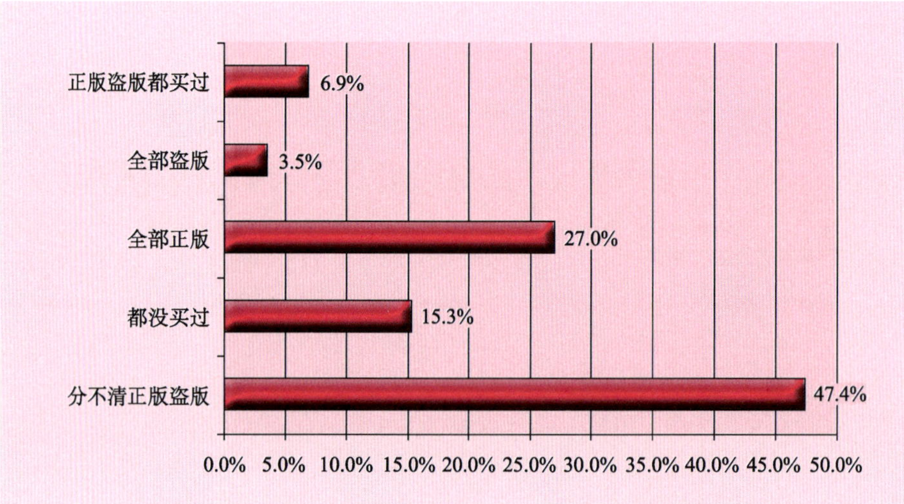

图 4-1-1　0—8 周岁儿童家长对盗版儿童出版物的购买率

的家长表示购买过盗版音像制品。而表示购买过盗版教材教辅的家长仅占 11.9％。

具体情况如图 4-2-1 所示。

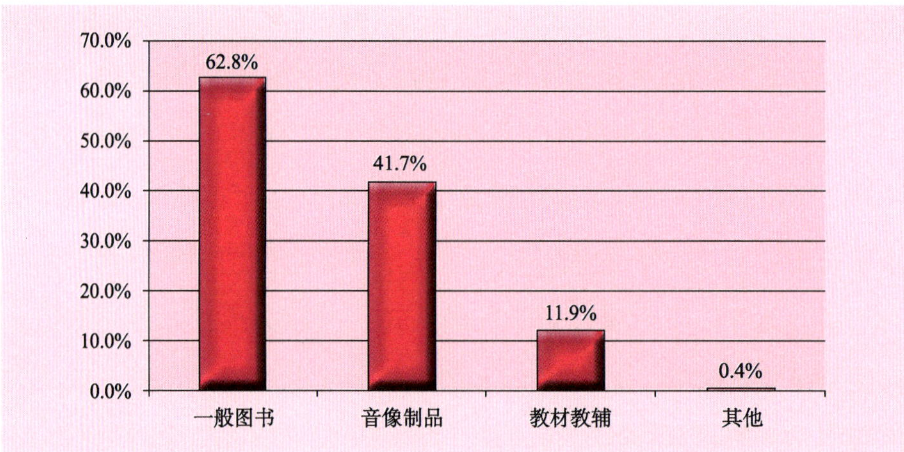

图 4-2-1　0—8 周岁儿童家长购买盗版儿童出版物的类别

4.3　家长购买盗版儿童出版物的驱动因素

曾经购买过盗版儿童出版物的家长中，有 54.2％的家长表示购买这些盗版出版物主要是因为“价格便宜”，有13.3%的家长表示因为“购买方便”而选择盗版出版物，有10.9%的家长表示因为“品种丰富”而选择盗版出版物。还有37.5%的家长表示购买时不知道是盗版，10.6%的家长表示“没有正版可买”。

具体情况如图4-3-1所示。

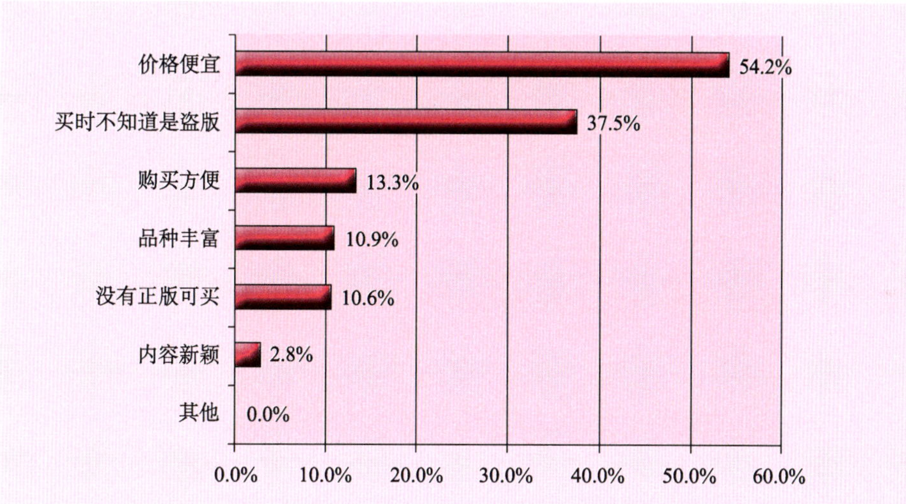

图4-3-1 0—8周岁儿童家长购买盗版出版物的驱动因素

版权声明

联系地址：中国新闻出版研究院应用理论研究室（北京市丰台区三路居路 97 号　邮编：100073）

联系电话：010-52257035　010-52257037

图书在版编目（CIP）数据

全国国民阅读调查报告. 2013 /中国新闻出版研究院，全国国民阅读调查课题组著 .—北京：中国书籍出版社，2017.12
ISBN 978-7-5068-6567-8

Ⅰ.①全… Ⅱ.①中… ②全… Ⅲ.①出版物－市场－抽样调查统计－调查报告－中国－2013 Ⅳ.①G239.21

中国版本图书馆 CIP 数据核字（2017）第 258853 号

全国国民阅读调查报告 . 2013

中国新闻出版研究院　全国国民阅读调查课题组　著

责任编辑　陈守卫
责任印制　孙马飞　马　芝
封面设计　敬人工作室
封面制作　钟书堂
版式设计　楠竹文化
出版发行　中国书籍出版社
地　　址　北京市丰台区三路居路 97 号（邮编：100073）
电　　话　（010）52257143（总编室）　（010）52257140（发行部）
电子邮箱　eo@chinabp.com.cn
经　　销　全国新华书店
印　　刷　廊坊市浩瀛印刷有限公司
开　　本　787 毫米×1092 毫米　1/16
印　　张　25.25
字　　数　340 千字
版　　次　2018 年 3 月第 1 版　2018 年 3 月第 1 次印刷
书　　号　ISBN 978-7-5068-6567-8
定　　价　298.00 元